权威·前沿·原创

皮书系列为

“十二五”“十三五”国家重点图书出版规划项目

智库成果出版与传播平台

中国司法制度发展报告 No.3（2021）

ANNUAL REPORT ON CHINA'S JUDICIAL SYSTEM No.3 (2021)

中国社会科学院法学研究所
主　编 / 陈　甦　田　禾
执行主编 / 吕艳滨

社会科学文献出版社
SOCIAL SCIENCES ACADEMIC PRESS (CHINA)

图书在版编目(CIP)数据

中国司法制度发展报告. No. 3, 2021 / 陈甦, 田禾主编. -- 北京: 社会科学文献出版社, 2021. 12
（法治蓝皮书）
ISBN 978-7-5201-9295-8

Ⅰ. ①中… Ⅱ. ①陈… ②田… Ⅲ. ①司法制度-研究报告-中国-2019 Ⅳ. ①D926

中国版本图书馆 CIP 数据核字（2021）第 218307 号

法治蓝皮书
中国司法制度发展报告 No. 3（2021）

主　　编 / 陈　甦　田　禾
执行主编 / 吕艳滨

出 版 人 / 王利民
组稿编辑 / 曹长香
责任编辑 / 郑凤云　单远举
责任印制 / 王京美

出　　版 / 社会科学文献出版社（010）59367162
　　　　　地址: 北京市北三环中路甲 29 号院华龙大厦　邮编: 100029
　　　　　网址: www. ssap. com. cn
发　　行 / 市场营销中心（010）59367081　59367083
印　　装 / 天津千鹤文化传播有限公司

规　　格 / 开　本: 787mm × 1092mm　1/16
　　　　　印　张: 25　字　数: 374 千字
版　　次 / 2021 年 12 月第 1 版　2021 年 12 月第 1 次印刷
书　　号 / ISBN 978-7-5201-9295-8
定　　价 / 139. 00 元

官方小程序　法治指数（Law index）

撰　稿　人（按姓氏笔画排序）

王小梅　王文燕　王延染　王祎茗　王　昱
王　辉　王韶华　车文博　邓佳佳　叶科技
田　禾　史红平　代秋影　付想兵　白思诗
冯迎迎　冯振强　冯海瑞　吕艳滨　朱先琼
刘　杰　刘晓伟　刘雁鹏　米晓敏　祁建建
许梦雅　孙　明　孙　琳　严　航　杜　健
李士局　李士钰　李全一　李春燕　李雪榕
李　银　杨凌芳　吴万江　吴志华　吴　宏
何　沁　何俊芳　余国英　闵仕君　冷雅民
沈　如　宋珍珍　张传宏　张丽敏　张恒飞
陆麒元　陈元春　陈志林　陈明克　陈　波
陈　健　陈　琳　林静宜　金海龙　周海燕
周溶溶　屈直俊　赵九重　赵　艳　赵新华
郝廷婷　胡昌明　胡景涛　柳　溪　洪　梅
贺小宁　袁　均　桓　旭　栗燕杰　顾晨瀚
侯素枝　徐建东　徐清宇　高文祥　郭　彦
陶怀川　陶奋鹏　黄　坚　蒋芝玉　覃　攀
程　银　曾耀林　赖雪焱　樊桓锐　薛忠勋

主要编撰者简介

主编　陈甦

中国社会科学院学部委员、法学研究所原所长，研究员，中国社会科学院大学法学院特聘教授。

主要研究领域：民商法、经济法。

主编　田禾

中国社会科学院国家法治指数研究中心主任，法学研究所研究员，中国社会科学院大学法学院特聘教授。

主要研究领域：刑法学、司法制度、实证法学。

执行主编　吕艳滨

中国社会科学院法学研究所法治国情调研室主任、研究员，中国社会科学院大学法学院宪法与行政法教研室主任、教授。

主要研究领域：行政法、信息法、实证法学。

摘 要

2020年召开的中央全面依法治国工作会议强调推进全面依法治国，并将习近平法治思想明确为全面依法治国的指导思想。本书归纳了一年来中国司法如何围绕习近平法治思想、中央全面依法治国工作会议精神以及《法治中国建设规划（2020～2025年）》等纲领性文件开展工作，展现了其在深化司法体制改革、加强司法权力监督、强化司法人权保障力度、提升司法的社会治理水平以及司法为民服务等方面取得的成效，并对中国司法制度发展进行了展望。

本书通过司法体制改革、司法人权保障、司法社会治理、智慧司法研究和评估报告五个专题，对中国司法制度的新做法进行总结、新趋势加以分析、新问题开展研究，重点推出了《中国司法改革的新进展（2020～2021）》《司法责任制与党建工作责任制深度融合机制研究》《新时代进一步提升未成年人审判专业化研究》《“互联网+仲裁”的广州实践》等调研报告，并继续对32家省级监狱管理局的狱务公开情况开展评估，对其中的成绩、问题和发展趋势加以分析。

关键词： 司法制度　司法体制改革　司法权力监督　智慧司法

目　录

Ⅰ　总报告

Ⅱ　司法体制改革

Ⅲ 司法人权保障

Ⅳ 司法社会治理

Ⅴ 智慧司法研究

Ⅵ 评估报告

皮书数据库阅读使用指南

总 报 告

General Report

B.1
中国司法报告：发展、成效与展望（2021）

中国社会科学院法学研究所法治指数创新工程项目组*

摘　要：2020年，中央召开全面依法治国工作会议，强调推进全面依法治国。在推进全面依法治国过程中，保障和促进社会公平正义举足轻重。为此，中国的司法机关围绕党的十九届五中全会及中央全面依法治国工作会议精神，严守公正司法底线，积极推进司法体制改革、加大人权保障力度、提升司法社会治理水平、提供司法便民利民服务、加快智慧司法建设步伐，取得了显著成效。与此同时，各地司法机关在全国政法队伍教育整顿活动中也发现一些顽瘴痼疾。今后，司法机关

* 项目组负责人：田禾，中国社会科学院国家法治指数研究中心主任、法学研究所研究员；吕艳滨，中国社会科学院法学研究所法治国情调研室主任、研究员。项目组成员：王小梅、王祎茗、车文博、冯迎迎、刘雁鹏、米晓敏、李士钰、陆麒元、胡昌明、胡景涛、洪梅、栗燕杰、陶奋鹏等（按姓氏笔画排序）。执笔人：胡昌明，中国社会科学院法学研究所助理研究员；田禾；吕艳滨。

应当坚持正确的政治方向，深化司法体制综合配套改革、服务社会政治大局、加快智慧司法建设步伐，同时还应加大对司法活动的监督力度。

关键词：全面依法治国　习近平法治思想　政法队伍教育整顿　司法便民

2020年11月，党的历史上首次中央全面依法治国工作会议召开，会议强调推进全面依法治国，并将习近平法治思想明确为全面依法治国的指导思想。2021年1月，中共中央印发《法治中国建设规划（2020～2025年）》，作为新时代全面推进依法治国的纲领性文件。此后，全国司法机关围绕习近平法治思想、中央全面依法治国工作会议精神以及上述纲领性文件，从深化司法体制改革、加强司法权力监督、强化司法人权保障、提升司法社会治理水平、保障司法为民服务等方面持续发力，取得显著成效。此外，中国司法借助智慧审判、智慧检务和智慧司法行政的快速发展，为新时期在法治轨道上推进国家治理体系和治理能力现代化提供了有力的法治保障。

一　深化改革强化权力监督

（一）政法队伍教育整顿全面开启

近年来，中央加强政法队伍建设，提出从严管党治警的要求。

2021年2月起，全国自下而上开始开展政法队伍教育整顿工作。本次教育整顿工作具有以下特征。一是中央高度重视。本次教育整顿是以习近平同志为核心的党中央从党和国家事业发展全局高度作出的重大决策部署。2020年7月，中央政法委成立全国政法队伍教育整顿试点办公室，进行统一部署。二是活动针对性强，主要整治影响严格执法、公正司法的顽瘴痼

疾。教育整顿紧紧围绕违反防止干预司法“三个规定”[①]，违规经商办企业，违规参股借贷，配偶、子女及其配偶违规从事经营活动，违规违法减刑、假释、暂予监外执行，有案不立、压案不查、有罪不究等执法司法突出问题[②]。三是整顿措施有力。全国政法队伍教育整顿领导小组设立了“政法干警违纪违法举报平台”，各地、各单位也纷纷设立举报平台，通过重点案件评查、涉法涉诉信访案件清查、法律监督专项检查等方式，发现案件疑点，并由案到人，倒查政法干警违纪违法问题。

自市县两级政法队伍教育整顿正式启动以来，截至 2021 年 6 月 8 日，“全国有 12576 名政法干警主动向纪委监委投案。立案审查调查涉嫌违纪违法干警 27364 人，留置 1760 人。处理处分违纪违法干警 72312 人”[③]。此外，教育整顿活动发现、查处和整改了一批违纪违法问题。“排查认定违反干预司法‘三个规定’问题 39441 件。其中，审判执行问题 40046 件，检察机关有罪不究等问题 4900 件，公安不立案等问题 75872 件；违规经商办企业问题 7012 件、违规参股借贷问题 3278 件，干警配偶、子女及其配偶违规参与经营活动 2998 件。依法纠正违规违法‘减假暂’案件 10279 件；处理离任司法人员违规充当‘司法掮客’787 人。”[④]

（二）司法体制改革加快步伐

2020 年以来，司法体制改革在坚持和完善中国特色社会主义政法工作体系的背景下进一步深化。

---

① 2015 年，中办、国办、中政委、“两高三部”先后出台《领导干部干预司法活动、插手具体案件处理的记录、通报和责任追究规定》《司法机关内部人员过问案件的记录和责任追究规定》《关于进一步规范司法人员与当事人、律师、特殊关系人、中介组织接触交往行为的若干规定》，简称为“三个规定”。

② 参见陈慧娟《全国政法队伍教育整顿动员部署会议召开》，《光明日报》2021 年 3 月 1 日，第 4 版。

③ 魏哲哲：《全国第一批政法队伍教育整顿取得阶段性成效》，《人民日报》2021 年 6 月 11 日，第 6 版。

④ 魏哲哲：《全国第一批政法队伍教育整顿取得阶段性成效》，《人民日报》2021 年 6 月 11 日，第6 版。

2021 年 7 月，政法领域全面深化改革推进会召开，会议强调党对政法工作的绝对领导，以完善执法司法责任体系为中心推进司法体制改革。

2020 年以来，法院进一步深化司法责任制改革，积极推进省以下人民法院内设机构改革，并成立了海南自由贸易港知识产权法院、北京金融法院等。首先，深化司法责任制综合配套改革。最高人民法院于 2020 年 7 月印发《关于深化司法责任制综合配套改革的实施意见》，围绕加强人民法院政治建设、完善审判权力运行体系、落实防止干预司法“三个规定”、完善人员分类管理制度、优化司法资源配置机制等五个方面提出了 28 项配套举措。其次，统一法律适用标准，最高人民法院通过制定一系列司法解释①，完善统一法律适用标准、加强类案检索。再次，深化员额管理机制改革。《省级以下人民法院法官员额动态调整指导意见（试行）》《人民法院法官员额退出办法（试行）》等规定的出台，规范了法官员额的动态调整、退出机制。最后，完善人民法院专业法官会议工作机制。2021 年 1 月，最高人民法院通过司法解释就充分发挥专业法官会议工作机制作用提出若干指导意见。

2020 年以来，全面深化检察工作改革继续推进，检察改革进入精细化阶段。一是健全领导干部不办案、挂名办案责任追究机制。最高人民检察院在《“十四五”时期检察工作发展规划》中指出，要落实领导干部带头办案制度，鼓励领导干部办理重大复杂敏感等具有指导意义的案件，并针对不办案、挂名办案现象出台责任追究机制。二是完善检察官责任追究机制。最高人民检察院探索建立检察官征信记录体系，纳入失信被执行人名单的取消评先评优、晋职晋级、检察官入额资格，落实过问或干预、插手检察官办案等重大事项记录报告制度。三是加强检察委员会工作。2020 年 7 月，修订后的《人民检察院检察委员会工作规则》正式实施，确定检察委员会为人民检察院的办案组织和重大业务工作决策机构的职能定位，同时还进一步明确了检察委员会会议制度、会议程序、决定的执行和督办、办事机构职责等具

---

① 包括《最高人民法院关于统一法律适用 加强类案检索的指导意见（试行）》《最高人民法院关于完善统一法律适用标准工作机制的意见》等。

体问题。

在司法行政改革方面，司法部研究制定出台了《2021 年司法行政改革工作要点》，明确了 31 项重点改革任务，主要包括健全司法行政职能体系、完善司法行政体制机制、加强执法司法制约监督、促进法律服务行业发展等六个方面内容。特别是聚焦进一步规范减刑、假释、暂予监外执行工作，深化公证体制机制改革，完善司法鉴定制度，强化律师行业监督管理等改革任务要求，努力推动构建与司法行政机关执法司法运行模式相适应的制约监督体系等①。此外，司法行政机关还通过深化司法行政"放管服"改革，加快推行证明事项告知承诺制试点工作。

（三）司法权力监督更加有力

习近平总书记指出："要聚焦人民群众反映强烈的突出问题，抓紧完善权力运行监督和制约机制，坚决防止执法不严、司法不公甚至执法犯法、司法腐败。"② 司法权的制约监督是社会公众关注的热点问题，也是对司法公平公正的保障。2021 年 6 月，《中共中央关于加强新时代检察机关法律监督工作的意见》发布，这是中共中央首次就加强检察机关法律监督工作专门印发文件。

2021 年，司法机关多措并举，完善司法权力运行监督和制约机制。

第一，法院全面落实防止干预司法"三个规定"。2021 年 1 月，最高人民法院发布《关于进一步强化日常监督管理　严格执行防止干预司法"三个规定"的意见》，将干预司法"三个规定"落到实处。同时，各级法院启用"三个规定"记录报告平台，平台覆盖联通全国法院并建立月报告制度。2021 年 1～4 月，全国法院干警通过"三个规定"记录报告平台主动记录报

① 《司法部印发〈2021 年司法行政改革工作要点〉》，《民主与法制时报》2021 年 3 月 31 日，第 4 版。

② 丁国强：《加强制约监督是深化司法改革的重要任务》，《人民法院报》2020 年 9 月 2 日，第 2 版。

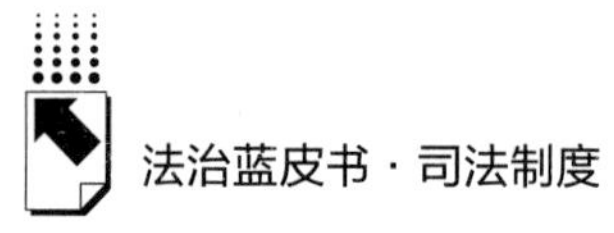

告内外部人员过问案件及与当事人、特殊关系人交往信息 31137 条[①]。

第二，规范检察监督工作。2021 年 8 月，《人民检察院民事诉讼监督规则》正式实施。该规则共有 10 章 135 条内容，全面规定了人民检察院对民事诉讼的监督内容、方法、形式等，重点加强对民事诉讼回避、受理、审查、案件管理以及对生效判决、裁定、调解书、审判程序中审判人员违法行为、执行活动违法情形的监督工作。与此同时，该规定还完善了检察机关自我纠错制度，新增了复查制度。

第三，加强对监狱刑罚执行权的监督。监狱作为行使国家刑罚执行权的机关之一，是承担刑事处罚、惩罚犯罪和预防犯罪职能的重要司法部门，其管理行为直接关系着社会和谐稳定、司法公信力的建构。近年来，与监狱相关的报道中频繁出现“纸面服刑”“以钱买刑”等顽瘴痼疾，亟待“刮骨祛毒”。针对这一现状，司法行政机关与检察机关共同建立巡回检察常态化机制，试点看守所巡回检察工作，完善狱政管理权力制约长效机制，使监狱管理工作进一步法治化。各级检察机关开展跨省、省内跨地区交叉巡回检察行动，以检察监督方式有效发现狱政管理问题，提出整改建议。2020 年以来，最高人民检察院直接组织跨省监狱交叉巡回检察，对陕西宝鸡监狱、广东从化监狱、湖南坪塘监狱进行巡回检察，并及时提出整改意见。

（四）司法公开机制不断深化

司法公开是促进司法权力规范化的重要措施之一。2020 年以来，中国司法机关继续进一步加大司法公开力度，让司法权在阳光下运行。

中国法院在线上线下继续加大法院司法公开力度。截至 2021 年 7 月，中国裁判文书网文书总量达 1.2 亿多篇，访问总量达 670 多亿人次，全国法院庭审直播数量累计突破 1415.3 万场。2020 年 9 月 1 日，中国裁判文书网针对人民群众反映最多的网站访问速度慢、无法正常访问等问题，对网页访问方式进行升级，进一步提升公众对裁判文书网的访问体验。2020 年，最

① 高倩倩等：《严防干预司法　筑牢公平正义“防火墙”——人民法院推进贯彻落实“三个规定”纪实》，《人民法院报》2021 年 6 月 17 日，第 1 版。

高人民法院召开新闻发布会29场，主题包括善意执行、知识产权、服务疫情防控、依法适用正当防卫等，向社会传递司法信息①。

人民检察院通过检察开放日等形式，推动检察工作公开。其中，最高人民检察院先后举办38次检察开放日，邀请全国人大代表、全国政协委员、最高人民检察院专家咨询委员、律师、法律工作者、企业经营者、社区居民、农村村民、大中小学生、部队战士等进入最高人民检察院参观、交流。2020年10月发布的《人民检察院审查案件听证工作规定》进一步加强和规范了检察院以听证方式审查案件工作。公开听证从刑事申诉案件走向“四大检察”“十大业务”，成为检务公开的一个重要方式。

（五）繁简分流试点初见成效

2020年1月15日，民事诉讼程序繁简分流试点工作正式启动。经过一年探索，民事诉讼程序繁简分流改革试点取得阶段性成效，2020年全国法院受案数量出现2004年以来的首次下降。具体而言，“司法质量、效率进一步提升，司法资源配置更加合理优化，人民群众对公平正义的获得感不断增强”②。通过改革试点，司法确认的程序适用范围得以扩大，多元纠纷解决途径更加多元；小额诉讼程序更加便捷高效；繁简分流程序运行机制逐步形成；独任审判适用比例增加，审判资源配置更加合理；线上诉讼和线下诉讼并行模式逐步形成；当事人合法权益保障更加充分③。

此外，最高人民法院还进一步规范行政诉讼程序繁简分流制度。2021年5月28日印发的《最高人民法院关于推进行政诉讼程序繁简分流改革的意见》进一步推进行政案件繁简分流、轻重分离、快慢分道，推动行政争议实质化解。

---

① 《传递司法强音　发布“声”入人心》，《人民法院报》2021年2月11日，第2版。

② 荆龙：《民事诉讼程序繁简分流改革试点取得阶段性成效》，《人民法院报》2021年2月28日，第1版。

③ 荆龙：《民事诉讼程序繁简分流改革试点取得阶段性成效》，《人民法院报》2021年2月28日，第1版。

二　加强司法人权保障力度

（一）提升刑事司法人权保障水平

2020年以来，司法机关在打击犯罪、维护社会安定的同时，从以下几个方面加强刑事司法人权保障。

一是完善正当防卫的认定。正当防卫是中国刑法赋予公民与违法犯罪行为作斗争的重要权利，其尺度与标准与人民群众对社会公平正义的感知息息相关。中国司法机关进一步明确正当防卫制度的适用，合理保障人权。2020年8月28日，最高人民法院、最高人民检察院（以下简称“两高”）、公安部印发《关于依法适用正当防卫制度的指导意见》。该意见为司法机关准确适用正当防卫制度提供了指引，进一步维护公民的正当防卫权利，弘扬社会正气。最高人民法院还通过公布指导案例等方式进一步完善正当防卫制度。

二是落实认罪认罚从宽制度。自推行认罪认罚从宽制度以来，检察机关不断探索，推进该项刑事司法制度的落实。其中，《人民检察院办理认罪认罚案件监督管理办法》明确了全方位监督认罪认罚案件从宽制度的适用。该办法提出了四个原则，以及内部监督、部门报告、公开听证、重点评查、追责问责等配套制度，扎紧认罪认罚从宽制度适用的“篱笆”。最高人民检察院的报告显示，2019年1月至2020年8月，全国检察机关“依法适用认罪认罚从宽制度办结案件1416417件1855113人，人数占同期办结刑事犯罪案件总数的61.3%；适用认罪认罚从宽制度，被告人一审上诉率低于其他刑事案件11.5个百分点；2020年以来，未成年人犯罪案件认罪认罚从宽适用率为88.4%”①。此外，一些地方也从量刑建议、从宽幅度等多方面制定了实施细则，如《浙江省刑事案件适用认罪认罚从宽制度实施细则》等。

---

① 张军：《最高人民检察院关于人民检察院适用认罪认罚从宽制度情况的报告——2020年10月15日在第十三届全国人民代表大会常务委员会第二十二次会议上》，《检察日报》2020年10月17日，第2版。

三是开展羁押必要性审查专项活动。2021 年 7 月，最高人民检察院成立了羁押必要性审查专项活动领导小组，并在全国组织开展为期6 个月的羁押必要性审查专项活动。该专项活动有助于解决司法实践中长期存在的轻罪案件羁押率过高、构罪即捕、一押到底以及民营企业家涉案羁押影响生产经营等突出问题，最大限度维护刑事案件当事人的权益。

四是落实宽严相济刑事政策。人民法院坚持贯彻宽严相济刑事政策，维护人民群众合法权益。为社会和谐稳定创造良好的法治环境，2016～2020 年，人民法院已依法宣告 5479 名被告人无罪[①]。根据最高人民检察院的工作报告，2020 年，检察机关坚持疑罪从无、有错必纠，不批捕 13.8 万人、不起诉4.1 万人。对“张玉环案”“吴春红案”“韩显辉案”等冤错案件，建议改判无罪[②]。

（二）保障未成年人合法权益

未成年人是国家和民族的希望，未成年人司法保护工作关乎民族的未来。中国的司法机关一直高度重视未成年人保护和犯罪预防工作，坚持以“教育为主、惩罚为辅”为原则，以“教育、感化、挽救”为方针。

2021 年 6 月 1 日，新修订的《未成年人保护法》正式施行。新修订的《未成年人保护法》着力解决社会关注的涉未成年人侵害问题，新增加了未成年人政府保护和网络保护的规定。

2020 年以来，在最高人民检察院的部署下，检察机关加快推进未成年人检察业务集中统一办理，全面建立起未成年人保护的“护城河”。2020 年5 月，最高人民检察院联合 8 个部门共同发布《关于建立侵害未成年人案件强制报告制度的意见（试行）》，明确规定了密切接触未成年人行业的各类组织及其从业人员，在工作中发现未成年人遭受不法侵害以及面临不法侵害

① 《国新办吹风会介绍　中国人权保障法治化水平不断提升》，《人民法院报》2021 年 6 月 1 日，第 1 版。

② 张军：《最高人民检察院工作报告——2021 年 3 月 8 日在第十三届全国人民代表大会第四次会议上》，《检察日报》2020 年 10 月 17 日，第 2 版。

危险时，具有向公安机关报告的义务。

2020 年 8 月，《关于建立教职员工准入查询性侵违法犯罪信息制度的意见》构建了预防性侵未成年人违法犯罪机制，进一步加强对未成年人的全面保护。此外，最高人民检察院决定自 2021 年 5 月至 2022 年 12 月在全国检察机关开展“检爱同行　共护未来”未成年人保护法律监督专项行动。2021 年 6 月，《未成年人检察工作白皮书（2020）》对外发布，对 2020 年全年检察机关未成年人检察工作情况进行全面梳理总结。据白皮书统计，“2020 年，全国检察机关共受理审查逮捕未成年犯罪嫌疑人 37681 人，受理审查起诉 54954 人，批准逮捕 22902 人，不批准逮捕 14709 人，提起公诉 33219 人，不起诉 16062 人，不捕率、不诉率分别为 39.1% 和 32.59%。同时，共批准逮捕侵害未成年人犯罪 38854 人，提起公诉 57295 人”①。

据最高人民法院统计，2016～2020 年，人民法院“审理猥亵、拐卖儿童等侵害未成年人合法权益的刑事案件 24035 件，惩处罪犯 24386 人，一审审结涉及监护、抚养未成年人等民事案件 120 多万件”②。2020 年 12 月 24 日，《关于加强新时代未成年人审判工作的意见》正式发布，该意见规定了少年法庭的受案范围，强化了未成年人案件审理工作的专业化和专门化，设立新的未成年人审判工作绩效考核机制，配备专门的少年法庭司法人员等。这些做法依法保障了未成年人的权益。

（三）推进刑事案件律师辩护全覆盖

《法治中国建设规划（2020～2025 年）》明确要求，实现刑事案件律师辩护、法律帮助全覆盖。这意味着刑事案件律师辩护全覆盖试点工作将得到进一步深化，这是推进以审判为中心的刑事诉讼制度改革的重大举措，对于维护被告人的合法权益、加强人权司法保障、促进司法公正意义重大。

---

① 李春薇：《最高人民检察院发布未成年人检察工作〈白皮书〉》，《检察日报》2021 年 6 月 2 日，第 1 版。

② 刘婧：《最高人民法院成立少年法庭工作办公室并发布未成年人司法保护典型案例》，《人民法院报》2021 年 3 月 3 日，第 1 版。

目前，刑事案件律师辩护全覆盖已在全国普遍推开。截至2020年底，"全国共有2368个县（市、区）开展了刑事案件律师辩护全覆盖试点。北京等16个省（区、市）实现县级行政区域试点工作全覆盖。法律援助案件累计达到59万件。值班律师提供法律帮助案件达到48万余件"[①]，彰显了司法文明和进步。

（四）进一步细化社区矫正制度

《社区矫正法》和《社区矫正法实施办法》自2020年7月1日起施行。

两部法律法规主要从三个方面进一步推进和规范社区矫正工作。首先，明确规定了各司法机关在社区矫正工作中的职能，细化了法院、检察院、公安机关、监狱管理机关、社区矫正机构的职责分工，构建了科学高效的社区矫正执法体系。其次，完善了社区矫正制度，增加了核实居住地、检察监督、社区矫正对象出境管理等条款。最后，提升了社区矫正工作的规范化、法治化水平，对社区矫正各项措施作出了明确规定，规范接收入矫、解除矫正、调查评估、监管教育等各工作环节。

此外，各地还通过出台相应的社区矫正工作实施细则，完善社区矫正机制。其中，上海、福建、安徽等16个省份制定出台社区矫正法实施细则；江苏、广东等24个省份依法成立省级社区矫正委员会；山西等地普遍建立具有独立执法主体资格的社区矫正机构。海南、内蒙古等地也相继出台监狱戒毒警察参与社区矫正工作管理办法，形成推动社区矫正活动规范化的合力。

（五）完善国家赔偿和司法救助制度

完善国家赔偿和司法救助制度有利于强化司法人权保障。司法机关从多方面对国家赔偿制度加以完善。首先，中国的国家赔偿金标准不断提高。

① 《司法部：全国共有2368个县（市、区）开展了刑事案件律师辩护全覆盖试点工作》，《中国日报》2021年3月7日。

2021年5月20日，最高人民法院下发通知，将涉及侵犯公民人身自由权的赔偿金标准提高至每日373.10元。其次，法院通过司法解释明确规范了国家赔偿中精神损害责任的适用。2021年3月25日，最高人民法院发布司法解释，对精神损害赔偿请求的申请与受理、造成严重后果的认定标准、责任方式的适用规则、精神损害抚慰金的标准与支付等内容进行了规定，进一步完善了中国国家赔偿制度。此外，在《国家赔偿法》颁布实施25周年之际，最高人民法院还发布国家赔偿的典型案例。检察机关则用好国家司法救助制度，对因犯罪侵害等致生活陷入困境的被害人及其近亲属“应救尽救”，防止因案致贫返贫。仅2020年，检察机关“就开展司法救助3.2万人4.2亿元，同比分别上升55.2%和61.3%”①。

（六）打击虚假诉讼，维护司法权威

近年来，虚假诉讼高发，干扰削弱了司法的权威和公信力，浪费了司法资源。“2015年至2020年上半年共有6142件民间借贷纠纷案件涉虚假诉讼，在虚假诉讼中占比达46.36%。”② 虚假诉讼危害性大、隐蔽性强，亟待采取措施予以严厉打击，维护司法权威。2021年3月4日，最高人民法院联合最高人民检察院等共同印发《关于进一步加强虚假诉讼犯罪惩治工作的意见》，明确各司法部门按照法定职责分工，为虚假诉讼犯罪线索移送和案件查处，民事诉讼和刑事诉讼程序衔接，司法工作人员、律师等参与虚假诉讼等司法实践工作提供了指导。全国各地法院也积极参与虚假诉讼治理，如江苏、宁夏以及浙江的高级人民法院先后发布了一系列打击“套路贷”及虚假诉讼的规范性文件，对辖区内的虚假诉讼开展专项整治活动等。

---

① 张军：《最高人民检察院工作报告——2021年3月8日在第十三届全国人民代表大会第四次会议上》，《检察日报》2020年10月17日，第2版。

② 《严惩虚假诉讼　维护司法权威》，《人民日报》2021年2月18日，第19版。

三　提升司法社会治理水平

（一）司法助力复工复产

为贯彻落实党中央关于做好“六稳”工作、落实“六保”任务的重大决策部署，在疫情防控进入常态化后，司法机关从自身职责任务出发，加快推进生产生活秩序全面恢复，千方百计助力复工复产。

2020 年下半年以来，最高人民法院针对受疫情影响而多发的涉外商事海事纠纷、旅游业纠纷等先后发布了多部司法解释。《最高人民法院关于依法妥善审理涉新冠肺炎疫情民事案件若干问题的指导意见（三）》聚焦受疫情影响较大的案件类型，对诉讼当事人、诉讼证据、时效与期间、域外法律适用等内容进行明确，平等保护中外当事人合法权益，营造了更加稳定公平透明、可预期的法治化营商环境。《关于依法妥善处理涉疫情旅游合同纠纷有关问题的通知》则要求各部门发挥好化解矛盾纠纷的职能作用，建立健全多元化解和联动机制，要求依法妥善处理涉疫情旅游合同纠纷并做好法律宣传工作，解决复工复产难题，推进生产生活秩序恢复。

最高人民检察院于 2020 年 7 月下发《关于充分发挥检察职能　服务保障“六稳”“六保”的意见》，提出重点惩治破坏复工复产和经济社会发展的犯罪、依法保护企业正常生产经营活动、加大对涉民营企业各类案件的法律监督力度等 11 条具体举措，细化服务保障“六稳”“六保”的各项要求，助力各类企业复工复产、渡过难关。据统计，“对于侵害民营企业合法权益的犯罪，2020 年全国检察机关共起诉 2.3 万人，同比上升 2.9%”①。同时，加强对民营企业的平等司法保护，对涉经营类犯罪，坚持依法能不捕的不

① 张军：《最高人民检察院工作报告——2021 年 3 月 8 日在第十三届全国人民代表大会第四次会议上》，《检察日报》2020 年 10 月 17 日，第 2 版。

捕、能不诉的不诉、能不判实刑的提出适用缓刑建议等从宽轻缓原则，服务保障民营经济发展。

司法行政机关积极制定规划、统筹司法行政服务工作，全力服务企业复工复产，为企业排忧纾困。一是发挥司法行政各服务平台职能作用，服务企业和人民群众。司法部印发《疫情防控和企业复工复产公共法律服务工作指引》，充分发挥了法律援助、公证、司法鉴定、仲裁以及公共法律服务平台的职能作用，更好地服务依法防控疫情，助力企业复工复产，最大限度保障人民群众的人身财产安全和合法权益。二是公职律师、政府法律顾问充分发挥顾问作用，认真分析研判疫情防控工作法律风险，主动为疫情防控决策提供法律论证，及时提出法律意见建议。三是不断规范劳动仲裁方式，为劳动争议法律援助服务再添“薪火”，助力企业复工复产，实现劳资共赢。除了出台《关于进一步加强劳动人事争议调解仲裁法律援助工作的意见》规范劳动争议仲裁方式、保障劳动者的合法权利外，司法部还发布了多批公共法律服务典型案例，发挥好案例指导作用和规范引领作用。

（二）完善公益诉讼制度

近年来，公益诉讼范围不断扩大，制度日益完善，公益诉讼已经成为发展变化最快的诉讼制度之一。《法治中国建设规划（2020～2025年）》提出，“拓展公益诉讼案件范围，完善公益诉讼法律制度，探索建立民事公益诉讼惩罚性赔偿制度”。2020 年 7 月公布的《人民检察院公益诉讼办案规则》在总结各地办案实践经验基础上，进一步明确和细化办案各阶段、各环节的标准和要求，并探索优化诉前程序、完善诉讼请求、提高公益诉讼威慑力、丰富调查手段等新举措。《个人信息保护法》通过后，最高人民检察院下发通知，将个人信息保护纳入检察公益诉讼法定领域。2020 年 12 月，“两高”共同修订的《关于检察公益诉讼案件适用法律若干问题的解释》发布。2020 年，“全国各地检察机关共办理公益诉讼案件 151260 件，其中，民事公益诉讼 1.4 万件，行政公益诉讼

13.7 万件，同比分别上升 1 倍和 14.4%”①。最高人民检察院和各省级检察院办理了一批跨区域和较大影响案件。

此外，地方检察院也根据各自辖区特点部署开展公益诉讼活动。北京等沿运河 8 省市检察机关部署开展大运河公益监督保护专项活动。甘肃省检察院与省文物局联合开展国有文物保护检察公益诉讼专项监督活动。为解决残疾人、老年人等特殊群体交通出行、生产生活等面临的难题，2020 年，浙江省检察机关充分发挥公益诉讼职能，共办理无障碍环境建设检察公益诉讼案件 178 件，制发检察建议 169 份。山东检察机关开展“守护校园安全”检察公益诉讼专项监督活动。

（三）扫黑除恶惩治犯罪

为期三年的全国扫黑除恶专项斗争是党的十九大以来党中央作出的重大决策，事关社会大局稳定和国家长治久安，事关人心向背和基层政权巩固。三年来，全国司法机关围绕“建立健全遏制黑恶势力滋生蔓延的长效机制，取得扫黑除恶专项斗争压倒性胜利”的目标任务，加大对重点行业领域专项整治力度，最大限度挤压黑恶势力滋生空间。全国各地司法机关依法公正处理一大批具有重大影响、典型的涉黑案件。统计数据显示，全国扫黑除恶专项斗争开展以来，全国共打掉涉黑组织 3644 个，打掉涉恶犯罪集团 11675 个，全国法院一审判决涉黑涉恶犯罪案件 3.29 万件 22.55 万人，黑恶犯罪势头得到了根本遏制②。

全国扫黑除恶专项斗争结束后，2021 年 5 月，中央又对常态化开展扫黑除恶斗争作出安排部署，提出要持续保持对黑恶势力违法犯罪的高压态势，形成有效震慑，建立健全源头治理防范整治机制，把扫黑除恶斗争纳入经济社会发展全局谋划推进。

---

① 张军：《最高人民检察院工作报告——2021 年 3 月 8 日在第十三届全国人民代表大会第四次会议上》，《检察日报》2020 年 10 月 17 日，第 2 版。

② 郭春阳：《八个方面见证专项斗争成效》，《人民公安报》2021 年 3 月 31 日，第 2 版。

（四）加大诉源治理力度

深化多元纠纷解决机制是国家在全面依法治国背景下的战略部署，也是国家治理体系和治理能力现代化的重要组成部分。近年来，司法机关通过多元纠纷化解、加强律师调解、司法调解等，大力加强诉源治理工作。

一是人民法院基本建成一站式多元解纷和诉讼服务体系。截至2021年3月5日，线上四级法院全部应用人民法院调解平台，每日诉前成功调解案件1.7万件，平均调解时长23天。全国3500多家法院上线中国移动微法院小程序，当事人通过该程序可以享受29项在线诉讼服务。各级法院主动融入城乡治理体系，加强诉讼服务中心一站式多元解纷工作，2020年以速裁方式解决纠纷693.27万件，平均审理周期仅为36天。一站式多元解纷体系，将越来越多的矛盾化解在基层，走出了一条具有中国特色的纠纷解决之路①。

二是开展律师调解试点工作。作为完善诉讼制度的创新性举措，律师调解是深化律师制度改革的内在需要，也是推进公共法律服务体系建设的重要内容之一。实践证明，律师调解工作既有利于维护当事人的合法权益，促进社会公平正义，又有利于节约有限的司法资源和诉讼成本，拓展律师业务领域，促进律师事业持续健康发展。目前，全国共有2600多个县（市、区）开展了律师调解试点，共设立律师调解工作室8600多个，参与调解的律师事务所9500多家，律师调解员4.9万多人。试点以来，各地律师调解工作室（中心）累计调解案件25万多件，达成调解协议8.5万多件，新冠肺炎疫情防控期间共调解案件1.8万多件，有效防范化解了各类风险挑战，为统筹推进疫情防控和经济社会发展作出了积极贡献②。

---

① 参见《最高人民法院召开新闻发布会宣布　人民法院一站式多元解纷和诉讼服务体系基本建成》，《人民法院报》2021年3月5日，第1版。

② 《司法部：全国共有2368个县（市、区）开展了刑事案件律师辩护全覆盖试点工作》，《中国日报》2021年3月7日。

（五）不断改善营商环境

法治就是最好的营商环境，提升营商环境离不开司法的保障。中国司法机关通过司法保障为社会营商环境优化作出了积极的贡献。

在知识产权保护方面，近年来全国司法机关高度重视知识产权保护工作。2020 年，全国法院共新收一审、二审、申请再审等各类知识产权案件 525618 件，审结 524387 件，比 2019 年分别上升 9.1% 和 10.2%①。检察院组建知识产权检察办公室，以专业办案团队强化综合司法保护，并在北京、上海等 9 个省份试点。2020 年，检察院协同国家版权局等“对 49 起重大侵权盗版案挂牌督办。起诉侵犯知识产权犯罪 1.2 万人，同比上升10.4%”②。

司法服务市场方面，各地区司法行政部门在公证服务事项上发力，减少企业的公证环节，提高企业公证服务效力。例如，贵州省出台《贵州省全面推行证明事项告知承诺制实施方案》，贵州省司法厅与贵州省大数据局对接全省公证行业数据共享需求清单，实施高频、简单的公证事项“能不办就不办”“能网上办就网上办”，优化营商环境，帮助企业纾困解难。湖南省司法厅出台了《关于为中国（湖南）自由贸易试验区建设提供优质高效公共法律服务的实施意见》，明确要求自贸区内的法律服务行政审批事项缩减审批时限 50%，极大提高司法行政服务效率。

仲裁制度方面，积极探索设立新型仲裁机构。其一，2020 年以来，中国国际经济贸易仲裁委员会成立了海南仲裁中心，海南国际仲裁院设立了国际医疗争议调解仲裁中心、国际商事调解中心等，服务于海南自由贸易区国际贸易。多家自贸区仲裁机构的设立有助于为自由贸易区提供优质的法律服务，建立健全多元化商事纠纷解决机制。其二，为适应

① 《最高法发布知识产权司法保护规划　惩治侵权行为　鼓励自主创新》，《人民日报》2021 年 4 月 28 日，第 11 版。

② 张军：《最高人民检察院工作报告——2021 年 3 月 8 日在第十三届全国人民代表大会第四次会议上》，《检察日报》2020 年 10 月 17 日，第 2 版。

经济社会发展需要，2020 年以来，中国先后设立了大湾区国际仲裁中心、重庆仲裁委互联网仲裁院、全国首个生态仲裁院（南平生态仲裁院）等新形式的仲裁机构，服务于新形势下的商事仲裁需求。其三，为加强内地与香港的仲裁结果互认，出台了《最高人民法院关于内地与香港特别行政区相互执行仲裁裁决的补充安排》，强调内地与香港互相认可依据对方仲裁规定作出的裁决，方便商业贸易往来。对此，最高人民法院和香港特别行政区政府律政司共同以中英文双语形式发布相互执行仲裁裁决的 10 件典型案例，采取以案释法的方式指导内地与香港相互执行仲裁裁决工作。

四　提供司法便民为民服务

（一）司法公共法律服务

公共法律服务是政府公共职能的重要组成部分，是保障和改善民生的重要举措，是全面依法治国的基础性、服务性和保障性工作，对于提高司法人权保障水平有重要意义。近年来，《关于加快推进公共法律服务体系建设的意见》《公共法律服务网络平台、实体平台、热线平台融合发展实施方案》先后出台，加快推进公共法律服务体系建设。2020 年底颁布的《法治社会建设实施纲要（2020 ~2025 年）》（以下简称《纲要》）明确提出，要为群众提供便捷高效的公共法律服务。

目前，中国的公共法律服务以司法部“三大平台”为基础，具体包括网络平台、实体平台、热线平台，是司法行政机关统筹提供公共法律服务的重要窗口和途径。目前，中国公共法律服务三大平台已经全面建成，基本实现公共法律服务“网上办”“指尖办”“马上办”的目标，通过建设公共法律服务中心、公共法律服务工作站，聘请法律顾问，实现县（市、区）、乡镇（街道）、村（居）委会三级公共法律服务体系能够面对面解决群众遇到的各种法律问题。《纲要》提出，“到 2022 年，全国要基本形成覆盖城乡、

便捷高效、均等普惠的现代公共法律服务体系，保证人民群众获得及时有效的法律帮助”①。

（二）普法活动再掀高潮

2020 年中央全面依法治国工作会议之后，“七五”普法步入收官之年。各地各部门坚持以习近平法治思想为指导，加强普法宣传工作，让宪法法律走入人民群众的日常生活，推动依法治国提高到新水平，为全面建成小康社会和“十三五”规划圆满收官提供了良好的法治环境。

“七五”普法期间，党对普法工作的领导全面加强，普法责任制全面实行，全社会法治观念明显增强，全民法治素养不断提升。各地各部门结合实际，开展具有地方特色的普法活动。贵州省深入开展早婚早育治理、义务教育法治等专项行动。辽宁省以加强和创新社会治理为目标，把为群众搭建“家门口”的说事、议事、调事平台作为抓手，积极开展“村（居）民评理说事点”建设，扎实推进普治并举。上海市的普法工作有力推动了《上海市生活垃圾管理条例》的贯彻实施。

2021 年 6 月 10 日，全国人大常委会表决通过了关于开展第八个五年法治宣传教育的决议。7 月，《中央宣传部、司法部关于开展法治宣传教育的第八个五年规划（2021 ~ 2025 年）》下发，标志着“八五”普法活动正式启动。

（三）加强民生司法保障

司法机关努力促进民生福祉，参与社会治理，强化人民群众司法获得感。2020 年以来，司法机关通过加强环境保护、保障食品安全、推进乡村振兴以及保护老年人权益等方面加强民生的司法保障。全国法院共审结涉及社会保障等民生案件 134.7 万件，帮助农民工追回“血汗钱”206.1 亿元②。

---

① 《法治社会建设实施纲要（2020 ~ 2025 年）》。

② 《最高人民法院工作报告（摘要）》，《人民法院报》2021 年 3 月 9 日，第 2 版。

在环境保护方面，截至2020年底，全国共设立环境资源专门审判机构1993个，包括环境资源审判庭617个，合议庭1167个，人民法庭、巡回法庭209个[①]。2020年，全国检察机关起诉破坏生态环境资源犯罪5.1万人，办理相关公益诉讼案件8.4万件，同比分别上升0.9%和21%[②]。同时，人民法院不断完善流域环境司法保护，积极扩大国际环境司法影响力。2021年5月27日，最高人民法院与联合国环境规划署在共同举办的世界环境司法大会上通过了《世界环境司法大会昆明宣言》，通过加强全球环境危机司法应对、运用多样化司法措施，推动环境司法专业化发展。

在食品安全方面，最高人民法院发布了审理食品安全纠纷的司法解释[③]和五个典型案例。该司法解释规定了各类主体的责任承担、明确惩罚性赔偿不以造成人身损害为前提、惩治恶意及严重不负责任的经营者、打击“黑作坊”食品的生产经营链条等，对《民法典》的立法精神和具体制度予以落实，保障了公众的身体健康和生命安全。2020年，最高人民检察院与十部门联合印发《关于在检察公益诉讼中加强协作配合　依法保障食品药品安全的意见》，明确在食品药品安全民事公益诉讼中探索提出惩罚性赔偿诉讼请求。此外，2020年下半年，全国检察机关针对食品安全等涉及民生的案件，共立案30148件，办理诉前程序案件26048件，提起诉讼2096件[④]。

在保障乡村振兴方面，2021年“中央一号”文件提出全面推进乡村振兴。最高人民法院发布耕地保护典型行政案例、“农资打假”典型案例，对乱占耕地行为，农资制假、售假犯罪予以打击。以典型案例引领示范保护农民利益，为推进乡村振兴、加快农业农村现代化提供有力的司法保障。

---

① 乔文心：《最高法发布〈中国环境资源审判（2020）〉暨年度典型案例和〈中国环境司法发展报告（2020）〉——全面加强生态环境保护工作　为共建美丽家园贡献司法智慧》，《人民法院报》2021年6月5日，第4版。

② 张军：《最高人民检察院工作报告——2021年3月8日在第十三届全国人民代表大会第四次会议上》，《检察日报》2020年10月17日，第2版。

③ 即《最高人民法院关于审理食品安全民事纠纷案件适用法律若干问题的解释（一）》。

④ 肖荣：《公益诉讼：让群众生活得安心舒心》，《检察日报》2021年2月28日，第1版。

在家事保护、老年人权益保障方面，最高人民法院、全国妇联、中国女法官协会联合发布人身安全保护令十大典型案例，涉及精神侵害、离婚后家暴、多方联动防止家暴、学校发现制止家暴等多个方面，推动了《反家庭暴力法》设立的人身安全保护令制度的发展。“2016～2020 年，全国法院共签发人身安全保护令 7918 份。”[①] 2021 年 2 月 24 日，最高人民法院首次发布老年人赡养、出行旅游、以房养老等有关老年人权益保障的典型案例，依法维护老年人的合法权益。

（四）提高公证服务水平

公证是公共法律服务的重要组成部分。优化公证服务，既是方便人民群众充分利用公证服务来满足自身需要，及时、合法地获得司法救济的重要方式，便利群众生活，也是深化“放管服”改革，营造市场化、法治化、国际化营商环境的重要举措，对激发市场活力、引进高质量高技术国内外投资具有重要意义。2020 年以来，中国针对司法公正服务事项出台了多项政策规定，从总体上规划提升公证服务水平。

一是逐步实现“跨省通办”，打破数据共享壁垒。2020 年 9 月 24 日颁布的《关于加快推进政务服务“跨省通办”的指导意见》制定了 2021 年底前基本实现高频政务服务事项“跨省通办”的目标。为贯彻落实这一目标，司法部结合自身实际情况制定了《关于优化公证服务更好利企便民的意见》（以下称《意见》），明确规定了司法公正服务事项的总体要求和发展方向[②]。

二是精简程序性事项，解决公证办理的“难、繁、慢”问题。公证作为一项预防性法律制度，能够起到降低社会交易成本、化解社会矛盾、提高社会资源利用率、完善基层治理等作用。但是，公证领域的“难、繁、慢”现象极大地阻碍着公证服务效率。为破解这一难题，《意见》提

① 《情系百姓冷暖　司法护航民生》，《人民法院报》2021 年 2 月 23 日，第 1 版。

② 《司法部关于印发〈关于优化公证服务更好利企便民的意见〉的通知》（司发〔2021〕2 号）。

出要求，各地司法机关全面推行公证证明材料清单制度管理，落实一次性告知制度，探索实行公证证明材料告知承诺制度。通过数据共享等方式，减少各部门之间的“循环办证”，实现让“数据多跑路，让群众少跑腿”。

五　拓展智慧司法应用领域

没有信息化就没有现代化。近年来，各地司法机关积极探索司法领域内的“智能服务”道路，利用互联网、区块链、远程视频等技术服务司法实践，发挥智慧司法高效、便捷的优势，满足人民群众的法律诉求和需要，逐步实现司法现代化。

（一）智慧审判

2020 年，人民法院健全完善跨部门大数据办案平台，全面完善在线诉讼规则，人民法院信息化 3.0 版顺利建设完成，中国法院已经建成世界上最大的司法审判信息资源库。其中，人民法院大数据管理和服务平台汇集案件信息超过 2.18 亿件，完成司法专题分析报告 870 余份。截至 2020 年底，全国建设科技法庭 4.4 万余个，其中 25 个省份法院的科技法庭覆盖率达到 90% 以上。全国 4.3 万余路科技法庭信号实现与法眼平台对接，支持庭审过程远程巡查。2020 年 2 月 3 日至 12 月 31 日，全国法院网上立案和当事人自助立案占一审立案量的 50% 以上，全国法院网上开庭 80 多万场，较上年同期增长 7 倍以上；网上调解 410 余万次，占比 40% 以上；网上证据交换 160 余万次，均比 2019 年同期大幅上升①。

2021 年，人民法院继续强化法院信息化能力，完善顶层规划。5 月 21 日，最高人民法院网络安全和信息化领导小组召开 2021 年第一次全体会议，

① 中国社会科学院法学研究所法治指数创新工程项目组：《2020 年中国法院信息化发展与 2021 年展望》，陈甦、田禾主编《中国法院信息化发展报告 No.5（2021）》，社会科学文献出版社，2021。

会议要求推进人民法院信息化 4.0 版建设，以司法数据中台、智慧法院大脑、在线诉讼建设为指引，全面深化智慧法院建设。6 月 17 日，最高人民法院召开新闻发布会发布《人民法院在线诉讼规则》，这是最高人民法院颁布的首部指导全国法院开展在线诉讼工作的司法解释，覆盖立案、调解、证据交换、询问、庭审、送达等诉讼全流程，确立了在线诉讼“公正高效”“合法自愿”“权利保障”“便民利民”“安全可靠”五项基本原则，确认电子化材料和区块链的效力及审核标准，建立在线庭审规范，明确非同步庭审效力，完善电子送达规则，进一步推进和规范在线诉讼活动，推动司法审判模式划时代变革。

（二）智慧检务

2021 年 1 月，最高人民检察院领导提出，要把科技强检作为推动检察工作高质量发展的重要支撑。2020 年以来，全国检察机关全面上线运行检察业务系统 2.0，依托大数据、人工智能等技术手段，提供了跨部门数据共享和业务协同接口，实施科技强检，打造智慧检务，进一步消除跨部门跨地区数据“壁垒”，助推检察工作高质量发展。

2020 年，全国检察机关运用信息化技术手段，不断探索大数据、“互联网 +”和云计算等在检察业务领域的应用，打造高水平“智慧检务”平台。2020 年新冠疫情发生以来，各级检察机关针对提讯难、告知难、庭审难等现实问题，充分运用信息化手段开展检察工作，积极探索运用政法一体化办案系统、“三远一网（远程多方庭审、远程提讯、远程送达、检察工作网）”等信息化技术的新型检察工作模式。依托“智慧检务”，2020 年全国检察机关为公益诉讼办案提供技术支持，其中制作公益诉讼现场勘验笔录 2900 多份，无人机航拍 10200 多次，获取物证、录像照片等证据材料 4780 多份①。

① 参见高斌、赵晓明《最高人民检察院：智慧检务为公益诉讼办案提供技术支持》，最高人民检察院官方网站，https：//www.spp.gov.cn/zdgz/202102/t20210220_509412.shtml，最后访问日期：2021 年 8 月 9 日。

（三）智慧司法行政

2020 年以来，司法行政机关强化新技术运用能力，不断提升智慧司法水平。智慧矫正、“互联网 + 公证”、智慧监狱等持续推进。其一，司法部门加强顶层设计，加快推进“智慧矫正”建设。“智慧矫正”信息化体系建设包括加强社矫信息化平台建设、推进“智慧矫正”中心创建、与法院系统联网等内容，确保了疫情防控期间社区矫正不断档、监管不缺位，有效提升了社区矫正教育管理水平。其二，通过信息化手段提升公证服务水平。近年来，公证机关借助互联网、大数据、区块链等新技术实施“互联网 + 公证”、区块链公证模式改革，拓宽技术服务公证业务范围。例如，司法部的“互联网 + 公证”服务推行高频公证事项数据共享改革成效明显。浙江办理公证“最多跑一次”的服务事项范围已经扩大到“25 大类 116 项”，约 60% 的公证事项可以做到“最多跑一次”，大大提升了公证办理效率。其三，智慧监狱建设初见成效，开启“云”端狱管新模式。截至 2020 年底，全国已有 200 余家监狱通过司法部审核验收，达到智慧监狱的标准[①]。例如，安徽 90% 的监狱管理分局推行了“五云”管理模式，即云会议系统、云视频监控、云视频会见、云视频会诊、云视频矫治，在解决疫情影响导致的管理困难的同时，也提升了监狱运行标准化、精细化、智能化水平。

六　司法制度的挑战与展望

2020 年以来，各项司法工作取得显著成效，但仍需注意下列问题：其一，在政法队伍教育整顿中发现，司法权力监督流于形式的问题仍然存在，需要进一步加大力度，严惩司法领域腐败；其二，司法体制改革中一些突出的矛盾尚未有效改善，特别是人案矛盾依然突出，司法职业保障亟待加强；其三，一些司法干警服务大局意识不强，为人民服务的能力不

① 高泽波：《200 余家监狱达到智慧监狱标准》，《法治日报》2020 年 11 月 20 日，第 8 版。

足，办案质量效果还有待提升；其四，司法人才储备和培养机制需要完善。司法是一项专业的技能，需要具备专业知识的高素质人才，经过长期培养和训练才能养成，一些司法机关对人才储备和培养不重视，司法人才短缺现象仍未有效改善。鉴于此，司法机关应当以习近平新时代法治思想为指导，在党的领导下，采取有力措施，从以下几个方面破难题、补短板，迎接更大的挑战。

第一，坚持正确的政治方向。在中国共产党建党100周年之际，司法工作更要始终把党的政治建设放在首位，根据中央全面依法治国工作会议精神，提高政治站位，为新时代政法工作提供坚强的政治保证。一是深入贯彻中央全面依法治国工作会议精神，深入开展习近平法治思想学习实践活动，将习近平法治思想与司法实践紧密结合起来；二是在司法工作中落实《法治中国建设规划（2020～2025年）》《法治社会建设实施纲要（2020～2025年）》的要求，坚持以人民为中心，严格规范公正文明司法；三是在前期取得阶段性成效的基础上，进一步在全国铺开政法队伍教育整顿工作，营造风清气正的政法机关政治生态，优化政法队伍纪律作风。

第二，深化司法体制改革，加强司法权力监督。党的十九届四中全会对近两年的司法体制改革提出了总的目标和要求，今后，司法体制改革仍将围绕深化“司法体制综合配套改革，全面落实司法责任制”等展开。一是强化司法体制综合配套改革，切实落实好“谁办案谁负责、谁决定谁负责”，既要保障好法官、检察官办案主体地位，也要落实好领导干部办案机制，通过制度确保领导干部直接办理重大、疑难、复杂案件。尽快开展司法体制改革成效评估。二是深化以审判为中心的刑事诉讼制度改革。结合司法实践，进一步健全认罪认罚从宽制度，确保刑事案件律师辩护、法律帮助全覆盖落地生根。三是完善民事诉讼制度。及时总结民事诉讼程序繁简分流改革试点经验，探索扩大小额诉讼程序适用范围。四是深化执行体制改革。推进审执分离，优化执行权配置。完善刑罚执行制度，统一刑罚执行体制。

第三，防范风险，多元解纷，服务社会政治大局。十九届四中全会提

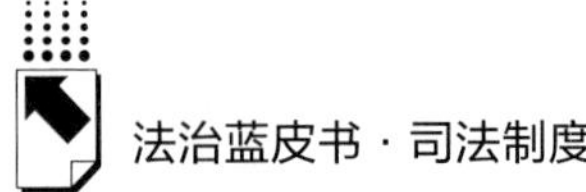

出，坚持和发展新时代“枫桥经验”，“完善社会矛盾纠纷多元预防调处化解综合机制，努力将矛盾化解在基层”①。司法机关不仅仅是纠纷解决机构，更要从服务社会政治大局层面定分止争、维护社会和谐稳定。为此，司法机关要结合“十四五”规划的目标任务，依法履职、精准发力，积极服务常态化疫情防控和经济社会高质量发展。一是推进基层社会治理体系建设，努力把矛盾纠纷化解在基层。二是健全中国特色一站式多元纠纷解决体系，完善人民调解、行政调解、司法调解联动工作，建立“一站式”纠纷解决机制。三是营造公平公正的法治化营商环境，平等保护国企民企、内资外资、大中小微企业，为企业正常的经营活动保驾护航。

第四，加大对司法活动的监督力度。习近平总书记在中央全面依法治国工作会议上强调，“要加快构建规范高效的制约监督体系”②。近年来，不管是法院、检察院还是司法行政系统都加强了对司法权力的监督。人民法院要求落实内部人员过问案件记录追责、规范司法人员与律师和当事人等接触交往行为相关制度。最高人民检察院发布的《“十四五”时期检察工作发展规划》明确，检察机关要构建规范高效的检察权运行制约监督体系，并通过加强检察官业绩考评，提升检察官办案质量等具体措施，加强检察权的运行监督。在司法行政系统，全国监狱系统深入开展违规违法办理减刑、假释、暂予监外执行案件全面排查整治工作，依法规范减刑、假释、暂予监外执行工作，严厉惩处“纸面服刑”“提钱出狱”行为。

第五，继续加强科技手段与司法的结合，深化智慧司法建设。司法是国家治理的主要手段之一，智慧司法建设是国家信息化建设的重要组成部分。《法治中国建设规划（2020～2025年）》明确要求，“加强科技和信息化保障，充分运用大数据、云计算、人工智能等现代科技手段，全面建设‘智

① 《中共中央关于坚持和完善中国特色社会主义制度　推进国家治理体系和治理能力现代化若干重大问题的决定》。

② 《习近平在中央全面依法治国工作会议上强调　坚定不移走中国特色社会主义法治道路　为全面建设社会主义现代化国家提供有力法治保障》，《人民日报》2020年11月18日，第1版。

慧法治’”①。智慧司法不仅可以提升司法治理效率，也是新时期司法机关满足人民群众司法需求的重要技术手段。2021 年，最高人民法院制定了在线诉讼规则，加强互联网法院建设。今后，智慧司法必将在公共法律服务、多元解纷等多方面，以其开放互动、集约高效发挥更大作用，推进法治中国建设的数据化、网络化、智能化。

① 《法治中国建设规划（2020～2025 年）》。

司法体制改革

Reform of Judicial System

B.2 中国司法改革的新进展（2020～2021）

祁建建*

摘　要：司法体制综合配套改革是对以司法责任制为核心的四项基础性司法体制改革的继续推进，包括司法权力运行、诉讼制度、司法人权保障、科技应用等内容，具有综合性和配套性。2020年中央政法机关首次提出中国特色社会主义政法工作体系，据此司法体制综合配套改革进一步调整基础性改革，深化员额制动态管理机制，完善法院审级职能定位，明确检委会权力运行机制，增设北京金融法院，派驻中国证监会检察室，全面铺开政法机关教育整顿，推进了司法组织机构职能体系改革。司法权力运行机制与诉讼制度改革持续推进，健全统一法律适用机制，三大诉讼繁简分流各自取得进展，智慧司法应用于在线诉讼，促进司法公开，加强环境资源和知识产权“三合一”司法机制，推进刑事司法改革，完

* 祁建建，中国社会科学院法学研究所副研究员。

善民事诉讼制度，扩展公益诉讼范围，完善行政诉讼制度，回应疫情特殊时期人民群众对司法的需求。2020年以来，中国司法人权保障水平提高，《法律援助法》作为里程碑式立法，推动弱势群体诉讼权利保障进入新阶段。改革还保障了律师执业权利，加强了对财产权、弱势群体和生物识别信息的司法保护。从连续两个年度的司法体制综合配套改革内容看，当前改革重点已由基础性改革转向司法权力运行与诉讼制度等改革，改革仍应遵循诉讼规律，追求司法公正。

关键词： 司法体制综合配套　司法权力运行　诉讼制度　司法人权保障

引言　政法领域全面深化改革与司法责任制深入推进的大背景

2021年1月，中共中央印发《法治中国建设规划（2020～2025年）》，作为新时代全面推进依法治国的纲领性文件。2021年1月，中央政法工作会议强调，坚持党对政法工作的绝对领导，坚持以人民为中心，以维护国家政治安全、推进扫黑除恶常态化、政法领域全面深化改革、政法队伍教育整顿为着力点[①]。2020年1月，中央政法工作会议强调，要坚持和完善中国特色社会主义政法工作体系，从扫黑除恶专项斗争、政法领域全面深化改革、政法队伍教育整顿等方面入手，提高政法工作现代化水平，建设更高水平的平安中国、法治中国。这两次会议奠定了两个年度司法改革向深处走的基调。2021年3月，最高人民法院印发《2021年人民法院工作要点》，提出8

① 史兆琨：《郭声琨在中央政法工作会议上强调　奋力推动政法工作高质量发展　以优异成绩庆祝建党100周年》，《检察日报》2021年1月11日，第1版。

个方面33项举措，将工作要点进一步细化为106项具体改革任务；2020年2月，最高人民法院印发《2020年人民法院工作要点》，要求全面深化司法体制改革、建设智慧法院，深入推进一站式多元解纷、建设诉讼服务体系等28项要点。2020年3月，最高人民法院发布《关于人民法院贯彻落实党的十九届四中全会精神 推进审判体系和审判能力现代化的意见》，提出十个方面的要求，包括党的领导、人民主体地位、公共卫生应急管理、深化司法体制综合配套改革、司法与科技融合的智慧法院等。2020年7月，最高人民法院制定了《关于深化司法责任制综合配套改革的实施意见》，提出了28个方面的任务，一是完善审判权力运行体系，健全审判监督管理机制。二是落实防止干预司法“三个规定”，健全相关工作机制。三是完善人员分类管理制度，加强履职保障体系建设，包括员额制、政法专项编制、遴选制、退出机制、交流任职、单独职务序列管理、薪酬待遇、绩效考核、依法履职保护等。四是优化司法资源配置机制，提高审判效能，包括多元解纷、繁简分流、审判辅助事务集约化社会化管理、智慧数据中台建设等。在这样的背景下，最高司法机关调整基础性改革措施、改革司法权运行机制、推进诉讼制度改革，完善诉权与诉讼权利保障机制，进一步深化司法改革。

一 进一步深化司法体制基础性改革

司法体制基础性改革进一步深化，主要从深化员额管理机制改革、完善四级法院审级职能定位、明确检委会权力运行机制、增设专门法院、增设检察派驻等方面展开。

（一）深化员额管理机制改革

2020年1月，最高人民法院印发《省级以下人民法院法官员额动态调整指导意见（试行）》，法官员额配置总体以省（自治区、直辖市）为单位由高级法院在核定总量内对辖区中级、基层法院员额统筹管理，高院应建立员额法官常态化增补机制。上级法院可将辖区法院员额一并纳入统筹管理配

置、动态调整、预留，原则上在一届院长任期内对辖区员额的全面调整不超过两次。基层法院的员额数以核定编制、办案总量、法官人均办案量为主要依据，中高级法院的员额数还可适当考虑对下业务指导等工作量。员额数应向基层和办案一线倾斜，高院员额比例不得高于基层法院平均水平。对于案件数量大幅增加、案件数或工作量因区划撤并发生重大变化、案件数量少法官明显闲置的，应及时调整员额。

2020 年 2 月，最高人民法院施行《人民法院法官员额退出办法（试行）》，明确了自愿退出、自然退出、应当退出三种退出机制，后者包括任职回避、办案业绩考核不达标、配偶已移居境外或无配偶但子女均移居境外、惩戒委员会意见等。其中业绩考核不达标包括以下情况：办案数量、质量和效率达不到规定要求；因重大过失导致证据审查、事实认定、法律适用错误而影响公正司法等严重质量问题造成恶劣影响的；多次出现办案质量和效果问题，经综合评价，政治素质、业务素质达不到员额法官标准等。这表明员额法官能进能出，员额管理机制改革不断深化。

2020 年 4 月，最高人民法院实施《关于对配偶父母子女从事律师职业的法院领导干部和审判执行人员实行任职回避的规定》，配偶、父母子女与兄弟姐妹、配偶的父母与兄弟姐妹、子女的配偶及其父母具有律师身份的，相关人员应主动报告院组织人事部门。以上亲属在其任职法院辖区内从事律师职业的，应责令其辞去领导职务或者将其调离审判执行岗位。

（二）完善四级法院审级职能定位

2021 年 5 月，中央全面深化改革委员会通过了《关于完善四级法院审级职能定位的改革方案》。8 月，第十三届全国人民代表大会常务委员会第三十次会议作出《关于授权最高人民法院组织开展四级法院审级职能定位改革试点工作的决定》。据此，9 月，最高人民法院印发《关于完善四级法院审级职能定位改革试点的实施办法》，要求加强审级制约监督体系建设，完善案件提级管辖，改革再审程序，完善最高人民法院审判权运行机制，最高人民法院可组成跨审判机构的五人以上合议庭，开庭审理对法律适用具有普遍指导意义的案件，可结合案件情况优化庭审程序，重点围绕案件所涉法律适用问题进行审理。9 月，最高人民法院还印发了《关于调整中级人民法院管辖第一审民事案件标准的通知》，对于当事人双方都在或者都不在该省级辖区的，中级人民法院管辖标的额 5 亿元以上的纠纷，当事人一方不在省级辖区的，中级人民法院管辖标的额 1 亿元以上的纠纷。这使基层法院成为绝大部分纠纷的第一审法院，充分发挥两审终审制功能，最高人民法院仅审理有重大影响的案件和对法律适用具有普遍指导意义的案件。

（三）明确检委会权力运行机制

2020 年 7 月，最高人民检察院实施《人民检察院检察委员会工作规则》，对检委会的组成、工作机制、讨论决定案件的范围、决定的效力与执行等作出细化规定。在性质上明确检委会是办案组织，是重大业务工作议事决策机构，讨论决定重大疑难复杂案件，包括拟缺席审判、抗诉、请示以及对检委会决定复议的案件、涉及国家重大利益或严重影响社会稳定的案件等。检委会实行例会制和民主集中制。检委会权力运行机制更为明确。

（四）增设北京金融法院

2021 年 1 月，第十三届全国人民代表大会常务委员会第二十五次会议通过《全国人民代表大会常务委员会关于设立北京金融法院的决定》。2021 年 3 月，北京金融法院设立，管辖涉金融、涉金融监管机构、涉金融基础设施机构的民商、行政案件。新设北京金融法院，有利于实施国家金融战略，维护金融安全，健全金融审判体系，加大金融司法保护力度，营造良好的金融法治环境。

2021 年 3 月，最高人民法院公布《关于修改〈关于上海金融法院案件管辖的规定〉的决定》，扩大了对若干新型金融民商事案件类型的管辖，新增管辖境外公司损害境内投资者合法权益的相关案件，明确了对上证科创板上市公司相关证券纠纷的管辖等。这有助于提高上海金融法院的制度开放水平和规则竞争力，有利于建设一流国际金融法院。

（五）派驻中国证监会检察室

2021 年 3 月，中共中央办公厅、国务院办公厅印发《关于依法从严打击证券违法活动的意见》。9 月，最高人民检察院联合中国证券监督管理委员会成立最高人民检察院驻中国证监会检察室，通过派驻方式加强对证券期货行业的检察工作，健全证券领域刑事司法与行政执法的衔接机制，加强两部门执法司法的协作与制约，强化检察机关办理证券期货犯罪案件的工作机制，指导地方检察机关证券期货检察专业化建设，开展证券期货违法犯罪的研究、预防和治理工作。在行使刑事检察职能的基础上，检察室将进一步探索开展民事、行政、公益诉讼检察工作，为投资者提供涵盖四项职能的全方位检察保护。这是中国派驻检察的一大创新，此前检察机关仅在监狱和看守所派驻检察室。

（六）完善专业法官会议运行机制

2021 年 1 月，最高人民法院印发《关于完善人民法院专业法官会议工作机制的指导意见》，明确专业法官会议是人民法院向审判组织和院庭长及审判委员会专职委员提供咨询意见的内部工作机制，讨论案件的法律适用或者与事实认定高度关联的证据规则适用，必要时也可以讨论其他事项。专业法官会议由法官组成，主持人可以根据议题性质和实际需要，邀请综合业务部门工作人员、法官助理等其他人员列席会议并参与讨论。审判庭室应定期总结整理形成会议纪要、典型案例、裁判规则等统一法律适用成果。可见，专业法官会议是审判咨询组织，不是审判组织，其人员也不具有固定性。但法官参加会议情况计入工作量，可以作为绩效考核和等级晋升的重要参考。

（七）明确司法警察职权

2020 年 6 月，最高人民法院施行《关于人民法院司法警察依法履行职权的规定》，明确法警的九项职权并附有弹性条款，包括维护审判执行秩序；在刑事审判中押解看管被告人或者罪犯，传带诉讼参与人，传递、展示证据，强制证人出庭；在民事、行政审判中押解看管被羁押或正在服刑的当事人；在强制执行中，配合实施执行措施；执行死刑；执行妨碍诉讼的强制措施，如拘留、罚款、带出法庭等；查验进入审判区域人员的身份证件，负责安全检查；协助法院机关安全维护和涉诉信访应急处置；保护履职司法工作人员人身安全等。司法警察是法庭的重要协助和辅助人员，明确其职权有助于维护司法秩序和权威。

二　改革司法权力运行机制与诉讼制度

2020 年以来司法权力运行机制与诉讼制度改革内容丰富，从统一法律适用、完善民事刑事行政诉讼制度改革以及应对疫情特殊时期的措施等方面着手推进，回应司法体制综合配套改革的需求。

（一）统一法律适用机制

2020 年 9 月，最高人民法院公布《关于完善统一法律适用标准工作机制的意见》，首次梳理了九种促进法律统一适用的措施，包括司法解释与案例指导、最高人民法院法律适用问题解决机制、高院统一法律适用工作机制，审判组织与院庭长职责，审判管理、审级制度与审判监督，类案和新类型案件强制检索报告工作机制，科技支撑和人才保障等。

2021 年 6 月，最高人民法院修改《最高人民法院关于司法解释工作的规定》，进一步规范司法解释工作。2020 年 12 月，最高人民法院修改 29 件商事类司法解释、27 件民事类司法解释、19 件民事诉讼类司法解释、18 件知识产权类司法解释、18 件执行类司法解释，促进法律的统一适用。

2020 年 7 月，最高人民法院实施《关于统一法律适用　加强类案检索的指导意见（试行）》，要求由承办法官对拟提交专业（主审）法官会议或者审判委员会讨论、缺乏明确裁判规则或尚未形成统一裁判规则、院庭长据其审判监督管理权限要求检索的案件等进行类案检索，依托中国裁判文书

网、审判案件数据库等搜索指导性案例、典型案例及生效裁判中与待决案件在法律适用、基本事实、争议焦点等方面相似的案件，并说明类案检索情况或制作类案检索报告并随案归档备查。对指导性案例，法院应参照作出裁判；对其他类案，法院可作为裁判的参考。类案对法律适用不一致的，法院可通过法律适用分歧解决机制予以解决。

2020年以来，最高人民法院、最高人民检察院连续发布指导性案例和典型案例。据不完全统计，最高人民法院发布第25~28批指导性案例，并发布正当防卫、毒品犯罪、涉医犯罪、妨害疫情防控犯罪、侵害未成年人权益、产权保护、行政诉讼、知识产权、民事执行、人身安全保护令、黄河与长江生态环境司法保护、环境资源、海事审判、船员权益保护、劳动人事争议、弘扬社会主义核心价值观等典型案例。最高人民检察院发布第17~28批指导性案例，涉及非法吸收公众存款、电信网络诈骗、减刑监督、刑事立案监督等，此外还发布侵害未成年人强制报告义务、利用未成年人实施黑恶势力犯罪、拒不支付劳动报酬犯罪、涉疫情犯罪和知识产权保护、野生动物保护、国有财产保护、耕地保护、军地协作行政公益诉讼等典型案例。

2020年7月，最高人民法院商国家发展和改革委员会、中国人民银行、中国证监会后，发布《全国法院审理债券纠纷案件座谈会纪要》，提出审理债券纠纷案件的四项原则，包括纠纷多元化解决等，对诉讼主体资格、案件受理、管辖与诉讼方式作出指导。出台规范性文件有助于审理因企业债券、公司债券、非金融企业债务融资工具的发行和交易所引发的合同、侵权和破产案件，保护债券投资人的合法权益，统一法律适用。

（二）推进司法权力运行与三大诉讼制度共性改革

司法权力运行与民事刑事行政诉讼制度共性改革体现在三大诉讼繁简分流、智慧司法在线诉讼、强化司法公开、环境资源及知识产权“三合一”司法体系建设、加强涉外司法权行使与司法协助等方面。

1. 三大诉讼繁简分流配置资源以解决案多人少矛盾

要解决案多人少矛盾，要么推动通过非诉讼方式解决纠纷，要么投入更多的司法人手和财力，要么提高诉讼效率，实行繁简分流、推动诉讼程序简化。上一轮司法改革提出三大诉讼繁简分流，至今进展各不相同。其中，刑事案件繁简分流迅猛推进，取得显著效果。权威数据显示，2020 年检察机关运用认罪认罚从宽制度处理的刑事案件超过总量的 85%①。

在行政诉讼方面，2021 年 5 月，最高人民法院发布《关于推进行政诉讼程序繁简分流改革的意见》，简要列举了不符合起诉条件的案件等五类简单案件，要求完善行政诉讼简易程序适用规则，推动电子诉讼的应用，可以建立快审团队或者专业化、类型化审判团队，也可以设立程序分流员，促进行政诉讼简案快审、类案专审、繁案精审。

在民事诉讼方面，2020 年 1 月，最高人民法院印发《民事诉讼程序繁简分流改革试点方案》以及《民事诉讼程序繁简分流改革试点实施办法》，在京沪穗云贵川浙鲁豫等 15 个省级司法辖区试点繁简分流，包括对调解协议的司法确认程序、标的额扩大到 10 万元的小额诉讼程序、简易程序，健全审判组织适用模式，试行普通程序独任制等，探索推行电子诉讼和在线审理机制。

2. 推动智慧司法运用于在线诉讼

2021 年 6 月，最高人民法院公布《人民法院在线诉讼规则》，适用于民事、刑事、行政三大诉讼，人民法院和诉讼参与人可通过互联网或者专用网络在线完成全部或者部分诉讼环节，与线下诉讼活动具有同等法律效力。但未经诉讼参与人同意，人民法院不得强制或者变相强制适用在线诉讼。1 月，最高人民法院印发《关于为跨境诉讼当事人提供网上立案服务的若干规定》，跨境诉讼当事人经身份验证后，人民法院为其提供网上立案指引、查询、委托代理视频见证、登记立案服务。

中国在线诉讼推进迅速，部分原因是受 2020 年以来疫情的影响，开庭审理会加剧司法场所的防疫压力，尤其是较高羁押率导致刑事案件线下开庭

① 徐日丹：《2020 年检察机关认罪认罚从宽制度适用率超过 85%》，《检察日报》2021 年 3 月 9 日，第 2 版。

给羁押场所防疫带来了较大压力，对认罪认罚等“简单”诉讼案件采用在线审理方式遂成为替代线下开庭的选项。适用在线诉讼受到现实条件和诉讼规律的约束，现实条件主要是受到网络软硬件的限制，而诉讼规律和原理则要求复杂案件不宜适用在线诉讼。

3. 强化司法公开

2021 年，法院、检察院在司法公开方面采取了具体举措，法院加强了裁判文书对社会主义核心价值观的说理，检察院完善了案件信息公开工作。

（1）指导裁判文书释法说理

2021 年 3 月，最高人民法院印发《关于深入推进社会主义核心价值观融入裁判文书释法说理的指导意见》，社会主义核心价值观包括富强、民主、文明、和谐、自由、平等、公正、法治、爱国、敬业、诚信、友善，是理解立法目的和法律原则的重要指引，是检验自由裁量权的行使是否合理的重要标准，也是民商事案件无法可依时找法的指引。公诉人、诉讼参与人援引社会主义核心价值观作为理由的，人民法院一般应当采用口头反馈、庭审释明等方式予以回应；涉及国家利益、社会公共利益、弱势群体等案件的，人民法院应当在裁判文书中明确予以回应。裁判文书释法说理是司法公开的重要措施，引入社会主义核心价值观有助于充分发挥司法公开对人们行为的规范指引和教育功能。

（2）推进人民检察院案件信息公开

2021 年 8 月，最高人民检察院公布《人民检察院案件信息公开工作规定》，与 2014 年颁布的旧版相比，公开的案件范围从刑事诉讼扩大到民事、行政、公益诉讼，公开的法律文书范围大幅扩大，完善了对相关人员的隐名处理和对有关内容的屏蔽处理，在扩大司法公开范围的同时保护未成年人、公民隐私、国家秘密等。同时还新增了发布业务数据、监督与保障的规定。业务数据包括主要办案数据和服务经济社会发展、促进社会治理、对社会有警示意义的数据信息。对于在案件信息公开中有履职不当、失职渎职等违纪违法行为，造成严重后果的，应受法纪处罚。这有助于在加强司法公开的同时，强化对案件信息公开的规范。

4. 建设知识产权“三合一”司法保护体系

继2020年4月最高人民法院公布《关于全面加强知识产权司法保护的意见》之后，2021年4月，最高人民法院印发《人民法院知识产权司法保护规划（2021~2025年）》，要求深化知识产权审判领域改革创新，建设专门化审判体系和诉讼制度，起草符合知识产权案件规律的诉讼规则，完善知识产权案件证据、诉讼程序相关规定，推动知识产权“三合一”诉讼程序在持续衔接、审理机制、裁判标准方面的协调，深入推进知识产权案件繁简分流改革，完善繁简程序、诉调机制的转换衔接。这有利于通过依法平等保护中外权利人合法权益，推进我国知识产权法规的域外适用，切实保护我国公民、企业境外安全和合法权益，妥善解决国际平行诉讼，深化知识产权国际合作竞争机制。

2021年4月，最高人民法院印发2020年中国法院十大知识产权案件和50件典型知识产权案例，其中，人民法院应华为与OPPO旗下公司申请，依法向康文森、夏普两家公司发出禁诉令，禁止康文森在终审裁判前申请执行外国法院裁判，禁止夏普在海外起诉，如违反处罚款每日人民币100万元。两个裁判为中国企业公平参与国际市场竞争提供了有力的司法保障，取得了良好的法律效果和社会效果。知识产权审判体系是创新科技、独创文化等智力成果的制度保障，是加强知识产权司法保护的必要条件。

2021年6月，最高人民法院公布《关于知识产权侵权诉讼中被告以原告滥用权利为由请求赔偿合理开支问题的批复》，被告证明起诉构成法律规定的滥用权利损害其合法权益，其因该诉讼所支付的合理的律师费、交通费、食宿费等开支，人民法院应支持其赔偿请求。被告也可以另行起诉。

5. 推进环境资源“三合一”审判机制改革

2020年3月，中共中央办公厅、国务院办公厅印发《关于构建现代环境治理体系的指导意见》，要求加强司法保障，执法司法机关间建立信息共享、案情通报、案件移送制度，强化对相关犯罪案件侦办起诉力度和公益诉讼。要求设立专门的环境审判机构，统一受案范围、审理程序等。6月，最高人民法院发布《关于为黄河流域生态保护和高质量发展提供司法服务与

保障的意见》，要求构建流域司法机制，健全专门审判机构。深入推进环境资源刑事、民事、行政案件“三合一”归口审判机制改革。我国生态环境资源审判体制即将迎来发展和改革机遇。

6. 推进国际区际司法协助

2021 年 4 月，全国人民代表大会常务委员会通过《关于批准〈中华人民共和国和伊朗伊斯兰共和国关于民事和商事司法协助的条约〉的决定》《关于批准〈中华人民共和国和伊朗伊斯兰共和国关于刑事司法协助的条约〉的决定》，与伊朗建立民事刑事司法协助关系。

5 月，《最高人民法院与香港特别行政区政府关于内地与香港特别行政区法院相互认可和协助破产程序的会谈纪要》记载了双方对破产程序予以跨境司法协助的共识。据此，最高人民法院发布《关于开展认可和协助香港特别行政区破产程序试点工作的意见》，内地和香港法院相互认可和协助破产程序工作在上海、厦门、深圳三地试点，对债务人主要利益中心在香港，而主要财产在试点地区的，香港破产程序管理人可向试点地区中级人民法院申请认可和协助香港破产程序。香港管理人在《企业破产法》和香港法范围内履行职责；香港债权人或管理人也可申请人民法院指定内地管理人，之后由内地管理人履行职责，债务人内地财产适用《企业破产法》。破产债务人内地财产偿还依据内地法律规定应当优先清偿的内地债务后，剩余财产在平等对待同类债权人前提下，按照香港破产程序分配和清偿。

（三）推进刑事诉讼制度改革

2020 年以来，刑事司法改革的推进体现在以下方面：认罪认罚从宽制度的完善、公安机关办理刑事案件程序的规范化、补充侦查的规范化、扫黑除恶专项斗争的进展、行政执法与刑事司法的进一步衔接、海上刑事案件管辖权的完善以及《社区矫正法》的细化实施等。

1. 完善认罪认罚从宽制度

2020 年 5 月，最高人民检察院印发《人民检察院办理认罪认罚案件监督管理办法》，对认罪认罚加强检察监督，进一步细化量刑协商程序，对量刑建议说理提出明确要求，包括：一是要求对量刑问题的控辩协商过程制作笔录并附卷，确保自愿性、真实性和合法性；二是要求检察官在起诉书中说明量刑建议的理由和依据；三是要求检察官充分听取律师意见，对被告人和辩护人的意见进行充分论证说理，特别是对认罪认罚前后量刑建议的区别进行充分说理，使量刑成为控辩双方充分协商的结果。10 月，权威报告显示，"认罪认罚从宽制度被认为是中国特色社会主义刑事司法制度的重大创新，丰富了刑事司法与犯罪治理的'中国方案'"。2019 年 12 月至 2020 年 8 月，检察机关办理刑事案件适用认罪认罚从宽比例超过 83%，一审上诉率 3.9%。实践中有促进和谐、提高效率、惩治犯罪、保障权利的重大意义[①]。11 月，"两高三部"印发《关于规范量刑程序若干问题的意见》，明确法院应当保障量刑程序在法庭审理中的相对独立性，检察院在审查起诉中应当规范量刑建议。12 月，《最高人民检察院就十三届全国人大常委会对人民检察院适用认罪认罚从宽制度情况报告的审议意见提出 28 条贯彻落实意见》要求保障当事人权益，加强与律师沟通协商，用好起诉裁量权，"严禁绕开辩护人，安排值班律师代为具结见证"。

2. 公安刑事司法规范化

2020 年 8 月，国务院发布《关于公安机关执法规范化建设工作情况的报告（2020）》。其一，公安部修订了《公安机关办理刑事案件程序规定》，贯彻落实《刑事诉讼法》。其二，内部强化对侦查活动的监督制约，加强刑事案件"两统一"工作机制，由法制部门统一审核案件重点环节，统一对接检察机关，形成侦查部门侦办案件、法制部门审核把关的新工作机制。其三，完善落实人权保障制度，不断完善律师会见程序，推动落实值班律师制度。其四，建设执法办案管理中心，市、县两级已建成 1274 个，实行"一站式"集约办案，集中办理疑难重大复杂和跨区域刑事案件。其五，规范涉案财物管理，建设专门管理场所，实行管办分离，指定专门机构和人员统

① 参见邱春艳《把认罪认罚从宽制度进一步做实做好　助推国家治理体系和治理能力现代化》，《检察日报》2020 年 10 月 16 日，第 1 版。

一管理涉案财物，建立管理信息系统，对流转全程进行实时动态管理。其六，推动网上办案，健全执法全流程记录制度，推进执法大数据深度应用。

3. 加强和规范补充侦查

2020 年 3 月，最高人民检察院、公安部印发的《关于加强和规范补充侦查工作的指导意见》明确，在证据收集和指控证据体系中，检察院对公安机关的取证引导，适用于审查逮捕、审查起诉、审判阶段等；检察院可对公安机关提出补充侦查意见、退回补充侦查、自行补充侦查，要求公安机关提供证据材料，要求公安机关说明证据的合法性等。这有助于提高侦查取证效率，推进刑事案件办理的检警一体化。

4. 扫黑除恶专项斗争取得成果并转向常态化

为期三年的扫黑除恶专项斗争至 2020 年期满，国务院《关于公安机关执法规范化建设工作情况的报告（2020）》指出，截至 2020 年 6 月底，全国公安机关共打掉涉黑组织 3109 个、恶势力犯罪集团 9947 个，破获各类刑事案件 21 万余件。根据 2021 年全国政法工作会议上更新的数据，截至 2020 年 11 月底，全国依法打掉涉黑组织 3584 个、涉恶犯罪集团 11119 个，打掉的涉黑组织相当于前 10 年总和①。检察机关共批捕涉黑恶犯罪 14.9 万人，公诉 23 万人，其中起诉组织、领导、参加黑社会性质组织罪 5.4 万人，是前 10 年总数的 1.3 倍②。另据报道，全国共打掉欺行霸市等涉黑组织 1128 个，其中资产在亿元以上的 653 个，依法处置涉黑恶案件资产 1462 亿元，依法托管代管涉案企业 887 家，保障了 3.6 万多名员工就业；全国共打掉农村涉黑组织 1289 个，农村涉恶犯罪集团 4095 个，依法严惩“村霸”3727

① 参见马守玉《圆满完成收官战！2020 年打掉涉黑组织 3584 个，相当于前 10 年总和》，中国长安网，http://www.chinapeace.gov.cn/chinapeace/c100007/2021-01/10/content_12436534.shtml，最后访问日期：2021 年 7 月 2 日。

② 邱春艳：《检察机关扫黑除恶专项斗争总结暨常态化开展扫黑除恶工作会议召开　张军强调以打好扫黑除恶“常规战”为牵引　推动更高水平平安中国建设》，《检察日报》2021 年 4 月 27 日，第 1 版。

名，排查清理村干部4.27万名[1]。依法办理这些案件改善了营商环境和农村治安状况。

在这些黑恶案件中，有未成年人参与的占近20%，未成年涉案人数占总数的7%左右。为此，最高人民法院、最高人民检察院、公安部、司法部（以下简称“两高两部”）于2020年3月实施《关于依法严惩利用未成年人实施黑恶势力犯罪的意见》，严惩胁迫、引诱、教唆、拉拢、欺骗、招募、吸收未成年人实施黑恶犯罪的行为。

2021年1月中央政法工作会议确定扫黑除恶仍是政法工作着力点，推动扫黑除恶由专项斗争转向常态化工作[2]。5月，中共中央办公厅、国务院办公厅印发了《关于常态化开展扫黑除恶斗争巩固专项斗争成果的意见》，部署开展常态化扫黑除恶斗争，要求建立健全治理源头的防范整治机制、打早打小的依法惩处机制、精准有效的督导督办机制、激励约束的考核评价机制和持续推进的组织领导机制。要求持续开展专项整治，加强行业领域监管，重点行业领域为金融放贷、交通运输、市场流通、工程建设、文化旅游、教育卫生、自然资源、生态环境、信息网络和社会治安等。这有利于稳定社会治安秩序，提升人民群众安全感。

5. 衔接行政执法与刑事司法

2020年8月国务院修订《行政执法机关移送涉嫌犯罪案件的规定》，对行政执法过程中发现的涉嫌知识产权犯罪以及发现公职人员涉嫌构成职务犯罪如贪污贿赂、失职渎职等，依法移送有管辖权的部门办理。这有利于充分运用行政执法中发现的犯罪线索，准确打击犯罪。

6. 完善海上刑事案件管辖权

2020年2月，最高人民法院、最高人民检察院、中国海警局发布的

---

① 樊丽：《1712名目标逃犯已到案1511名！全国扫黑办发布4起典型案例》，http://sft.gansu.gov.cn/Show/48341，最后访问日期：2020年9月2日。

② 《习近平对政法工作作出重要指示强调　更加注重系统观念法治思维强基导向　切实推动政法工作高质量发展　在第一个“中国人民警察节”到来之际向全国人民警察致以诚挚的慰问》，载《检察日报》2021年1月10日第1版。

《关于海上刑事案件管辖等有关问题的通知》规定，由海警机构行使刑事案件立案侦查权，对内水、领海发生的犯罪，领海外中国船舶内的犯罪，公民在领海以外的海域犯罪，外国人在领海以外的海域对中国或其公民犯罪，对中国依据国际条约行使刑事管辖权的，明确管辖法院及指定管辖措施，如由犯罪地、登陆地、入境地或者抓获地等法院管辖。这进一步明确了中国刑事司法管辖的范围。

7. 修订《社区矫正法实施办法》

2020 年 6 月，“两高两部”印发《社区矫正法实施办法》，对 2012 年颁布的《社区矫正法实施办法》予以修订，贯彻落实《社区矫正法》，对社区矫正各职权部门的分工、管理体制、监督管理、衔接与交付执行、审批事项与程序、日常管理、解除与公示等予以细化规定。截至 2020 年，中国接收社区矫正人员约 478 万人，再犯率约千分之二①。社区矫正适用于判处管制、宣告缓刑、裁定假释、决定暂予监外执行等人身危险性小的服刑人员，将其放在社会生活和社会关系网络中执行刑罚，有利于其回归社会成为守法公民。

8. 推进企业合规以预防和治理企业犯罪

为处理企业刑事案件以及预防涉企业犯罪，中国依法推进了企业合规改革试点工作。2021 年 6 月，最高人民检察院、司法部、财政部、国务院国有资产监督管理委员会、国家税务总局、国家市场监督管理总局、生态环境部、中华全国工商业联合会、中国国际贸易促进委员会九部门联合印发《关于建立涉案企业合规第三方监督评估机制的指导意见（试行）》，要求建立健全涉案企业合规第三方监督评估机制，对于涉案企业、个人认罪认罚，企业能够正常生产经营，承诺建立或者完善企业合规制度，具备启动第三方机制的基本条件，可自愿适用第三方机制，由第三方组织确定考察期并进行合规考察。人民检察院将第三方组织的合规考察材料作为捕诉、变更强制措

---

① 朱宁宁：《吸收试点试行经验　为社区矫正工作提供有力法律保障　解读社区矫正法》，《法制日报》2020 年 1 月 7 日，第 5 版。

施、提出量刑建议或者检察建议、检察意见的重要参考。这是我国检察机关合理行使不起诉权等检察权的重要举措，也是认罪认罚从宽制度的重要配套措施，同时是涉案企业获得宽大处理的新契机。

9. 指导电信网络诈骗等刑事案件的办理

2021 年 6 月，最高人民法院、最高人民检察院、公安部公布《关于办理电信网络诈骗等刑事案件适用法律若干问题的意见（二）》，对于电信网络犯罪案件的管辖、境外证据材料、集团犯罪的作用及其处理予以明确；对涉案账户内被查扣的资金，应优先返还被害人，不够足额返还的，按比例返还。由于电信网络犯罪涉及的电话卡、流量卡、银行卡、银行账号、互联网账号、联络信息等都可以作为确定管辖地的连接点，多地对同一案件都可能有管辖权，可能产生管辖的争议或者推诿，需要妥善应对。

（四）完善民事诉讼制度

2020 年以来，民事诉讼的发展体现在持续推进多元解纷机制、完善民事诉讼检察监督、拓展公益诉讼范围等方面。

1. 推进多元解纷机制

2020 年以来，最高人民法院继续强调调解在多元解纷中的重要作用，先后独立或联合有关部门印发《关于进一步完善委派调解机制的指导意见》《关于深入开展价格争议纠纷调解工作的意见》《关于在部分地区开展劳动争议多元化解试点工作的意见》《关于在全国推广道路交通事故损害赔偿纠纷“网上数据一体化处理”改革工作的通知》《关于依法妥善处理涉疫情旅游合同纠纷有关问题的通知》，对于涉及民生利益的纠纷，法院可以委派特邀调解组织或特邀调解员调解，在全国推广道路交通事故损害赔偿纠纷一体化处理；发挥工会调解职能，化解劳动争议；建立旅游合同多元解纷和联动机制，化解疫情特殊时期旅游合同纠纷；将非诉讼纠纷解决机制挺在前面，完善诉调对接，发挥法院引领、推动、保障多元解纷的作用。

2021 年 2 月，中央全面深化改革委员会审议通过《关于加强诉源治理推动矛盾纠纷源头化解的意见》，要求完善预防性法律制度，从源头上减少诉讼增量，把非诉讼纠纷解决机制挺在前面。据此，4 月，最高人民法院公布《关于〈民事立案诉调对接及网上立案的意见〉的答复情况》，指出诉调对接是多元解纷的重要手段，在当事人同意的前提下，在立案阶段人民法院可将案件委派给相应调解组织或调解员进行诉前调解。调解不成功的，案件将转回人民法院进行立案或继续审理。6 月，最高人民法院印发《关于进一步健全完善民事诉讼程序繁简分流改革试点法院特邀调解名册制度的通知》，再次强调发挥司法确认程序对推动矛盾纠纷源头化解的保障作用，要求充分认识健全完善特邀调解名册制度的重要意义，改进名册建立模式，区分特邀调解组织名册和特邀调解员名册，明确特邀调解组织和特邀调解员入册标准，探索优化入册程序，健全完善名册运行机制，推动上下级法院之间名册统建共享，提升名册管理信息化水平，优化司法确认案件管辖规则，健全违规行为处理机制。9 月，最高人民法院公布《关于深化人民法院一站式多元解纷机制建设 推动矛盾纠纷源头化解的实施意见》，为非诉讼方式解决纠纷提供司法保障；促进诉讼案件纠纷一站式多元化解，切实保障当事人诉权。2020 年诉前调解成功的民商事纠纷同比增加 191%，达 424 万件。大量诉前调解成功案件自动履行，减少了诉讼案件数量。将立案案件分流转交调解，是立案登记制改革后法院缓立案和减少讼案的重要举措。

2. 指导民间借贷、证券纠纷的管辖与审理

2020 年 8 月，最高人民法院施行《关于审理民间借贷案件适用法律若干问题的规定》，对于立案后发现民间借贷行为涉嫌非法集资等犯罪的，应裁定驳回起诉，并将犯罪的线索、材料移送公安或检察机关。公安或检察机关不予立案或撤销案件、不起诉或判不构成非法集资等犯罪，当事人又起诉的，法院应予受理。

2020 年 7 月，最高人民法院印发《关于证券纠纷代表人诉讼若干问题的规定》，将证券纠纷代表人诉讼案件的管辖法院确定为中级法院，并对诉讼主体资格及诉讼程序作出规定。这有利于保障证券纠纷的公正解决，保护投资者合法权益。

3. 促进执行公正、文明

2020 年 5 月，最高人民法院印发的《关于建立和管理司法网络询价平台名单库的办法》明确，最高人民法院设立司法网络询价平台名单库评审委员会，负责网络询价平台的评审、选定和除名工作。评审委员会由全国人大代表、全国政协委员，评估行业专家，互联网大数据专家，最高人民法院特约监督员、特邀咨询员和最高人民法院有关部门人员组成，有利于合理定价、公正处置被执行资产。2020 年 1 月，最高人民法院发布 7 件善意文明执行典型案例，有的法院积极推动涉案不动产的部分查封、分割登记，有的法院引入战略投资者帮助盘活被执行企业资产，有的法院帮助被执行人取回被他人强占的房屋，有的法院允许承租人继续使用查封厂房实现财产价值。这些执行案件以优化当事人权益为着眼点，尽量避免资产和资源浪费与当事人处境恶化，有助于彻底解决纠纷，公正、文明执行案件。

4. 完善民事诉讼检察监督

2021 年 2 月，最高人民检察院通过《人民检察院民事诉讼监督规则》，规定当事人向检察院申请监督的，需自再审裁判生效或人民法院驳回再审申请后两年内提出，由负责控告申诉检察、民事检察、案件管理的部门分别承担民事诉讼监督案件的受理、办理、管理工作等。对于案件的审查、调查核实工作机制进一步予以细化，系统、全面规定检察院对民事审判、执行等诉讼活动通过抗诉、检察建议等方式实行法律监督，监督和支持人民法院依法行使审判权和执行权，对审判人员违法行为和执行活动违法情形的监督程序更加完善，并要求尊重和保障当事人的诉讼权利。

5. 探索完善与拓展公益诉讼

2021 年 6 月，最高人民检察院公布《人民检察院公益诉讼办案规则》，全面规范检察公益诉讼案件办案程序和履职行为。2020 年 4 月，最高人民检察院、中央军委政法委印发《关于加强军地检察机关公益诉讼协作工作的意见》，要求军地检察机关在生态环境和资源保护、食品药品安全、国有土地使用权出让、国有财产保护、英烈保护等涉军公益诉讼案件中加强配

合，加大对侵占军用土地、破坏军事设施等涉军公益诉讼案件的办案力度，探索国防动员、国防资产、国防教育、军事行动、军人地位和权益保护、军队形象声誉等方面的公益诉讼案件。这有助于拓展公益诉讼案件范围，维护国家利益、社会公共利益、国防和军事利益。最高人民检察院还发布了7件军地协作行政公益诉讼典型案例，保护英烈纪念设施、军粮差价补贴，保护军事安全与军用设施，包括净空区军事安全保护、军用输油管线安全、国防光缆安全、军用土地保护、维护军人出行优先权益等。

（五）完善行政诉讼制度

2020年以来行政诉讼制度改革取得较大进展，体现在行政诉讼检察监督规范的完善、县级行政诉讼被告资格的明确以及申请再审行政案件办案程序的完善等方面。

1. 规范行政诉讼检察监督

2021年6月，中共中央印发的《关于加强新时代检察机关法律监督工作的意见》要求，全面深化行政检察监督，在履行法律监督职责中实质性化解行政争议。7月，最高人民检察院公布《人民检察院行政诉讼监督规则》，保障当事人申请检察监督的权利，解决诉讼程序空转问题，严格办案期限，增设听证程序，加强上下级检察机关对再审检察建议的监督，完善抗诉监督，新增专项监督和类案监督。对实质解决行政争议的要求有助于检察机关做实行政检察监督工作。

2. 确定行政诉讼被告资格

2021年3月，《最高人民法院关于正确确定县级以上地方人民政府行政诉讼被告资格若干问题的规定》明确，对于不服集体或国有土地征收及违建强拆的，向政府申请履行法定职责或者给付义务的，不服不动产登记的，以及不服政府信息公开的案件，应以哪个部门或机构为行政诉讼被告，作出了明确规定。对于被诉行政行为不是县级以上人民政府作出而其被起诉的，人民法院应予指导释明，告知其向有管辖权的人民法院起诉，起诉人仍不变更的，人民法院可裁定不予立案，也可将案件移送有管辖权的人民法院。这有助于解决这类案件中被告不明的问题，有利于公民、法人依法行使诉权，准确起诉被告。

3. 完善申请再审行政案件办案程序

2021年3月，最高人民法院通过《关于办理行政申请再审案件若干问题的规定》，对不服高级人民法院裁判向最高人民法院提出申诉的案件作出规定。对原裁判适用法律确有错误的，其中，在法律适用上有全国性普遍指导意义的案件、在全国或省级辖区有重大影响的案件、跨省级区划的案件、重大涉外案件等，最高人民法院应当裁定再审。对于基本事实不清、程序违法、遗漏诉讼请求、当事人人数众多等案件，最高人民法院可以决定由原审高级人民法院审查。对于最高人民法院的再审裁判，当事人可以依法向最高人民检察院申请抗诉或者提出检察建议。这一规定明确了最高人民法院办理行政再审申诉案件的审查处理程序，对于指导当事人提出有效的申诉、充分行使申诉权有积极意义。

4. 促进行政机关负责人出庭应诉

2020年7月，最高人民法院实施《关于行政机关负责人出庭应诉若干问题的规定》，被诉行政机关负责人，包括行政机关的正、副职负责人、参与分管的副职级别的负责人以及其他参与分管的负责人，对于涉及公共卫生安全、食品药品安全、生态环境和资源保护等重大公共利益，可能引发群体性事件或社会高度关注的案件，法院应通知行政机关负责人出庭应诉。该文件还对法院可以通知负责人出庭的情形以及负责人不能出庭应诉的特殊情形作出了规定。行政机关负责人出庭应诉是行政诉讼改革的难题，近年来出台了多个规范性文件试图予以破解。行政机关负责人出庭应诉有助于行政机关履行诉讼义务，保障相对方的诉讼权利。

（六）应对疫情特殊时期对司法的需求

各相关司法部门出台了系列应对措施，保障疫情时期企业、个人合法权益，促进复工复产。一是司法服务于经济发展和生产。2020年2月，中共中央政法委、最高人民法院、最高人民检察院、公安部、司法部印发《关于政法机关依法保障疫情防控期间复工复产的意见》，要求慎重使用逮捕、查封、扣押、冻结等措施。5 月，最高人民法院印发《关于依法妥善办理涉新冠肺炎疫情执行案件若干问题的指导意见》，要求依法适用中止执行、执行和解，准确查封财产，防止低价处置财产，考虑调整适用相关规定，如失信惩戒、限制消费、合理减免加倍债务利息，充分发挥破产和解重整制度的功能等。7 月，最高人民检察院印发《关于充分发挥检察职能 服务保障“六稳”“六保”的意见》，提出依法惩治妨碍社会生产生活秩序、破坏金融管理秩序的相关犯罪，保护企业正常生产经营，优化对外开放的法治化营商环境。二是推进在线诉讼。2020 年 2 月，最高人民法院发布《关于新冠肺炎疫情防控期间加强和规范在线诉讼工作的通知》，要求积极依托中国移动微法院、诉讼服务网等在线诉讼平台，尊重当事人对办案模式的选择权，可全面开展网上立案、调解、证据交换、庭审等在线诉讼活动。三是对涉疫情重点民事纠纷作出特殊规定。2020 年 4 ~6 月，最高人民法院先后印发《关于依法妥善审理涉新冠肺炎疫情民事案件若干问题的指导意见》（一）（二）（三），对合同纠纷、劳动争议、金融、破产、涉外商事海事纠纷案件的审理进行指导，要求坚持调解优先，准确适用不可抗力，对惩罚性赔偿、司法救助、诉讼时效中止、诉讼期间顺延、诉讼保全、法律统一适用等作出进一步规定。以上应对措施及时回应了疫情期间的司法需求，并将对司法产生深远的影响。

三　提升司法人权保障水平

2021 年，中国通过《法律援助法》，这是近年来司法人权保障领域取得的标志性成就。此外，两年来律师制度进一步发展，对财产权、人脸信息的司法保护等得以加强，对弱势群体的司法保护持续完善。

（一）通过《法律援助法》

2021 年 8 月，第十三届全国人民代表大会常务委员会第三十次会议通过《法律援助法》，确认法律援助是国家责任、政府职责，国家建立向经济困难和符合法定条件的其他当事人提供无偿法律服务的法律援助制度，司法行政部门可通过政府采购等方式，优选提供法律援助的律师事务所等法律服务机构，律师事务所、基层法律服务所、律师、基层法律服务工作者有义务依法提供法律援助。民事刑事案件的法律援助范围都有所扩充。英烈近亲属、见义勇为者、冤狱赔偿申请人、家庭暴力的受害人主张相关民事权益，不受经济困难条件的限制。刑事案件指定辩护的范围扩大到了申请法律援助的死刑复核案件被告人、缺席审判的被告人，原本对盲聋哑人和精神病人的指定辩护扩大为对视力、听力、言语残疾人和不能完全辨认自己行为的成年人。法律援助机构可以在法院、检察院和看守所等场所派驻值班律师，为没有辩护人的被追诉人提供法律援助。针对实践中存在利用法律援助指派律师“占坑”损害被追诉人自己选择辩护人权利的问题①，《法律援助法》作出回应，规定公检法通知法律援助机构指派辩护律师时，不得限制或者损害嫌疑人、被告人委托辩护人的权利。可见，委托辩护优先于法律援助辩护，有经济条件的被追诉人自选律师的权利得到《法律援助法》的保护。在司法行政部门指导下，高等院校、科研机构可以组织法学专业师生作为法律援助志愿者，为当事人提供法律咨询、代拟法律文书等法律援助。法律援助还包括对诉讼费用、公证和鉴定费用的减免等。

《法律援助法》是中国司法人权保障立法的里程碑。司法人权保障在很大程度上是指诉讼中的人权保障，为处于诉讼困境的穷困者、弱势者、被追诉人提供专业法律帮助，是司法人权保障最重要最基本的要求。司法体制改革中重要改革部署的成功推进，无论是以审判为中心还是认罪认罚从宽，均以法律援助的充分发展及其与相关法律服务和诉讼制度的衔接配套为前提条件。《法律援助法》既是司法体制综合配套改革取得的重大成就，也是进一步完善司法体制的基础和平台。

---

① 胡闲鹤：《“占坑式辩护”受争议，法律援助律师应当何时指派、如何履职?》，新京报官方账号，https：//view. inews. qq. com/a/20210913A0EBXB00，最后访问日期：2021 年 9 月 20 日。

（二）保障律师执业权

近年来律师执业权利及其保障通过律协维权机制和执法司法规范化取得进展，以往遗留的难题已在部分地区获得重视并努力予以解决。对律师执业权的保障主要体现在以下方面。

1. 完善法律援助值班律师工作机制

截至2020年6月底，全国97.7%的看守所已经建成法律援助中心驻所工作站[①]。2020年9月，最高人民法院、最高人民检察院、公安部、国家安全部、司法部联合印发《法律援助值班律师工作办法》，法律援助机构在看守所、检察院、法院等场所设立法律援助工作站，派驻或安排值班律师为没有辩护人的嫌疑人、被告人提供法律帮助。值班律师的法律帮助职责包括法律咨询、程序选择建议、帮助申请变更强制措施、对案件处理提出意见、帮助申请法援辩护律师、会见、阅卷等。认罪认罚案件中的值班律师还应释明认罪认罚的性质和法律规定，对检察院指控罪名、量刑建议、诉讼程序适用等事项提出意见，并在嫌疑人签署认罪认罚具结书时在场。这有助于理顺值班律师工作机制，确保嫌疑人、被告人在刑事诉讼各个阶段获得有效法律帮助，加强刑事诉讼中的司法人权保障。

2. 刑事审判阶段辩护律师全覆盖试点取得进展

通过2017年以来的审判阶段辩护律师全覆盖试点，全国审判阶段律师辩护率不断提高，北京等11个省份律师辩护率超过80%。试点经验如下。第一，欠发达地区通过对口支援、政府购买等方式解决律师人手不足问题，发达地区如江浙沪等地建立了律师库[②]。第二，辩护全覆盖试点促进了值班律师和辩护律师身份的衔接转换。有的法律援助中心将审查起诉阶段的值班

① 《五部门有关负责人就〈法律援助值班律师工作办法〉答记者问》，http：//sft. gansu. gov. cn/Show/49067？IsAudit＝1，最后访问日期：2021年7月2日。

② 参见张昊《全国2195个县试点刑事案件律师辩护全覆盖》，《法制日报》2020年1月18日，第1版。

律师直接转换为辩护人，为被告人出庭辩护[①]。第三，各地各级法院和司法行政机关建立联席会议制度，作为常态化议事协调机制，进一步落实审判阶段律师辩护全覆盖。这有助于落实以审判为中心的诉讼制度改革的要求，提高司法人权保障水平。

3. 民事案件律师调查令在多省市实施

2020年以来，我国多省市试行律师调查令。四川省高级人民法院联合司法厅、律协等20家单位联合印发《关于在民事审判和执行阶段适用调查令办法（试行）》[②]，湖北省高级人民法院、人民检察院、公安厅等联合出台《关于在民事审判程序和执行程序中实行律师调查令的若干规定（试行）》，明确规定审查程序、适用范围、排除情形、内容期限等[③]。

在民事案件中，通过规范性文件明确律师调查权的行使程序与规制，增强被取证方配合调查的程度并防止滥用调查令，有助于提升当事人收集证据的能力，落实律师对委托人负有的调查取证责任，也有助于司法机关依法认定案件事实，公正解决民事纠纷，加强司法权威和司法公信力。当前各地做法不一，有待完善立法或司法解释，以统一律师调查令的规则。

4. 律协帮助律师维权取得进展

我国已建立对律师执业权的联动保障和维权机制，近年来相继出台《关于建立律师工作联席会议制度的方案》《关于建立健全维护律师执业权利快速联动处置机制的通知》等规范性文件。2020年8月全国律协新闻发布会发布了5月律协维权典型案例[④]，其中，案例一是贵州铜仁某看守所要求来自浙江的诈骗案律师出具办案单位同意证明、司法局证明，拒绝律师持三证会见。浙江省律协收到维权申请后发函请贵州省律协予以协助。铜仁市律协收到省律协转来的维权申请后，通过律师工作联席会议机制与检察院沟

---

① 参见王莹、王小玲《福清法援值班律师直接转换成辩护人》，《法制日报》2020年7月13日，第7版。

② 参见杨傲多《四川全面推行律师调查令》，《法制日报》2020年4月16日，第6版。

③ 参见何正鑫、顾丹《湖北四部门规范律师调查令》，《法制日报》2020年4月29日，第3版。

④ 资料来源于全国律协网站，http：//www.acla.org.cn/article/page/detailById/30348，最后访问日期：2020年8月30日。

通协调，由看守所安排会见。在案例三中，广东惠州某律师在东莞执业时，因未提供自然人被告的身份证复印件，被拒绝立案。惠州市律协收到维权申请后予以支持，向东莞市律协发出请求协助函，经东莞市律协协调，该法院网上立案并通知该律师。律师维权机制的顺畅运行有助于充分发挥律师法律服务功能，维护当事人诉权和诉讼权利。

5. 通过执法司法规范化保障律师执业权

律师执业权需要公安司法机关依法予以保障，公安司法机关陆续出台了规范执法、司法行为，保障律师执业的规范性文件。2020 年 6 月，重庆市公安局、司法局印发《关于进一步保障和规范看守所律师会见工作的意见》，强调律师持三证会见，不得附加其他条件或变相要求律师提交其他文件、材料；要求看守所及时转达转交被关押人申请法援和辩护的信息；要求看守所应将被关押人的信件及时传递给辩护律师，不截留、删改、复制，不向办案机关提供信件内容，除非信件内容涉嫌串供、毁灭证据等情形；要求允许律师携带已关闭即时通讯、上网功能的电脑会见；并要求保证在 48 小时内让律师会见到在押犯罪嫌疑人、被告人等。这有利于进一步充分保障律师会见权。

（三）加强对财产权的司法保护

2020 年 7 月，最高人民法院、国家发展和改革委员会发布《关于为新时代加快完善社会主义市场经济体制提供司法服务和保障的意见》，要求全面依法平等保护各类市场主体、各种所有制经济产权和合法权益，加强产权司法保护，依法惩治各类侵犯产权行为。一是要明确和统一裁判标准，合理划定责任财产范围，准确界定产权关系，重点解决利用公权力侵害私有产权，以及违法查封、扣押、冻结民营企业财产等问题。二是严格界分经济纠纷与犯罪，慎用强制措施，规范涉案财产的保全和处置。三是健全涉产权冤错案件的有效防范和常态化纠错机制，坚持法定赔偿原则，加大涉产权冤错案件赔偿决定的执行力度。四是加强对网络虚拟财产、数字货币等新型权益的司法保护。五是要强化善意文明执行理念，严禁乱查封，尽最大可能保持企业财产的运营价值。

对公民、法人及其他组织财产权的司法保护有利于保护个人和企业的创造力和主动性、积极性，营建良好的经济、社会、科技发展环境，促进产业结构转型，维护公民合法财产权益。

（四）加强对弱势群体的司法保护

2021 年 4 月，最高人民检察院印发《关于印发依法惩治家庭暴力犯罪典型案例的通知》，选取虐待致人死亡案、长期受虐后杀死施虐人等案件作为典型，依法严惩虐待案加害人，而对受虐人反抗所致案件较之以往予以轻判。

2021 年 4 月，最高人民检察院印发《全国检察机关“检爱同行、共护未来”未成年人保护法律监督专项行动实施方案》，一是落实对未成年人的综合全面双向司法保护，教育感化挽救涉罪未成年人，坚决打击侵害未成年人犯罪，最大限度保护救助未成年被害人。二是加快推进未成年人四大检察业务统一集中办理。三是会同教育部、公安部等部门推行侵害未成年人案件强制报告、教工入职前科劣迹查询制度，积极参与未成年人保护社会治理。

2021 年 5 月，最高人民检察院、全国妇联等印发《关于在办理涉未成年人案件中全面开展家庭教育指导工作的意见》，指出家庭因素对未成年人犯罪和遭受侵害的影响不容忽视，应指导罪错、失管和受害未成年人的家庭加强监护意识、落实监护责任，改进家庭教育方式、理念和方法，提高家庭成员法治意识。这有利于多机构合作建立相互衔接的未成年人保护工作机制，将对未成年人的司法保护延伸至家庭场域。

（五）细化对生物识别信息的司法保护

2021 年 7 月，最高人民法院公布《关于审理使用人脸识别技术处理个人信息相关民事案件适用法律若干问题的规定》，对人脸信息的司法保护予以细化规定。为保护人脸信息所涉隐私权或者其他人格权益，法院可以根据案件具体情况依法作出人格权侵害禁令等裁判。这是我国第一次为保护人脸信息而出台专门司法解释。

四　配套性与综合性司法体制改革的转向与期待

从2020年以来司法体制综合配套改革的进展来看，这两年改革的配套性与综合性特点明显，改革重点和主线开始转换。

（一）当前的司法体制改革具有配套性和综合性

司法体制综合配套改革始于2017年8月中央全面深化改革领导小组审议通过的《关于上海市开展司法体制综合配套改革试点的框架意见》，以及其后在上海的试点。该试点旨在为以司法责任制为核心的四项基础性改革和其他改革措施完善相关配套制度，包括权力运行、科技应用、人员分类管理、司法权威等。2017年是上一轮司法体制改革承上启下的收官之年，也是司法体制综合配套改革确立方向和重点之时。此后，2019年中央批准最高人民法院《关于深化人民法院司法体制综合配套改革的意见》，作为《人民法院第五个五年改革纲要（2019～2023）》，涵盖加强党的领导、组织机构职能、人员分类管理与职业保障、审判权运行、诉讼制度、智慧法院等8个方面，包括65项具体任务。2020年7月，最高人民法院公布《关于深化司法体制综合配套改革的实施意见》，提出了包括审判权力运行、人员分类管理与履职保障、优化司法资源配置等28个方面的任务。由此可见，在法院系统，司法体制综合配套改革已成为范围相当广泛的新一轮法院司法改革的代称，由于上一轮司法改革触动体制、影响深远，这轮司法改革在名称上突出了对上一轮司法改革的配套性质，同时具有综合性。

2021年1月，中共中央印发《法治中国建设规划（2020～2025年）》，要求深化司法体制综合配套改革，全面落实司法责任制。从具体要求看，其对司法改革的定位也是广义的，围绕司法责任制等基础性改革的配套改革覆盖了对各职权机关组织机构职能、人事管理、权力运行、三大诉讼制度等各方面的要求。2021年6月，中共中央印发《关于加强新时代检察机关法律监督工作的意见》，在第16条关于深化司法责任制综合配套改革的要求中，提出关于司法责任制、人员分类管理、职业保障制度方面的配套改革要求。可见，司法体制综合配套改革的内涵与外延是不完全等同的，内涵是狭义的，紧紧围绕四项基础性改革的配套措施，是对基础性改革的深化或调整；外延则是广义的，是在基础性改革后，不可避免地要求司法组织体系、司法组织法律制度、诉讼法律制度、司法人权保障等适应基础性改革的需求而不断改革。就此而言，依法独立行使司法权、人员分类管理与司法职业保障、智慧司法是继续推进配套改革过程中不可或缺的组成部分，这体现了上一轮基础性司法体制改革的影响深远，也体现了这一轮司法改革的配套性与综合性，还体现了司法改革的艰巨性与长期性。

（二）改革坚持遵循司法规律与追求司法公正

2020年以来，司法改革既有沉淀和调整的一面，又有对此前改革方向的贯彻深化，如员额制的统筹管理与动态调整，又如三大诉讼繁简分流，再如智慧法院、智慧检察等司法信息化建设，这些已成为司法改革的固有组成部分并将不断发展完善。司法体制改革的发展应坚决贯彻习近平总书记提出的要遵循司法规律的要求，把公平正义作为司法工作的生命线。对于改革的热点和难点问题，始终坚持以司法公正为分析判断标准。其一，关于处理产权司法保护与刑事没收之间的关系，建议提升程序法治化程度，进一步加强对辩护权、人身自由权的保障和救济，准确适用对财产的刑事处分。其二，对于三大诉讼繁简分流，无论是简化程序还是繁杂程序，都应当进一步完善诉讼程序和证据规则，充分保障当事人的诉讼权利和实体权利。其三，不断健全防冤纠错机制，坚决落实习近平总书记对防冤纠错的重要指示，“决不允许执法犯法造成冤假错案”①，“我们做纠错的工作，就是亡羊补牢的工作”②。其四，还要加强司法对突发事件所引发的社会现实需求的应对。例

① 杨维汉：《习近平在中央政法工作会议上强调　坚持严格执法公正司法深化改革　促进社会公平正义　保障人民安居乐业》，《检察日报》2014年1月9日，第1版。

② 姜佩杉：《纠正冤错：让百姓重拾法治信心》，《人民法院报》2018年12月18日，第5版。

如，在疫情中推进的司法改革突出了司法服务于政治经济运行、社会发展和对公民、法人及其他组织合法权益保障的作用。

（三）改革重点与主线的转换及其展望

2021 年的司法体制综合配套改革稳步进行，具有鲜明的综合性、配套性特点，是对上一轮司法体制改革的持续推进。三年来，随着综合配套改革的推进，职权部门的权力配置和人员分类安排趋于稳定，在此基础上，改革的重点也发生轮换，从以基础性体制改革为主线发展到以权力运行、诉讼制度等改革为主线，重点转换到分解案多人少矛盾、三大诉讼繁简分流、司法科技应用、诉讼权利保障、国际司法协助与交流等方面。

在推进司法体制改革的过程中，若干法治理念仍有待贯彻，这会进一步促进体制管理层面的改革，并反过来持续推动诉讼制度改革。这些法治理念在现实中呈现错综复杂的面貌，有些可以作为进一步深化管理体制改革的基础和准备，有些是权力运行与诉讼制度改革的条件或内容。例如，不但现实中法律职业共同体有待形成，法律职业共同体是什么仍有待理论探讨，在司法体制改革中发挥重要作用的组织机构中也缺少律师。经过数年来司法体制改革和配套改革，法律职业共同体建设迫切要求律师制度进一步发展，以满足社会现实和法治发展的需求。另外，在刑事法庭上，律师和法官检察官本应同样重要，因此需要更严密的诉讼制度和证据规则来保障律师履职。例如，律师和委托人之间的关系应受法律的强力保护，这会导致律师和委托人之间秘密沟通交流信息的证据排除等一系列法律后果，对此有待立法予以充分保护。《法律援助法》的出台有利于进一步扩大律师参与诉讼和纠纷解决，加强当事人诉讼权利保障，但如果对律师履职的制度性保障不足，律师和委托人之间的关系等基础性问题不解决，就可能引发实践中的混乱。随着法律援助值班律师和认罪认罚从宽制度的推进，不少人误以为律师在场权就是嫌疑人在签署认罪认罚具结书时必须有律师在场，而实际上，仅在嫌疑人签署认罪认罚具结书时作见证的值班律师，其本质是控方证人，仅能用以证明嫌疑人签署认罪认罚具结书时未受强迫，既不足以证明认罪认罚自愿性，也与律师在场权的要求、刑事辩护的基本理论、刑事证明的基本原理相悖，难以达成值班律师制度的设计初衷和立法原意。

总体上，中国司法体制综合配套改革已经取得了巨大进步，但毋庸讳言，也仍然存在需要进一步回应和解决的难题。期待未来司法体制改革能够继续取得新的成就！

B.3 司法责任制与党建工作责任制深度融合机制研究

河南省高级人民法院课题组*

摘　要：在司法责任制改革背景下，司法责任制与党建工作责任制的融合具有重要意义与价值，各地法院也进行了一系列探索，积累了一些经验。在本质上，司法责任制强调放权，而党建责任制要求服从领导，这导致在实践中司法责任制与党建工作责任制融合不够。人民法院首先是政治机关，必须旗帜鲜明讲政治。针对党建责任制与司法责任制融合中存在的问题，需要从完善党的领导监督体制与司法责任制改革着手，构建判前融合、判中融合、判后融合的同步工作机制，创新目标融合、监督融合、问责融合、考评融合的协同机制，完善党内外联动机制。

关键词：司法体制改革　司法责任制　党建工作责任制　审判监督

中国共产党是中国社会主义事业的领导核心。多年的司法实践已经充分证明，坚持党的绝对领导是人民法院一切工作沿着正确政治方向健康发展的根本保障。随着中国社会主义进入新时代，新形势新任务对加强和改进法院工作、最大限度实现公平正义提出了新要求。在司法责任制改革大背景下，

---

* 课题组组长：王韶华，河南省高级人民法院党组成员、副院长。课题组成员：樊桓锐，河南省高级人民法院研究室副主任；张丽敏，河南省高级人民法院研究室四级调研员。执笔人：桓旭，河南省平顶山市中级人民法院研究室副主任。

如何构建司法责任制与党建工作责任制深度融合机制，让党建工作责任制发挥更好的引领作用，切实推动司法改革向纵深发展值得思考。

一　推动司法责任制与党建工作责任制融合的必要性与契合性

党的十九届四中全会提出，“坚持和完善党和国家监督体系，强化对权力运行的制约和监督”，对党建工作责任制作了细化规定。中央又先后出台《关于司法体制改革试点若干问题的框架意见》《关于完善司法责任制的若干意见》等文件积极推进司法责任制改革。在党中央的决策部署下，党建工作责任制作为党要管党、从严治党的重要抓手，明确了党员干部的工作责任，司法责任制作为社会主义法治体系的重要组成部分，明确了人民法院的责任使命。在此背景下，司法责任制与党建工作责任制融合具有重要的时代意义和现实意义。

（一）必要性

1. 司法改革背景下加强党的领导的必然要求

人民法院工作坚持党的领导，是中国司法制度的最大特色，也是人民法院开展工作最大的有利因素[①]。司法责任制的核心强调放权，同时，应当加强监督制约，以保障审判权依法行使。党建工作责任制的核心是加强党的领导和监督。党建工作责任制保障在司法责任制改革中党对法院工作的绝对领导，确保审判工作沿着正确的政治方向发展。在司法责任制改革背景下，加强党对人民法院的领导，必然要求二者实现融合与平衡。

2. 提升新时期法院党的建设的现实需要

机关党建是做好人民法院工作的重要政治保证和组织保障。司法责任制改革对党领导司法工作提出新的更高要求，新时代党建工作在全面落实司法责任制中的地位和作用更加突出。特别是在司法责任制改革逐步深化的背景下，如何在遵循司法规律的基础上同步加强党的建设，是目前亟须解决的重大课题。

① 胡云腾：《坚持党的领导和独立审判的关系》，载《中国法律评论》2014 年第 1 期。

3. 提升法院审判质效和建设高素质法院队伍的实然选择

只有切实抓党建、带队伍、促审判，将党建责任制与司法责任制深度融合，才能加快人民法院队伍的革命化、正规化、专业化、职业化建设，助推司法责任制改革持续向纵深发展。

（二）契合性

1. 党的领导是司法责任制改革的根本保障

人民法院首先是政治机关，必须把旗帜鲜明讲政治作为根本要求摆在首位，自觉坚持党对人民法院工作的绝对领导。司法责任制改革是在党中央的决策部署下展开的，也是党中央党建工作责任制在司法领域的重要内容，能够确保司法机关在政治立场、政治方向、政治原则、政治道路上始终同党中央保持高度一致。

2. 党建工作责任制需要契合司法规律

司法机关是行使司法权、履行审判职能的专门机关。司法性要求尊重司法规律，依法独立公正行使审判权。具体到人民法院，党建工作责任制在党的领导下必须以人民法院工作实际为基础，遵循司法规律，这就与其他单位的党建工作存在一定区别，其主要要求就是“让审理者裁判，让裁判者负责”，这正是司法责任制的核心要义。

3. 党建工作责任与司法责任制具有内在统一性

第一，均具有人民性。人民性是中国共产党的阶级本性，也是中国特色社会主义司法制度的本质属性。中国审判制度自产生即刻上了鲜明的人民属性，这也成为社会主义审判制度与其他国家和地区审判制度的根本区别。

第二，均以依法独立审判为内在要求。坚持中国共产党的领导与依法独立审判均为中国宪法明确规定的原则。党支持法院依法独立公正行使审判权态度鲜明。在司法责任制改革中，法院必须在绝对、全面坚持党的领导的前提下开展依法独立审判工作。因此，法院落实党建责任制与司法责任制，都以依法独立审判为基础和前提，二者是内在统一的。

第三，具有相同的目标任务。一是宏观目标：全面推进依法治国。依法治国是党中央作出的重大决策部署，也是人民法院的重要职责使命，两者的宏观追求一致。二是中观目标：维护社会公平正义。全心全意为人民服务是党的宗旨，维护社会公平正义是人民法院的职责使命和各项工作的基本目标，两者在中观层面具有一致性。三是微观目标：让人民群众在每一个司法案件中感受到公平正义。党建工作责任制和司法责任制均要求办理每一个案件都要保持司法良知，确保司法公正，二者在微观目标上也是一致的。

二　人民法院司法责任制与党建工作责任制融合的实践考察

近年来，随着司法体制改革持续深化，各地法院针对党建与全面落实司法责任制、提升审判质效以及建设专业化、职业化法院队伍融合发展的路径进行了一定探索。课题组以河南法院为主，同时选取东西部地区具有代表性的法院，采取发放调查问卷、召开研讨会等方法，全面了解了各地法院司法责任制与党建工作责任制融合的经验做法，为构建和完善二者深度融合机制提供启示与借鉴。

（一）各地法院的探索与实践

1. 构建审判组织与基层党组织的融合机制

结合法院工作实际设置党总支、党支部和党小组，将党组织拓展至办案基本单元。例如，北京市西城区人民法院根据工作需要和审判分工，灵活设立党组织，以专业化审判庭室为基本单位，设立司法职能型党支部；以专业化审判团队为基础单元，建立多个司法职能型党小组；结合重大专项任务，设立临时型党组织。

2. 完善审判业务与组织生活的融合机制

淄博中院探索实行组织生活与法官会议融合开展模式，把组织生活作为业务会议前置程序，与重大疑难案件研究、发改案件分析等结合起来。安顺中院推行“三联”工作法，组织党支部学习会、团队业务学习会、团队工

作例会“三会”联合召开，实现组织生活会自评点评、审判工作分析讲评、专题党课讨论评议“三评”联动进行。

3. 创新司法办案与党建工作的融合机制

淄博两级法院建立党员骨干带头办理大要案工作机制，在大要案审判中探索引入向党旗、宪法“双宣誓”制度，保障大要案审判质量。重庆一中院审理疑难案件采取“书记支委担任审判长 + 年轻员额法官 + 人民陪审员”合议庭组成模式，有效发挥书记、支委示范指导作用。许昌中院扩展派驻纪检组列席范围，实行派驻纪检组列席审判委员会和各条线专业法官会议制度，加强案中监督。

4. 优化审判业务与党建考评的融合机制

福建省永安市法院创新“双百双比”党建量化考评机制，即党员以双重身份参加党建绩效和业务绩效两个“百分制”考评，综合考评结果记入个人司法业绩档案，与年度考评、评先评优、晋级提拔等挂钩，以党建引领推动审判工作发展。

（二）经验与启示

1. 坚持人民法院政治机关定位

加强人民法院党的建设，是确保司法责任制改革始终沿着正确政治方向发展的基础。将党建工作摆在关乎党对法院工作的全面领导的重要位置，与审判执行工作同部署、同落实、同考核，是各地法院落实好党建工作责任制的基本遵循。

2. 促进审判业务与党建工作结合

立足法院人员分类管理、省以下地方法院人财物省级统一管理等司法责任制改革举措，找准党建与审判执行、司法改革的结合点，改革创新法院党建工作方式方法，推动党和国家部署的各项司法改革举措落地生根。

3. 构建党建组织对审判团队的全覆盖体系

适应新型审判团队建设，改革原有基层党组织设置模式，灵活设立党支部、党小组等党组织，特别是一个审判团队设立一个党小组，确保实现党的基层党组织在法院各级审判组织的全覆盖。

4. 突出审判业务与党建工作考评问责与融合

各地法院都非常重视审判工作与党建工作考评问责的融合，制订法院党组、机关党委、基层党支部、党员法官的立体化党建责任清单，把党建工作情况纳入部门和干警绩效考核指标体系，并将党建工作的考核结果作为各部门、各干警考核评优、晋职晋级等的重要依据和参考，牢固树立党建工作在干警心目中的重要地位，促进党建工作与业务工作有机融合。

三　推进人民法院司法责任制与党建工作责任制深度融合的路径

多年来的司法实践已经证明，坚持党的领导是人民法院一切工作沿着正确政治方向健康发展的根本保障。随着中国社会主义进入新时代，新形势新任务对加强和改进法院工作提出了新要求，推进人民法院司法责任制与党建工作责任制的融合则是回应新要求的重要渠道。司法责任制与党建工作责任制融合发展，一方面要强调二者的融合，另一方面也要注意度的把握，不能用党建责任制替代司法责任制，更不能简单地用党的组织替代审判组织。

（一）完善顶层设计，促进体系融合

1. 理念融合：坚持人民法院依法独立公正行使审判权

其一，人民法院要旗帜鲜明地坚持党的领导。始终保持政治清醒和政治自觉，不断增强“四个意识”，坚定“四个自信”，毫不动摇走中国特色社会主义法治道路，将党的意志转化为司法实践的自觉行动，让党的决策部署在法院落地生根。其二，人民法院要根据宪法依法独立行使审判权。严格落实最高人民法院有关规定，建立健全过问案件登记、干预警示、监督情况通报等制度，最大限度杜绝人情案、关系案，增强审判权抵抗干扰的能力。其三，人民法院要在党的领导下依法独立行使审判权。始终坚持以人民为中心的发展思想，把抓好执法办案与维护国家安定繁荣、促进社会和谐发展作为

第一要务，把对党绝对忠诚转化为实实在在的行动。

2. 体制融合：坚持以党的领导监督推进司法责任制

一是健全司法责任制和党内监督顶层设计。结合审判实践，紧盯司法责任制改革后可能出现的廉政风险点，加强排查、预判和监督机制建设，积极构建审判权力廉政风险防控长效机制，将督导巡查、专项检查、内部监察、质效管控等多种监督方式融入党内监督，促进党内监督与司法审判深度融合。二是全面落实党的政法工作条例。充分发挥法院党组的领导作用，严格执行重大事项向党委报告制度，创造性地贯彻落实党的路线方针政策和重大决策部署；持续优化法院基层党组织，根据司法责任制改革和内设机构改革情况，实现党组织对审判团队基本单元的全覆盖。三是以党的监督推进司法监督。加强院庭长对审判活动、办案程序、纪律作风的监督管理。优化司法职权配置，进一步规范上下级法院之间的关系，尤其是注重强化上级对下级法院党建工作的监督指导，压实管党治党职责。

3. 原则融合：遵循司法规律与党建工作特点相结合

一是遵循司法规律与尊重法官主体地位。坚持“让审理者裁判，由裁判者负责”原则，依法落实合议庭和独任制审判制度，彰显法官在个案审理中的地位和作用。认真执行案件回避制度，切断法官与案件的利益牵连，确保法官裁判的中立性。二是坚持通过依法办案实现党的领导融入司法审判。始终把抓党建与抓审判摆在同等位置，完善党建工作与审判执行工作融合机制，以实现党对法院工作的全面领导和绝对领导。三是有效发挥基层党组织促进审判工作的作用。从“紧贴审判抓党建，抓好党建促审判”思路上下功夫，保持法官与党组织的密切沟通，通过有效发挥基层党组织的战斗堡垒作用，更好地推动审判组织行使审判权力。

（二）构建同步工作机制，推进双向深度融合

1. 判前融合：实现权责法定，推进党建监督有据可依

就人民法院而言，司法责任制的实现并非削弱党对法院工作的领导，加强党的监督是实现和强化党的领导的重要方式，将党的监督融入司法责任制

改革的各个环节，进而从整体上提高司法公信力。只有加强党建工作顶层设计，推动各级法院按照司法责任制改革的安排部署，加强改革各项制度建设，才可能实现法官“法定职责必须为、法无授权不可为”的目标，使党建监督行有所据、惩有所依，实现两者的深度融合。

2. 判中融合：抓住关键环节，推进党建监督实质化

加大对审判权行使关键环节的监督，尤其是合议环节等审判过程中的监督，让党建监督主体直接参与事中监督。借鉴检察长列席审委会机制，实施派驻纪检组列席审委会制度，让纪检监察权力覆盖重大疑难复杂案件的讨论，如四类案件的监督、法院重大事项的监督等；建立机关党委、纪检党务干部列席专业法官会议机制，实现党内监督对审判活动的动态巡视；实行纪检党务干部列席合议庭合议制度，让党务干部对案件合议活动、合议流程实行静默化观察监督。

3. 判后融合：深度公开，推进党建监督全覆盖

全面推进司法公开，深化对司法公开价值的认识，坚持司法全面规范公开原则，探索对审委会意见、合议庭意见、裁判规则指引等涉及法律适用的内容适当公开。建立党内案件评查制度，改变以往有问题再查的工作思路，将被动开展案件评查工作向主动进行党内评查监督转变，结合审判活动实际和司法规律，建立科学有效的党内评查制度，对党内案件评查工作启动原则、评查方式、案件范围、工作标准等进行明确，提升案件评查的科学性，推动评查常态化。

（三）创新协同工作机制，推进自我深度融合

1. 目标融合：以党建责任制推动司法责任制的目标导向

坚持围绕司法责任制设定法院党建工作目标，把审判质效提升作为两者的共同核心要素，实现两者目标统筹结合与相互关联。建立清单式目标责任体系，明确党组、领导班子成员、纪检组、机关党委、党支部书记（庭长）、党员干部管党治党责任，形成职责清晰、任务明确、环环相扣的责任链条和齐抓共管的工作格局。

2. 监督融合：以党建监督规制审判权力滥用

人民法院党内监督的核心问题是加强对审判权力的监督[①]。制定党建问责规定，建立一案双责制度，明确问责原则、主体、类型、方式；建立谈话制度，明确轻微违法违纪组织谈话对象、谈话类型，实行组织谈话记录制度；畅通党内监督渠道，加强与纪检监察的衔接，做到党建对审判权力的有序、有度、有效监督。

3. 考评融合：党建绩效考评与业务考评双向、同步考核

借鉴目标管理学中的“SMART”原则，着重考虑相关性，推进业务与党建双向、同步考核，即评价业务庭室、员额法官的工作绩效，不仅看办案指标，还要看党建工作情况；评价庭室党支部、党员法官的党建绩效，也不只看其党务工作，还要看其服务审判工作实绩。将考核结果作为干部提拔选任、员额法官选任、晋职晋级、评先评优的重要依据，切实树立党建政绩导向。

（四）创新党建带队建机制，实现知行深度融合

全面加强基本组织建设，根据审判团队的人员组成、业务分类、能力水平等情况，探索改革党组织设置，除设置机关党委、党支部外，在每个审判团队设立一个党小组，做到党组织应设必设全覆盖。加强党建与业务骨干引领作用，根据司法责任制改革要求，强化庭长审判监督管理职责，党支部书记由懂党务、懂业务、懂管理，会解读政策、会疏导思想、会解决问题的庭长担任；发挥好党建带队作用，将选择配备政治素质好、业务能力强、工作作风实、群众基础好的党员干部作为提拔标准、入额标准，充分发挥优秀党员促审判效用。

（五）构建监督联动机制，实现全面深度融合

坚持法院内部监督与外部监督、党内监督与党外监督相结合，形成监督

---

① 秦前红、苏绍龙：《党内法规与国家法律衔接和协调的基准与路径——兼论备案审查衔接联动机制》，《法律科学》2016 年第 5 期。

合力。完善违法审判责任追究与法官惩戒制度相衔接的协同监督机制，把司法人员办案质量终身负责制与党内监督工作深度融合，明确法官惩戒委员会与纪检监察、法院监察部门的职责分工，厘清工作关系，建立相互配合、协调一致的监督机制。完善瑕疵办案责任追究与纪检监察机关职务犯罪调查的衔接配合机制，正确区分瑕疵办案责任与职务犯罪，法官是否存在违法审判行为，由法官惩戒委员会作出决定，对应当移送纪委监察机关的提出建议。

B.4

成都法院庭前会议制度实施效果实证研究

成都市中级人民法院课题组*

摘　要：成都法院自2015年开始，积极开展刑事庭审实质化改革实践。其中，作为承载多元价值和功能的庭前会议制度被寄予厚望并得到有效执行。庭前会议在推动庭审实质化改革过程中发挥了庭审程序准备、争议焦点确认、控辩双方有效参与诉讼保障等重要作用，客观上也存在对被告人权利保障不足、实体化倾向明显、程序性事项决议效力存疑等现实问题，需要进一步明确庭前会议基本功能定位、强化被告人参与权、优化庭前会议决议效力、强化信息化建设配套保障，充分发挥庭前会议在刑事庭审实质化中的功能价值。

关键词：庭前会议　刑事庭审实质化　评价体系

2014年10月，党的十八届四中全会明确提出，要"推进以审判为中心的诉讼制度改革"。成都法院作为改革的创新实践者，2015年2月在全国率

* 课题组主持人：郭彦，成都市中级人民法院党组书记、院长。课题组成员：冷雅民，成都市中级人民法院研究室主任；郝廷婷，成都市中级人民法院环境资源审判庭庭长；蒋芝玉，成都市中级人民法院研究室法官助理；曾耀林，四川省彭州市人民法院党组书记、院长；李雪榕，四川省彭州市人民法院党组成员、副院长；李银，四川省彭州市人民法院刑事审判庭法官；赖雪焱，四川省彭州市人民法院审管办（研究室）法官助理。执笔人：郭彦、郝廷婷、蒋芝玉、赖雪焱、李银。

先开展刑事庭审实质化改革，从庭前准备、证据、庭审程序、配套机制等五个方面开展全面探索。庭前会议作为刑事庭审重要环节，承载了准备、整理和保障庭审三项重要功能，在刑事庭审实质化改革的总体评价体系中，庭前会议机制运行取得了显著成效。

一　改革评价体系下庭前会议制度运行情况

（一）庭前会议适用率总体较高

2015 年到 2020 年，成都两级法院审理刑事庭审实质化示范案件 3570 件，有 2337 件召开了庭前会议，召开率为 65.46%。成都中院审理庭审实质化示范案件 242 件，召开庭前会议案件 110 件，召开率为 45.45%；基层法院审理庭审实质化示范案件 3328 件，召开庭前会议案件 2227 件，召开率为 66.92%（见表 1）。基层法院的庭前会议适用率高于中级法院。

表 1　成都法院示范庭庭前会议适用情况统计

单位：件，%

法院层级	庭审实质化示范案件数	召开庭前会议案件数	适用比例
中级法院	242	110	45.45
基层法院	3328	2227	66.92
合计	3570	2337	65.46

（二）案件适用类型多样

在召开庭前会议的案件中，共有 30 余个不同案由，案件类型多样化：中级法院主要集中在集资诈骗、合同诈骗、诈骗、非法吸收公众存款等金融犯罪案件，故意伤害、故意杀人等人身伤害案件以及毒品类犯罪案件，同时还有走私国家禁止进出口的货物罪、间谍罪、强迫交易罪等少见的案件罪名；基层法院主要集中在盗窃、诈骗等财产性犯罪案件，寻衅滋事、贩卖毒

品等危害社会秩序类犯罪案件以及故意伤害、强奸等人身伤害犯罪案件，同时一些新类型案件，如涉及拒不支付劳动报酬、环境污染、侵犯商业秘密等犯罪行为的罪名也涵盖其中（见表2）。

表2　成都法院适用庭前会议案件类型统计

单位：件，%

法院层级	案件类型	数量	占比
中级法院	集资诈骗、合同诈骗、诈骗、非法吸收公众存款等金融犯罪	21	19.09
	故意伤害	16	14.55
	故意杀人	22	20.00
	抢劫罪	8	7.27
	走私、贩卖、运输毒品	17	15.45
	受贿	8	7.27
	其他犯罪	18	16.37
基层法院	走私、贩卖、运输、制造毒品	589	26.45
	盗窃	373	16.75
	寻衅滋事	113	5.07
	故意伤害	138	6.20
	受贿	53	2.38
	强奸	117	5.25
	非法拘禁	38	1.71
	抢劫	166	7.45
	交通肇事	61	2.74
	诈骗	294	13.20
	聚众斗殴	41	1.84
	非法经营	30	1.35
	非法持有枪支	36	1.62
	其他	178	7.99

（三）启动主体和理由相对集中

1. 启动主体主要是法院

根据数据统计，法院启动庭前会议的比例为75.5%，辩护人及被告人申请启动庭前会议的比例为23.3%，公诉机关申请启动庭前会议的比例为

1.2%（见图1）。需要说明的是，前述由法院启动庭前会议的案件中，辩护人、被告人以被告人遭遇刑讯逼供为由申请排除非法证据或者申请证人、鉴定人出庭作证，后由法院召集控辩双方召开庭前会议，尽管被告人、辩护人未直接提出申请，但此种情形下庭前会议的实际启动人是辩护方。

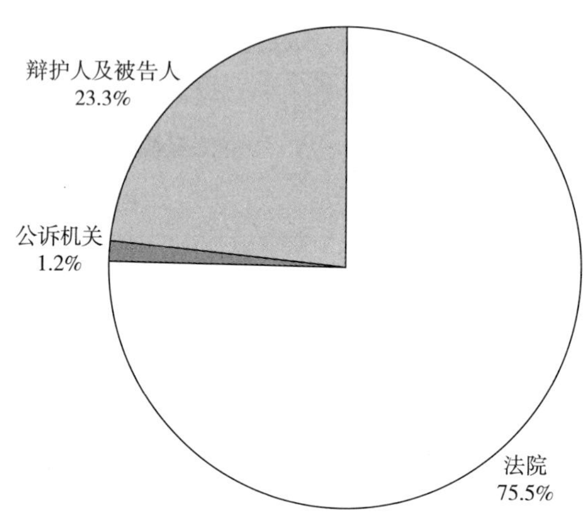

图1　庭前会议启动主体比例统计

2. 启动理由基本与证据关联

据统计，因案情复杂、证据繁多启动庭前会议的比例为56.2%，因控辩双方对事实证据存在较大争议启动的比例为35%，因申请排除非法证据启动的比例为1.21%。另外，还存在一些其他原因导致召开庭前会议的情形，如一些专业性强、不常见的新类型案件，涉及信访维稳的案件，社会现象引发公众高度关注的案件等。

（四）庭前会议参与人角色明确

1. 主持人以承办法官为主

《刑事诉讼法》及《最高人民法院关于适用〈中华人民共和国刑事诉讼法〉的解释》（以下简称《刑事诉讼法解释》）对庭前会议的主持人未作明确规定，《人民法院办理刑事案件庭前会议规程（试行）》（以下简称《庭

前会议规程》）第3条明确，承办法官、合议庭组成人员可以单独主持庭前会议，法官助理在承办法官指导下可以主持庭前会议。实践中主要有以下几种形式：一是由承办法官一人主持并参与庭前会议，占比62%，是较为常见的情形；二是由承办法官一人主持并且一名法官助理参与庭前会议，占比16.5%；三是由承办人主持庭前会议并且合议庭另一名法官共同参与庭前会议，占比6.7%，这种情形主要出现在中级法院案件事实争议大、案情复杂的案件中；四是由承办人主持并且全部合议庭成员共同参与庭前会议，占比3.5%，这种情形主要出现在基层法院的疑难复杂案件中；五是由人民陪审员一人主持并参与庭前会议，占比2.7%，这种情形主要出现在基层法院，且适用率不高；六是由法官助理一人主持并参与庭前会议，占比8.6%，该种情形也主要出现在基层法院。

2. 辩护人参与率分阶段提升

据统计，庭前会议公诉人参与率为100%，即所有召开庭前会议的案件公诉人均有参与。而辩护人参与庭前会议分为两个阶段：第一阶段是2015年到2017年，部分案件因被告人未委托辩护人，由被告人自己参与庭前会议；第二阶段是2018年到2019年，参与率为100%。辩护人在2018年后参与庭前会议大幅提升的原因有两个：其一，2017年10月，最高人民法院、司法部发布《关于开展刑事案件律师辩护全覆盖试点工作的办法》，在北京、上海、浙江、安徽、河南、广东、四川、陕西开展辩护全覆盖试点；其二，2017年11月，最高人民法院印发的《庭前会议规程》要求，召开庭前会议的案件被告人没有辩护人的，必须为其指定辩护人。从其他省份的统计数据看，2018年后庭审实质化案件的辩护率也有显著提升，如北京2017年庭审实质化案件律师辩护率为79.99%，2018年以后均为100%；浙江2017年庭审实质化案件律师辩护率为89.47%，2018年为89.41%，2019年达到100%。

3. 被告人参与庭前会议比例过半

据统计，被告人参与庭前会议的比例为56.4%，其中有多个被告人参与庭前会议的比例为26.3%。中级法院被告人参与庭前会议的比例为

70.4%，基层法院被告人参与庭前会议的比例为55.7%。根据部分庭前会议笔录，基层法院召开的庭前会议中，部分被告人虽然参与庭前会议，但并未发表意见，同时还存在程序不规范现象。比如，主持人在有多名被告人参与的庭前会议中未安排被告人分开出席，被告人基本全程参与庭前会议，笔录难以显示主持人采取了何种措施避免被告人相互串供，可能为案件后续审理留下隐患。

4. 侦查人员、鉴定人员等其他人员参与庭前会议

除了常规的控辩审三方参与庭前会议外，部分案件中被害人、附带民事诉讼原告、委托代理人等也参与了庭前会议。特别值得注意的是，某些案件中，被告人及辩护人在庭前会议前就对鉴定意见、侦查人员证据收集合法性提出异议，因此，主持人通知了鉴定人、侦查人员参与庭前会议，就鉴定意见、证据合法性进行情况说明，并根据庭前会议掌握的情况决定是否采信鉴定意见和证据。

（五）庭前会议处理事项

1. 处理程序性事项

根据《庭前会议规程》第9条规定，庭前会议中审判人员可以就案件管辖、回避，是否申请不公开审理，非法证据排除，重新鉴定勘验，调取收集新的证据，申请证人、鉴定人、侦查人员、有专门知识的人出庭作证等程序性问题听取控辩双方意见。实践中，庭前会议实际处理的程序性事项比例较高的为：一是申请证人、鉴定人、侦查人员、有专门知识的人出庭作证，占比超过30%；二是申请回避，占近20%；三是管辖和非法证据排除，均占10%左右；四是申请提取、调取、收集新证据，申请不公开审理，申请重新鉴定或者勘验，三者均占5%左右。可以看出，庭前会议涉及管辖、回避、不公开审理等单纯程序性事项的比例较低，而与案件事实相关的排除非法证据，申请证人、鉴定人、侦查人员出庭作证等程序性事项较多。

2. 证据展示

根据《庭前会议规程》第18条规定，人民法院在庭前会议中可以组织

控辩双方进行证据交换，防止在庭审中出现“证据突袭”导致庭审中断。从司法实践看，在76.3%的庭前会议中，控辩双方展示了证据。其中，展示证据时按定罪与量刑出示的比例为8.60%，按照证据种类出示的比例为85.49%，按犯罪实施顺序和时间出示的比例为7.91%。公诉人简述证据目录后，由被告人、辩护人对证据的“三性”发表意见。

3. 归纳控辩双方争议焦点

根据《庭前会议规程》第19条规定，庭前会议中，人民法院可以归纳控辩双方的争议焦点，对没有争议或者达成一致意见的事项，可以在庭审中简化审理。数据显示，庭前会议主持人对控辩双方争议焦点进行归纳的超过60%，包括控辩双方对程序性事项的意见、对证据的争议、对事实和罪名的争议等。

4. 开展附带民事调解

根据《庭前会议规程》第1条规定，人民法院可以在庭前会议中开展附带民事调解，但从司法实践看，庭前会议中开展附带民事调解的案件数量较少，仅有6件，其中1件在庭前会议之前已经由法官组织双方进行调解，庭前会议对调解结果进行了确认。

二　庭前会议制度的实施效果

从刑事庭审实质化改革评价总体情况来看，庭审实质化改革全面彰显了刑事诉讼程序价值，庭审实质化改革与刑事诉讼繁简分流相契合，与认罪认罚制度配合得当，在保障当事人诉讼权利的同时极大提高了诉讼效率；庭审实质化改革有效实现了司法公正公平，对比刑事庭审实质化改革前后，诉讼模式逐步实现从“侦查中心主义”到“审判中心主义”转变，庭审方式逐步实现从“卷宗中心主义”到“直接言词审理”转变，审理方式逐步实现从“全面审理”到“重点审查”转变。总体来说，刑事庭审实质化改革总体适用情况较好，在此评价体系下，承载着多元价值和功能的庭前会议制度得到有效落实。

（一）庭前会议得到普遍适用

从全国数据来看，庭前会议得到普遍适用，但是全国各省庭前会议适用率参差不齐。庭前会议适用率较高的福建省，2015～2020 年适用率分别为 42.46%、46.15%、45.38%、51.70%、67.42%、62.68%①。从成都地区来看，在 3570 件庭审实质化示范案件中，召开庭前会议案件 2337 件，召开比例为 65.46%②（见表 1）。

（二）庭审流程规范性显著增强

《庭前会议规程》对会议召开的地点、通知参会人员的时间、参会人员提出异议的处理、庭前会议与法庭调查程序的有效衔接均作出了具体规定，审判实践中，庭前会议流程已比较规范。

1. 辩护人、被告人申请召开庭前会议的比例上升

庭前会议作为庭前准备程序的重要环节，本身也需要进行相应的准备。在送达起诉书副本环节，增加了询问被告人是否申请回避、证人出庭作证和非法证据排除等问题，进而确定是否为被告人指定辩护人以及是否召开庭前会议。程序的前置使被告人、辩护人申请召开庭前会议的比例有所上升，由 2018 年前的 15.47% 上升到 2019 年的 27.65%。

2. 被告人诉讼权利保障有所体现

《庭前会议规程》要求为申请召开庭前会议的被告人指定辩护人，辩护人的及时介入有助于保障被告人诉讼权利，也有助于实现庭前会议预设目的和功能。2018 年后庭前会议辩护人参与率为 100%，实现了庭前会议辩护人全覆盖。

3. 庭前会议与庭审实现有效衔接

《庭前会议规程》第 23 条规定，召开庭前会议应当制作庭前会议报告；

---

① 本文涉及全国数据，除特殊标注外，均来源于最高人民法院应用法学研究所统计数据。

② 本文涉及成都地区数据，除特殊标注外，均来源于成都地区 2015 年 2 月改革启动至 2020 年 12 月全市法院 3570 件刑事庭审实质化示范案例样本。

第24条规定，法庭调查开始前应当宣布庭前会议报告的主要内容。通过庭前会议报告制度，赋予庭前会议笔录适当的效力，使得庭前会议中控辩双方达成一致事项，明确未达成一致事项，有争议的证据在法庭调查之前得以明确，突出庭审重点，提高了庭审效率。2018年以前，庭审中审判员宣布庭前会议内容的比例为67.6%，2018年后达到93.2%。

（三）为庭审顺利进行扫清程序障碍

以审判为中心的刑事诉讼制度改革最终落脚在刑事庭审实质化改革上，其目的是提升法庭审判发现疑点、理清事实、查明真相的能力[①]。

1. 开展证据交换，防止证据突袭

在召开庭前会议时，审判人员组织控辩双方交换证据，人民检察院在庭前会议中展示收集到的全部证据材料，被告人及其辩护人也展示收集到的有利于被告人的证据，如有关被告人不在犯罪现场、未达到刑事责任年龄、属于依法不负刑事责任的精神病人等证明被告人无罪或者依法不负刑事责任的证据材料。控辩双方在庭前会议中展示证据，既防止了控辩双方进行证据突袭，也提高了控辩审三方高效有序推进庭审的能力，增强了控辩双方对裁判结果的预期。

2. 为证人、鉴定人出庭作证奠定基础

2012年《刑事诉讼法》修改后，明确提出证人应当出庭作证，并列举了证人出庭作证的具体情形，从出庭保护、作证费用补助、拒不出庭作证制裁措施等方面，构建了中国特色的证人制度。在推进以审判为中心的诉讼制度改革中，强化证人出庭是突出庭审中心地位、实现庭审实质化的重要内容，直接关系到直接言词原则的落实、被告人质权的实现以及庭审举证质证方式的优化。直接言词原则的贯彻情况，是衡量庭审实质化实现程度的重要指标。庭前会议赋予控辩双方申请关键证人出庭作证的权利，也通过此种方式给各方提供协商的时机和场所。对于特殊主体如鉴定人、侦查人员，在庭

① 沈德咏：《庭审实质化的六项具体改革措施》，《法制日报》2016年2月3日，第9版。

前会议中事先协商是不可或缺的，这对他们是否出庭起着决定性作用。庭前会议制度的良好运行使证人出庭率有了显著提升。在“三项规程”的进一步推动下，部分地区一审刑事案件基本实现了证人出庭常态化①。

3. 确认争议焦点，保证庭审高效进行

庭前争点整理是防止“主张突袭”的有效手段。在复杂案件中，如果庭前不进行争点整理，控辩审三方对庭审焦点缺乏共识，易导致庭审效率不高②。庭前会议制度构建了控辩双方可相互沟通、表达意见的平台，法官通过庭前会议梳理出控辩双方的争议焦点，并组织控辩双方在庭前会议中协商确定庭审举证顺序、方式等事项，进而明确法庭调查方式和重点，为后续的法庭审理做好充分准备，提高庭审的整体效率和实际效果。

在庭前会议中，法官向控辩双方充分了解事实和证据相关情况、听取意见，针对程序争议作出决定，使得程序争议在庭前获得集中解决，实现程序裁判与实体裁判的分离，避免程序违法对实体正义的不利影响，有效固定庭审任务、减轻审判负担，最终实现庭前会议的庭审准备功能，为庭审顺利进行扫清程序性障碍。

三　庭前会议制度实施中存在的问题和不足

（一）庭前会议功能需进一步明确

庭前会议作为非强制性前置程序，主要集中解决程序性争议。《刑事诉讼法解释》第 226 条和第 228 条概括性规定了庭前会议的召开情形及内容，《庭前会议规程》进一步作出了更细致的规范性要求，但均以了解情况、听取意见和程序性事项的处理为基本内容，不触及证据质证、事实审查与认定等实体事项。司法实践中，部分庭前会议存在实体化倾向。

---

① 郭航：《刑事庭审实质化的权利推进模式研究》，载《政治与法律》2020 年第 10 期。

② 莫湘益：《庭前会议：从法理到实证的考察》，载《法学研究》2014 年第 3 期。

1. 证据展示、争点归纳的程度不一

《庭前会议规程》将在庭前会议中展示证据、归纳争点作为提高庭审效率的重要手段，但证据展示到何种程度不同法官把握的尺度并不完全一致，梳理证据争点亦不可避免地涉及控辩双方对证据“三性”的意见[①]。

2. 庭前会议与正式庭审存在混同

攸关辩方诉讼权利的程序性事项在很大程度上会影响审判进程，甚至关乎案件实体处理结果，容易成为控辩双方争议的焦点[②]。此外，多数法院庭前会议召开流程与法庭审理流程有相似之处，而庭审实质化中通过开庭审理查明事实真相的价值追求，会导致控辩双方潜意识地将庭前会议当成庭审预演现场，不适当地发表与案件事实判断相关的意见。

3. 庭前会议效力有待明确

庭前会议效力不明确，会降低公诉人、被告人或辩护人及审判人员对庭前会议实际效果的期待。庭前会议形成的意见或达成的共识，对未参加庭前会议的辩护人缺乏约束力，这不仅影响庭前会议启动的积极性，还因效力不明导致庭前会议与实际庭审脱节、庭前会议召开效果不明显。

（二）庭前会议中被告人诉讼权利保障有待进一步加强

程序正义的核心与实质即在于程序主体的平等参与和自主选择。根据《庭前会议规程》规定，公诉人、辩护人应当参加庭前会议，被告人申请参

---

① 参见最高人民法院《人民法院办理刑事案件庭前会议规程（试行）》第19条规定：“庭前会议中，对于控辩双方决定在庭审中出示的证据，人民法院可以组织展示有关证据，听取控辩双方对在案证据的意见，梳理存在争议的证据。对于控辩双方在庭前会议中没有争议的证据材料，庭审时举证、质证可以简化。人民法院组织展示证据的，一般应当通知被告人到场，听取被告人意见；被告人不到场的，辩护人应当在召开庭前会议前听取被告人意见。”第20条规定：“人民法院可以在庭前会议中归纳控辩双方的争议焦点。对控辩双方没有争议或者达成一致意见的事项，可以在庭审中简化审理。人民法院可以组织控辩双方协商确定庭审的举证顺序、方式等事项，明确法庭调查的方式和重点。协商不成的事项，由人民法院确定。”

② 吴小军：《庭前会议的功能定位与实践反思——以B市40个刑事案件为样本》，载《法学杂志》2020年第4期。

加庭前会议或者申请排除非法证据等情形的，人民法院应当通知被告人到场[①]。前述规定体现了程序正义的“参与性”要素，给予了被告人参与庭前会议的机会[②]。但实践中对被告人诉讼权利的保障还不到位。

1. 被告人“可以到场”被异化理解

在司法实践中，由于被告人并非参与庭前会议的当然主体，被告人“可以到场”常被异化为被告人“可以不到场”，其在庭前会议制度中的参与权未能得到充分保障，而对被告人参与权保障的不足又形成对庭前会议效率的掣肘。

2. 被告人未参与无争议证据的形成过程

《庭前会议规程》第 19 条第 2 款规定，庭审的举证、质证环节，对于控辩双方在庭前会议中没有争议的证据材料可以简化进行，控方可对此类证据的名称及其证明事项作出说明。被告人未参加庭前会议，即使无争议证据由控方、被告人代理人或辩护人共同确认，被告人也未参与确认无争议证据，不利于其对审理进程的总体把握。

3. 被告人未通过庭前会议表达意见

由于被告人未参加庭前会议，辩护人在庭前会议中就程序争议所发表的意见可能无法完全代表被告人的意见，被告人需要在正式庭审阶段对相关问题重新发表意见，并且开庭审理中为保证被告人的质证权利，即使在庭前会议中控辩双方没有异议的证据，也无法简单出示和质证，导致庭前会议促进庭审效率提高的功能在一定程度上受到影响。

---

① 参见《人民法院办理刑事案件庭前会议规程（试行）》第 3 条：“庭前会议由承办法官主持，其他合议庭成员也可以主持或者参加庭前会议。根据案件情况，承办法官可以指导法官助理主持庭前会议。公诉人、辩护人应当参加庭前会议。根据案件情况，被告人可以参加庭前会议；被告人申请参加庭前会议或者申请排除非法证据等情形的，人民法院应当通知被告人到场；有多名被告人的案件，主持人可以根据案件情况确定参加庭前会议的被告人。被告人申请排除非法证据，但没有辩护人的，人民法院应当通知法律援助机构指派律师为被告人提供帮助。庭前会议中进行附带民事调解的，人民法院应当通知附带民事诉讼当事人到场。”

② 吉冠浩：《庭前会议功能失范之成因——从庭前会议决定的效力切入》，载《当代法学》2016 年第 1 期。

（三）程序性事项决定效力需要进一步明确

1. 庭前会议效力存在两种模式

关于庭前会议效力，学界以法官对庭前会议决定事项有无裁决权为标准，将庭前会议效力模式区分为会商模式与裁决模式[①]。一是会商模式，即法院在庭前会议中听取双方意见后不能直接决定的庭前会议模式。例如，非法证据排除，立法机关明确庭前会议“只是听取意见，具体如何排除要根据修改后的《刑事诉讼法》第 54 条、第 56 条、第 58 条等的规定进行”[②]。二是裁决模式，即法院在听取双方意见后直接作出决定的庭前会议模式，如管辖、回避，是否公开审理，申请重新鉴定或勘验，调取证据和申请证人、鉴定人、侦查人员、专家辅助人出庭等程序性事项。

2. 庭前会议裁决模式决定效力不明确

目前对庭前会议决定正当性的质疑主要集中在裁决模式。从司法实践来看，庭前会议主持人包括承办法官、合议庭成员、法官助理等。对于控辩双方存在争议的程序性事项由庭前会议主持人直接裁决或会后由合议庭裁决，《庭前会议规程》并未作出明确规定，实践中两种情形都存在。庭前会议主持人直接裁决存在以下困境：一是法官助理主持庭前会议并作出决定的案件中，法官助理的身份为审判辅助人员，其是否具备对案件程序性事项作出决定的权力值得商榷；二是合议庭成员一人主持并作出决定的庭前会议中，若直接对有争议的程序性事项作出处理，存在侵犯被告人权利的可能，特别是当控辩双方提出的程序性争议内容涉及申请审判人员回避等事项时，会议主持人自身即可能作为争议事项内容。

---

① 会商模式强调控辩双方的意思自治，控辩双方对程序性事项的处分享有一定的自治权，要求法官对控辩双方达成的协议予以尊重及认可。而裁决模式则强调法官审判阶段的程序主导权，法官在听取双方意见后可以作出程序裁决，双方必须遵守。参见莫湘益《庭前会议：从法理到实证的考察》，载《法学研究》2014 年第 3 期。

② 全国人大常委会法制工作委员会刑法室编《〈关于修改中华人民共和国刑事诉讼法的决定〉条文说明、立法理由及相关规定》，北京大学出版社，2012，第 215 页。

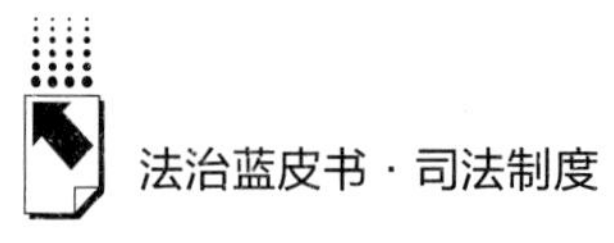

四　完善庭前会议制度的建议

（一）强调庭前会议基本功能定位

庭前会议设立的初衷旨在确保法庭集中持续审理，提高庭审质量和效率，作为普通程序刑事案件审判流程中的重要环节，其制度功能的充分发挥是法庭审理高效有序运行的前提保障。

1. 进一步明确庭前会议功能

扩大庭前会议可以解决的程序性事项范围，对于管辖异议、回避、非法证据排除等程序性事项，可以允许出示证据并充分发表意见，尽量保证影响庭审节奏和效果的程序性事项在庭前会议解决，实现突出庭审重点、提高庭审效率的功能价值。

2. 综合确定庭前会议证据展示及证据争点整理范围

允许控辩双方对证据发表初步意见，包括对己方证据的说明、认可对方的证据以及提出异议等。明确庭前会议的争点整理以证据展示为基础，在听取控辩双方意见后，再区分无争议证据及有争议证据，从而缩小开庭审理时需要详细质证的证据范围，庭前会议的证据展示不等于质证。

3. 规范庭前会议报告的形式及内容

为固定庭前会议成果，减少庭审中不必要的证据重复展示和质证，应制定能够客观、全面、准确反映庭前会议全貌的庭前会议报告模板。至少应包括以下内容：一是庭前会议目的，召开人或申请召开人，主持人及参与人；二是庭前会议决定的程序性事项内容及各方观点；三是庭前会议中提出但需经合议庭审议或庭审决定的程序性事项；四是控辩双方共同认可的无争议证据范围及内容；五是控辩双方对庭前会议效力认可的说明。

4. 优化庭前会议报告效力规则

召开庭前会议并形成庭前会议报告的案件，庭审中对已经在庭前会议质

证完毕、达成统一观点的证据或程序性事项，法官在庭审中无正当理由不再重复审查，控辩双方无正当理由提出与庭前会议相反意见的，法庭应不予采纳。对于庭前会议中控辩双方未达成一致意见的事项，应当在庭前会议报告中明确记录，会议结束后，由庭前会议主持人向合议庭汇报，合议庭集体合议作出决定，并在庭审前以书面形式向控辩双方告知处理结果，如果是涉及申请回避事项的程序议题，决定作出主体和方式应参照《刑事诉讼法》相关规定[①]。

（二）保障被告人参与庭前会议的诉讼权利

庭前会议作为庭前最重要的准备程序，关涉被告人切身利益，程序的启动与参与应当充分尊重被告人的意愿和选择，保障其诉讼权利。

1. 强化被告人参与权

确定庭前会议“被告人参加为常态、不参加为例外”原则，只要被告人有参加意愿的，不附加任何限制条件，对被告人不参加庭前会议的，应当满足有辩护人参加、明知不参加的法律后果并明示不参加的三个条件。同时被告人未参与庭前会议的，控辩双方在庭前会议中达成的合意，不当然对被告人产生约束力。

2. 保障到场被告人发言权

被告人到场参与庭前会议后，对于程序性事项应获得充分发表意见的权利。对于公诉机关展示的证据不了解的，被告人有权当场查阅卷宗材料并发表意见。

3. 加强法院系统信息化建设

提升远程视频庭前会议适用率，庭前会议本身具有一定的协商功能，召开地点和召开方式应从有利于各方当事人和提升司法效率考虑。当前，随着法院系统信息化建设的进一步完善，中基层法院已逐渐推广在看守所建立远

① 吉冠浩：《庭前会议功能失范之成因——从庭前会议决定的效力切入》，载《当代法学》2016 年第 1 期。

程视频法庭。可以将在押被告人押解到远程视频法庭，通过视频会议的方式召开庭前会议。提高远程视频庭前会议使用率，既严格保证了被告人的参与权，也降低了押解在途风险。

（三）提高主持人的庭前会议驾驭能力

一次成功的庭前会议，可以使审判人员提前了解控辩双方的争议焦点，找准庭审的重点和节奏，准确预判审判中可能出现的相关问题，不仅从形式上加快审判进程，提高诉讼效率，更是从实质上提高了庭审质量。而主持人对庭前会议的驾驭和把控，决定了庭前会议基本功能的实现程度以及对提升庭审质量的贡献率，因此有必要提高主持人的庭前会议驾驭能力。一是明确庭前会议重点内容，仅允许对涉及管辖异议、回避等程序性事项出示证据，控辩双方在庭前会议中超越程序性事项范围进行发言或质证，主持人应及时制止并明确告知庭前会议内容。二是充分把控庭前会议节奏，对于控辩双方能够达成一致、无争议的事实，予以固定；对于存在争议的证据，要预防控辩双方过度争议、将庭前会议演变为质证程序，应及时总结归纳争议焦点并在庭审中重点审查。

在司法责任制改革、司法体制综合配套改革背景下，刑事庭审实质化改革推动庭前会议制度不断完善，制度运行取得显著成效，对提高庭审效率、审判质量发挥重要作用。针对庭前会议中存在的难点、痛点，人民法院在司法体系和司法能力现代化进程中，要不断积累实践经验、提高制度运行效果，推动中国刑事诉讼制度不断完善，为建设中国特色社会主义法治体系贡献改革实践样本。

B.5
双重领导：苏州法院执行管理体制改革的实践与探索

苏州市中级人民法院课题组*

摘　要：为破除执行实践中人案矛盾化解不彻底、基层法院发展不平衡、上下级法院协同不深入等制约执行工作长远发展的体制机制问题，苏州法院选择“双重领导”模式，开展以“统人、统案、统事、统标准”为核心、以“两管一控”数字化执行系统为支撑的执行管理体制改革，构建起“横向协同、纵向贯通、市域一体”的执行工作格局，显著提升了苏州地区执行工作质效和执行规范化水平，为实现“切实解决执行难”目标奠定了坚实基础。

关键词：执行管理体制改革　双重领导　市域资源统筹　数字化执行

为贯彻落实党的十八届四中全会关于“切实解决执行难”的决策部署以及最高人民法院关于深化执行改革、健全解决执行难长效机制的指导意

* 课题组负责人：徐清宇，江苏省苏州市中级人民法院党组书记、院长。课题组成员：吴万江，江苏省苏州市中级人民法院党组成员、副院长；赵新华，江苏省苏州工业园区人民法院党组书记、院长；沈如，江苏省苏州市中级人民法院审判委员会专职委员、执行局局长；陈琳，江苏省苏州市中级人民法院执行局综合协调处处长；薛忠勋，江苏省苏州市中级人民法院研究室副主任；高文祥，江苏省苏州市姑苏区人民法院执行局员额法官。执笔人：陈琳、高文祥。

见，苏州法院在“基本解决执行难”攻坚成果基础上，坚持“机制创新”和“技术引领”，着力破解制约执行工作长远发展的深层次问题，加快走出一条切实解决执行难的“苏州路径”。尤其是2020年以来，经最高人民法院批复同意，在地方党委、政府大力支持下，苏州法院以“双重领导”模式开展执行管理体制改革试点，对执行权纵向运行模式进行了系统重塑，为下一步切实解决执行难奠定了坚实的制度基础。

一 苏州法院执行管理体制改革的背景动因

（一）问题检视：基本解决执行难之后执行工作面临的发展瓶颈

“基本解决执行难”三年攻坚期间，苏州法院以高标准通过第三方评估验收，如期实现最高人民法院提出的阶段性目标任务，执行工作面貌也焕然一新，但仍存在以下亟待解决的问题。

一是人案矛盾化解不彻底。随着经济社会发展，执行案件数量呈不断增长态势。2018年，苏州法院新收执行案件98870件，结案101397件；2019年，苏州法院新收执行案件109792件，结案110668件，同比分别增长11.05%和9.14%；2020年，受新冠肺炎疫情影响，执行案件数量增速放缓，苏州法院新收执行案件110847件，结案111960件，但依然同比分别增长了0.96%和1.17%。与此同时，执行人员数量却无法与日益增长的案件数量相匹配。2018年至2020年，苏州法院实有执行人员依次为703人、661人、642人，2020年执行员额法官人均结案991件，这一数字严重超出江苏高院对基层执行法官案件饱和度的调研数据[①]。基本解决执行难期间，

① 根据江苏高院执行局2014年调研结果，一名基层法院执行法官每年的饱和工作量为办理143.36件执行案件。岳彩领：《论强制执行审执分离模式之新构建》，《当代法学》2016年第3期。

各地法院均倾全院之力保障攻坚任务，执行人员虽有所补充，但多是临时性的。阶段性目标实现后，很多法院又将临时补充的人员调离，人案矛盾并未化解，执行干警普遍超负荷工作的状态并未改变。

二是基层法院发展不平衡。受地区经济发展状况和区域社会环境等因素影响，各基层法院的执行工作基础各不相同，导致各基层法院执行工作发展水平参差不齐。在人财物保障方面，有的法院办案经费充足，物质装备先进，执行人员配备到位，人员结构较为合理，能够较好地满足执行工作需要；有的法院执行力量偏弱，人员配备不足，队伍结构不合理，执行信息化建设滞后，无法满足新形势下执行工作的实践需求。在执行工作业绩方面，有的法院工作思路开阔，勇于改革创新，为全省乃至全国法院的执行工作贡献了“苏州智慧”；有的法院争先创优意识不强，解决问题的办法不多，质效指标与先进法院相比还有较大差距。基层法院发展不平衡，难以让人民群众获得同样质量标准的司法体验，最终会影响人民群众对全市法院的整体评价。

三是上下级法院协同不深入。执行工作的难易程度与执行部门可调用的执行资源密切相关。单个法院的执行资源是有限的，基于有限执行资源开展执行工作所产生的效果也必然是有限的。“基本解决执行难”攻坚期间，上下级法院协同主要体现在办理具体案件层面，对市域执行资源的统筹利用不充分，在业务指导、队伍管理、信息化建设等方面还缺乏更深层次的协同。市中院对基层法院的业务指导不深入，各法院执行理念、工作模式、办案尺度不统一，执行质效差距明显，各基层法院缺少对先进理念和经验的分享交流，没能形成共同促进、共同提升的良性发展局面。市中院对全市法院执行队伍的培养和管理缺少有力抓手，没能充分挖掘各法院优秀执行人才，并积极发挥他们的模范带头作用，对部分法院不重视执行人才输送的问题未予以有效监管。各法院在信息化建设上各自谋划、重复投入，造成资源浪费，市中院缺乏统筹协调，对基层法院的服务保障作用发挥不明显。

（二）改革路径：根据行政权特点重塑执行权纵向运行模式

关于执行权的性质有“司法权说”[①]、“行政权说”[②] 和“复合权力说”三种观点，其中“复合权力说”是目前主流观点，即认为执行权是一种兼具司法权和行政权双重属性的复合权力，该学说较为准确全面地概括了执行权的复杂特征。具体而言，执行权兼具司法权和行政权双重属性，司法权属性主要体现在执行裁判类事项中，行政权属性则体现为执行实施过程中采取的各类强制执行措施，以及上下级法院的统一管理、统一指挥、统一协调。

长期以来，执行工作过于关注执行权的司法权属性，对其行政权属性没有给予足够重视，习惯以司法程序对执行权的运行进行规制，却忽视了通过行政管理手段大力提升执行权运行效能。一方面，执行办案模式简单套用审判工作的做法，没有充分体现执行权横向运行的特点。传统的执行办案模式与审判工作中法官“一人包案到底”模式是相同的，没有关注不同案件中同类事务性工作在全局甚至全市范围内集约实施的可能性，没有真正实现从“办案”到“办事”的转变。另一方面，上下级法院执行部门沿用审级指导监督关系，无法有效发挥执行权纵向运行的效能。基于审级独立观念，上级法院对下级法院执行工作的影响通常仅限于案件管理，即通过办理复议、监督案件把握案件质量，对辖区执行案件、人员、装备的统一管理、统一指挥、统一协调职能作用没有充分发挥，执行资源利用效率不高，执行办案成

① “司法权说”认为，执行权和审判权都是法院司法权的组成部分。行使审判权的目的在于判断是非、确定权利、解决纠纷，行使执行权的目的在于保障生效法律文书确定权利的实现，二者只有结合行使才能起到保护权利的作用，没有执行权作为后盾的审判权是不完整的，执行程序是诉讼程序中与审判程序并列的程序，执行行为从内容上可以分为单纯的执行行为和执行救济行为，但执行权整体上依然属于司法权。引自江伟、赵秀举《论执行行为的性质与执行机构的设置》，《人大法律评论》2000 年第 1 辑。

② “行政权说”认为，强制执行具有确定性、主动性、命令性、强制性等特征，执行活动是一种行政活动，执行行为是一种行政行为，执行权是国家行政权的一部分。引自谭世贵主编《中国司法改革研究》，法律出版社，2000，第 294 页。持此观点的学者进而认为，将执行权界定为行政权，并划入行政机关行使，可以充分利用行政主体所拥有的行政资源，提高执行机构的强制力，解决执行实践中的强制性不足难题。

本居高不下。

因此，为更好地保障执行权公正、高效、规范行使，有必要在上下级法院特别是中级法院与基层法院之间建立具有行政权特点、符合执行工作规律的纵向管理体制，推动全市范围内执行资源产生“聚合效应”“规模效应”，提升整体执行效能。这也是苏州法院启动执行管理体制改革的动因和初衷。

二　苏州法院执行管理体制改革的具体实践

《最高人民法院关于深化执行改革　健全解决执行难长效机制的意见——人民法院执行工作纲要（2019～2023）》提出了两种执行管理体制改革试点方案[①]，即“垂直领导”模式和“双重领导”模式。从强化行政权属性角度看，“垂直领导”模式对传统体制的改造更加彻底，但该模式对市（地）一级人财物保障能力提出了严峻考验。没有充足的人财物保障，执行工作将难以为继。苏州地区县域经济非常发达，相较于市（地）党委政府，区（县）党委政府对当地法院的人财物保障更加到位。苏州地区执行案件量大，又主要集中在基层法院，人财物保障只能加强不能减弱，因此必须极力争取区（县）党委政府的支持。如果按照“垂直领导”模式改革，则意味着脱离地方支持，不利于维持改革动力。在“双重领导”模式下，则可以兼顾上级法院的业务领导和地方党委政府的物质保障，更有利于各项改革措施在苏州落地见效。基于以上考虑，苏州市中级人民法院（以下简称“苏州中院”）选择“双重领导”模式申请改革试点，于2020年3月得到最高人民法院批复同意，成为当时全国仅有的两家试点法院之一。在推进改革过程中，苏州法院的主要做法如下。

① 《最高人民法院关于深化执行改革　健全解决执行难长效机制的意见——人民法院执行工作纲要（2019～2023）》规定：“支持各地法院在地方党委领导下，经最高人民法院批准，结合编制和人事管理改革，开展执行管理体制改革试点。试点模式包括：一是市（地）中级人民法院对区（县）人民法院执行机构垂直领导；二是区（县）人民法院执行机构接受本级人民法院和中级人民法院执行机构双重领导，在执行业务上以上级执行机构领导为主。”

（一）夯实改革基础，以基本解决执行难为原点开启“双重领导”实践探索

“基本解决执行难”期间，苏州法院在大力攻克执行领域各项难题的同时，建立起一系列长效机制，并在实践中巩固强化。

一是开展审执分离改革，厘清执行机构职能。2017 年 4 月，苏州中院撤销执行局内设机构执行裁决处，在执行局外增设执行裁判庭，负责办理执行异议案件、执行复议案件、执行异议之诉以及消极执行督办案件以外的执行监督案件，实现了审判权与执行权的深度分离。随着执行裁判类事项的剥离，执行机构的职能集中于办理执行实施案件，执行权的行政权色彩更加凸显，上下级法院执行机构垂直统一领导的趋向日益清晰。

二是落实“854 模式”，优化执行资源配置。2018 年 8 月，江苏高院在苏州工业园区法院“执行标准化体系”等实践经验基础上，总结提炼出执行指挥中心实体化运行“854 模式”①，按照“分权集约”的理念重组执行团队，重塑办案模式。“基本解决执行难”三年时间里，苏州两级法院全面落实“854 模式”，大范围开展提级执行、指定执行、协同执行，常态化组织集中执行行动，建立终本案件单独管理机制，规范执行信访案件办理程序，实行执行工作单独考核，有效调动了全市执行资源，为探索执行业务“双重领导”积累了丰富经验。

三是创新执行无纸化，搭建信息共享平台。2018 年前后，昆山法院千灯法庭探索形成以电子卷宗随案同步生成及深度应用为基础、以纸质卷宗智能中间库为关键、以辅助事务集约化管理为保障的智慧审判“苏州模式—千灯方案”，为执行办案模式的转变打开了新思路。2019 年，全市法院将发

① 执行指挥中心实体化运行“854 模式”，是指由各级法院执行指挥中心集中办理当事人初次接待、制发法律文书、线上线下查控、办理委托执行事项、录入强制措施信息、网络拍卖辅助、接待执行来访、接处举报电话等 8 类事务性工作，提供视频会商、执行过程记录、执行公开、舆情监测、决策分析等 5 类技术服务，承担繁简分流、案件质效、执行案款、终本案件等 4 项管理职责。

端于审判领域的“无纸化”办案模式“嫁接”至执行领域，全面推广执行无纸化，即执行过程中产生的所有纸质材料均及时扫描形成电子卷宗，纸质材料放入中间库，各执行团队可以随时随地共享电子卷宗，并联式开展工作。执行无纸化为执行团队之间、上下级法院之间更深层次的协作与监管搭建了信息化平台。

通过上述执行长效机制建设，苏州两级法院之间的执行管理模式逐渐发生改变，“双重领导”模式已现雏形，为推动更深层次的改革奠定了坚实基础。

（二）坚持问题导向，以执行权运行规律为依据谋划“双重领导”改革图景

如前所述，基本解决执行难之后，苏州地区仍存在各基层法院发展不平衡、上下级法院协同不深入、人案矛盾化解不明显等问题，这些问题未能得到有效解决的深层次原因在于执行管理体制与执行权属性及其运行规律不相适应。苏州法院推动执行管理体制改革，就是要破除制约执行工作发展的体制机制障碍，重塑执行权纵向运行模式，打造“横向协同、纵向贯通、市域一体”的执行工作格局。

2020 年 4 月，苏州中院在苏州市委组织部、市委编办大力支持下，联合印发《苏州法院执行管理体制改革试点方案》，从落实机构人员保障、实行双重领导管理、严格选配任用程序、推动干部轮岗交流、加大业务培训力度、优化办案工作机制、强化执行监督执纪、加强工作业绩考核等八个方面全面谋划了改革图景，改革试点方案获得最高人民法院领导批示肯定。为防止改革出现方向偏差、将“双重领导”异化成“垂直领导”，苏州中院制订了《苏州法院执行权力责任清单》，厘清两级法院职责定位，明确中级法院的权责范围主要在于制度供给、服务保障、标准制定以及监督考核；基层法院的权责范围主要在于执法办案、日常管理和人财物保障。此外，苏州中院还陆续印发其他一系列改革配套文件和“1 + 3”善意文明执行文件等业务指导类文件。

实践证明，上述“方案”和“清单”为执行管理体制改革架起了“四梁八柱”、划定了“边界四至”，在改革试点工作中发挥了纲领性作用，其他配套文件和业务指导类文件确保了改革的方向和效果，有效推动了改革进程不断走深走实；组织、编办等部门的大力支持，成功破除了改革的最大难点，为试点工作取得预期成效提供了保障。

（三）聚焦改革重点，以市域资源统筹为核心构建“双重领导”工作格局

苏州法院执行管理体制改革的核心要义是“统”，即在市域范围内统筹执行案件、执行人员、执行装备等执行资源，最大程度释放工作效能，真正形成全市执行工作“一张网”“一盘棋”格局。

首先是“统人”。一方面，抓住“局长”这个“关键少数”。严把政治标准，选优配强执行局局长，基层法院执行局局长由中院党组会同当地组织部门酝酿、提名、考察，进入所在法院党组，专职领导和管理执行实施和执行裁判工作。基层法院执行局局长每年向中院和所在法院党组双述职，中院党组认为其不称职的，可以商请当地组织部门予以调整、调离或者免职。截至2020年12月，全市10家基层法院执行局局长均已选配到位，并进入所在法院党组，执行领导力量明显增强。另一方面，抓住“人才”这个关键群体。苏州中院印发《关于建立执行专业委员会的实施意见》和《关于建立执行人才库的实施意见》，遴选10名能力突出的业务骨干为首届执行专业委员会委员，将执行专业委员会打造成推动全市法院执行工作发展的“智库”，选拔13名优秀干警为首批执行实施人才、执行指挥人才、执行信息化人才和执行宣传人才，汇聚人才集体智慧攻坚克难，服务保障全市法院执行工作。建立执行工作实训基地，实行全市法院之间青年执行干警双向挂职锻炼、定向短期锻炼，搭建历练平台，储备执行生力军。督促全市法院综合考量案件基数、年龄分布、知识背景等因素，加强执行人员轮岗交流，优化队伍结构。

其次是“统案”。“双重领导”模式的重点是强化中院对基层法院的业务领导，亦即强化对执行案件的统一管理，具体通过统一调配案件、组织执行

会战、开展业务培训、落实监督考核等方式来实现。早在2019年，苏州中院即已出台《关于规范提级执行、指定执行、协同执行的实施办法》，通过长期实践，逐步形成关联案件集中管辖、执行事务属地办理的原则。2019年以来，全市法院提级执行238件、指定交叉执行753件、协同执行59次，办结跨域执行事务34498项，充分调度了全市执行资源，有效降低了执行成本。定期组织执行会战，针对难案积案开展集中攻坚，全市法院共同打造的“天网行动”集中执行品牌深植苏城百姓生活，“春雷季”“骄阳季”“秋风季”“凛冬季”四大板块各具特色。坚持开展业务培训，2019年以来苏州中院已连续举办18期“苏州执行大讲堂”，研讨交流执行实践中的热点难点问题，促进提升执行办案水平。强化对执行案件质量的考核，以常态化开展案件评查和信访督办并定期发布通报为抓手，倒逼执行质效和执行规范化水平的提升。

再次是“统事”。对于全市法院共同的执行需求，如健全联动机制、出台业务规范、开发信息化系统等，由中院统一供给、保障，减少基层法院的重复投入，节省司法成本。2019年以来，苏州中院与公安机关建立临控失信被执行人工作机制，实现对被执行人的精准查找，成功临控2959人，有效解决了“人难找”问题；与不动产登记、车管、公积金管理等部门签订合作协议，实现不动产、车辆及公积金的网络查控，有效解决了“财产难查”问题；与基层综治部门建立“网格＋执行”工作机制，实现协助执行工作向末端延伸，“协助难求”问题在全市范围内得到有效缓解。2020年，苏州中院推动市委依法治市委员会出台《关于加强综合治理　从源头切实解决执行难问题的实施意见》，将解决执行难工作纳入法治苏州建设工作监测评价内容，综合治理执行难大格局进一步健全完善。试点工作开展以来，苏州中院出台《数字化执行操作规程》《关于财产集中处置流程的规定》《关于严厉打击规避执行行为的意见》等近20个规范性文件，为执法办案提供务实、有效、可操作的业务指导，填补了法律及司法解释的空白。此外，苏州中院根据基层法院提出的信息化需求，统一开发“两管一控”数字化执行系统，开发成果由全市法院共享，推动执行工作实现数字化转型。

最后是“统标准”。一方面是统一执行工作标准。通过加强制度供给，努力在全市范围内统一执行理念、办案模式和执法尺度，消除各法院执行工作标准的不平衡状态，让当事人在不同法院执行的案件都能获得同样公正高效的司法体验。另一方面是统一人财物保障标准。在“双重领导”模式下，中院只是实行“业务领导”，基层法院执行局的人财物仍由所在法院负责保障。为避免人财物保障出现“双不管”“双虚化”的情况，苏州中院统一编制了执行人员、装备、车辆、信息化等方面的配备标准，包括 2019 年印发的《全市法院执行工作业务装备标准》以及 2020 年 11 月印发的《全市基层法院执行人员配备标准》，并将上述配备标准的执行情况作为执行单独考核的重要内容，同时加大执行单独考核在全院综合考评体系中的权重，以此督促各基层法院党组充分重视执行工作，确保执行力量只增不减、物质保障只升不降。

（四）依托科技赋能，以数字化执行系统工具提升“双重领导”能力水平

2019 年以来，苏州中院在执行无纸化基础上，联合技术公司建立以“三统一”案管、“可视化”监管、“网络化”查控为核心的“两管一控”数字化执行系统，制定出台《数字化执行操作手册》，大力推进执行数字化转型。2020 年 7 月，“两管一控”数字化执行系统获批计算机软件著作权登记证书。该系统是执行管理体制改革不可或缺的技术支撑，为执行工作“双重领导”提供了有力抓手，客观上促进了执行管理能力和水平的提升，具体表现在以下方面。

横向上实现了分权集约模式下执行权运行的“可视化”监管。一是流程节点监管“可视化”。除必须线下办理的事项外，执行业务全部网上办理、网上流转、网上留痕。承办法官在执行各环节发送的工作指令及结果反馈都通过系统完成，任何工作指令未按规定期限办结，系统会自动向承办法官和管理专员发出提示预警。二是重点事项监管“可视化”。依托标的物精细化管理模块，全市每一家法院及每一位法官执行案件的涉案财产和案款均可在系统中实时呈现，院局长可实时动态掌握财产处置状况和案款发放进程，对怠于处置的及时催办提醒。三是执行自我管理“可视化”。执行指挥中心配

置专门人员负责网络查控、查人找物、拍卖调查等事务性工作，并按照承办法官发送的指令对全部辅助事务进行“清单式”管理，承办法官可通过系统查看已派发指令的完成情况，统筹安排案件相关工作。四是执行信息公开“可视化”。系统可自动向当事人发送短信，告知审限变更、移送评估、案款到账等重要流程节点变动情况，当事人还可以通过“执行 110 微信服务号”“智慧法院 App”等渠道获取案件信息，甚至查阅电子卷宗正卷材料。

纵向上实现了“三统一”模式下全市执行工作的统筹推进。一是两级法院“一盘棋”架构。“两管一控”数字化执行系统打破了全市法院执行案件的信息壁垒，跨法院的执行事务也可以通过“指令发送 + 事项办理 + 结果反馈”方式由属地法院办理。中院统筹建设“网络化”查控平台，全市法院共享建设成果。二是两级法院“一块屏”监管。依托“两管一控”数字化执行系统，中院可实时掌握全市法院收结案、财产查控、案款发放、失信惩戒等执行数据，综合研判执行工作发展态势，及时调整工作策略，真正实现执行管理“一竿子插到底”。三是两级法院“一体化”运作。指定执行、提级执行、交叉执行、参与分配、移交处置权、协调执行争议等事项，均可通过“两管一控”数字化执行系统的“三统一管理”模块发起、处理和反馈，相关案件信息和电子卷宗材料一键移转，纸质材料不再线下送交。

三　苏州法院执行管理体制改革的初步成效

（一）执行资源有效统筹，执行效率进一步提高

一是有效降低执行成本。2019 年以前，在苏州大市范围内跨域开展银行临柜、查人找物、协助送达等执行辅助事务，均需按照“两人一车半天”的模式现场办理，法院之间处理参与分配、商请移交处置权、协调执行争议等“三统一”事项，均需通过线下邮寄信件或者登门沟通等方式进行，这些做法耗时又耗力。“双重领导”模式下，实行执行事务属地办理和“三统一”事项线上办理。2019 年以来，全市法院之间相互派发执行辅助事务指令 4813 条，

线上处理“三统一”事项3784个，完成不动产线上查询371541次，线上查封、解封、过户36190次，完成车辆线上查询305993次，线上查封、解封15381次，接收公积金反馈数据538140条，有效降低了人财物成本。

二是有效缩短办案用时。“双重领导”模式下，执行权运行各环节衔接更加畅通、流转更加迅速，简案繁案快慢分道，办案用时大幅缩短。2018～2020年，全市法院首执案件结案平均用时从132.51天缩短为112.17天，执行完毕案件结案平均用时从82.58天缩短为69.52天，法定期限内结案率则从81.17%提升为92.96%，一年以上长期未结案件数由17件降为9件。即便仅考察特定执行环节，也能得出办案用时大幅缩短的结论，如2018年市中院执行案件财产处置周期[①]平均为266天，2019年和2020年则分别缩短为221天、149天。

三是有效应对人案矛盾。2018～2020年，全市法院新收各类执行案件的数量每年以10%左右的幅度快速增长，执行人员总数则没有明显变化，但依然能够实现结案数的同比例增长，结收案比每年均超过100%，执行员额法官人均结案数连年迭升（见表1）。2020年，全市法院以全省10%的执行人员，办结了全省18%的执行案件，执行到位金额占全省的21.7%，执行员额法官人均结案991件。在2020年度全省法院执行工作单独考核中，苏州中院获评第一名。在案多人少矛盾无法通过增配人员加以缓解的前提下，执行管理体制改革实现了执行资源的市域统筹，节省了执行成本，有效应对了案件增长带来的冲击。

表1　2018～2020年苏州法院执行收结案情况

单位：件，人

年份	新收案件数	结案数	执行人员数	执行员额法官人均结案数
2018	98870	101397	703	812
2019	109792	110668	661	896
2020	110847	111960	642	991

① 财产处置周期的起点为已查封财产具备处置条件的时间（即标的物精细化管理系统中登记待处置财产的时间），终点为该查封财产变价成功的时间（即作出成交确认裁定的时间）。

（二）执行管理不断完善，执行规范化水平进一步提升

一是队伍管理取得新进展。改革试点过程中，除了选优配强执行局局长外，全市法院对73名执行干警进行了轮岗交流，3名基层法院优秀执行干警派至中院执行局挂职锻炼，3名中院优秀年轻干部下派至基层法院参与执行工作管理，有效激活了法院队伍的“一池春水”。苏州中院综合考虑收案数、年龄结构、专业背景等因素制定了执行人员配备标准，全市基层法院按照标准进行人员调整。2020年，全市法院执行干警平均年龄34.5岁，具有本科以上学历的人员占79.8%，执行员额法官中具有研究生及以上学历的占比42.2%，队伍结构得到合理优化。

二是案件管理开创新局面。2020年，苏州中院对基层法院办理的重大疑难复杂案件加大提级执行和协同执行力度，做好后盾支撑，帮助基层法院消化难案积案89件，执行到位金额10.7亿元。对同一被执行人案件超过50件以上的系列案件，中院向有管辖权的基层法院发出“执转破”督办函，推动执行案件快速出清。2020年全市法院共计受理“执转破”案件283件，该数据是2018年的2倍，消化执行案件5458件（见图1）。全市法院高度重视案件质量管理，通过案件评查和监督考核，杜绝违规终结本次执行程序和违规终结执行现象。2018～2020年，全市法院终本案件合格率从95.78%提升至100%，终结率从9.93%下降至7.16%①。

三是权力监督实现新提升。改革试点期间，全市法院通过纵横两个维度对执行权运行予以监督制约。在横向上，依托执行指挥中心实体化运行，彻底打破“一人包案到底”传统办案模式，通过“两管一控”数字化执行系统对重要流程节点进行“可视化”监管，2020年全市法院共发起946条催办提醒；在纵向上，中院依托案件评查、信访督办、“一案双查”等工作机制，及时纠正实践中执行不规范、消极执行、选择性执行、乱执行等问题。

① 苏州法院历来严格控制终结执行案件数量，禁止承办法官动员债权人撤销执行申请，而是把办案重心放在为胜诉当事人执行到“真金白银”上，大力提升实际执行到位率、执行完毕率、执行到位金额等指标，不提倡通过技术手段有目的性地改善终结率和实际执结率指标。

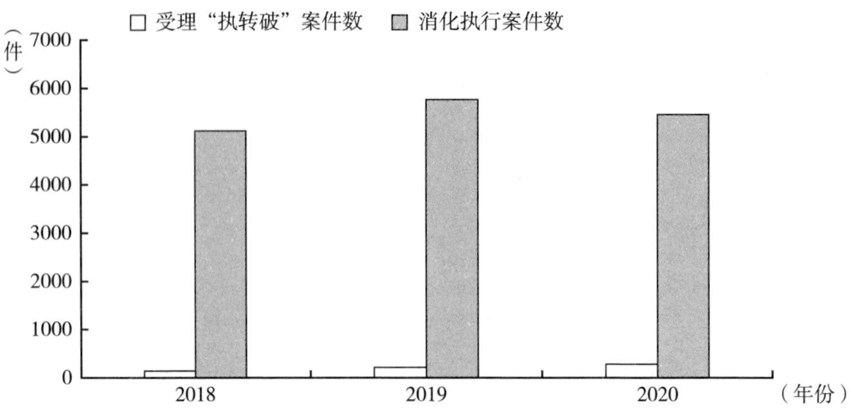

图 1　2018～2020 年苏州法院“执转破”及执行案件办理情况

2018～2020 年，全市法院执行信访办结率均为 100%，执行信访案访比（逆向指标）逐年下降（见表 2）。2020 年全市法院进京执行信访案访比（1.2‱）、赴省执行信访案访比（13.23‱）均远远低于全省平均值，在全省排名第一，全市法院执行信访化解工作受到最高人民法院点名表扬。

表 2　2018～2020 年苏州法院执行信访办理情况

年份	进京执行信访案访比（‱）	进京执行信访案访比全省平均值（‱）	在全省排名
2018	2.05	3.4	第三
2019	1.76	2.73	第四
2020	1.2	3.22	第一

（三）社会评价积极向好，执行环境进一步优化

一是人民群众司法获得感进一步增强。改革后，全市法院办案模式和工作标准实现统一，当事人能够对自己的案件形成合理预期，消除对法院和法官的猜忌、怀疑，全市法院执行工作水平的差距不断缩小①，让当事人在不

① 改革试点前后，全市基层法院在执行工作单独考核中的得分差距明显缩小，2018 年第一名和最后一名的分差为 34.9 分，2020 年第一名和最后一名的分差已缩小为 14.1 分，而且 2018 年排名靠后的几家基层法院进步很快，有的已排到全市法院前列。

同法院都能获得同样高质量的司法体验，从而改善对全市法院执行工作的整体评价。全市法院对于实际执行到位率、执行完毕率、执行到位金额等指标紧盯不放，这些指标的排名始终位居全省前列（见表3），充分彰显最大程度兑现胜诉债权的良好效果。全市法院深化执行公开，向当事人开放电子卷宗，实时发送案款到账短信，疫情期间通过电子送达、网拍 VR 及直播看样、视频约谈（见图2），为当事人以“不见面”方式参与执行提供便利，方便当事人及时了解案件进程，依法维护自身权益。

表3　2018～2020 年苏州法院执行质量指标情况

年份	实际执行到位率			执行完毕率			执行到位金额		
	苏州数值（%）	全省平均值（%）	在全省排名	苏州数值（%）	全省平均值（%）	在全省排名	苏州数值（亿元）	占全省比例（%）	在全省排名
2018	30.94	26.53	第三	34.58	29.37	第二	276	21.8	第一
2019	32.59	24.55	第三	32.38	27.86	第一	238.4	23.3	第一
2020	27.04	20.67	第三	29.62	27.41	第三	180.2	21.7	第一

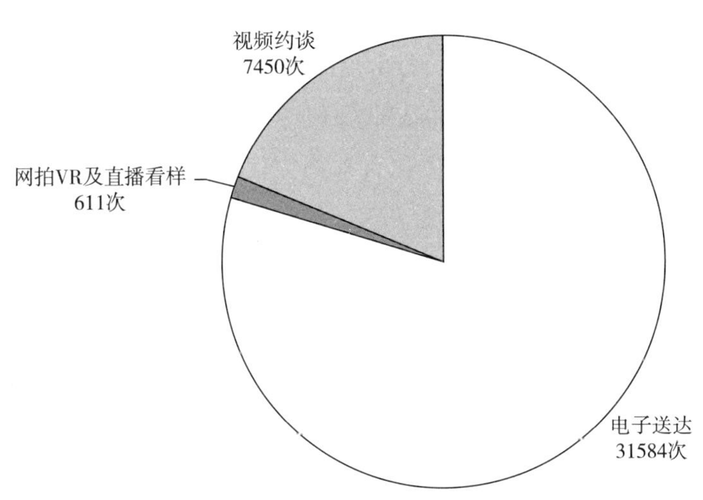

图2　2020 年疫情期间苏州法院“不见面”执行措施统计

二是社会认可度进一步提升。2020 年疫情期间，苏州中院适时出台《关于贯彻善意文明执行理念　优化法治诚信营商环境的若干意见》，获得苏州市委主要领导批示肯定。全市法院线上线下同步开展“六稳”“六保”专项行动，在全国率先推出“网拍直播周”，通过司法拍卖盘活资产1281项，释放土地3467亩，缴纳税款12.5亿元，节省佣金4.53亿元，为打造“苏州最舒心”的营商服务品牌提供了有力保障。2020年，在国家发展改革委组织的营商环境评价中，苏州总分位居全国第六，其中“执行合同”指标位居全国第五，苏州中院应邀在全国优化营商环境经验交流现场会上代表苏州地区作经验介绍。2021年初，苏州法院“一体两翼”切实解决执行难苏州方案获评苏州市改革创新“特别奖”二等奖，苏州中院获评“法治苏州先进集体”。

三是执行环境进一步优化。2018～2020年，全市法院深耕“天网行动”执行品牌，开展集中执行行动501次，搜查691次，拘留1248人，罚款263次，罚款金额351.75万元，执行到位金额11477万元，执结案件1612件，判处拒执罪23人，在苏州地区形成了较强社会反响。2020年初，苏州中院举行反规避执行典型案例新闻发布会暨诚信执行倡议活动，多家省、市级媒体全程报道，超94万网友在线观看发布会直播。2021年3月，苏州中院联合政法委、检察院、公安局召开打击拒执犯罪新闻发布会，发布4件典型案例，并通过“苏州中级法院”“苏州检察”“苏州公安微警务”等微信公众号同步推送《关于严厉打击拒不执行判决、裁定等违法犯罪行为的通告》，微信推文24小时阅读量逾10万人次。通过以上工作，苏州地区理解、支持、配合执行的社会氛围不断凝聚，执行环境进一步优化。

四　苏州法院执行管理体制改革面临的困难和问题

苏州法院执行管理体制改革试点工作虽已初见成效，但仍存在以下困难和问题，需要继续突破和完善。

一是改革试点成果仍需巩固提升。各试点法院在推进“双重领导”模式改革中的侧重点和具体举措不尽相同，改革政策的落实受限于当地实际情况，改革核心内容如“执行业务以上级法院执行机构领导为主”“执行局局

长进党组”等，需要通过更高位阶的规范性文件加以巩固，为下一步全面推广改革试点经验提供有力支撑。

二是中院职能发挥仍需巩固加强。“双重领导”模式对中院执行局的统筹协调能力、应急指挥能力、业务领导能力提出了较高要求。但中院执行局毕竟只是内设机构，不能像行政机关的二级局那样拥有较多的资源调度权能，一旦所在法院对执行工作的支持力度减弱，中院执行局对下管理职能就难以有效发挥，从而影响全市法院执行工作发展。

三是基层组织保障仍需持续强化。“双重领导”模式下，基层法院对执行人财物的保障尤为重要。但有的基层法院可能会混淆中基层法院的权责界限，过度依赖中院的业务领导，而忽视自身对执行工作的保障供给。比如，对执行局副局长、执行指挥中心专职副主任不能及时配备到位，不愿意将优秀人才输送至执行部门等。

四是执行队伍建设仍需高度重视。尽管苏州法院在改革试点过程中强化执行队伍建设，但队伍现状与革命化、正规化、专业化、职业化的要求还有一定差距，尤其是执行干警的尊荣感还未能树立，执行事业还没有足够的底气吸引最优秀的人才。如果执行工作不能引起干警发自内心的价值认同与职业向往，那么再好的体制机制改革也是难以为继的。

五　展望

苏州法院执行管理体制改革得到了党委政府的大力支持，准确把握了执行权的属性及其运行规律，充分考量了苏州地区经济社会特点，因而具有明朗的发展前景，能够为全国法院提供执行工作“双重领导”的参考样板。改革只有进行时没有完成时，为持续深化改革，不断推动执行体系和执行能力现代化，特提出以下建议。

一是赋予中级法院更多制度空间。市域是宏观和微观的转承点，是撬动国家治理体系现代化的战略支点。同样道理，中级法院在执行工作中发挥着承上启下的作用，它与基层法院相比能够统筹更多执行资源，与高级法院相比对下指导更具体、管理更高效。现行法律制度对中级法院在统筹辖区执行案件、实行业务领导方面还缺乏明确具体的规定，有必要从法律法规、司法解释层面赋予中级法院更多制度空间，以适应新时期的执行体制机制变革。

二是在省级以上层面加强制度供给。制度供给的层级越高，效费比越高，“总对总”网络查控系统的广泛运用以及限制消费制度的巨大威力就是很好的例证。因此，在执行管理体制改革推进过程中，由最高人民法院或省法院统一制定业务指导文件，统一研发普适全国法院的智慧执行系统，相较于中级法院而言更能取得事半功倍的效果。

三是高度重视执行人才储备与培养。落实执行人财物保障要求的关键是向执行部门源源不断地输送人才。长期以来，审判工作相对于执行工作往往更受法律人才的青睐，执行干警普遍缺乏职业尊荣感，这其中既有主观上的偏见，客观上也与部分法院没有给予二者同等重视密切相关。只有加强执行人才的储备和培养，让干警真正感受到执行工作是施展个人才华、实现理想价值的绝佳舞台，才能吸引更多人才加入执行队伍，促进执行工作健康、良性、可持续发展。

四是理性看待执行质效指标。指标固然能够为考核提供量化参考，但必须认识到，考核本身并不是执行工作的目的，那种抛弃客观规律唯指标论的做法是不可取的。任何执行质效指标都是有合理区间的，实践中有些法院对结案平均用时、终结率等质效指标的极致追求应当引起深刻反思。执行质效指标更应该成为研判执行态势、调整工作策略的工具，执行考核要避免单纯地“看数值”“比大小”，而应该回归执行工作的基本规律。

B.6 小额诉讼案件裁判文书简化规则的检视与修正

冯振强*

摘　要：小额诉讼案件裁判文书改革是司法体制改革的一项重要内容。为准确把握最高人民法院制定的民事诉讼文书样式适用现状及实践中的问题，本文以中国裁判文书网为依托，选取127家繁简分流改革试点法院，从中抽取不同法官制作的807篇小额案件判决文书作为研究样本。通过逐篇分析发现，小额案件文书存在“样式推广缺乏动力、构成要素遭受质疑、文书制作繁简不当”等问题，并从主客观分析了问题成因。结合小额案件文书的多重功能，从仅保留令状式判决样式、探索试行民事判决证明书、极简风格的首部设计、简明准确的诉辩总结、简洁明快的裁判说理等方面，对小额案件文书的简化规则进行调整修正，并设计新的文书样式供审判实践参考使用。

关键词：司法改革　小额诉讼程序　诉讼文书样式　裁判文书简化

引　言

裁判文书改革是推进审判体系和审判能力现代化的一项重要内容。最高

* 冯振强，河南省新乡市牧野区人民法院审判管理办公室（研究室）主任。

人民法院于2020年1月15日发布的《民事诉讼程序繁简分流改革试点方案》（以下简称《试点方案》）规定，进一步简化小额诉讼案件的审理方式和裁判文书。合理简化小额诉讼案件裁判文书（以下简称“小额案件文书”），对于优化司法资源配置、促进审判质效提升具有重要的积极作用，并已得到理论界和实务界的普遍认可。本文以实证研究方法，通过检视小额案件文书样式的适用现状，辨析样本文书折射的问题成因，对中国小额案件文书的简化规则进行修正完善，并结合案件特点和审判需要，设计相应文书范式供审判实践参考使用。

一 梳理：小额案件文书简化规则的发展

（一）小额案件文书简化的有关规定

2012年《民事诉讼法》修改后新增一个条文，规定了小额诉讼程序。其后，最高人民法院相继出台一系列司法解释和司法文件，对小额案件文书简化规则作出原则性规定。2019年底，全国人大常委会授权在15个省（自治区、直辖市）的20个城市开展民事诉讼程序繁简分流改革试点工作。2020年1月，最高人民法院印发《民事诉讼程序繁简分流改革试点实施办法》（以下简称《试点办法》）和《民事诉讼程序繁简分流改革试点问答口径（一）》（以下简称《试点问答口径》），对如何简化小额案件文书，又作出进一步规定。《试点办法》出台后，一些试点地区的高院和中院也制订了相应的实施方案或实施细则，但在小额案件文书简化方面，与《试点办法》和《试点问答口径》的规定基本相同。

通过梳理分析发现，目前对小额案件文书的简化规定主要包括以下方面。①文书简化应以必要为限，简化的内容重点围绕诉辩意见、事实认定、裁判理由部分。裁判文书简化后记载的内容有：当事人基本信息；诉讼请求；简要的答辩意见；对事实的认定；简要的裁判理由，依据所适用的法律规定简化释法说理；裁判依据；裁判主文；一审终审的告知等。②在一定条

件下可以不载明裁判理由：案件事实清楚、权利义务关系明确，法律适用清晰；当庭进行裁判，并以口头方式说明裁判理由；裁判过程和理由在庭审录音录像或庭审笔录中已有完整记录。③裁判文书并非一律简化，如果案件争点较多、证据较繁杂，需加强裁判说理的，也不宜进行简化。实践中，法官不能一简了之，而应当根据案件具体情况，决定是否采用简式裁判文书[①]。

（二）小额诉讼案件判决书的样式

2016 年 6 月，最高人民法院印发《人民法院民事裁判文书制作规范》《民事诉讼文书样式》（以下分别简称《文书制作规范》《文书样式》），专门对简易程序中的小额诉讼判决进行区分，新增令状式、表格式和要素式判决书样式[②]，为规范制作小额案件文书提供了参考依据（见表 1）。

表 1　民事裁判文书基本要素与令状式、表格式、要素式判决要素对比

民事裁判文书基本要素			令状式判决	表格式判决	要素式判决
标题	法院名称		▲	▲	▲
	文书名称		▲	▲	▲
	案号		▲	▲	▲

---

① 刘铮、何帆、李承运：《〈民事诉讼程序繁简分流改革试点实施办法〉的理解与适用》，《人民法院报》2020 年 1 月 17 日，第 8 版。

② 令状式判决书包括诉讼参加人及其基本情况、案件由来、审理经过、原告的诉讼请求及事实和理由、被告的答辩意见、裁判的理由和裁判的法律依据、裁判主文、诉讼费用负担和告知事项。令状式判决书可以简化，主要记载当事人基本信息、诉讼请求、判决主文等内容。表格式判决文书适用于被告对原告所主张的事实和诉讼请求无异议的小额诉讼程序案件，主要记载当事人基本信息、案由、诉讼请求、审理经过、判决主文等内容。要素式民事裁判文书是指对于能够概括出固定要素的案件，在撰写裁判文书时不再分开陈述当事人诉辩意见、本院查明、本院认为部分，而是围绕争议的特定要素，陈述当事人诉辩意见、相关证据以及法院认定的理由和依据的法律文书。要素式民事裁判文书要与要素表、要素式庭审结合，要求当事人在庭前填写要素表，庭审时围绕要素进行调查和辩论，要素式文书采用“夹叙夹议”的写作方法。参见沈德咏主编《民事诉讼文书样式》，人民法院出版社，2016，第 340～350 页。

续表

民事裁判文书基本要素			令状式判决	表格式判决	要素式判决
正文	首部	诉讼参加人及其基本情况	√◆	√◆	√
		案件由来	√	√（◆案由）	√
		审理经过	√	◆	√
	事实	原告的诉讼请求及事实和理由	√ （◆诉讼请求）	√ （◆诉讼请求）	√◆
		被告的答辩意见	√		◆
		人民法院认定的证据及事实			√◆
	理由	根据认定的案件事实和法律依据，对当事人的诉讼请求是否成立进行分析评述，阐明理由	√		◆
	裁判依据	人民法院作出裁判所依据的实体法和程序法条文	√	√	√◆
	裁判主文	人民法院对案件实体、程序问题作出的明确、具体、完整的处理决定	√◆	√◆	√◆
	尾部	诉讼费用负担	√	√	√
		告知事项	√	√	√
落款	署名		▲	▲	▲
	日期		▲	▲	▲

注：▲为民事判决书所必备的结构要素，√为令状式、表格式、要素式判决文书应具备的结构要素，◆为裁判文书简化后主要记载的内容。

结合小额案件判决书样式和现有的裁判文书简化规定，制订小额案件文书简化规则需要注意以下问题：一是要紧紧围绕小额诉讼程序的适用范围及案件特点进行“量体裁衣”；二是要体现小额诉讼程序“简化诉讼程序、提高诉讼效率”的核心价值，使诉讼成本（包括经济成本和时间成本）与案件的复杂程度相适应①；三是要符合民事裁判文书制作规范的技术标准，合理调整事实认定与说理部分的体例结构，防止因无序简化导致裁判文书缺乏

① 王胜明主编《中华人民共和国民事诉讼法释义》，法律出版社，2012，第394～395页。

相应结构要素，对司法公信力和司法权威产生不利影响；四是要结合小额诉讼程序更加简便、庭审更为灵活的优势，综合考虑裁判文书送达、当庭宣判、及时履行等审判实践需要，以实现更高层次的公正与效率平衡[①]。

需要特别说明的是，2020 年 9 月最高人民法院印发《民事诉讼程序繁简分流改革试点相关诉讼文书样式》，其中小额案件判决书与《文书样式》相比主要有 3 点变化。一是增加全国人大常委会授权依据内容，并将“依法适用简易程序”改为“依法适用小额诉讼程序”；二是增加事实查明部分，简述查明的案件基本事实；三是在落款部分书记员署名前，增加法官助理署名。

二 冲突：小额案件文书样式推广的困境

本文在中国裁判文书网上以“小额诉讼”“基层法院”“2020”“民事案件”“判决书”为关键词检索文书，从中抽取公开小额案件判决书较多的 127 家基层试点法院，共计 23183 份判决书；剔除由同一法官制作的文书后选取 807 份，通过逐份对文书要素与制作规范进行对比分析，以期发现小额案件文书样式推广中面临的困难和问题，以及简化规则的完善路径。

（一）样式推广缺乏动力

从公开的小额案件文书数量来看，有的法院达 3700 余份，但仍有多家法院未实现“零”的突破，高达 73.08% 的试点法院公开数量尚不足百份，这与小额诉讼程序运行中存在的适用率远低于预期、案件分流作用不大等问题基本一致。从样本判决使用的文书类型来看，在《文书样式》提供的 3 种判决样式中，有 756 份样本采用的是令状式判决书，占

① 沈德咏：《努力制作当事人和社会公众可信服、可接受的裁判文书》，载沈德咏主编《民事诉讼文书样式》，人民法院出版社，2016，序第 2 页。

样本总量的93.68%；采用表格式判决书的为40份，占比4.96%；采用要素式判决书的只有11份，占比1.36%（见图1）。可见，表格式和要素式判决样式尚未得到普遍认可，与小额案件审判实践的需求还有一定差距。

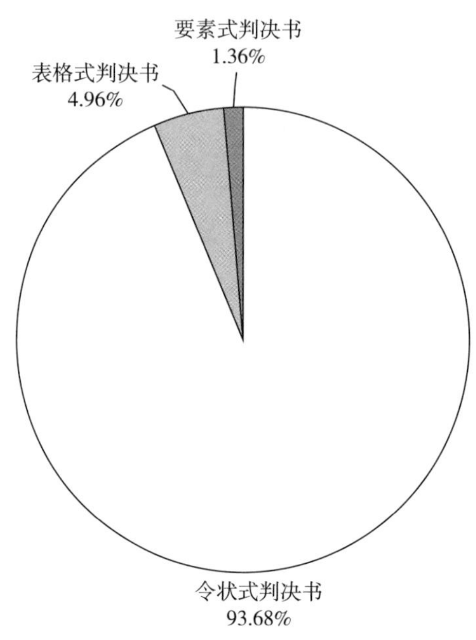

图1 三类样式判决书在样本中所占比例示意

（二）构成要素遭受质疑

以令状式判决为例，《文书样式》规定的判决书要素有标题、正文和落款三部分，其中标题部分包括法院名称、文书名称与案号，正文部分包括首部（即当事人身份信息、案件由来及审理过程）、事实（即原告诉称、被告辩称）、裁判理由、裁判依据、裁判主文、尾部，落款部分包括署名和日期。在所取样本中，除了标题、正文里的裁判主文和尾部、落款日期与《文书样式》规定的要素一致外，有86%的判决书对样式判决书要素进行了调整。其中最主要的变化是调整事实认定，占样本总数的81.91%，主要是增加了查明事实部分；调整首部的占4.96%，主要是将诉讼请求写在案件由来部分；调整诉辩意见的占5.45%，主要是在当事人均参加诉讼的情况下，仅写明了诉讼请求与事实理由，但没有被告的答辩意见，忽视了判决书中应体现的对原被告双方诉讼权利的平等保障；调整裁判理由的占7.99%，主要是缺少论理阐述或者是因已当庭说明裁判理由而在判决书中略去；调整裁判依据的占7.68%，主要是注明所引法律条文的具体内容；调整署名的占5.95%，主要是增加法官助理的姓名；调整其他部分的占8.92%，主要是将所引法律条文或者执行告知内容附在判决书中（见图2）。

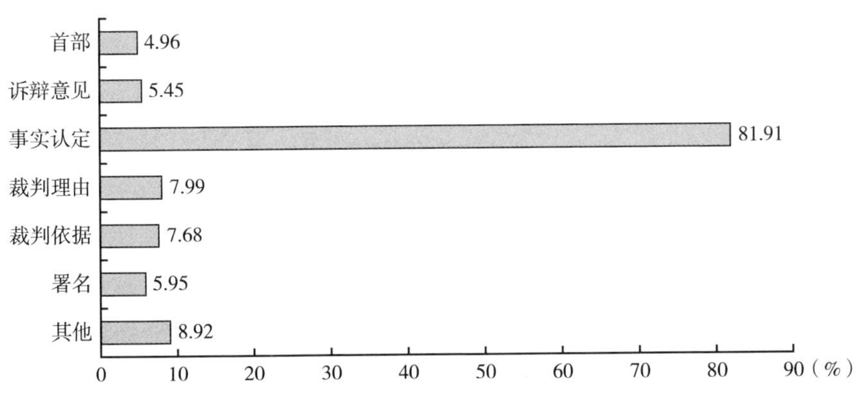

图2　样本判决书中的常见调整要素类型示意

（三）文书制作繁简不当

样本判决书中全文字数在1500字以内的占59.6%，超过2000字的达25.4%（见图3）。在文字分配上，占比从高到低依次为诉辩意见、裁判理由、案件事实、裁判依据和判决主文，并且存在大量复制起诉状中的事实及理由原文、庭审笔录中的答辩意见、对证据的质证意见等内容的现象，这些内容占据了大量篇幅，导致裁判文书繁简说理的要求和小额诉讼程序高效便捷的优势没有很好地体现出来。

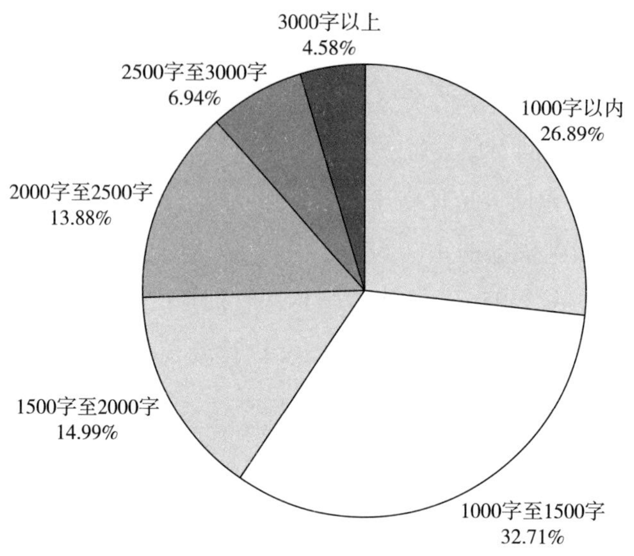

图 3　样本判决书篇幅字数占比示意

三　抉择：小额案件文书制作要素的定位

（一）文书样式推广不力的问题成因

1. 主观方面

一是大多数法官习惯原有的裁判文书制作方式，尚未从内心接受新的文书样式，即使个别案件符合适用表格式、要素式判决条件，仍使用令状式判决样式制作文书，这也是令状式判决占据绝对数量的重要原因。二是司法公开要求生效文书全部上网，抱着“多写就可能多错”的思想，担心文书被“晒”出问题①，一些法官制作文书时惜墨如金，有的仅罗列诉讼请求，对

① 赵贺：《加强裁判文书说理　实现看得见的正义》，《人民法院报》2020 年 8 月 15 日，第 2 版。

答辩意见只字未提；有的既没有列明案件事实，又省略了对裁判理由的论述，判决书读起来让人一头雾水。三是不同地区甚至同一法院的不同法官概括归纳、驾驭语言能力各异，加上不同类型的案件审理要素也不尽相同，在事实查明、证据认定、法律适用等方面各有侧重，给法官制作文书造成难题。

2. 客观方面

一是从制度规定来看，无论是《试点方案》还是《试点办法》，都仅对小额案件文书简化作了原则性规定，各地法院的法官在参考《文书样式》制作文书时也大多作了调整，由于缺乏统一标准，法官在调整格式文书要素时具有很大的随意性。二是从文书质量来看，《文书样式》省略了事实认定部分，这固然有适用小额诉讼程序为“事实清楚、争议不大”案件的因素，而且在“原告诉称”部分也简要概述了原告主张的事实和理由，如果再撰写事实部分必然会导致文字重复、增加篇幅，看似没有必要，但实则不然，法院认定的事实作为论述裁判理由的基础和依据，是判决书的重要部分，省略该部分会导致判决书不完整，不仅有损司法权威，也给社会公众阅读判决书和再审申请审查造成障碍。三是从案件效率来看，小额诉讼程序的最大优势在于快速解决纠纷，这也是当前大力推进民事诉讼程序繁简分流改革的重要因素。但随着民事案件数量逐年递增，鉴于小额诉讼程序适用率、服判息诉率等质效指标考核压力，法官在适用文书样式时难以把握公正与效率的价值平衡。

（二）小额诉讼案件判决书的功能选择

作为最终的司法产品，裁判文书具有多方面的功能和意义。从个人角度来说，可以解决个案，让当事人服判息诉；从社会角度来讲，能使社会公众得到法制教育；从促进理论研究角度来讲，能够提供丰富的素材；从法治层面来讲，也推动了法治秩序、法律体系不断完善①。因而，虽然从形式上看，

① 陈光中等著《司法改革问题研究》，法律出版社，2018，第505页。

制定小额案件文书简化规则属于操作层面的技术问题，但从本质上说，实际上也是小额诉讼程序功能的选择性外化，两者的功能定位需要保持高度一致。

1. 特有功能：迅速定分止争

目前，公正并非诉讼程序的唯一价值目标，效益已成为其又一重要价值目标[①]。确立小额诉讼程序的宗旨之一就是要提高司法效率，为此专门设计的一审终审、庭审简化、较短审限等制度，也是为了能给当事人提供更加便捷、高效的司法救济。因此，小额案件文书也应突出“效率优先兼顾公正”，尽快解决矛盾纠纷，明确权益归属，维护财产秩序，促进社会和谐。

2. 基本功能：总结司法过程

与普通程序和简易程序相比，小额案件的庭审方式更为灵活，可不单独进行法庭调查、法庭辩论，但其庭审笔录并非可以“粗制滥造”。相反，由于一审终审等程序性要求，小额案件的庭审笔录应当更为详细，以保证程序的公正。小额案件文书虽然无须完整展现全部诉讼活动，但仍需反映庭审过程、论证案件事实、呈现裁判行为，这也是民事判决书的一项基本要求。

3. 社会功能：普及法治教育

裁判文书通过分析说理，向当事人和社会展示裁判结论的合理性、合法性、公正性、终局性[②]。尤其是在当前大力推进阳光司法的背景下，要求生效裁判文书上网公开接受查询，成为法治宣传教育的鲜活教材。但是，在小额案件文书样式推广过程中，有的表格式判决省略说理部分，有的令状式判决将释法说理一笔带过，读后令人不明所以，不仅难以让当事人服判息诉，也会受到社会公众质疑，没有起到快速解纷和普法教育的积极作用。

四　构想：小额案件文书简化规则的完善

裁判文书作为实施法律、处理各类诉讼事务的工具和凭证，是实用性很

---

① 李祖军：《民事诉讼目的论》，法律出版社，2000，第 81 ~ 82 页。

② 沈德咏主编《民事诉讼文书样式》，人民法院出版社，2016，出版说明第 3 页。

强的公文，为保证其权威性、严谨性、完整性，必然要求一定程度的模式化①。结合小额诉讼案件的特点，以及小额案件文书的功能定位，笔者认为可对小额案件文书的简化规则作出如下调整。

（一）文书样式应当严肃好用

1. 仅需保留令状式判决样式

民事裁判文书是确定当事人之间权益分配的法定凭证，承担着解决矛盾纠纷、恢复社会秩序、普及法律知识等多重功能，因而裁判文书的制作很受重视，也一直是司法改革的重要内容。在《文书样式》提供的3种小额案件判决样式中，表格式判决适用于被告对原告诉请没有异议的案件，但其主要记载的内容与令状式判决并无差异，而且表格式判决给人的感觉不够严肃。即便是对于使用率较高的交通事故案件，也完全可以用附表的形式加以解决，并且使用设置好的式样表格更为便捷。要素式判决必须与要素表、要素式庭审结合使用，不仅需要按照案件类型设计不同的要素表，而且在庭审前还要指导当事人逐项准确填写要素表的内容，这对庭审进程和当庭宣判都会造成障碍，所以更适用于简易程序审理的案件。由上述分析可知，小额案件并不适合使用表格式和要素式判决，而且在实践中也的确很少使用，只需保留令状式判决样式，但是要素式庭审方式和“夹叙夹议”的写作方法仍值得借鉴。

2. 探索试行民事判决证明书

《试点办法》《试点问答口径》规定，小额案件文书如果符合一定条件，可以不再载明裁判理由。这固然能够节省不少制作裁判文书的时间，但实际上，释法说理是一份裁判文书的核心与生命②，省略了裁判说理的判决书就缺失了灵魂。为弥补这一缺陷和不足，参照离婚证明书制度，可以在实践中探索试行“民事判决证明书”（见图4）。对于当庭宣判并已释明裁判理由

① 田荔枝：《个性化与模式化——对裁判文书写作的思考》，载《河北法学》2008年第7期。

② 王新清：《裁判文书释法说理的“加强”与“规范”两手抓》，载最高人民法院司法改革领导小组办公室编《最高人民法院关于加强和规范裁判文书释法说理的指导意见理解与适用》，中国法制出版社，2018，第317页。

的小额诉讼案件，在庭审录音录像或庭审笔录中已有完整裁判说理的情况下，可以通过发放“民事判决证明书”的方式，在证明书中写明案号、当事人基本信息、裁判结果和生效时间，而不必另行制作判决书，这样更有利于案件的快审快结和当庭宣判。

××××人民法院

民事判决证明书

（××××）……民初……号

原告×××（身份证号或组织机构代码……）与被告×××（身份证号或组织机构代码……）……纠纷一案，由审判员×××适用小额诉讼程序审理，已于××××年××月××日发生法律效力。判决结果如下：

被告×××于本判决生效后×日内给付原告×××……（写明款项名称）……元。

如果未按本判决指定的期间履行给付金钱义务，应当依照《中华人民共和国民事诉讼法》第二百五十三条规定，加倍支付迟延履行期间的债务利息。

案件受理费……元，由×××负担。

特此证明。

××××年××月××日

（院印）

图4　民事判决证明书参考样式

（二）首部风格应当更为简洁

1. 写明身份证号或组织机构代码

《文书制作规范》和《文书样式》都没有要求写明当事人的身份证号或组织机构代码。原因是，身份证号和组织机构代码对查明、核对当事人身份信息是必要的，但主要是法院的内部工作流程，而且随着法院信息联网，查明、核对当事人的身份信息也更加方便快捷，为保护涉诉当事人的隐私和安全，方便裁判文书上网，在征求最高人民法院民事审判业务部门意见后，不要求对自然人注明居民身份证号码，或者注明法人或其他组织的组织机构代码①。虽然人民法院可以通过内网系统查询到当事人的身份信息，但这只是

① 参见沈德咏主编《民事诉讼文书样式》，人民法院出版社，2016，出版说明第4页。

方便了法院工作人员，对当事人的便利作用并不明显。以身份证号码为例，《居民身份证法》第3条规定，公民身份证号码是每个公民唯一的、终身不变的身份代码。在判决书中写明当事人的身份证号码，不仅可以替代出生日期、曾用名、民族、户籍登记地址、职业及服务处所等信息，还能锁定当事人的身份。为保护当事人隐私，只需在公开文书时屏蔽身份证号码即可，而且现有技术已能完全实现。

2. 应特别写明适用小额诉讼程序

适用程序部分在《文书样式》中的写法并不统一，令状式判决样式写的是“依法适用简易程序”，表格式和要素式判决样式写是“适用小额诉讼程序”。在实践中，有的法官还写作“适用简易程序（小额诉讼程序）”，或者“适用简易程序中的小额诉讼程序”等等，各地法院不尽一致。《实施办法》将小额诉讼程序单列的目的，就是要凸显小额诉讼程序的制度优势，实现审判资源的优化配置，坚持简化程序不减损权利[①]。尽管通过完善简易程序、调解制度、先予执行等规定，也可以在一定程度上满足小额案件当事人尽快实现权利的目的，但仍不能与小额诉讼程序的刚性要求相比拟。因此，明确小额诉讼程序是与简易程序、普通程序并列的独立民事诉讼程序地位[②]，无论对于完善民事诉讼理论还是提升司法实务水平都具有更大意义。

3. 当事人出庭参加诉讼情况不必写明

《文书制作规范》要求，当事人出庭参加诉讼的，要写明到庭情况。如果未到庭应诉或者中途退庭，也要写明相应情况。这种写法带有明显的职权主义色彩。按照民事诉讼理论，在不影响案件公正审理的前提下，当事人拒不参加诉讼属于自愿放弃相应权利，在文书中撰写该部分不仅内容重复，而且也无必要。所以，对于当事人未到庭或中途退庭的，在其身份信息后注明相关情况即可（见图5）。

---

① 危浪平：《优化小额诉讼程序应当把握的几个问题》，《人民法院报》2020年4月9日，第8版。

② 滕威、刘龙编著《要素式审判法：庭审方式与裁判文书的创新》，人民法院出版社，2016，第14页。

《文书样式》中的小额诉讼案件判决书样式	调整后的小额诉讼案件判决书参考样式
原告：×××，男/女，××××年××月××日出生，×族，……（工作单位和职务或者职业），住……。 法定代理人/指定代理人/法定代表人/主要负责人：×××，……。 委托诉讼代理人：×××，……。 被告：×××，……。 法定代理人/指定代理人/法定代表人/主要负责人：×××，……。 委托诉讼代理人：×××，……。 （以上写明当事人和其他诉讼参加人的姓名或者名称等基本信息） ……（写明当事人及案由）一案，本院于××××年××月××日立案后，依法适用简易程序，公开/因涉及……（写明不公开开庭的理由）不公开开庭进行了审理。原告×××、被告×××（写明当事人和其他诉讼参加人的诉讼地位和姓名或者名称）到庭参加诉讼。本案现已审理终结。	原告：×××，男/女，住……，身份证号……。 被告：××××××，住所地……，统一代码……。（未到庭/中途退庭） 法定代表人/主要负责人：×××，……。 委托诉讼代理人：×××，……。 案由：……纠纷。 适用程序：小额诉讼程序。 （注：原被告的基本信息系按照自然人、法人或非法人组织的要求进行设计，应根据案件情况据实填写）

图5　小额诉讼案件判决简化规则（首部）调整前后对比示意

（三）诉辩总结应当简明准确

1. 可以仅写明原告的诉讼请求

裁判文书的事实主要包括：原告在起诉状中列明的诉讼请求及事实理由，被告答辩意见中的事实理由，法院认定的事实和查证属实的证据。由于原告起诉的事实，一般与庭审中查明的事实相差不大，而且裁判文书大量复制起诉状中的内容既占据篇幅，也会给当事人和社会公众阅读判决书带来障碍，所以该部分只需写明原告的诉讼请求，事实与理由部分可以省去。

2. 答辩意见应简明扼要

小额案件一般事实比较清楚、双方争议不大，被告的答辩意见往往较为简单，内容也不太长。因此，如果被告承认全部诉讼请求的，可以写明“×××对×××的诉讼请求没有异议”。如果被告仅承认部分诉讼请求，则写明“×××辩称，其对×××的第…项诉讼请求没有异议，但是……（简要概述异议内容）”。

3. 事实查明及证据认定可省略

在《文书样式》的令状式和表格式判决书中，均没有对事实认定部分的撰写要求，但在调查样本中，超过80%的判决书有案件事实部分，有的还对证据作了详细分析。造成这种现象的根本原因，还是法官制作判决书时固守传统思维，认为缺少事实认定部分会导致判决书不完整。由此也导致多数小额案件判决书与简易程序案件判决书区别不大，二者存在高度“同质化”现象。结合上下文，裁判理由的撰写要依照法律规定，根据认定的事实阐述原告的诉讼请求是否成立。因此，小额案件裁判文书完全可以省略事实认定部分，但要在裁判理由中采取“夹叙夹议”的方式，对事实认定和释法说理一起进行阐述，这样更加简明扼要（见图6）。

《文书样式》中的小额诉讼案件判决书样式	调整后的小额诉讼案件判决书参考样式
×××向本院提出诉讼请求：1.……；2.……（明确原告的诉讼请求）。事实和理由：……（概述原告主张的事实和理由，可以非常简略）。 ×××辩称，……（概述被告答辩意见，可以非常简略）。	×××提出诉讼请求：1.……；2.……。 ×××辩称，……（简要概述被告答辩意见）

图6　小额诉讼案件判决简化规则（诉辩总结）调整前后对比示意

（四）裁判说理应当简洁明快

1. 裁判说理应当符合逻辑

逻辑严密是裁判文书的基本要求。对于简单案件，事实一目了然，法律适用简单，运用三段论即可作出裁判结果①。三段论是形式逻辑的重要论证形式，其基本结构为：大前提是T，小前提是S，如果T有法律效果R，则当S与T相对应时，也能够产生R的效果。即：

T→R（如果具备T的要件，则适用R的法律效果）

S＝T（特定的案件事实符合T的要件）

① 程春华：《裁判思维与证明方法》，法律出版社，2016，第35页。

S→R（得出结论 S 即适用 R 的法律效果）[1]

在小额诉讼案件庭审过程中，法官当庭即可通过整理、归纳已实际发生并引起争议的特定案件事实，判断其是否符合法律规范的构成要件，从而论证法律规范与案件事实之间的逻辑关系，并得出裁判结论。因此，在判决书的说理部分，应当根据司法三段论，简要论述裁判推理过程，以增强可读性，也更能令人信服。

2. 裁判说理应当层次清晰

小额案件具有当事人争议较小、证据材料少、法律适用简单、复杂程度低等特点。因此，可以采用先法律后事实的方法，以法律关系的构成要件为指导，围绕事实争点与法律争点，主要针对法律要素认定事实证据、作出裁判结果。

3. 裁判说理应当语言精练

裁判文书说理要“繁简分流”“适可而止”，法官在制作判决书时应结合庭审情况，根据争议类型、争议大小进行繁简适度的说理。既不能因为是小额诉讼案件就忽视释法说理，在判决中不说理或者说理不到位，也不能与繁案一样加强说理，在说理时要做到简练精准、恰到好处。在制作判决书时，还要注重当事人的“司法体验感”，从当事人而不是法官的角度来考虑裁判文书是否能让当事人看懂、读懂[2]、信服。

4. 判决主文应当明确规范

司法解释规定，小额诉讼程序适用范围为 9 类金钱给付类案件，如果当事人在该案中还有其他诉讼请求，则不宜用小额诉讼程序。据此，小额案件判决主文的表述也要符合“金钱给付”的特征，简短明确地写明给付款项的名称、数额和时间。如果对利息、违约金、损害赔偿金等难以固定具体数额的，应当写明包含本金、计算标准、起止日期的计算方法，并且要避免歧义、便于执行（见图 7）。

---

① 王利明：《法学方法论》，中国人民大学出版社，2018，第 69 ~ 70 页。

② 最高人民法院司法改革领导小组办公室编《最高人民法院关于加强和规范裁判文书释法说理的指导意见理解与适用》，中国法制出版社，2018，第 20 页。

《文书样式》中的小额诉讼案件判决书样式	调整后的小额诉讼案件判决书参考样式
本院认为，……(结合查明的案件事实，对诉讼请求作出评判)。 依照《中华人民共和国……法》第×条、……(写明法律文件名称及其条款项序号)、《中华人民共和国民事诉讼法》第一百六十二条规定，判决如下： ……(写明判决结果)。 如果未按本判决指定的期间履行给付金钱义务，应当依照《中华人民共和国民事诉讼法》第二百五十三条规定，加倍支付迟延履行期间的债务利息(没有给付金钱义务的，不写)。	本院认为，……（结合庭审查明的案件事实，运用司法三段论进行简要论述，可以采取“夹叙夹议”的写作方式，对当事人有争议的诉讼请求作出评判。）依照《中华人民共和国……法》第×条、……（写明法律文件名称及其条款项序号），《中华人民共和国民事诉讼法》第一百六十二条规定，判决如下： 被告×××于本判决生效后×日内给付原告×××……（写明款项名称）……元。 如果未按本判决指定的期间履行给付金钱义务，应当依照《中华人民共和国民事诉讼法》第二百五十三条规定，加倍支付迟延履行期间的债务利息。

图7　小额诉讼案件判决简化规则（裁判说理）调整前后对比示意图

此外，还应注意以下问题。一是实践中还有不少小额案件判决署有法官助理的姓名。按照司法改革精神和审判工作实际，小额案件速裁团队可根据案件数量按“一法二书”或“一法三书”配置，不宜配备法官助理，因此也不应有法官助理的署名。二是有的小额案件判决将所引用的法律条文或者执行告知内容作为附件放在落款之后，虽然具有方便当事人的意义，但是该部分内容已在裁判理由或者庭审中进行告知，而且在信息化时代的今天，当事人也能够很方便地查找到有关法律法规、司法解释和相关案例，实属没有必要。三是在制作裁判文书时，要注重与人工智能的耦合①，可以利用文书智能编写系统预先设置好文书模板，其首部、诉辩意见、一审终审告知、尾部及落款等内容均可实现自动生成，法官只需撰写简要裁判理由和判决主文。结合民事判决证明书制度，不仅能够节省大量文书制作时间，也为提高当庭宣判率和送达率提供了更强有力的保障。如果时机成熟，还可以在判决书中增加二维码，嵌入可公开的庭审视频和卷宗材料，让更高程度的司法公开成为可能。

① 于海防：《人工智能法律规制的价值取向与逻辑前提——在替代人类与增强人类之间》，载《法学》2019 年第 6 期。

司法人权保障

Protection of Judicial Human Rights

B.7
新时代进一步提升未成年人审判专业化研究

代秋影*

摘　要：2020年底，最高人民法院印发新修订的《关于进一步加强少年法庭工作的意见》，重新界定了少年法庭的受案范围，探索新时代加强未成年人审判机构建设的新路径，建立未成年人案件司法统计指标体系，建立未成年人审判工作考核机制，推动未成年人审判工作专业化进一步提升。本文基于未成年人自身的生理和心理特点，阐释进一步加强未成年人保护工作的紧迫性，明确未成年人审判工作的宗旨和目标，从加强未成年人审判专门机构建设、明确未成年人审判受案范围、统一法律适用标准和提升行为矫治效果四个方面分析阐释新时代如何进一步加强未成年人审

* 代秋影，中国应用法学研究所副研究员。

判工作专业化。

关键词： 未成年人审判 少年法庭 法律适用 行为矫治

党和国家历来高度重视未成年人保护和犯罪预防工作，习近平总书记多次指出，“少年儿童是祖国的未来，是中华民族的希望”，要求各方面要共同努力，“为了中华民族的今天和明天，……让少年儿童成长得更好”①。近年来，为适应新时代未成年人保护的现实需要，与未成年人保护相关的法律陆续制定或修订，主要包括：2016 年 3 月起施行的《反家庭暴力法》，2020 年修订的《未成年人保护法》和《预防未成年人犯罪法》。目前相关部门正在研究制定“家庭教育促进法”和“儿童福利法”，旨在从不同角度保护未成年人健康成长。2021 年 4 月，国务院成立未成年人保护工作领导小组，进一步加强对未成年人保护工作的统筹、协调、督促和指导，更好地保护未成年人身心健康、保障未成年人合法权益。5 月 28 日，国务院未成年人保护工作领导小组召开第一次全体会议，提出加强《未成年人保护法》普法宣传、严厉打击侵害未成年人犯罪行为、加强未成年人网络空间治理、关爱农村留守儿童和困境儿童等。6 月 6 日，《关于加强未成年人保护工作的意见》印发，从家庭、学校、社会、网络、政府、司法六个方面提出 25 项重点任务。

人民法院高度重视未成年人审判工作，最高人民法院领导多次强调，要坚持改革创新精神，加强顶层设计，不断发展和完善中国特色社会主义少年司法制度，加大未成年人审判工作力度，有效预防和减少未成年人犯罪，积极化解涉及未成年人权益的各类矛盾纠纷，为未成年人健康成长提供有力的司法保障。近年来，最高人民法院先后会同有关部门研

① 习近平：《从小积极培育和践行社会主义核心价值观——在北京市海淀区民族小学主持召开座谈会时的讲话》（2014 年 5 月 30 日），《人民日报》2014 年 5 月 31 日。

究出台《关于依法惩治性侵害未成年人犯罪的意见》等多部司法解释或规范性文件①，明确了一系列重要问题的法律、政策适用标准等，并取得良好的施行效果。当前，未成年人审判工作面临新的形势和任务要求，必须加强理论研究和实践探索，始终立足未成年人保护视角，进一步提升未成年人审判工作专业化水平。

一　当前做好未成年人审判工作的紧迫性和重要意义

（一）进一步加强未成年人保护工作的现实紧迫性

2021 年 5 月 11 日，国家统计局公布的第七次全国人口普查数据显示，2020 年全国人口为 14.12 亿人②。在全国人口中，0～15 岁人口为 2.69 亿人，占 19.0%；60 岁及以上人口为 2.64 亿人，占 18.7%，其中 65 岁及以上人口为 1.91 亿人，占 13.5%③。从人口数量看，中国总人口数增长速度持续放缓，由于育龄妇女规模减小、结构老化等，出生人口数量降低的走势短期内不会根本改变；从人口结构看，中国正在并将继续经历快速人口老龄化期④。在此背景下，2021 年 5 月底，中共中央政治局召开会议，审议了《关于优化生育政策　促进人口长期均衡发展的决定》，实施一对夫妻可以生育三个子女政策及配套支持措施，贯彻落实积极应对人口老龄化国家战略，

---

① 主要包括《关于依法处理监护人侵害未成年人权益行为若干问题的意见》《关于依法办理家庭暴力犯罪案件的意见》《关于审理拐卖妇女儿童犯罪案件具体应用法律若干问题的解释》《关于办理组织、强迫、引诱、容留、介绍卖淫刑事案件适用法律若干问题的解释》。

② 全国人口是指 31 个省、自治区、直辖市和现役军人的人口，不包括居住在 31 个省、自治区、直辖市的港澳台居民和外籍人员。详见《第七次全国人口普查公报（第二号）》，2021 年 5 月 11 日发布，国家统计局网站，http://www.stats.gov.cn/tjsj/tjgb/rkpcgb/qgrkpcgb/202106/t20210628_1818821.html，最后访问日期：2021 年 7 月 23 日。

③《第七次全国人口普查公报（第五号）》，2021 年 5 月 11 日发布，国家统计局网站，http://www.stats.gov.cn/tjsj/tjgb/rkpcgb/qgrkpcgb/202106/t20210628_1818824.html，最后访问日期：2021 年 7 月 23 日。

④ 翟振武：《新时代高质量发展的人口机遇和挑战——第七次全国人口普查公报解读》，《经济日报》2021 年 5 月 12 日。

促进中国人口长期均衡发展。培养“有理想、有道德、有知识、有担当”的社会主义事业建设者是全社会共同的使命和责任。在当前的人口形势和背景下，作为未来社会建设者和接班人的主力军和有生力量，未成年人的健康成长更成为全社会共同的关注和期待，未成年人保护工作也更加迫切和重要。

（二）新时代未成年人审判工作的新要求

预防未成年人违法犯罪，是未成年人保护工作的底线。实践中，未成年人犯罪从未清零。据统计，不满 18 周岁的犯罪人数，2010 年为 6.8 万人，2015 年为 4.38 万人，2016 年为 3.57 万人，2017 年为 3.28 万人，2018 年为 3.44 万人，2019 年为 4.3 万人①。可见，未成年人犯罪总量近年来整体上呈现下降趋势，2019 年未成年人犯罪人数比 2010 年减少 2.5 万人，降幅达 36.8%②。但是，未成年人保护和未成年人审判工作依然面临新的挑战和困难。

未成年人违法犯罪，尤其是低龄未成年人严重危害社会行为频发，该类行为“不负刑事责任≈不负任何责任”的实践现状饱受各界诟病，既不利于违法未成年人的行为矫治，也不利于社会关系的修复，还容易产生不良的示范效应，引发其他未成年人效仿，造成社会恐慌，影响社会安全稳定。为回应社会关注，《刑法修正案（十一）》（2021 年 3 月起施行）对刑事责任年龄的相关规定进行了修改，在严格罪名、情节和程序限制的条件下，刑事责任年龄降至 12 周岁，即“已满 12 周岁不满 14 周岁的人，犯故意杀人、故意伤害罪，致人死亡或者以特别残忍手段致人重伤造成严重残疾，情节恶劣，经最高人民检察院核准追诉的，应当负刑事责任”。依据新的法律规定，针对该类行为的司法处置和涉案未成年人的行为矫治是未成年人审判工

① 《中国统计年鉴 2020》“24～15 人民法院审理刑事案件罪犯情况”。转引自《中国青年发展统计年鉴 2020》，中国统计出版社，2021，第 202 页。

② 《2019 年〈中国儿童发展纲要（2011～2020）〉统计监测报告》，国家统计局网站，http：//www. stats. gov. cn/tjsj/zxfb. /202012/t20201218 _ 1810128. html，最后访问日期：2021 年 7 月 12 日。

作应当高度重视并予以认真研究的对象。

进一步关注婚姻家事案件中涉及的未成年人保护问题。家庭是未成年人生活和成长的最重要场域，主要抚养人及其家庭教养方式能够直接影响一个未成年人的心理健康、情绪状况和关系处理能力。家庭变动尤其是父母离异过程中的纠纷处理，不仅涉及财产分割，更会直接影响未成年人的情感，对其造成精神创伤，可能存在父母以未成年人子女为筹码谋取对己有利的裁判结果，甚至把家庭变故的责任迁怒于未成年人子女以致影响其身心健康发展。司法实践中涉及未成年人的家事案件数量较大①，从预防未成年人违法犯罪角度看，这些涉案未成年人都是应当重点关注的群体。

（三）未成年人审判工作的重要职责

保护未成年人安全成长是全社会共同的责任。实践中各种侵害未成年人的恶性犯罪案件仍然屡禁不止②，尤其是拐卖儿童、性侵未成年人等犯罪案件广受社会各界关注，必须高度重视并给予积极有效的司法应对。2015～2020年，公安机关破获拐卖儿童案件数分别为2015年756件，2016年618件，2017年546件，2018年606件，2020年334件③。2017～2019年，检察机关起诉成年人性侵未成年人犯罪人数分别为：强制猥亵罪，2017年665件，2018年896件，2019年1302件；猥亵儿童罪，2017年为2388件，2018年为3282件，2019年为5124件；强奸罪，2017年为7550件，2018

---

① 据悉，2016年至2020年，全国各级人民法院一审审结的涉及未成年人抚养、监护、探望等家事纠纷案件120多万件。最高人民法院网站，https：//www. chinacourt. org/article/detail/2021/03/id/5906804. shtml，最后访问日期：2021年7月8日。

② 据统计，自2016年至2020年，全国法院依法审理拐卖、猥亵儿童、组织儿童乞讨等侵害未成年人合法权益的刑事案件24035件，惩处罪犯24386人。最高人民法院网站，https：//www. chinacourt. org/article/detail/2021/03/id/5906804. shtml，最后访问日期：2021年7月8日。

③ 《〈中国儿童发展纲要（2011～2020年）〉实施情况统计报告》。转引自《中国青年发展统计年鉴2020》，中国统计出版社，2021，第206页。

年为9267件，2019年为12912件[①]。与成年人相比，未成年人由于年龄和生理原因，不具备自主实现合法权益的能力，必须依靠其他成年人的协助和相关制度的配套支持才能保护自身权益。严厉打击侵害未成年人犯罪，为未成年人健康成长营造良好的法治环境，是未成年人审判工作的重要职责。

二　进一步明确和厘清未成年人审判工作的范畴内涵

1984年11月，上海市长宁区人民法院成立了中国第一个专门审理未成年人刑事案件的合议庭，人民法院从此开启了一项新的专门审判事业。1988年，长宁区人民法院成立中国第一个独立建制的少年刑事审判庭；1994年，最高人民法院成立少年法庭指导小组；2006年起，最高人民法院在全国部分中级人民法院开展独立建制的未成年人综合审判庭试点工作；2016年起，最高人民法院在全国范围内选择部分法院开展家事审判方式和工作机制改革试点。30多年来，未成年人审判的实践探索从未停歇，各地法院未成年人审判工作取得了丰硕成果，自主探索了很多行之有效的工作模式，推动了未成年人审判工作范畴的不断拓展。当前，在未成年人犯罪数量持续降低的背景下，在全面深化司法体制改革特别是“全国四级检察院和基层法院内设机构改革任务基本完成”的新形势下，如何应对未成年人保护工作面临的新情况新要求，未成年人审判专门机构尤其是有独立建制的未成年人审判专门机构如何保留和发展，如何保障和进一步提升未成年人审判工作专业化水平成为新的时代课题。2020年底，最高人民法院发布了新修订的《关于进一步加强少年法庭工作的意见》（以下简称《意见》），明确“将与未成年人权益保护和犯罪预防关系密切的涉及未成年人的刑事、民事及行政诉讼案件纳入少年法庭受案范围，以保证案件数量和审判工作的平衡，更有针对性

① 《全国未成年人检察工作白皮书（2014～2019）》。转引自《中国青年发展统计年鉴2020》，中国统计出版社，2021，第204页。

地保护未成年人合法权益”。当前，未成年人审判工作的具体内涵涉及多个不同审判业务领域，主要包括以下几方面。

（一）未成年人犯罪案件

“被告人实施被指控的犯罪时不满 18 周岁且人民法院立案时不满 20 周岁的刑事案件”，这是传统意义上的少年法庭受案范围。此外，参照司法实践已有做法，少年法庭可以审理“人民法院立案时不满 22 周岁的在校学生犯罪案件”[①]。根据《刑法》和《刑事诉讼法》的相关规定，对犯罪的未成年人，遵循“教育、感化、挽救”的方针，坚持“教育为主、惩罚为辅”的原则。与成年人刑事司法不同，未成年人刑事司法不仅包括认定事实、适用法律进行定罪量刑，司法实践中还采取多种措施[②]，致力于涉罪未成年人的行为矫治和社会回归。

（二）被害人是未成年人的刑事案件，包括但不限于性侵害未成年人犯罪案件

与未成年人被告人、犯罪嫌疑人不同，现行法律对未成年被害人并没有特殊法律规定，这部分案件虽直接涉及未成年人保护，但并不属于传统少年法庭的受案范围。实践中，各地情况不一，有的法院由刑事审判庭作为普通刑事案件，根据《刑法》《刑事诉讼法》的规定由刑事法官审理，针对未成年被害人特殊的心理疏导、社会关系修复、司法救助等在成年人刑事司法体系中难以保障；有的法院则将其纳入少年法庭的受案范围。《意见》规定，“强奸、猥亵等性侵未成年人犯罪案件以及杀害、伤害、绑架、拐卖、虐待、遗弃等严重侵犯未成年人人身权利的犯罪案件”可以由少年法庭审理[③]。

---

① 《关于进一步加强少年法庭工作的意见》（法发〔2020〕45 号）。

② 如社会调查、圆桌审判、合适成年人参与、法庭教育、心理干预、社会关护、犯罪记录封存等特殊的程序和实体法律规定。

③ 《关于进一步加强少年法庭工作的意见》（法发〔2020〕45 号）。

（三）涉及未成年人的家事案件

家庭是未成年人生活的最主要场域，不同的家庭教育模式可以直接影响未成年人的情绪成熟度和关系处理能力，尤其是6岁以前的亲子关系模式，不仅会直接影响一个人的社会化进程，而且会内化并长期影响一个人的思维模式和行为惯性，是其成年后各种外在关系模式的雏形。因此，婚姻家事纠纷在审判过程中如能很好地贯彻“最有利于未成年人”原则，可以从源头有效预防和减少未成年人违法犯罪案件以及侵害未成年人犯罪案件的发生概率。《意见》规定，“涉及未成年人抚养、监护、探望等事宜的婚姻家庭纠纷案件，以及适宜由少年法庭审理的离婚案件”由少年法庭审理[①]。

（四）涉及未成年人的民事侵权类案件

涉及未成年人的民事侵权类案件有其特殊性，尤其是被害一方有未成年当事人的，最典型的如校园安全和校园暴力伤害案件。当类似案件发生时，由于弱小的未成年人受伤害，在侵权事件激发下，监护人或其他主要照护人在愤怒、担忧、焦虑等各种负面情绪裹挟下，极易混淆成年人的诉求与未成年当事人的真正诉求，在维护合法权益的过程中，容易忽视未成年人的真实意愿。有可能导致虽然公正合理地解决了民事纠纷，却也间接累及未成年人正常的社会交往和学习生活，给未成年人的社会化进程制造了困难和障碍。因此，审理该类案件时不但要根据事实、情节和法律规定厘清法律责任、裁定赔偿标准，还要充分尊重和保障未成年人的参与权，从“恢复性司法”的视角帮助未成年人修复因为侵权事件遭到破坏的社会关系。《意见》规定，“侵权人为未成年人的侵权责任纠纷案件，以及被侵权人为未成年人，由少年法庭审理更为适宜的侵权责任纠纷案件”由少年法庭审理[②]。

---

① 《关于进一步加强少年法庭工作的意见》（法发〔2020〕45号）。

② 《关于进一步加强少年法庭工作的意见》（法发〔2020〕45号）。

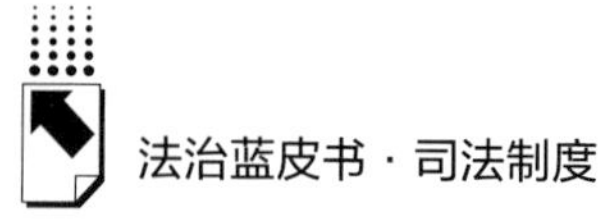

（五）涉及未成年人的行政类案件或者公益诉讼案件

该类案件涉及未成年人受教育权，尤其是农村留守儿童和城市流动儿童的受教育权等。《意见》规定，“当事人为未成年人的行政诉讼案件，有条件的法院，由少年法庭审理”①。

此外，虽然《刑法修正案（十一）》在严格适用条件限制下对刑事责任年龄作出了实体修改和程序完善，但由于年龄问题，客观上仍会存在低龄未成年人已有危害社会行为但无须负刑事责任、不被纳入刑事司法视野的事例。为切实改变备受各界诟病的“不负刑事责任≈不负任何责任”实践现状，在依法保障相关未成年人合法权益的同时，切实提升行为矫治效果，对这部分未成年人的早期干预和司法处置，应成为未成年人审判工作的有机组成部分。

三　进一步提升未成年人审判工作法律适用的专业性

人民法院是国家的审判机关，依法独立行使审判权是人民法院的宪法职能。未成年人审判工作涉及多个审判业务领域，社会关注度高，未成年人审判工作良好的法律效果和社会影响离不开法律适用的专业性。

（一）进一步畅通未成年人审判统一法律适用标准的工作机制

党的十八届四中全会决定将“统一法律适用标准”作为推进公正司法的重要任务之一。2020 年 5 月，习近平总书记在中共中央政治局第 20 次学习时指出，要统一法律适用标准。在未成年人审判工作中，前几年在全面深化司法体制改革特别是内设机构改革背景下，很多法院独立建制的少年法庭被撤并。《意见》发布后，截至 2021 年 5 月底，全国法院共成立 1800 多个

① 《关于进一步加强少年法庭工作的意见》（法发〔2020〕45 号）。

少年法庭①，此处的“少年法庭”，不一定是独立建制的少年法庭，“包括专门审理涉及未成年人刑事、民事、行政案件的审判庭、合议庭、审判团队以及法官……”。适应新的政策要求和机构设置现状，应切实加强未成年人审判统一法律适用标准工作机制，在没有独立建制未成年人案件综合审判庭的各级各地人民法院，设立未成年人审判工作领导机制，指定专人统一协调未成年人案件办理、案件指导和重要事项的请示报告，同时根据各地实际，组建专门合议庭或者指定专门人员，负责办理未成年人案件。

（二）探索建设未成年人案例专库

根据《最高人民法院关于人民法院在互联网公布裁判文书的规定》第4条，涉及未成年人犯罪的，以及离婚诉讼或者涉及未成年子女抚养、监护的裁判文书，不在互联网公布。《最高人民法院关于深化人民法院司法体制综合配套改革的意见——人民法院第五个五年改革纲要（2019～2023）》提出，“完善类案和新类型案件强制检索报告工作机制”，对法官办案明确提出应当进行案件检索的要求。2020年7月，最高人民法院发布了《关于统一法律适用　加强类案检索的指导意见（试行）》，进一步完善了类案检索工作机制。2020年9月，《最高人民法院关于完善统一法律适用标准工作机制的意见》要求，“各级人民法院应当充分利用中国裁判文书网、‘法信’、中国应用法学数字化服务系统等平台，加强案例分析与应用，提高法官熟练运用信息化手段开展类案检索和案例研究的能力”。目前，最高人民法院及其相关业务庭室不定期发布典型案例，某种程度上能够对统一法律适用标准起到积极引导作用。但囿于案例数量、类型等因素，现有方式尚不足以满足司法实践和理论研究的现实需要。加之各种原因，实践中从事未成年人审判的具体人员工作调整较为频繁。为进一步提升未成年人审判工作的专业性，贯彻落实强制类案检索和统一法律适用标准的要求，应探索

① 最高人民法院网站，https：//www.chinacourt.org/article/detail/2021/06/id/6085336.shtml，最后访问日期：2021年7月23日。

建设未成年人案例专库，配套开发未成年人审判法律适用分歧发现和推送平台，切实保障未成年人案件司法公正，致力于推动未成年人案件审判标准统一。

（三）建立未成年人审判人员定期培训机制

未成年人审判工作是一项专门工作，不仅应具备专业的法学理论知识和审判实务技能，还应了解未成年人成长规律，掌握心理学、教育学等未成年人保护专门知识。《未成年人保护法》第 101 条规定，“……办理涉及未成年人案件的人员应当经过专门培训，熟悉未成年人身心特点”。《意见》第 17 条规定，“各级人民法院应当高度重视未成年人审判队伍的培养和建设工作。要选用政治素质高、业务能力强、熟悉未成年人身心特点、热爱未成年人权益保护工作和善于做未成年人思想教育工作的法官负责审理涉及未成年人案件，采取措施保持未成年人审判队伍的稳定性”。立足于未成年人审判工作的宗旨和要求，基于实务中未成年人审判人员工作变动较快的客观现状，应建立未成年人审判人员定期培训机制，确保由熟悉未成年人身心成长特点的人员从事未成年人审判工作，以期实现两大目标：①直接目标，即基于未成年人保护视角综合判断涉案未成年人的主观恶性和再犯可能性，使得涉案未成年人得到恰当的司法处置，保证法律的准确适用，避免审判过程中对涉案未成年人造成二次伤害；②终极目标，即旨在避免更多的未成年人进入司法保护环节，致力于犯罪预防和再犯预防。

四　进一步增强未成年人审判工作行为矫治的专业性

与成年人司法不同，未成年人司法的显著特点之一就是把人的行为矫治和回归社会纳入了司法视野予以考量，这既是未成年人司法专门化的根基，也是保护未成年人健康成长、培养社会主义接班人的题中应有之义。致力于涉案未成年人的行为矫治，帮助其回归社会是未成年人审判工作不同于成年人司法的特点，是未成年人审判工作的重点、难点和痛点所在，也是社会各

界对未成年人审判工作关注和忧虑的焦点。

进一步增强涉案未成年人行为矫治的专业性，提升行为矫治的成效，是未成年人审判工作的重心和难点。同时，人的行为矫治是一项艰难而复杂的任务。行为矫治，意味着要改变一个人的思想，进而改变一个人的行为，使其社会化进程回归正轨，成长为对国家和社区有积极贡献的一分子。这绝非易事，更非法官、检察官或者某一个、某一类人员单独即可完成的任务。所以在未成年人司法领域，向来都是强调“司法一条龙”和“社会一条龙”，因为人的行为矫治，未成年人的社会回归，需要全社会共同的合力，需要《未成年人保护法》构建的“六大保护”同心圆共同发力。从未成年人审判工作的角度，增强涉案未成年人行为矫治的专业性，可以从以下三个方面切入。

（一）构建畅通有序的未成年人审判工作议事协调机制

涉案未成年人行为矫治，是一项专业性极强的艰巨任务，需要多方通力合作。既需要未成年人审判专业力量，更离不开其他司法机构和社会支持体系的深度参与和持续关注。行为矫治的主体工作虽不由法官直接承担，但应构建畅通的议事协调机制，遇到重要事项或突发关注事件时，能够及时有效地处置和应对。

（二）进一步拓展强制亲职教育工作机制

家庭是孩子成长的最重要环境，也是取得良好行为矫治效果的关键环节。在“问题孩子”背后，通常都能找到“问题家长”的影子。强制亲职教育作为部分法院探索的特色工作机制，取得了良好的效果。新修订的《未成年人保护法》虽没有明确规定强制亲职教育，但在第 118 条规定，“人民法院在办理案件过程中发现未成年人的父母或者其他监护人存在上述情形的，应当予以训诫，并可以责令其接受家庭教育指导”。2021 年 7 月，最高人民检察院、全国妇联、中国关心下一代工作委员会共同印发了《关于在办理涉未成年人案件中全面开展家庭教育指导工作的意见》。同时，全国人大正在审议制定“家庭教育促进法”，人民法院也可以在未成年人审判工作中把强制亲职教育作为重要工作抓手，连接专业资源，为有需求的涉案未成年人及其家庭提供专业的家庭教育指导和支持帮助，进一步提升行为矫治效果和社会影响。

（三）建立未成年人审判工作考核评价体系

未成年人审判工作 30 多年的发展证明，良好社会效果的达成离不开各项特色工作的积极开展。但这些必不可少的司法延伸工作无法在现有以案件数量为主的考核评价体系中体现出来，单靠工作热情和奉献精神无法保证未成年人审判工作长远有效发展，更无法保证行为矫治的效果，应建立未成年人审判工作独立的考核评价指标，改变目前“墙里开花墙外香”，荣誉和评优多来自合作的职能部门的局面，建设一支热爱并精通未成年人审判工作的相对稳定、能够长期良性发展的干部队伍。《意见》提出，要落实《未成年人保护法》关于实行与未成年人保护工作相适应的评价考核标准的要求，不能仅以办案数量进行考核①。

保护未成年人健康成长，不仅是家庭的希望，也是国家和全社会共同的期待，更是新时代未成年人审判工作的目标追求。尤其是人民法院在审判过程中涉及的未成年人，更是重点保护对象，准确的法律适用，正确的司法处置，有效的行为矫治，离不开专业的审判人员，离不开专门的审判机构，更离不开科学合理的考核评价体系。总之，保护未成年人需要整个国家的力量。保护涉案未成年人，应当进一步提升未成年人审判工作的专业性，同时也需要司法各个环节和全社会的大力支持和积极配合。

---

① 《关于进一步加强少年法庭工作的意见》（法发〔2020〕45 号）。

B.8

监狱国家赔偿风险与防控

四川省监狱管理局课题组*

摘　要：风险社会下监狱国家赔偿案件呈现错综复杂态势。对全国近年来181件监狱国家赔偿案件的实证分析表明，综合治理监狱国家赔偿问题，应坚持“知防患，莫如使患无生”的治本进路，从识别风险种类入手，从界定风险特征破题，从探究风险原因透视，强化监狱国家赔偿风险治理的法律机制回应，完善监狱国家赔偿风险控制的司法体系建构，规范监狱国家赔偿风险防患的前端执法管控，在监狱良法善治中高效防控国家赔偿风险，维护刑事司法正义。

关键词：监狱　国家赔偿　风险防控　现代治理

“风险是现代社会突出的时代特征，也是现代人对个体处境的强烈感知。”[①]《国家赔偿法》作为国家侵权风险治理领域的专门法律，健全完善了中国侵权责任法体系，是对个体权利救济及国家机关履职风险应对的制度回应。本文考察了全国监狱 181 件国家赔偿案件情况，分析《国家赔偿法》违法责任原则向过错责任原则的司法拓展趋势。治理动态增长的监狱国家赔

* 课题组组长：陈志林，四川省监狱管理局党委书记、局长；副组长：陈波，四川省监狱管理局党委委员、副局长；成员：屈直俊，四川省监狱管理局政策法规处处长、公职律师；何俊芳，四川省监狱管理局政策法规处一级主任科员、公职律师；何沁，四川省成都女子监狱四级高级警长。

① 江必新、王红霞：《国家治理现代化与社会治理》，中国法制出版社，2016，第 144 页。

偿风险，已成为国家刑事法治的重大课题和实践难题，也是监狱现代治理的着力方向和重要目标。

一　监狱国家赔偿现状实证考察

近年来，赔偿请求人以监狱殴打、虐待致伤致亡服刑罪犯为由提起的国家赔偿不断发生，引起社会公众高度关注。通过中国裁判文书网查询统计获得的 2010 年至 2020 年全国 181 件[①]监狱国家赔偿案件（剔除相同、乱码等无效信息后数值），从中可以看出不少值得重视的风险特点和变动趋势。

（一）监狱国家赔偿案件年度数量与地域分布

最高人民法院于 2014 年推行法律文书全面上网以来，国家赔偿生效法律文书可通过网上查询获得。统计年度内，监狱国家赔偿案件呈现波动上升趋势（见图 1）。

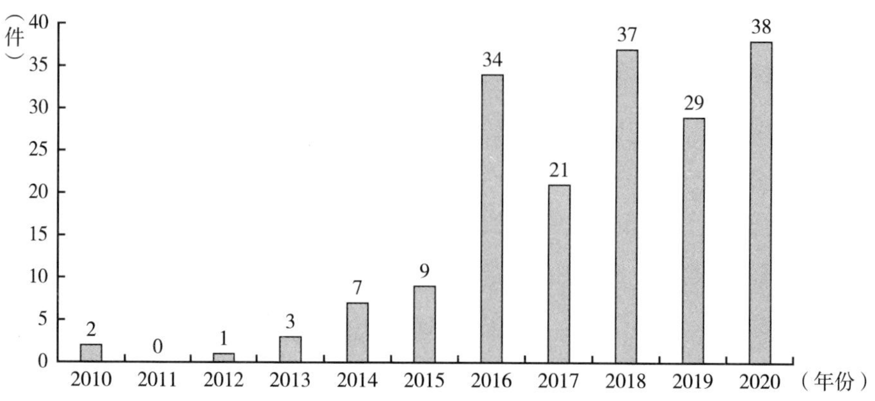

图 1　2010～2020 年监狱国家赔偿案件数量情况

资料来源：中国裁判文书网。

① 中国裁判文书网，https：//wenshu. court. gov. cn/，最后访问日期：2021 年 6 月 30 日。

全国已有26个省（自治区、直辖市）出现监狱国家赔偿案件，涉及监狱国家赔偿案件10件以上的省份有5个，分布范围扩大（见图2）。其地域发生特点虽不甚明显，与人口、押犯规模等因素是否存在内在关联亦不明显，但仍能看出监狱国家赔偿案件在全国覆盖范围较广。同时，因监狱国家赔偿案件须经监狱赔偿义务机关先行处理程序、复议机关复议程序两个环节之后才有法院的诉讼程序，中国裁判文书网上未查询到案件的省份并不能绝对排除案件数为零，说明监狱出现国家赔偿案件是大概率事件。

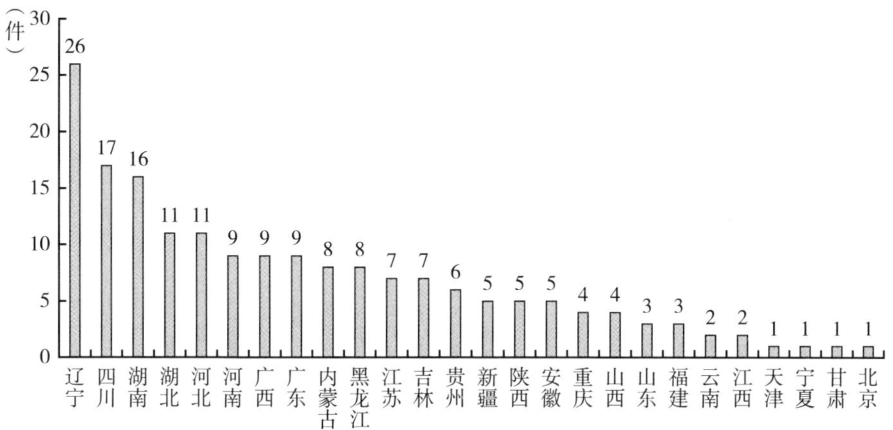

图2　监狱赔偿案件地域分布情况

（二）监狱国家赔偿案件申请理由与真实事由

从申请理由看，主要有九类，包括殴打、虐待致伤残死亡，怠于履行职责，因病延误或医治不力，工伤，自伤自残，他犯致伤残死亡，违法关押，财产权和其他等（见图3）。

人身权受到损害成为提起国家赔偿的主要理由，以监狱机关及其工作人员殴打、虐待和怠于履行职责致罪犯伤残或死亡为由的129件，占比71.3%；以罪犯疾病医治监狱存在过错为由的20件，占比11%；以财产权受损为由提起的仅1件。由此可见，人身权保护无疑是利益攸关群体关注的

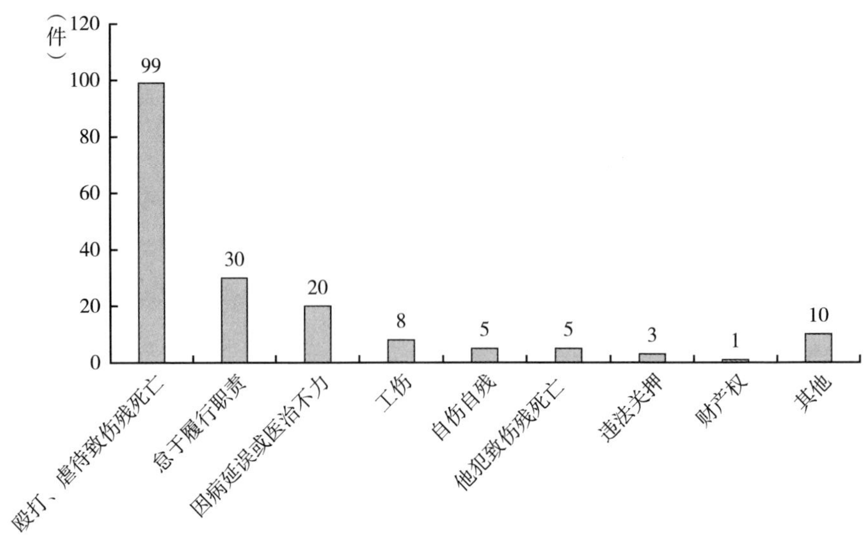

图3　监狱国家赔偿案件申请理由情况

重中之重，已成为国家赔偿案件的集中高发领域。

法院审理认定事实表明，申请理由多与真实事由大相径庭。99件所谓殴打、虐待致伤残死亡案件中，他犯相关行为5件，民警相关行为4件，其余90件均为罪犯罹患病症导致的人身权损害后果，但申请人在申请国家赔偿时却以殴打、虐待为由；30件怠于履行职责案件中，因他犯行为致伤亡的5件，不作为3件，误诊1件，罪犯自杀3件，其余18件均为罪犯罹患疾病所致，但申请人却以监狱怠于履行职责为由申请国家赔偿。可见申请人为获赔，在申请时往往给案件冠以监狱及其工作人员殴打、虐待或怠于履行职责事由。该状况要求监狱积极回应申请人权利意识的觉醒，依法应对相关权利意识的伸张异化。

（三）监狱国家赔偿案件主张金额与决定金额

128件案件提出具体赔偿数额主张，主张赔偿金额有10万元以内、10万～50万元、50万～100万元、100万～200万元、200万～300万元、300万～400万元、400万～500万元和500万元以上八个档次（见图4）。主张赔偿金额50万元以上的有106件，占提出赔偿额件数的

82.8%，占整个赔偿案件的58.6%，数额最大的为1.23亿元。可见，一旦提出赔偿请求，诉请金额较为巨大，且呈攀升之势。

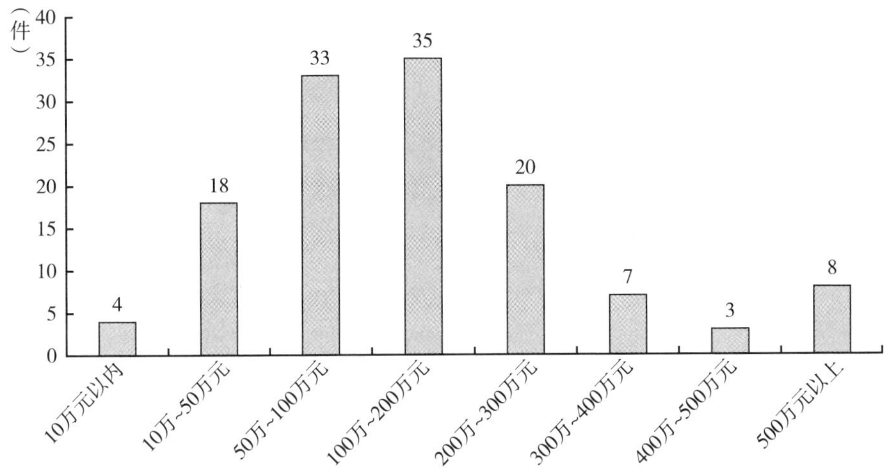

图4　监狱国家赔偿案件主张金额情况

大部分诉争案件被法院驳回申请，决定国家赔偿的仅19件，占申请案件的10.5%，低赔率表明监狱整体执法情况较为良好（见图5）。其中17件为法院决定赔偿（含诉讼中达成调解协议被法院确认赔偿的4件），监狱决定赔偿的仅2件，前者远高于后者。这说明决定赔偿的案件中，监狱作为赔偿义务机关与赔偿申请人在法律事实及是否赔偿上存在较大分歧，其潜藏的风险在于：不排除赔偿申请人为达到目的，甚至用非法手段向监狱施压，影响监狱乃至社会正常秩序。

19件获赔案件中，对比申请赔偿金额与决定赔偿金额，申请金额均在50万元以上，最高达847.8万元，而决定予以赔偿的最低赔偿金额为3万元，最高赔偿金额为180万元，二者金额没有重合情形（见图6）。申请赔偿金额与决定赔偿金额的差异说明，赔偿申请人的期望值存在过高状况，其潜在风险在于：法定赔偿未能达至申请人期望数值，不能排除申请人在法律途径之外采取缠访、闹访、诬告、诽谤等不正当手段，极易带来监狱稳定社会安全方面的隐患。

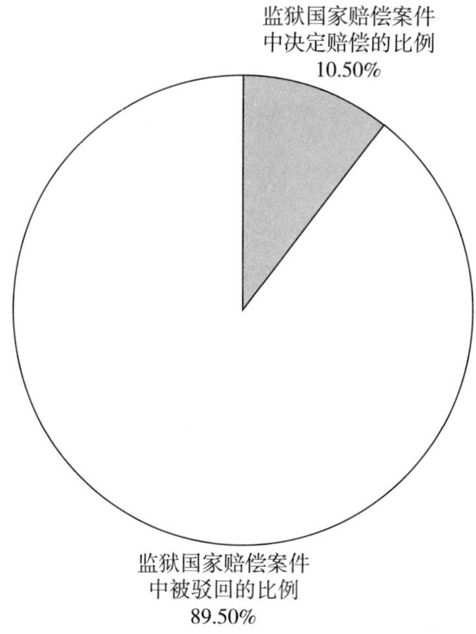

图 5　监狱国家赔偿案件决定赔偿比例情况

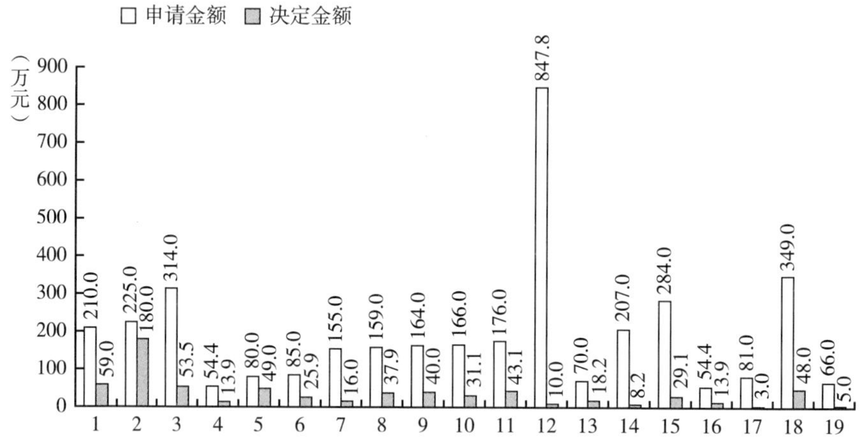

图 6　申请赔偿金额与决定赔偿金额情况

（四）监狱国家赔偿风险变动趋势

综合分析数据背后的事理逻辑，可以发现监狱国家赔偿风险的三大变动趋势。

第一，赔偿案件个体提起的概率越来越高。《国家赔偿法》第 17 条第 4 项、第 5 项是监狱机关作为赔偿义务机关承担赔偿责任的法定情形。从法院受理情况来看，以殴打、虐待致伤残死亡为由的 99 件，占 54.7%，即使罪犯病亡，申请人为了立案，也冠以殴打、虐待之名提起申请。不容忽视的现象是，以监狱怠于履行职责为由提请国家赔偿的 30 件，占 16.6%。《国家赔偿法》第 17 条规定的法定赔偿行为是作为行为，而怠于履行职责是不作为，提请理由从监狱作为违法向不作为违法延伸，说明利益群体对罪犯权益的高度关注，要求监狱更加严密地保护罪犯权益。最高人民法院公布的苗××、陈××等人申请某监狱怠于履行职责赔偿案，即裁定应当由国家承担部分赔偿责任。其虽是对国家赔偿责任理论与实践的适当补充，但从形式法治讲也是对《国家赔偿法》的司法拓展，需要法律及时予以回应。

第二，赔偿案件监狱担责的概率越来越高。“国家赔偿归责原则体系之中，违法原则仍然是占据主导地位。”[①] 监狱办理国家赔偿案件主要适用《国家赔偿法》第 17 条第 4 项、第 5 项规定，该两项规定采用的是一种“违法归责”原则，即须具有“刑讯逼供、殴打、虐待、唆使、放纵”和“违法使用武器、警械”等“违法”行为才承担责任，但司法实践中“过错责任”原则更多在审查中适用。在 19 件获赔案件中，仅 3 件系违法责任归责，其余 16 件实质上均系过错责任归责决定予以赔偿。如罪犯因自身疾病死亡后，监狱虽已证明并无“刑讯逼供、殴打、虐待、唆使、放纵”和“违法使用武器、警械”等“违法”行为，但因法院认为监狱拖延送医贻误治疗时机，应对其死亡承担次要责任，决定监狱承担部分赔偿责任。这种按过错与比例确定责任的原则，实质上乃归责原则从违法责任向过错责任拓

① 沈岿：《国家赔偿法原理与案例》第 2 版，北京大学出版社，2017，第 97 页。

展，其虽系司法对相关利益群体要求监狱严密履行罪犯权益保护职责的司法回应，但无疑也成为要求监狱更加严密履职、谨慎执法的司法压力，并在实质上加大了监狱国家赔偿风险。

第三，赔偿案件社会传导的概率越来越高。监狱国家赔偿属于司法赔偿范畴，赔偿请求人获得监狱司法赔偿的法定程序性途径为：赔偿义务机关即监狱机关先行处理，复议机关即省级监狱管理局进行复议，法院赔偿委员会的司法审理、申诉或重新审查等四个环节。S 省监狱系统 2015～2018 年办理的国家赔偿案件，申请人向赔偿义务机关提出国家赔偿申请未获得支持后，全部向省监狱管理局提出了复议，复议率达 100%。复议结果作出后，大部分当事人选择继续向法院提起诉讼。当事人解决侵权纠纷除了采取《国家赔偿法》确定的法定方式之外，也采取其他方式，而信访往往成为申请国家赔偿的辅助维权手段。S 省申请人向法院提起诉讼的案件中，有 4 件同时提出信访诉求，其中 2 件以信访救助形式实际终结。此外，个别潜在申请人还采取组织人员到监狱缠访闹访甚至冲击监狱以及网上发帖等方式，制造舆论热点，意图获得超出国家赔偿的不当利益。维权手段从法定路径向非法定路径扩充，尤其是少数利益诉求人采取缠访闹访甚至诬告陷害等不法方式，将不当维权的压力向监狱乃至社会传导，社会安全风险增生扩容，维稳压力加大，依法应对国家赔偿诉求中的越法越权行为已不容忽视。

二　监狱国家赔偿风险透视

监狱国家赔偿是对损害行为发生后的一种事后被动救济和修复，亦有主动延伸预防的深层含义，透视并厘清监狱国家赔偿风险类型与特点，方能从根本上预防和减少国家赔偿风险的发生。

（一）监狱国家赔偿风险结构

第一，损害救济是监狱国家赔偿风险的内在本质，决定风险的客观范畴。“权利救济功能是侵权法的基本功能，在现代侵权法中，无论其功能体系如何变化，救济功能都居于核心地位。”① 国家赔偿法本质属侵权责任法体系，就国家赔偿法立法本意而言，是对权利受到损害后的一种补偿救济，是一种权利受损后的风险填平机制，是国家赔偿法的核心部分。在风险社会下，国家赔偿是基于事故发生之后的被动作为，是一种事后的补偿与修复，其视角以损害行为发生为特点，从风险治理需要讲是以结果责任为风险关注重点。监狱在行使管理职权时侵犯公民人身权、财产权，即让公民生命、健康、自由和财产造成损害的，受害人有权取得赔偿，监狱机关具有应当支付国家赔偿的义务。显而易见，损害结果的客观存在是监狱国家赔偿风险的事实基础。一般而言，法定损害存在与否决定救济与否，赔偿范围决定救济范围，损害程度决定救济程度。

第二，法律归责是监狱国家赔偿风险的规范要件，是厘定风险的制度范式。“归责原则被认为是普通侵权法的核心。国家赔偿法，实为侵权法的特殊形态，众多规范源于普通侵权法，归责原则自然也是国家赔偿法的核心。”②《国家赔偿法》主要采取违法归责原则，从实体上讲，《国家赔偿法》明确规定了承担国家赔偿责任的范围：监狱民警刑讯逼供或者体罚、虐待罪犯造成身体伤害或死亡、监狱民警殴打或者唆使他人殴打罪犯造成严重后果、违法使用武器、警械造成罪犯身体伤害、死亡等，均会引发监狱国家赔偿风险；监狱民警在具有制止殴打、虐待等行为条件下，明知殴打、虐待等行为正在或已经发生而听之任之，放任甚至追求损害后果发生或者加重的，或者损害后果与民警怠于履职具有相关性的不作为。从程序上讲，包括监狱民警未遵守执法标准流程，而导致损害后果发生的执法不当；包括举证不能，即监狱及其工作人员，难以或根本不能证明其与损害结果不存在因果关系，均可导致国家赔偿风险。综上可见，基于法律规定的规范空间是监狱国家赔偿风险的形式范畴。总体来看，法律上归责与否决定担责与否，归责大小决定担责大小，法律上的担责形式决定追责形式乃至对直接责任人的

① 何国强：《风险社会下侵权法的功能变迁与制度建构》，《政治与法律》2019 年第 7 期，第 95 页。

② 沈岿：《国家赔偿法原理与案例》第 2 版，北京大学出版社，2017，第 52 页。

追偿。

第三，社会关联是监狱国家赔偿风险的外在属性，决定风险的传导范围。风险具有传导性，任何损害后果的发生，除对当事人造成不利影响外，对社会也会产生消极影响。当侵权损害结果发生后，监狱机关及其民警作为特定主体无论是否系损害结果之因，鉴于损害结果的客观存在，尤其是风险的社会放大，国家赔偿风险极易传导演变为安全稳定风险，甚至出现塔西佗效应，伤及监狱执法公信力。尤其是少数诉求人因对法律实体与程序的认知误区盲区，往往采用不当甚至非法手段如哄闹纠缠、诽谤诬告等方式期望达到预期目的，造成风险传导和演变，给监狱乃至社会稳定形成不小压力。由此可见，基于社会关联的压力传导是国家赔偿风险的重要特性。客观来说，赔偿风险蕴含监狱稳定风险与社会安全风险，赔偿风险的应对与处置会直接影响相关监狱稳定风险、社会安全风险的变动与相互传导趋势。

（二）监狱国家赔偿风险特征

“侵权法一贯呈现出事后与个案救济的特征。”① 从监狱视角看监狱国家赔偿案件，其外在数量的螺旋上升趋势凸显风险的集中性与转换性，而内在与侵权法功能具有一致性凸显风险的法定性与可控性，风险共生与风险增生相随并存。

1. 集中性

根据《国家赔偿法》的规定，刑事赔偿包括侵犯人身权与侵犯财产权两类。181 件样本中，监狱服刑罪犯申请国家赔偿仅 1 例为侵犯财产权方面权益，其余均集中在侵犯人身权方面，侵权原因亦集中在执法不当或失职渎职两类，风险领域的集中性为风险防范提供了明确的指向。

2. 转换性

《国家赔偿法》对监狱作为赔偿义务机关承担国家赔偿责任的规定，指向监狱履行刑罚执行职能全过程行为中的法定担责情形，指向监狱民警在刑

① 胡伟强：《〈侵权责任法〉中公平责任的适用》，《清华法学》2010 年第 5 期。

罚执行过程中的具体执法行为。其执法上的行为不当导致损害结果发生，则引起国家赔偿风险，民警执法风险与国家赔偿风险存在逻辑上的关联，执法风险与赔偿风险的联动与转换，易扩展为监狱安全风险，直至社会稳定风险的现实风险演化进路，具有极强的转换性和延展性。

3. 法定性

《国家赔偿法》以法律形式明确监狱应当赔偿的范围和程序，申请人依据《国家赔偿法》的具体法律条文提出具体申请，相关机关对国家赔偿案件予以审查和作出决定，均系法律明确规定。《国家赔偿法》确定了赔偿义务机关先行处理的前置程序，申请人则须向监狱赔偿义务机关提出申请为先，而不得越过监狱赔偿义务机关直接向复议机关提出，或者直接向人民法院申请，若错误申请则会被驳回或不予受理。同样，监狱在对罪犯监管过程中，若未遵守法律的明确规定，或者履职存在不当，或者举证不能，则可能承担国家赔偿责任。因此，依法执法和依法作出是否予以国家赔偿的决定是监狱的法定义务。

4. 可控性

虽然监狱国家赔偿的风险存在较大不确定性，贯穿民警执法管理全时空、罪犯监管改造全过程，但防患于未然却有迹可考，防范风险传导亦有策可施。可通过完善执法标准，提升执法水平，精准提供公共法律服务、依法落实应赔尽赔等，实现风险的可防可控。

（三）监狱国家赔偿风险发生原因

习近平总书记强调："既要有防范风险的先手，也要有应对和化解风险挑战的高招；既要有打好防范和抵御风险的有准备之战，也要打好化险为夷、转危为机的战略主动战。"[①] 监狱防范国家赔偿风险的先行之战需建立在对风险原因的全面透彻认识上，这样才能做到对症下药，因势利导，打好有准备之战。

---

① 《习近平谈治国理政》（第三卷），外文出版社，2020，第220页。

1. 监狱国家赔偿风险防控的规则指引尚存不足

首先是赔偿范围界定不够明晰。《国家赔偿法》对监狱赔偿范围规定中“等”字的运用体现的开放性，以及司法实践中对法定赔偿情形的“自由裁量”，即违法责任原则向过错责任原则的拓展，造成了监狱的赔偿责任易被放大。其次是案件办理程序不够细致。《司法行政机关行政赔偿、刑事赔偿办法》自1995年施行后，在《国家赔偿法》已经作出较大修改的背景下，此办法尚未相应修改，细化相对不足，致使对监狱办理赔偿案件的指导性不足。再次是案件裁量尺度不够统一。实践中，受办案机构不够健全、人员不够精专的影响，从赔偿义务机关到法院国家赔偿委员会案件裁量尺度不够统一，都加大了国家赔偿风险概率和风险程度。

2. 监狱国家赔偿风险防控的源头治理尚待深入

从制度层面看，《监狱法》实施细则的缺失，加之监狱执法标准的地域性和规范体系更新升级的迟滞性，更兼监狱层面制度统一性缺失、实践层面操作性欠缺，易导致刑事执法风险演变为国家赔偿现实风险。从执法能力层面看，监狱执法主体素质能力参差不齐，执法权责不够明晰，执法考量不够适当，执法行为不够精准，以至执法风险直接转化为国家赔偿责任风险。

3. 监狱国家赔偿风险防控的意识引领尚显薄弱

实践中，多数赔偿申请人伤残系自身原因所致，有的因装病长期逃避劳动而致残，并不符合国家赔偿的条件，申请人却以监狱违法执法为由提起国家赔偿，甚至到狱哄闹、缠访缠诉。个别监狱因担心舆论跑偏、舆情发酵，以至“逢闹即赔”或“逢闹即补”。法律外不当解决的客观存在往往强化不当法律认知。加之“信访不信法”与“维稳不维法”的畸形契合，加剧了少数罪犯及其家属对《国家赔偿法》的不当乃至错误认知，以致“以访求赔”“以闹要赔”时有发生。

三　现代治理视角下的监狱国家赔偿风险防控

“依据风险与侵权法功能演变的协同性，风险社会条件下侵权法在宏观上具备面向个人权利救济和面向社会风险应对两个功能。”[①] 风险控制的核心在于以问题导向的制度建构，在把握监狱国家赔偿问题基点上，既要通过事后问责、个案正义有效应对风险，也要通过法律体制机制的系统化构造长效防治风险。

（一）以赔偿规制导向强化监狱国家赔偿法律机制回应

“如果将侵权法当作风险社会治理的一般手段，则侵权法也可以被看作事故发生之前的规范之法，是一种针对未来行为的约束与激励。”[②] 将《国家赔偿法》作为侵权风险治理的基本法律规范，需着眼风险防范的需求构建制度更加健全完善的新范式。

1. 着眼整体风险预防，完善监狱国家赔偿法律机制

《国家赔偿法》作为现代社会风险治理法律，催生涉狱各类主体安全、秩序、和谐的客观诉求。《国家赔偿法》内在的风险填平机制，要求立法时以风险治理的整体性原则为视角，合理分配责任风险，实现一定的法律制度建构效果。在法律归责原则上，监狱国家赔偿案件涉及适用《国家赔偿法》第 17 条第 4 项、第 5 项的国家赔偿情形以违法为前提，但基于监狱国家赔偿实务案例中过错责任原则的吸纳及适用实际，应将过错责任原则清楚明晰地吸纳入法，采取列举式清单式的立法方式规定监狱赔偿的法定情形包括过错情形，化解法律适用困难，压缩自由裁量空间，防止法律原则成为任意适用的“橡皮筋”。及时修改《司法行政机关行政赔偿、刑事赔偿办法》，探索规范监狱刑事赔偿案件的处理办法，统一监狱赔偿案件不予赔偿的认定标准，作出赔偿的认定标准以及赔偿金额的裁量基准。通过前述法律规制细化从赔偿决定到赔偿复议再到法院赔偿审理的程序规定，强化对《国家赔偿法》的归责原则、赔偿范围、赔偿程序等方面健全的回应制度，填补抽象

---

① 何国强：《风险社会下侵权法的功能变迁与制度建构》，《政治与法律》2019 年第 7 期，第 98 页。

② 何国强：《风险社会下侵权法的功能变迁与制度建构》，《政治与法律》2019 年第 7 期，第 100 页。

法律规定与具体法律事实之间的缝隙，更好地发挥赔偿法制治理赔偿风险的功能效用。

2. 着眼个体风险化解，拓展监狱国家赔偿救济机制

《国家赔偿法》的归责原则从风险预防上讲是一种将损害转移至致害人的责任架构，在个人权利救济上是一种常见的权利受损方与侵权方共同参与的二元结构，虽以关注个人权利修复为重点，但个体权利修复程度仅依赖于个体化参与是不够的，有必要探索监狱国家赔偿的多方参与机制，从而提高救济的有效性。深入建构高效有力的违法侵权救济体系，梳理监狱系统各类人员的法定救济渠道，在对执法管理相对人权利救济过程中依法理赔、应赔尽赔，引导执法管理相对人按照法定救济渠道维护自身合法权益。可借鉴《民法典》侵权责任篇机动车交通事故责任中强制保险责任制度（第 1213 条），突破国家赔偿救济赔付关系，引入责任保险制度，提高监狱国家赔偿纠纷处理效率，以个体权利修复化解个体风险，包括罪犯权利救济风险和民警责任无限扩大风险。

3. 着眼关联风险控制，建构监狱国家赔偿共管机制

风险的跨域性使监狱国家赔偿的风险向社会传导，可能使平时联系并不紧密的各类组织、部门牵连在一起，形成风险治理共同体。现行《国家赔偿法》对监狱国家赔偿的责任主体规定仍属传统的当事人与赔偿义务机关单向规定，从治理角度看并未建立一种风险管控的全景式整体治理架构，即使法院的诉讼程序也仍在于事件发生后的风险分配和管控，财政部门也仅是保障赔偿费用的预算与支付，其本身在风险治理上所发挥的作用并不突出。打破监狱国家赔偿风险管控主体的单一向度，彻底摒弃“各人自扫门前雪”的传统风险管控认识，在《国家赔偿法》中明确增加各类社会组织参与风险治理，健全共建共治相关体系，建立监狱国家赔偿案件风险识别系统，监狱担负起国家赔偿风险识别者、预警者、主导者角色，公检法司相关机关担负起专业处置者、咨询者角色，社会公众担负起风险治理参与者、信息反馈者角色，形成风险治理不同主体共同参与的格局，提高监狱国家赔偿的风险管控水平。

（二）以赔偿正义导向优化监狱国家赔偿司法体系建构

习近平总书记强调："要坚持以公开促公正、以透明保廉洁，增强主动公开、主动接受监督的意识，让暗箱操作没有空间，让司法腐败无法藏身。"[①] 从事前视角强调赔偿机制的健全完善，从预防视角需要构建纵横一体、内外结合的司法控制体系，维护行刑正义，促进赔偿正义，防范风险传导。

1. 建立监狱国家赔偿社会监督体系

聚焦监督制约，构建狱务公开新体系，区分社会公众、罪犯家属以及罪犯各群体，建设集手机查询、狱内终端、门户网站、微信推送为一体的狱务公开新格局。建立狱地共建共享监狱国家赔偿监督制约机制，配合检察机关落实"派驻+巡回"检察监督，主动接受对国家赔偿办案的检察监督、社会监督。建立监狱国家赔偿社会评价机制、错情通报机制，积极构建监狱国家赔偿办案质量监督、过程记录监督、动态跟踪监督、效果评价监督体系。引进第三方评估办案质量，适时开展群众满意度评价，在必要的监督中实现赔偿正义。

2. 建立监狱国家赔偿内控审查体系

健全监狱国家赔偿"主办—初审—复核—审签"的办案审核体系，落实办案的法务审查，让监狱国家赔偿案"过得硬"，经得起历史和法律的检验。探索建立监狱国家赔偿定期分析通报制度，真诚接受监察检查、督导督察，不断规范监狱国家赔偿工作。

3. 建立监狱国家赔偿司法问责体系

聚焦责任落实，推动建立"谁主办谁负责"的监狱国家赔偿司法责任制，建立"谁签字谁负责"的监狱国家赔偿办案责任制。健全"谁违法追究谁"的执法责任追究制，对国家赔偿案中原发的故意或重大过失导致的重大执法错案，不受执法过错人单位、职务、职级变动或辞职、辞退、退

① 《习近平谈治国理政》，外文出版社，2014，第149页。

休影响予以追责，以强有力的问责倒逼国家赔偿依法办案，有力达成赔偿正义。

（三）以赔偿因果导向规范监狱国家赔偿前端执法管控

“一个国家意欲有效地推进现代化建设，就必须基于底线思维的意识，采取种种现实可行的方式，有效规避重大的社会风险。”① 良法是善治的前提，严格规范执法是监狱防范风险的关键环节，只有专注监狱自身执法实践，才能有效减少国家赔偿风险的发生。

1. 完善执法标准

根据《国家赔偿法》第 2 条的规定，监狱和监狱人民警察行使职权行为与损害事实之间存在因果关系是监狱国家赔偿责任的构成要件。既然职权行为是导致国家赔偿风险的原因，就需要聚焦监狱职能，尤其要聚焦合法权益特别是人身权保护，完善全业务的监狱工作标准规范体系，夯实“建标、对标、贯标”三个关键环节，从源头上杜绝国家赔偿案件的发生。应及时启动编制监狱刑事执法国家标准，着力建成覆盖全业务的监狱工作标准体系，补齐监狱管理标准化体系短板。围绕刑事执法国家标准，各省级行政区应加快推进“监狱管理规范”“监狱管理标准操作手册”“监狱执法证据管理规范”等执法管理体系的系统集成，对监狱工作中暂时不宜制定工作标准的，加快形成完备管用的制度规范，依靠全面系统建立清晰可循的执法基准，让依法执法、规范执法可依执法基准裁量，让违法执法、过错执法也可依执法基准判定。

2. 规范权力运行

“从善如登，从恶如崩。”促进国家机关依法行使职权是《国家赔偿法》第 1 条确立的立法目的之一，达此目的则须从制约机制上着力防止权力为恶，杜绝监狱国家赔偿案件发生。监狱要强化宪法法律至上、权由法定、权依法使等法治观念的培育，制订执法岗位任务清单、责任清单、负面清单，

① 吴忠民：《论现代化内生动力》，《新华文摘》2021 年第 4 期。

出台岗位执法规范，建立“监狱合法性审查制度”“重大执法决定法律审查制度”，落实制度性控权规范，切实把权力运行纳入法治轨道，促进依法规范履职行权。对可能出现《国家赔偿法》规定的侵权责任情形进行重点分析，制定和落实配套制度规范，细化相应权力运行规则，通过防范权力脱轨走偏避免执法风险。在监狱重要执法领域、重点执法环节、关键执法岗位推行由取得法律职业资格民警担任的法务官制度，依靠专业水准提升执法水准，控住执法风险，防好赔偿风险。落实赔偿案件侵权责任人，严格追责追偿，建立决定赔偿案件案例库，警示执法者履好职、用好权、防好险。

3. 精准法律服务

健全“谁执法谁普法”责任体系，推进国家赔偿普法教育目标精准化，加强对罪犯及其家属的刑事法治普法教育，注重赔偿个案正义，杜绝法外赔偿。将国家赔偿案件纳入公共法律服务范围，为申请人提供必要法律援助，帮助他们理性维权，依法求偿，正当获赔。切实落实诉访分离制度，依法处理信访“碰瓷”国家赔偿行为，打击违法犯罪行为，引导公众正确认识赔偿正义的社会意义，谴责非法求赔行为，防范和减少不当国家赔偿申请的发生，有力维护《国家赔偿法》的固有法律价值。

B.9
刑事诉讼中“五类人员”出庭情况调研报告

付想兵　刘　杰*

摘　要：　《刑事诉讼法》规定了被害人、证人、鉴定人、侦查人员和有专门知识的人等“五类人员”出庭。“五类人员”出庭是落实直接言词原则，推进以审判为中心的刑事诉讼制度改革，实现程序正义、实体公正的关键。“五类人员”出庭率低和“五类人员”出庭案件审理程序不规范是一直以来困扰刑事诉讼的痼疾。明确“五类人员”出庭必要性审查规则、稳妥推进证人强制出庭作证制度、完善出庭配套措施、转变卷宗中心主义的裁判思维、加强法治宣传、规范出庭程序有利于促进“五类人员”出庭作证，实现以审判为中心、以庭审为中心。

关键词：　刑事诉讼　“五类人员”出庭　以审判为中心

党的十八届四中全会提出，推进以审判为中心的刑事诉讼制度改革。以审判为中心的刑事诉讼制度改革，关键是庭审中心主义改革，实现庭审实质化。落实直接言词原则是发挥庭审作用、实现庭审中心主义改革的必然和关键。直接言词原则是世界各国刑事诉讼的普适性原则，也是中国刑事诉讼的

* 付想兵，北京市朝阳区人民法院刑事审判庭一级法官；刘杰，北京市朝阳区人民法院刑事审判庭法官助理。

基本原则之一。直接言词原则要求裁判者亲自听取诉讼参与人当庭口头陈述，通过庭审举证、质证，了解案情、形成确信、作出裁判，实现诉讼证据出示在法庭、案件事实查明在法庭、诉辩意见发表在法庭、裁判结果形成在法庭。

但是，长期以来，直接言词原则在中国刑事诉讼中并未得到完全贯彻，卷宗中心主义思维依旧占有相当比例，“五类人员”[①] 出庭率低、出庭保障制度不完善、拒绝出庭惩处制度及证据采信标准不规范等问题仍然比较突出，严重掣肘了以审判为中心的刑事诉讼制度改革。

一　运行现状：“五类人员”出庭情况的实证考察

（一）“五类人员”出庭情况综述

本文以笔者所在的北京市朝阳区人民法院（以下简称“朝阳法院”）2018～2020 年三年审结案件为样本[②]。2018～2020 年，朝阳法院共审结刑事案件 8854 件，“五类人员”出庭案件 532 件，出庭率（出庭案件数/审结案件数）6.01%。其中，被害人出庭 281 件 317 人（208 人为附带民事诉讼原告人），出庭率 3.17%；证人出庭 224 件 322 人，出庭率 2.53%；鉴定人出庭 25 件 30 人，出庭率 0.28%；侦查人员出庭 1 件 1 人；有专门知识的人出庭 1 件 1 人。“五类人员”出庭率极低。

（二）“五类人员”出庭案件的特征

1. 案由分布广泛但相对集中

“五类人员”出庭案件涉及交通肇事、寻衅滋事、合同诈骗、故意伤害、强奸、抢劫、诈骗、职务侵占、敲诈勒索、非法侵入住宅等犯罪类型，

---

① 《刑事诉讼法》第 59 条、第 192 条、第 197 条规定了“五类人员”出庭。本文中，被害人出庭是指被害人出庭作证，不包括被害人旁听庭审。

② 数据基于对裁判文书的筛查和统计，不含未成年人刑事案件。

案由分布广泛。但主要集中于故意伤害、强奸等侵犯公民人身权利、民主权利和诈骗、敲诈勒索等侵犯财产犯罪案件，案由分布又相对集中。

第一，被害人出庭的案件中，故意伤害案 162 件，诈骗案 58 件，强奸案 19 件。此外，交通肇事、合同诈骗、抢劫、敲诈勒索等案件中也有被害人出庭（见图 1）。

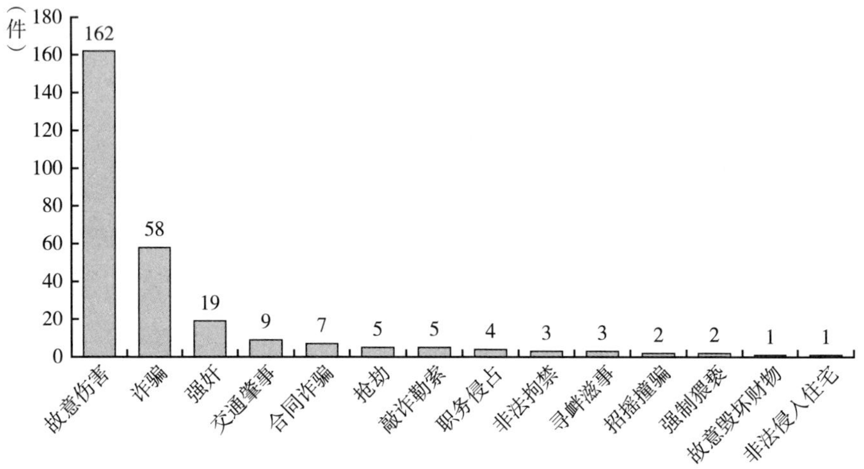

图 1　被害人出庭案件案由分布

第二，证人出庭的案件中，案由前三位是诈骗、故意伤害、职务侵占，分别为 81 件 83 人、44 件 45 人、24 件 24 人。此外，侵犯公民人身权利犯罪、职务犯罪和危害公共安全犯罪案件中也有证人出庭（见图 2）。

第三，鉴定人出庭的案件涉及 11 个罪名，故意伤害 5 件，放火 4 件，交通肇事 3 件，诈骗、侵犯公民个人信息、强奸、过失致人死亡、非法吸收公众存款各 2 件，非法侵入计算机信息系统、故意毁坏财物、非法持有枪支各 1 件（见图 3）。

第四，侦查人员出庭案件和有专门知识的人出庭案件各 1 件，侦查人员出庭的案件案由为放火，有专门知识的人出庭案件案由为故意伤害。

2. 适用程序集中

“五类人员”出庭的案件，适用普通程序审理的 513 件，占全部案件数的 96.43%；适用简易程序审理的 19 件，占全部案件数的 3.57%；没有适

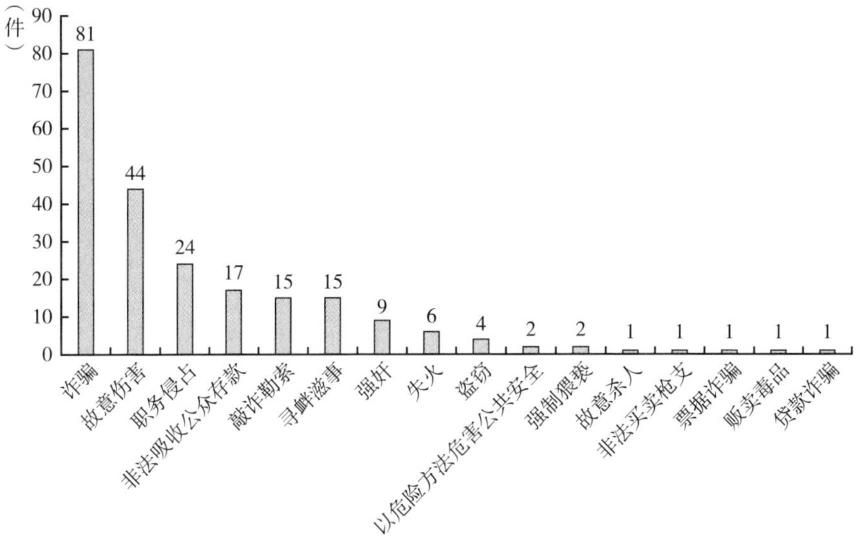

图 2　证人出庭案件案由分布

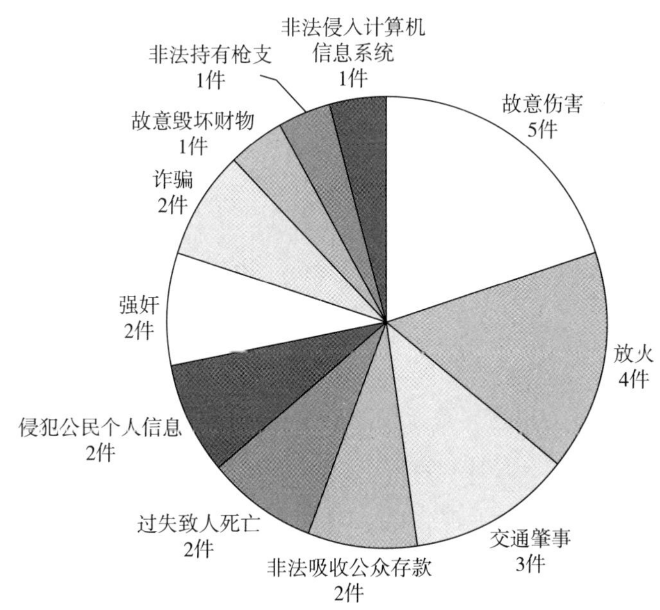

图 3　鉴定人出庭案件案由分布

用速裁程序审理的。

3. 启动主体集中

根据《刑事诉讼法》规定，公诉机关可以提请，被害人、被告人、辩护人可以申请“五类人员”出庭，人民法院也可以依职权通知“五类人员”出庭。统计数据如下。

第一，被害人出庭主要由公诉机关提请及人民法院依职权通知。公诉机关提请96件，占比34.16%；人民法院依职权通知185件，占比65.84%；没有被告人、辩护人申请被害人出庭的情况。

第二，证人出庭主要由被告人、辩护人申请及人民法院依职权通知。被告人、辩护人申请88件，占比39.29%；人民法院依职权通知136件，占比60.71%；没有公诉机关、被害人提请、申请证人出庭的情况。

第三，鉴定人出庭主要为被告人、辩护人申请或人民法院依职权通知。被告人、辩护人申请8件，占比32.00%；公诉机关提请1件，占比4.00%；人民法院依职权通知16件，占比64.00%。

第四，侦查人员及有专门知识的人出庭均为人民法院依职权通知。

分析可得，“五类人员”出庭程序启动由人民法院主导，控辩双方提请、申请为辅。

4. 出庭效果明显

随机抽取50件样本进行统计分析，其中证人出庭案件19件，鉴定人出庭案件3件，被害人出庭案件28件。分析“五类人员”出庭案件裁判结果发现，“五类人员”出庭效果多样且较为明显。

第一，没有因重要证人出庭，证言发生重大变化导致指控不成立宣告无罪案件；13件因证人出庭导致指控部分事实不成立，人民法院未予认定；1件因证人出庭查实被告人具有自首、立功等法定从宽情节，对被告人从宽处理；5件因证人出庭消除了被告人、辩护人提出的质疑，增强了法官内心确信。

第二，没有因鉴定人出庭，导致鉴定意见无法被采信的案件；3件因鉴定人出庭，平息了控辩双方争议，被告人、辩护人对鉴定意见予以认可。

第三，19 件案件被害人当庭陈述与在公安机关的陈述一致，增强了法官内心确信；9 件案件被害人当庭陈述的关键事实与在公安机关的陈述前后矛盾，导致指控的部分事实不成立。

5. 驳回申请占比大

《刑事诉讼法》第 192 条规定，被告人、辩护人申请证人出庭，人民法院认为证人有必要出庭作证的，证人应当出庭作证。抽样统计发现，对被告人、辩护人申请证人出庭的，人民法院同意率约为 25.00%。

6. 强制出庭制度的作用没有发挥

《刑事诉讼法》第 193 条规定，经人民法院通知，证人没有正当理由不出庭作证的，人民法院可以强制其到庭。统计案件中，没有一件强制证人出庭的情况。

二　沉疴痼疾：“五类人员”出庭的现实困境

“五类人员”出庭存在两个突出问题：一是出庭率低，二是出庭案件审理程序不规范。

（一）“五类人员”出庭率低

2018～2020 年，朝阳法院“五类人员”出庭率仅 6.01%。区分适用程序，同期适用普通案件审理的 3348 件案件中，“五类人员”出庭率也仅为 15.32%；按年度，三年间，“五类人员”出庭率分别为 7.27%、5.57%、5.22%，均处于较低水平且呈现逐年下降趋势。

（二）“五类人员”出庭案件审理程序不规范

1. “五类人员”出庭案件法庭座席设置混乱

调研结果显示，实践中，被害人出庭时座席设置在公诉人座席旁，而其他“四类人员”出庭时座席设置没有固定位置，随意性较大。随机抽取 50 件证人出庭的案件，20 件将证人席设置在公诉人座席旁；10 件设置在被告人座席前后；9 件设置在法庭正中间；11 件未设置证人席，只是让证人坐在旁听席位。

2. “五类人员”出庭宣誓程序随意性强

在英美法系国家，证人出庭时需要进行宣誓。在中国，根据《刑事诉讼法》及《最高人民法院关于适用〈中华人民共和国刑事诉讼法〉的解释》（以下简称《刑诉法解释》），“五类人员”出庭的，应当保证向法庭如实提供证言、说明鉴定意见等，并在保证书上签字，这是具有中国特色的出庭宣誓。但在实践中，签署保证书程序存在两方面问题。一是证人、鉴定人作证前，应当在保证书上签字，是当庭签署还是可以庭前签署认识不统一。随机抽样数据显示，约 70.00% 的案件是庭前签署保证书，约 30.00% 的案件是当庭签署保证书。二是相比当庭进行宣誓，签署保证书制度仪式感不强，部分出庭人员当庭作证随意性较大，前后作证内容存在较大出入且无法作出合理解释。

3. 有专门知识的人出庭作证公正性不足

中国刑事诉讼中有专门知识的人，既不同于大陆法系国家的鉴定人，也不完全等同于英美法系国家的专家证人或技术顾问，其实质是为委托当事人提供服务的人。实践中，绝大多数有专门知识的人出庭目的是为委托人对在案的鉴定意见提出质疑，这一服务属性决定了其出庭作证带有偏向性，缺乏中立性。其原因：一是有专门知识的人诉讼地位和证言效力的法律属性不明，二是缺乏统一管理机构和制度，三是法律责任体系不全，《刑法》第 305 条规定的伪证罪并不包括有专门知识的人。基于此，实践中，申请有专门知识的人出庭俨然成为辩护人向被告人或家属展示其辩护手段和辩护策略的方式之一，几乎没有法官会认真听取有专门知识的人的出庭意见，通知其出庭更多是为了展示审判公正性。

4. 驳回申请释理不足

随机抽取 100 件驳回申请的案件进行统计分析，法庭驳回被告人、辩护人提出“五类人员”出庭的申请通常有两种方式：一是宣布休庭后简单合议，当庭驳回，占 71.00%；二是当庭不予处理，庭后合议并口头通知申请

人，占 29.00%。不论采取何种方式驳回，法庭释明驳回申请的理由，87.00%为“经审查，没有出庭必要”，仅有 13.00%的案件释明没有出庭必要的具体理由。总体而言，法庭驳回申请的释理不充分。

三 追本溯源：“五类人员”出庭困境原因剖析

造成“五类人员”出庭现实困境的成因是多方面的，主要有法律规范不明确、配套制度不完善和传统诉讼思维的禁锢。

（一）法律规范不明确

1. “五类人员”出庭必要性审查规则不明

《刑事诉讼法》第 192 条规定，人民法院认为证人有必要出庭作证的，证人应当出庭作证。人民法院认为鉴定人有必要出庭的，鉴定人应当出庭作证。《刑事诉讼法》第 197 条规定，法庭对公诉人、当事人、辩护人、诉讼代理人通知有专门知识的人出庭的申请，应当作出是否同意的决定。《人民法院办理刑事案件第一审普通程序法庭调查规程》（以下简称《法庭调查规程》）第 13 条进一步明确，控辩双方申请被害人、证人、鉴定人、侦查人员或有关人员、有专门知识的人出庭，人民法院经审查认为证人证言、被害人陈述对定罪量刑有重大影响或鉴定人、有专门知识的人、侦查人员或有关人员有必要出庭的，应当通知出庭。据此，“五类人员”是否出庭，由人民法院审查是否有出庭必要，即必要性审查。必要性审查的法定审查规则为对定罪量刑有重大影响或者有出庭必要。然而，该法定审查规则过于原则、抽象，缺乏明确、统一指引，不同法官理解和实行的审查规则存在较大差异，个体性差异较为明显。此外，因法定审查规则不明，控辩双方申请“五类人员”出庭的理由随意性大、针对性不足，一方面导致申请驳回率居高不下，另一方面导致被告人、辩护人不认可法庭驳回申请的理由而重复申请或与法庭对抗。

2. 拒绝出庭的法律责任不明

以证人为例，虽然《刑事诉讼法》及《刑诉法解释》规定，证人没有正当理由拒绝出庭，法庭无法确认其证言真实性的，证人证言不得作为定案根据，但该规定存在三方面问题：一是仅规定了证言对案件处理的影响，并未规定证人拒绝出庭的责任，对证人约束力有限；二是证人拒绝出庭并不当然导致证言不被采信，只有法庭无法核实真实性时，才不得采信，变相为证人不出庭亮了“绿灯”；三是该规定限于已经在侦查或审查起诉阶段作过证言的证人，而对控辩双方申请通知未作过证言的证人出庭没有约束力。

3. 强制出庭实施难

《刑事诉讼法》第 193 条规定了强制证人出庭制度，但该制度几乎没有实施案例。其原因：一是执行困难多，根据《刑诉法解释》规定，强制证人出庭令由法警执行，受限于执法权范围和执法手段，法警几乎不可能强制证人出庭，2021 年修订的《刑诉法解释》第 255 条增加了“必要时，可以商请公安机关协助”的规定，试图解决该问题，但实践效果并不理想；二是操作规范空白，《刑事诉讼法》及《刑诉法解释》并未明确法警强制证人出庭的程序和流程，操作不当极易引发证人对抗甚至群体性事件。此外，“五类人员”的其他人，如被害人、鉴定人是否可以强制出庭及如何强制尚属规范空白。

4. 有专门知识的人界定不明

法律、司法解释等规范性文件并未明确有专门知识的人的资质如何界定，实践中也不存在认定有专门知识的人资质的部门或机构。人民法院难以确定被告人、辩护人申请出庭的人是否属于有专门知识的人，加上有专门知识的人出庭后其证言的证据效力及采信标准尚不明确，导致有专门知识的人出庭率极低。

（二）配套制度不完善

1. 出庭补偿制度落实难

《刑诉法解释》规定了证人出庭补偿制度。《法庭调查规程》进一步明

确，证人、鉴定人和有专门知识的人出庭作证所支付的交通、住宿、就餐等合理费用，除由控辩双方支付的以外，列入出庭作证补助专项经费，在出庭作证后由人民法院依照规定程序发放。但实践中，出庭补偿存在诸多问题：一是补偿范围与标准不明确，各省份及省份内部各人民法院掌握的标准不统一；二是程序烦琐，因涉及专项经费，发放补偿金需要审判部门、财政部门、综合部门层层审批；三是定位不清晰，出庭补偿制度逐渐演化为开支报销制度，发放补偿金需要提供发票、收据等报销凭证；四是补偿金数额过低，外省市证人、鉴定人等出庭成本较大，而多数人民法院实行限额补助，不论支出成本高低，补偿数额相同，有的甚至难以弥补出庭成本；五是领取流程不畅，法律规定补偿金在出庭作证后发放，部分人民法院规定为判决后发放且要求签收据，造成出庭人员需要再次到人民法院，造成二次额外支出，而领取补偿金不属于出庭作证，没有再次补偿。

2. 出庭保护力度不够

《刑事诉讼法》及《刑诉法解释》规定了证人、鉴定人、被害人出庭保护制度。2021 年修订的《刑诉法解释》特别增加了辩护律师签署保密承诺书制度，增加了人民法院商请公安机关协助采取保护措施等规定，但受限于人民法院职能、人力、物力及配套保护措施，出庭保护力度及能力并不够，尤其是人身保护能力严重缺乏，难以消除被害人、证人、鉴定人等因出庭遭受打击、报复的顾虑，在有组织犯罪案件中尤其明显。此外，人民法院依照最高人民法院颁布的司法解释商请公安机关协助的规定是否能得到落实尚需实践检验。

（三）传统诉讼思维的禁锢

1. 控方申请“五类人员”出庭的需求和动力不足

基层政法机关案多人少的矛盾依然很突出，公诉人普遍存在简案快办、繁案简办的倾向，追求庭审的效率和平稳，更愿意出示庭前调取的被害人陈述、证人证言、鉴定意见书及侦查人员出示的工作说明，而不愿提请法庭通知相关人员出庭作证。加之相关人员出庭后作证内容具有不可控性，甚至存在翻供的可能性，为确保其指控能够得到人民法院支持，更不愿意申请相关人员出庭。笔者曾对 17 名公诉人进行问卷调查，对被告人、辩护人对鉴定意见提出异议的，10 名公诉人选择通过补证解决，其中，7 名公诉人选择由鉴定机构出具情况说明，3 名公诉人选择补充鉴定，6 名公诉人愿意提请法庭通知鉴定人出庭，1 名公诉人未明确表态。

2. 法官通知“五类人员”出庭的积极性不高

笔者曾对 23 名法官进行调查，面对关于证人证言的同一争议事实，4 名法官选择主动通知证人出庭，6 名法官选择由控辩双方提出申请并进行审查后通知证人出庭，13 名法官认为没有必要通知证人出庭。

对 13 名认为没有必要通知证人出庭的法官进一步调查发现，原因有三：一是认为证人出庭可能对案件处理产生不好效果，反而增加认证困难；二是认为卷宗已有证据认定，无须出庭再次重复；三是通知证人出庭增加了工作量，浪费时间。

3. “五类人员”不愿或不敢出庭

就被害人而言，部分被害人已经遭受被告人侵害，不愿再见到被告人；部分被害人认为已经在侦查阶段做过笔录，该说的都说了，对法庭通知其出庭带有抵触情绪；部分被害人担心遭受被告人打击报复。

就证人而言，部分证人受传统“厌讼”和中庸文化影响较深，持有“事不关己，高高挂起”的心态，不愿意参与“打官司”；部分证人法律意识淡薄，认为没有出庭作证的义务；部分证人认为出庭费时费力，不想做“费力不讨好的事情”；部分证人担心言多必失，选择“明哲保身”；部分证人担心遭受被告人打击报复，不敢出庭。

就鉴定人而言，部分鉴定人认为鉴定意见书已将问题说清，没有出庭必要；部分鉴定人诉讼经验不足，担心控辩双方有意刁难不好应对。

就侦查人员而言，部分侦查人员习惯于讯问，而非被问，认为出庭接受质疑与其职业定位不符，从心理上排斥出庭；部分侦查人员认为其取证程序没有瑕疵，法庭通知其出庭是对其不信任；少数案例中，侦查人员确实存在取证程序不规范问题，不敢出庭。

就有专门知识的人而言，其是否出庭更多基于出庭成本与出庭效益的衡量。

四　破冰路径：从“纸证”到出庭作证

以审判为中心的刑事诉讼制度改革是新时代司法体制改革的关键环节，改革要求发挥庭审在刑事诉讼中的基础性和决定性作用，实现庭审实质化。直接言词原则是实现庭审实质化的基石，要求审与判的法官同一，持续不间断庭审，且法官确定事实、形成心证的可靠途径就是庭审时直接获得的各类证据材料，而不能仅仅依靠书面材料或者其他材料定案①。“五类人员”出庭作证恰是直接言词原则的要求，也是实现庭审实质化的要求，对改变以侦查为中心的诉讼格局、确立庭审在刑事诉讼中的中心地位、真正使中国刑事审判从“纸证”走向“质证”具有关键作用。

提高“五类人员”出庭作证率、规范“五类人员”出庭案件审理程序是当前和今后一段时间刑事诉讼面临的重要课题。本文从提升出庭作证率和完善出庭案件审理程序两方面入手，提出破解“五类人员”出庭作证难题的建议。

（一）完善顶层设计，转变裁判思维，提升出庭作证率

1. 必要性审查规则：形式要件 + 实体要件

形式要件，即控辩双方对被害人陈述、证人证言、鉴定意见书等有异议或辩方申请排除非法证据。形式要件是法庭通知“五类人员”出庭的前提，如控辩双方对上述证据均无异议，法庭原则上不必通知“五类人员”出庭作证。实体要件，即法庭认为“五类人员”出庭作证对定罪量刑具有实质性影响，证据中部分细枝末节问题不明确，但对定罪量刑没有实质性影响的，原则上宜通过补证的形式解决，不必机械要求一律出庭。例外一：对控

① 刘斌、薛琪：《论直接言词原则的最优价值及其实现》，载《法治研究》2016 年第 2 期。

辩双方申请通知新的证人出庭的，除法定不能出庭理由外，法庭原则上应当通知其出庭，但可以由法庭庭外取证的除外（不宜由侦查机关或公诉机关取证）。例外二：对被告人可能判处死刑的，控辩双方申请“五类人员”出庭的，除法定不能出庭理由外，法庭应当通知相关人员出庭。例外三：现有证据不能证明证据收集合法性的，控辩双方申请通知侦查人员出庭的，法庭应当通知侦查人员出庭。

2. 稳妥推进证人强制出庭制度

基于中国国情和现阶段社会法治发展水平，强制证人出庭制度不能强制推行，否则会适得其反，甚至引发人民法院与证人的冲突。对无正当理由拒绝出庭的证人，法庭应先充分释明其作证义务和可以为其提供的人身保护措施，说服其出庭作证。经说服教育仍拒绝出庭的，区分案件具体情况，如确属关键证人、对案件处理具有决定性作用的证人，依法采取强制出庭措施；对非关键证人或可以通过其他证据补位的，应向申请人说明情况，不宜采取强制出庭手段。此外，鉴于法警权力限制，建议立法机关在法律规范层面或由最高人民法院、最高人民检察院、公安部联合发文，规定人民法院决定强制证人出庭的，由公安机关配合法警执行。

强制证人出庭应当遵守一定的程序要求：①至少应有 2 名法警执行，强制女性证人出庭的，至少有 1 名女性法警；②应当出示由院长签发的出庭令；③强制执行前再次告知其出庭义务和拒绝出庭的后果，仍拒绝出庭的，依法强制出庭。

3. 完善出庭配套制度

一是落实出庭补偿制度。对“五类人员”因出庭作证支出的交通费、住宿费、伙食费等合理支出及因误工减少的收入，除由控辩双方支付的外，应当予以补偿，且无须发票、收据。补偿金应当在证人出庭后立即发放，确实无法立即发放的，除相关人员同意再次到人民法院现场领取的外，应当采取银行转账、汇款等便利方式一次性支付。

二是探索出庭奖励制度。有条件的地区、有条件的人民法院可以先行先试证人出庭奖励制度，对出庭作证的证人按照当地经济发展水平，按照一般

职工出差补助标准发放奖励金，提高证人出庭积极性。

三是提高保护力度。①为实现权责一致，由立法机关在法律层面规定或由最高人民法院、最高人民检察院、公安部联合发文，规定人民法院决定对出庭人员采取保护措施的，由公安机关执行；②做好有组织犯罪、恐怖活动犯罪、毒品犯罪和严重暴力犯罪案件的出庭人员及其家属人身保护工作，设置专门作证室，通过技术手段对其声音和画面进行技术处理，并做好裁判文书隐名；③依法严惩打击、报复证人及其近亲属的行为，构成犯罪的，依法追究刑事责任。

四是加大惩戒力度。凡是知道案件情况的人，都有作证的义务。对无正当理由拒绝出庭作证的证人，加大训诫、拘留力度并纳入征信管理体系。

五是规范行业管理。①对鉴定人无正当理由拒绝出庭的，法庭应及时通报行业主管部门，行业主管部门依法采取惩治措施；②有关部门设置有专门知识的人储备库，明确有专门知识的人认证标准，控辩双方从储备库中申请有专门知识的人出庭。

4. 转变裁判思维

卷宗中心主义是中国刑事诉讼长期以来的弊病，新时代的法官必须转变裁判思维，树立以庭审为中心的理念，用“听”代替“看”，在法庭形成内心确信。当然，庭审中心审判模式相比卷宗中心主义审判模式需要法官付出更多的时间和精力，这就要求大力推进繁简分流，将法官从事务性事项中剥离出来，让法官把更多时间和精力放在庭审中。

5. 加强法治宣传

加大法治宣传力度，不断提升社会整体法治环境，营造积极出庭作证的良好法治氛围，消除认识误区和顾虑。

（二）规范“五类人员”出庭案件审理程序

1. 设置专门出庭作证席

被害人出庭席设置于公诉人座席旁是司法实践的惯常做法，基于被害人与公诉人诉求一致考虑，该做法比较合适。证人、鉴定人、侦查人员和有专

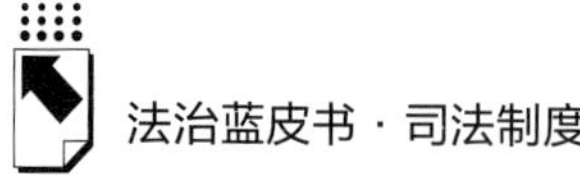

门知识的人，无论是控辩双方申请还是法庭依职权通知，其都应当不偏不倚、如实作证，实践中将出庭作证席设置在申请方一旁的做法并不妥当，建议在法庭中间适当位置设置出庭作证席，既统一实践差异，又可体现公正。

2. 实行当庭宣读保证书制度

2020 年 5 月 1 日，最高人民法院新修订的《关于民事诉讼证据的若干规定》正式施行，第 65 条规定人民法院应当在询问前责令当事人签署保证书并宣读保证书的内容。保证书应当载明保证据实陈述，绝无隐瞒、歪曲、增减，如有虚假陈述应当接受处罚等内容。建议参照《关于民事诉讼证据的若干规定》实行“五类人员”当庭签署并宣读保证书制度。完整程序为：“五类人员”当庭签署保证书，面向审判台和国徽，当庭宣读保证书。

3. 加强驳回申请的释理

法庭审查后驳回控辩双方申请“五类人员”出庭的，应当充分释明理由，必要时，在裁判文书中释明。无论是采取何种驳回方式，释明理由时避免使用格式化和形式化的“托词”，如“合议庭认为无出庭必要”。驳回方式上，根据案件具体情况，可当庭驳回也可庭后驳回或在裁判文书中驳回，需要指出的是：①组成合议庭审理的案件，驳回申请前，应当听取合议庭成员的意见；②特殊个案，不宜当庭驳回的，原则上不采用当庭驳回的方式。

结　语

贯彻落实《中共中央关于全面推进依法治国若干重大问题的决定》，不断推进以审判为中心的刑事诉讼制度改革，切实实现庭审实质化，严格落实证人、鉴定人出庭制度，推进被害人、侦查人员和有专门知识的人出庭，需要人民法院和相关部门、行业机构协同努力，从制度完善、思维转变到实践操作等各环节消除阻碍“五类人员”出庭的障碍，不断提升“五类人员”出庭率，规范“五类人员”出庭案件审理程序，充分发挥庭审在保护诉权、查明事实和定罪量刑中的基础性作用，切实防范冤假错案。

司法社会治理

Judicial Social Governance

B.10

民事检察案件中检法协作促成和解机制研究*

四川省高级人民法院　四川省人民检察院课题组**

摘　要：人民检察院、人民法院基于宪法地位和职责不同，在社会治理层面发挥各自的司法治理作用。在民事检察监督程序中，人民检察院提出抗诉或再审检察建议通常是在案件事实认定和法律理解适用方面与人民法院存在分歧，而检察监督后的裁判结果无论是改判还是维持原裁判，均意味着其中一方当事人维护自身权益的愿望未达成，原案的矛盾纠纷并未得到有效化解。人民检察院、人民法院之间的这种张力，对司

* 本文系四川省法学会2020年度法治实践创新专项课题“社会治理视域下检法协作促成和解机制研究——以民事再审检察建议为切入”（课题编号：SCFXSC2025）的阶段性成果。

** 课题组负责人：史红平，四川省高级人民法院副院长；朱先琼，四川省人民检察院党组成员、副检察长。课题组成员：袁均，四川省高级人民法院审判监督二庭庭长；王昱，四川省人民检察院第六检察部主任；覃攀，四川省人民检察院第六检察部副主任；陈明克，四川省高级人民法院审判监督一庭法官。执笔人：覃攀、陈明克。

法资源的优化配置提出了挑战。通过构建检法协作促成和解机制，人民检察院和人民法院可以在有效化解社会矛盾中形成合力，形成多主体共同参与、全方位沟通协作的多赢局面，实现“三个效果”的统一，共同推进社会治理现代化。

关键词： 检法协作 和解机制 矛盾纠纷多元化解机制

党的十九届四中全会提出，要“推进国家治理体系和治理能力现代化”“完善正确处理新形势下人民内部矛盾有效机制。坚持和发展新时代‘枫桥经验’”“完善人民调解、行政调解、司法调解联动工作体系”“完善社会矛盾纠纷多元预防调处化解综合机制，努力将矛盾化解在基层。”① 作为司法机关的人民检察院和人民法院，应当通过依法公正司法，有效化解矛盾纠纷，维护社会和谐稳定，充分实现司法服务社会治理现代化的制度功能。一方面，要维护程序公正，促进实体公正，平等保护诉讼当事人的合法权益，让人民群众在每一个司法案件中感受到公平正义。另一方面，要健全矛盾纠纷多元化解机制，通过防止诉讼程序反复，尽可能降低诉讼成本、提高司法效率。人民法院推进“诉源治理”“诉非衔接”，人民检察院践行“枫桥经验”，开展“检调对接”工作，都是围绕落实矛盾纠纷多元化解机制，维护社会和谐与公平正义这一共同价值目标展开。检法两院可以通过建立检法协作促成和解工作机制，在解决个案纠纷、化解社会矛盾等方面形成合力，实现正和效应，促成当事人、人民检察院、人民法院多赢局面，实现司法的社会治理功能。

① 参见《中共中央关于坚持和完善中国特色社会主义制度 推进国家治理体系和治理能力现代化若干重大问题的决定》。

一　司法环节矛盾纠纷多元化解机制概述

人民法院调解是矛盾纠纷多元化解机制在审判环节的主要体现。作为法律监督机关的人民检察院，在履行民事检察职能过程中，主要通过引导促成有和解意愿的当事人自行达成和解，实现矛盾纠纷的有效化解。

（一）人民法院司法调解与多元化解纠纷机制的探索

调解是指第三人在当事人之间调停疏导，提出解决建议，促成双方矛盾化解的活动。在中国，调解主要有以下四种形式：诉讼调解（法院在诉讼过程中的调解）、行政调解（行政机关在执法过程中的调解）、仲裁调解（仲裁机关在仲裁过程中的调解）和人民调解（人民调解委员会的调解）。调解秉承中国传统文化中“以和为贵”的理念，符合中国国情，是具有中国特色的司法理念，被国内外司法界誉为化解社会矛盾的“东方经验”。

最高人民法院为推进司法调解，健全完善多元化纠纷解决机制进行了诸多实践。2011 年 3 月，最高人民法院制定了《关于人民调解协议司法确认程序的若干规定》，将司法确认程序与人民调解相衔接。除了在审判程序中加强调解外，还注重发扬“枫桥经验”，注重诉源治理、前端化解矛盾，为此，最高人民法院于 2016 年 6 月出台《关于人民法院进一步深化多元化纠纷解决机制改革的意见》和《关于人民法院特邀调解的规定》，进一步确立了人民法院开展多元纠纷解决机制改革的基本原则、工作重点和实施路径，把平台建设、诉调对接、特邀调解、在线解纷等内容制度化、规范化，为深化此项改革提供了重要制度保障[①]。党的十八届三中全会以来，最高人民法院与司法部、公安部、妇联、侨联、工商联、证监会、银保监会等联合发布开展律师调解、行业调解等制度规范文件十多个，在家事纠纷、劳动争议、

① 参见胡仕浩《多元化纠纷解决机制的“中国方案”》，《中国应用法学》2017 年第 3 期。

涉侨纠纷、道路交通事故损害赔偿纠纷、证券期货纠纷、国际商事等多个领域协调推动多元化解机制改革，推动制度创新[①]。

（二）人民检察院促成和解制度的沿革、性质和价值

检察机关促成双方当事人和解又被称为检察和解，其不同于人民调解、行政调解，具有一定的司法属性[②]。2010 年，《最高人民检察院关于深入推进社会矛盾化解、社会管理创新、公正廉洁执法的实施意见》规定，检察机关应当在办理民事申诉案件中，努力促成双方当事人和解[③]。最高人民检察院 2021 年发布的《人民检察院民事诉讼监督规则》规定，检察机关在办理民事检察案件过程中，对有和解意愿的当事人，可以建议或引导当事人自行和解。

从理论和实践层面来看，检察和解至少有以下三方面的特性。一是难度大。申请检察监督的案件一般都经过了一审、二审、申请再审程序，一定程度上体现了当事人不服原审生效裁判，想要穷尽所有司法救济途径的愿望，故在检察环节促成和解的难度极大。二是双重性。检察和解与调解相比，由于检察机关既是和解的促成者，又是诉讼的法律监督者，立场相对超脱，易获得申请人的信任。检察人员从中调和纠纷，有助于和解协议的最终达成。三是节约性。检察和解通过一种理性、平和方式纠正错误的生效裁判，既体现了检察机关的法律监督属性，又有效维护了当事人的合法权益，节约了司法资源。

人民检察院作为法律监督机关，监督的根本目的是矫正失衡的诉讼利益，实现公平正义，维护法律权威。换言之，审判权、检察权在民事诉讼

---

① 参见胡仕浩《中国特色多元共治解纷机制及其在商事调解中的应用》，《法律适用》2019 年第 19 期。

② 参见房琦、李田洪《民事检察和解制度浅析》，《中国检察官》2014 年第 7 期。

③ 该意见第 8 条规定："建立健全检调对接工作机制。在依法履行法律监督职能的同时，建立依托'大调解'工作体系化解社会矛盾纠纷的工作机制。对民事申诉等案件，坚持抗诉与息诉并重，在查明事实、分清是非基础上，积极支持和配合有关部门做好调解工作，努力促成双方当事人达成和解。"

程序功能价值方面并无二致。在这一点上，人民检察院在审查当事人监督申请时促成和解有其积极意义和独特价值。第一，可以从源头化解纠纷，减轻当事人诉累，实现诉源治理。和解或调解不是解决纠纷的唯一路径，但是相比其他纠纷解决方式，更易于彻底化解纠纷，实现案结事了。第二，相较于民事审判，民事检察办案体量相对较小，人民检察院调查核实相关证据的时间精力更为充足，更能在充分掌握案件事实情况下促使双方当事人本着“和为贵”理念达成和解，从而减少进入再审程序的案件数量，减少当事人诉累，减轻法院审判工作压力。第三，申请检察监督前，案件当事人至少已经历过三道诉讼程序，矛盾日益加深，对人民法院也会产生不信任。申请人出于对人民检察院的信任，相对易于接受人民检察院的和解建议。

（三）现有矛盾纠纷多元化解机制在民事检察办案中存在的不足

当前，检察机关在民事检察环节促成和解率仍然偏低。2017～2020 年，四川省检察机关共促成和解 173 件，仅占同期办结案件总数的 1.9%。检察环节和解率低，一方面反映了检察机关自身化解矛盾纠纷的能力仍有较大提升空间，另一方面反映了民事检察制度设置存在难以逾越的障碍。一是检察机关的抗诉或再审检察建议的根本作用是促使法院重新启动审查程序，但程序启动后能否改变原裁判结果的决定权仍由人民法院掌握。检察机关在促进和解的过程中，即便能以提出抗诉或提出再审检察建议作为促成和解的筹码，但因不直接影响当事人实体权利，故检察环节促成和解的效果也会受到影响。二是民事检察监督是对民事审判权的监督，从性质上来讲是居中监督，不代表任何一方当事人。但由于多数民事检察案件为依一方当事人申请监督，从监督追求的目标来看也是要改变原生效裁判结果。因此，对被申请一方当事人而言，难免会误解检察机关偏向另一方当事人，从而影响检察和解的成功率。三是《民事诉讼法》仅规定了法院调解而没有规定检察和解。《人民检察院民事诉讼监督规则》第 51 条仅原则规定检察机关可以引导有和解意愿的当事人自行和解，对检察和解的程序、检察机关在和解程序中的职能职责、检察和解协议的效力、检察和解与执行和解的程序对接等问题均未规定。制度规定过于抽象当然会对检察和解的成效造成影响。

2017～2020 年，四川省高级人民法院共审结民事再审案件 3002 件，调解 362 件，调解率为 12.06%（见图 1）。同期，省法院提审审结的 71 件省检察院提出抗诉的案件，仅 1 件调解结案，调解率为 1.41%。可见，依民事抗诉启动再审的案件调解率明显低于依当事人申请进入再审的案件。究其原因：第一，依民事抗诉启动再审程序的案件各类法律关系和事实关系交织，往往在法律适用上存在较大分歧，较难推动各方当事人在利益分配上达成一致；第二，民事案件在启动抗诉程序之前，一般要经过一审、二审以及申请再审程序，漫长的诉讼程序容易激化当事人之间的矛盾；第三，民事案件抗诉后，当事人基于对检察机关作为公权力机关的信赖，往往会进一步强化自身的诉讼立场，导致法院调解失败。因此，从促进民事检察案件矛盾纠纷实质性化解、维护社会和谐稳定出发，检法两院应当通过建立协作促和机制，在促成双方当事人达成和解工作中形成合力，努力实现案结事了人和。

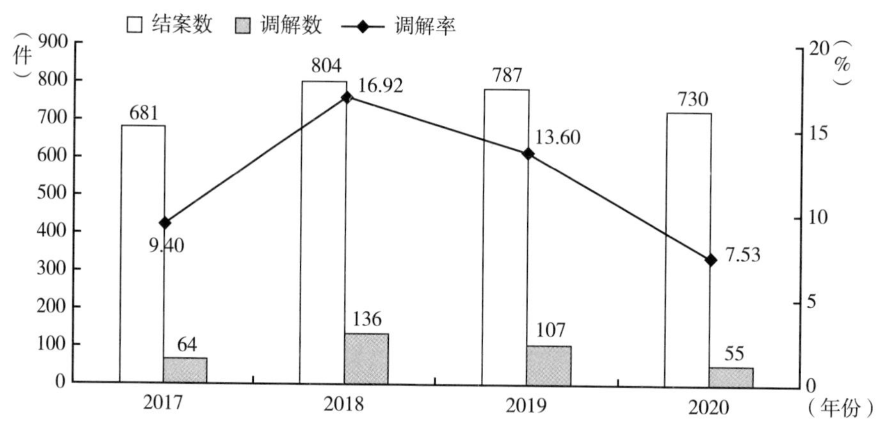

图 1　2017～2020 年四川省高级人民法院民事再审案件情况

二　构建民事检察案件检法协作、促成和解机制的必要性

检法两院是紧密的法律职业共同体，化解矛盾纠纷、维护社会和谐稳定是双方共同目标。法院和检察院在民事检察案件中构建协作促和机制有以下几个方面的必要性。

第一，在审判权和检察权的对立统一中实现共同的价值追求。维护生效裁判既判力和依法监督纠错是一对矛盾，两者有机统一①。诉源治理要求人民法院关注进入法院诉讼的纠纷，减少进入二审、再审（申诉信访）、执行的案件数量，提高一次性解决纠纷的能力。检察监督是抗诉再审或检察建议再审案件的前溯程序，同样是人民法院诉源治理的关注对象。从和解或者调解本身的效果来说，其不同于司法裁判，由于是双方自愿达成，具有从根本上终结诉讼纠纷的效果，这正是人民检察院、人民法院作为司法机关孜孜以求的目标。因此，这种双方的共同需求就可能使检法双方在监督与被监督的博弈中达成均衡。

第二，提升纠纷化解效率。和解或调解需要双方当事人就利益的再分配达成一致。在检察机关审查环节，被申请人一方容易误解检察机关“拉偏架”而产生不信任感，会影响对检察和解的接受度。在法院再审环节，由于经过多次诉讼，双方当事人都投入了大量成本，矛盾加剧，积怨较深，对法院有不满情绪，自然对法院调解工作的配合度不高。因此，人民检察院、人民法院充分发挥各自的优势，密切协作，从不同角度开展促调促和工作，更有利于矛盾纠纷的最终化解。

第三，维护生效裁判权威与既判力。民事诉讼法司法解释第383条规定，当事人申请再审被驳回或对再审判决、裁定申请再审的，人民法院不予受理，并应告知当事人可以申请抗诉或再审检察建议。《民事诉讼法》第

① 详见肖建国《民事诉讼程序价值论》，中国人民大学出版社，2000，第532页。

209 条规定，当事人申请检察监督限于一次。也就是说，当事人对生效判决不服申请一次再审及申请一次检察监督后，理论上诉讼程序即告终结。诉讼法上的有限再审制度，目的是要解决终审不终讼的难题，而实际上检察监督后当事人不服再审裁判继续信访的情况仍时有发生。因此，检法两院联合促成和解，有利于从根本上减少涉诉信访数量，维护生效判决的既判力，从而建立良性平衡的审判权、检察权、当事人诉权关系。

第四，开展法院、检察院联合促和工作在司法职业共同体中具有一定的共识。四川省检法两院在开展四川省法学会 2020 年度法治实践创新专项课题“社会治理视域下检法协作促成和解机制研究——以民事再审检察建议为切入”研究过程中，对全省部分法官、检察官、律师进行了网络问卷调查。对“检法两院是否应当联合开展促成和解工作”这一问题，在 60 份法官问卷中，45 份认为很有必要或有必要，占比为 75%；在 431 份检察官问卷中，370 份认为很有必要或有必要，占比为 85.8%；在 66 份律师问卷中，54 份认为很有必要或有必要，占比为 81.8%。问卷调查结果显示，绝大多数被调查的检察官、法官、律师及法律工作者对建立检法协作促和机制持肯定态度，在一定意义上反映了社会对检法协作促和的司法需求。

第五，搭建检法两院协作促和机制有成功经验可供借鉴。2016 年 10 月 1 日施行的《山东省多元化解纠纷促进条例》规定，检察院、法院以及其他社会主体应当推进纠纷多元化解机制建设，共同做好矛盾纠纷化解工作①。四川省法院在健全完善矛盾纠纷多元化解机制、推进社会治理现代化体系建设方面也进行了一系列探索。2016 年 6 月 23 日，四川省法院与中国保险监督管理委员会四川省监管局联合印发了《关于推进四川省保险纠纷诉讼与调解对接机制建设的指导意见》。为进一步落实四川省两办《关于完善矛盾纠纷多元化解机制的实施意见》（川委办〔2016〕45 号）要求，四川省法院于 2019 年 8 月完成《关于建立健全诉源治理机制　加强矛盾纠纷源头预

① 此外，该条例第 38 条还规定，人民检察院办理符合当事人和解法定条件的公诉案件、民事行政申诉案件，可以建议或者引导当事人达成和解；经当事人同意，也可以邀请相关组织参与协商和解。

防和前端化解的意见（代拟稿）》（川高法〔2019〕203 号），并积极推动“四川省多元化纠纷解决促进条例”立法和建立调解前置程序。

三 检法协作促成和解机制的实现路径

（一）检法协作促成和解机制的适用范围

人民检察院、人民法院应当根据新形势下社会矛盾纠纷的特点，重点针对以下几类案件在促调促和工作中加强协作配合。一是涉诉人数多的群体诉讼、共同诉讼。这类案件法律关系复杂，诉求多元，司法机关的司法裁决不当，极易引起群体性事件，开展促成和解工作需要检法两院的密切配合。二是诉争标的较小，当事人有和解意愿的案件。这类案件双方当事人争的往往是“道理”和“面子”，存在较大促调促和空间。但也因为双方矛盾较大，败诉一方对司法机关不信任，化解矛盾需要法检两院的共同努力。三是案情复杂，事实难以查清以及法律争议较大的案件。这类案件通常因为时过境迁，有关事实和证据处于真伪不明状态，法院依据证据规则裁判仅从适用法律角度并无不当，但就司法者的心证而言，对当事人有欠公平。通过检法双方努力促成和解，更有利于实现案件的实质公正。四是案件涉及历史遗留问题。因法律、制度规范、政策等已发生较大变化，还可能关联政府职能部门履职行为，仅依据法院裁判无法彻底解决问题。法检两院可以通过加强协作，共同协调有关职能部门，为当事人争取更好的政策匹配，从而平衡各方利益，从根本上化解矛盾纠纷。五是其他需要检法两院协作促和的案件。例如，生效裁判确有错误但对双方当事人实体权利义务影响不大的案件等。

（二）具体工作及流程

充分发挥检法协作促成和解机制作用，实现人民检察院、人民法院促调促和工作的有效衔接，具体包括三个阶段。

第一阶段：人民检察院审查阶段。

人民检察院受理当事人的监督申请后，应当调阅卷宗、核实证据，也可以根据案情需要，与原审承办人进行必要沟通，以全面掌握案情。经审查发现原生效裁判正确的，应作出不支持监督申请决定，并主动释法说理，尽可能说服申请人息诉罢访。经审查发现生效裁判确有错误的，如果裁判结果损害国家利益、社会公共利益，或者系在司法理念方面有纠偏、创新、进步、引领价值的典型案件，一般应当依法提出监督意见，以维护司法公正和法制统一。如果生效裁判虽有不当但未损害国家利益、社会公共利益，不具有典型性或仅有程序性瑕疵，且双方具备和解意愿的，人民检察院应积极引导当事人和解，并可以邀请作出原生效裁判法院的法官参与。

民事检察环节双方当事人协商达成和解协议，可以对生效法律文书确定的权利义务主体、履行标的、期限、地点和方式等内容进行变更。为保证和解协议的效力，可以考虑设置以下两种程序。一是根据传统民法债务更新理论，双方当事人达成和解协议后形成新的债权债务关系，原债权债务关系归于消灭。当事人一方不履行和解协议的，另一方可以就履行和解协议向人民法院提起诉讼。二是双方当事人认为有必要的，可以向人民法院申请司法确认，人民检察院也可以向人民法院提出检察建议，建议法院对和解协议进行司法确认。经法院审查予以司法确认后，一方当事人不履行或不完全履行和解协议的，另一方当事人可以申请强制执行。

第二阶段：法院审查阶段。

人民检察院依法提出抗诉或再审检察建议的案件，人民法院启动再审程序后，可以邀请人民检察院共同开展调解工作。人民检察院认为该案属“五类案件”①，存在调解空间，确有联合调解必要的，可以与人民法院联合开展调解工作。调解成功后，人民法院应当在民事调解书上载明调解过程。

对于人民法院再审阶段检法两院联合开展调解工作，四川省德阳法院与德阳检察院已经有成功的案例和经验，如（2007）德民再字第14号转让土

① 即涉诉人数多的群体诉讼、共同诉讼；诉争标的较小，当事人有和解意愿的案件；案情复杂，事实难以查清以及法律争议较大的案件；案件涉及历史遗留问题；其他需要检法两院协作促和的案件。

地使用权合同纠纷一案，该案系2007年四川省人民检察院抗诉，四川省高级人民法院指令德阳市中级人民法院再审。其间该案中止诉讼10年，2017年12月25日恢复再审诉讼。该案的结果虽然为维持，但实际上是在德阳市中级人民法院审监庭和德阳市人民检察院民事检察部门的耐心释法及联合调解下，再审申请人对案件情况有了清晰的认知，在检法的努力下，从政府获得了一定补偿，真正实现了服判息诉、案结事了。再如，（2019）川06民监8号买卖合同纠纷一案，双方均较有经济实力，却为了5000元发生争议，矛盾激化。在检法耐心调解下，双方当事人最终握手言和，化解纠纷。

在成功经验基础上，2020年3月18日德阳市法院、检察院会签《关于民事行政监督案件调解工作的办法（试行）》，建立法检协同调解、和解机制，共同推进争议实质性化解。2021年5月8日，四川省检法两院联合下发的《关于办理民事抗诉、再审检察建议案件若干问题的指南（试行）》也明确规定，法院审理因民事抗诉、再审检察建议启动再审的案件，可以邀请检察院派员参与调解，联合开展释法说理工作等。

第三阶段：建立通报反馈长效机制。

人民检察院促成和解后，除建议人民法院司法确认的案件外，应当通报同级人民法院。人民法院收到人民检察院通报后，应当将和解协议的内容记入案件档案，如发生当事人无故反悔毁约、滥用诉权、浪费司法资源、缠诉闹访等不诚信行为，及时反馈给人民检察院。

检法两院应建立定期交流沟通机制，通过座谈会或联席会等形式，互相通报民事检察监督及民事审判监督情况，以及办理相关案件中开展促成和解或调解的情况等。

四　存在的问题与展望

就社会治理层面而言，除党的执政系统发挥“元治理”的关键功能外，一府两院治理体系下的子系统——司法系统的司法权及其运行最能体现法律的精神和原则。从本质上说，司法权是对案件事实和法律的判断权和裁判权，包括人民法院的审判权和人民检察院的检察权。作为司法机关，检法两院社会治理功能的重要体现就是有效化解和预防社会矛盾、维护社会大局稳定。通过创新和发展检法协作促和机制，人民检察院和人民法院可以在化解矛盾纠纷、提升司法治理能力上形成合力，共同维护司法权威，推进和完善社会治理体系现代化。

长期以来，由于检法两院化解矛盾纠纷处于各自为战状态，构建和完善检法协作促和机制在观念认识、制度设置、法律规定上仍存在一定障碍。尤其是检察和解与人民法院执行和解、调解、司法确认如何有效衔接，检察和解协议的效力如何有效保障等，还需要进一步研究和探索。总之，检法协作促和机制的建立完善和有效运作离不开检法两院的密切配合和全方位协作，需要双方在司法实践中不断探索和完善。检法两院还应立足实际，修改调整现行的绩效考核指标体系，设置能够充分体现协作促和工作成效的指标项目，鼓励和引导一线法官和检察官积极运用协作促和机制化解矛盾纠纷，通过生动的司法实践赋予协作促和机制不竭的生命力。

B.11
江西法院民意服务、评价、监督一体处理平台调研报告

江西省高级人民法院课题组*

摘　要： 长期以来，人民法院由于分散行权的特点，民意反映往往散见于不同法院、部门、环节和人员。江西高院创新成立赣法民意中心，运用“互联网+”思维，以12368热线“一号通办”为基础，在健全司法服务体系、群众满意度评价体系和司法监督体系方面进行了探索与尝试，历经5个月的运行取得了初步成效。赣法民意中心建设的基本思路、职责定位、主要特点、工作内容与运行机制等均体现了服务对象更加精准、评价反馈更加精准、发现和解决问题更加精准、司法决策更加精准，对于人民法院自觉坚持党对法院工作的绝对领导、践行以人民为中心的发展思想、加快推进司法制约监督体系改革和建设工作具有启发意义。

关键词： 民意　司法服务　群众评价　司法监督

习近平总书记提出，要努力让人民群众在每一个司法案件中感受到公平正义[①]。一般而言，实质的公平正义体现在一个个具体的案件公正裁判中，

---

* 课题组负责人：赵九重，江西省高级人民法院党组成员、副院长。课题组成员：陈健、吴志华、孙明。执笔人：孙明，江西省高级人民法院立案一庭副庭长。

① 2012年12月4日，习近平在纪念宪法公布实施30周年大会上首次提出。

而群众对公平正义的感受则更为复杂，有的与具体裁判相关，有的与司法作风、形象、效率、廉洁、服务等相关，有的甚至未必与法院工作直接相关。长期以来，人民法院由于分散行权的特点，民意反映往往散见于不同法院、部门、环节和人员，对群众诉求办理的精细化监管存在一定难度，对群众公平正义的感受缺乏精准衡量的标尺。此外，在司法实践中，一定程度上存在以下现象：服务渠道多与服务堵点多并存，法院建设成果多但群众司法获得感可能并未同步提升；院庭长监督缺少发现问题的抓手，无法精准定位服务堵点存在的环节；对需要上下级法院联动办理、部门协作处理的事项有时存在工作脱节和程序空转，群众的诉求并未高效办理到位，等等。

针对上述问题，有必要专门就程序性、过程性事项打造一个法院系统的民意汇聚、分流、督办平台。为此，2021 年，江西高院成立了赣法民意中心（以下简称“民意中心”），并于 5 月 12 日正式上线。民意中心以 12368 诉讼服务热线为基础，全面升级系统平台作为民意工作平台，充分运用“互联网 +”思维，汇聚来电、来信、来访、网络等线上线下诉求表达渠道，建立“前端登记分流、中端办理反馈、后端回访督办”工作机制，对群众诉求“一竿子插到底”办理，让群众更多更有效地参与、监督、评价法院工作，在健全司法服务体系、群众满意度评价体系和司法监督体系方面探索了一条新路子。

一　民意中心的成立背景

创新成立民意中心是时代背景与实践基础共同助推的结果，具有现实的必要性和实践的可行性。

（一）时代背景

1. 中央有要求

习近平总书记深刻指出，“让人民群众满意是我们党做好一切工作的价

值取向和根本标准”[①]。中央《法治社会建设实施纲要（2020～2025）》明确提出，要“健全群众满意度测评制度，将群众满意度作为检验法治社会建设工作成效的重要指标”[②]。从全国法院系统来看，初步建立了诉讼服务满意度测评体系，但涵盖司法全流程、各环节特别是法官司法服务的满意度测评体系尚未建立，成立运行民意中心、建立健全群众满意度评价制度，主动倾听群众呼声、积极接受群众监督，就是为了落实中央要求。

2. 群众有需求

进入新时代，人民群众参与法治建设的意愿更加强烈，对司法的需求更加多元，不仅希望得到公正结果，还希望在诉讼过程中感受到更多公平正义。2021 年，全国上下深入开展党史学习教育和政法队伍教育整顿，扎实开展“我为群众办实事”实践活动，重点整治司法顽瘴痼疾。成立运行民意中心，聚焦群众“急难愁盼”问题和对司法工作的新需求、新期待，全面提升司法服务效能，出发点和落脚点就是为人民服务、让人民满意，切实提升群众司法获得感和满意度。同时，也为全面排查整治队伍纪律作风和法院系统顽瘴痼疾提供了有力支撑，为检验顽瘴痼疾整治成效提供了重要参考。

3. 法院有需要

江西法院迈入一个崭新的发展阶段。2021 年初，在五年争创圆满收官的基础上，全省法院接续开展“走稳前列，争做标杆”活动，旨在奋力推动全省法院工作高质量发展，为全省高质量跨越式发展提供有力的司法服务和保障。成立运行民意中心，推动实现“两个转变”，即从被动受理到主动倾听转变、从自我评价到群众评价转变，既反映了人民的意愿和呼声，更是江西法院事业发展的迫切需要，有助于从司法服务、群众评价和司法监督三个维度共同发力，推动形成诉讼群众积极参与、社会各界广泛评价、人民法院及时改进的良性互动局面，为全省法院高质量发展提供制度机制保障。

① 2014 年 10 月 8 日习近平在党的群众路线教育实践活动总结大会上的重要讲话。

② 详见《法治社会建设实施纲要（2020～2025）》第七部分第 27 条。

（二）实践基础

1. 12368“一号通办”实践

江西法院12368诉讼服务热线自2016年4月开通运行，一直遵循全省集约模式，由省高院集中采用服务外包形式，统一接听全省法院诉讼群众来电。运行5年以来，热线话务量逐年上升，服务日渐成熟稳定，截至2020年底，累计接听群众来电50万余个，建立分派工单3147个[①]，在集中接听处理群众来电方面积累了比较成熟的经验，在工单建立办理方面初步形成了工作机制。

但是12368热线也存在一些问题。一是服务内容有限。平台建设之初旨在为诉讼群众提供诉讼咨询、案件查询、联系法官、预约服务、事项转办、投诉建议等“一号通办”服务，但在实际运行中，由于相关配套制度机制不健全，逐渐异化为咨询查询平台，建设和使用存在“两张皮”的问题。二是地区差异明显。大约2/3的来电属于省高院[②]、南昌、赣州法院，其他地区相对较少，存在使用不平衡的问题。三是工单功能较弱。由于协同办理机制不健全，分派工单总量较少，且及时办理率较低，存在线上线下融合难、分流办理督办难的问题。

2. 赣州法院民意受理中心实践

2020年4月底，赣州中院成立运行民意受理中心，开通热线电话0791－8312368，受理群众对辖区法院司法作风、办案效率、服务态度、廉洁守纪等方面的意见建议，实行群众来电反映事项受理、转办、回访网上全流程处理。中心运行以来取得了良好成效，在2020年度江西省公众安全感满意度测评中，赣州中院排名第三，排名前30的基层法院中赣州有9家。

但赣州法院民意受理中心也存在一些问题。一是人员配备的问题，由于话务员不懂业务一定程度上影响了热线运行，需要辅以专业人员和指导团

① 这是江西法院12368热线协作办理机制的体现，接线专员对群众来电能即时答复的即时答复，不能即时答复的，建立工单分流至审判执行团队协同办理。

② 含南昌铁路运输二级法院。

队。二是软件系统问题，统计分析功能和服务领导决策能力有待进一步提升。三是存在双平台运行问题。赣州民意受理中心运行后，江西法院 12368 热线继续服务赣州两级法院，双平台运行一方面给群众使用带来不便，另一方面也不利于法院从整体上掌握相关工作情况。

二　民意中心的建设思路、定位与特点

（一）基本思路

在前期调研的基础上，江西高院决定成立范围覆盖全省三级法院，集办事、反馈、评价、整改、监督于一体的民意工作实体平台。

第一，以 12368 平台为基础。这是一站式建设的基本要求。2019 年"南昌会议"以来，最高人民法院在全国法院全面推进一站式多元解纷和诉讼服务体系建设，其中非常重要的一个方面就是要用统建平台破除以往各地自建平台多而杂、群众反映不好用不会用不愿用的问题。根据最高人民法院规范要求[①]，12368 热线全国统一号码，建立免区号呼入模式，来电人无须加拨区号即可转接至相应法院 12368 热线。而且，江西法院 12368 热线经过长期运行具备较高的知名度和应用率，不宜另起炉灶增设新的对外服务号码。

第二，做实"一号通办"功能。赣州法院民意中心与 12368 热线在对外服务功能上高度重合，民意中心借鉴赣州经验，主要是通过升级系统平台、重塑工单制度、压实工作责任、建立回访督办机制，加强 12368 前端接线与立审执后端办理的衔接，对群众诉求落实"一竿子插到底"办理，着力解决以往 12368 工单分流办理督办难的问题，真正将最高人民法院 12368"一号通办"要求落到实处，确保群众在立案、审理、执行中有任何办事需

① 参见最高人民法院 2020 年 9 月 23 日下发的《人民法院 12368 诉讼服务热线"一号通办"工作规范》。

求和意见建议，均可通过拨打12368热线反映解决到位。此外，增配了9名话务员，进一步缩短等待时长、提高接听率、提升热线服务能力。

第三，实现“四个全面升级”。在12368“一号通办”基础上，全面升级工作机构、系统平台、基本制度、工作机制，从12368以服务为主、强调“一号通办”，转变为民意中心服务监督并重、兼顾服务领导决策。除12368原有热线服务外，进一步集成来信、来访、网络、12345等诉求表达渠道，实现线上线下民意融合汇聚，能即时处理的即时处理，不能即时处理的，建立工单分流至责任法院（部门）办理，责任法院（部门）负责将办理情况答复反映人并反馈给中心，中心对工单办理情况进行满意度回访，对评价为不满意的，进行跟踪督办。研发民意大数据分析平台，及时发现研判突出问题，提出整改提升要求，直观反映各地共性和个性问题，为领导决策提供参考依据。

（二）职责定位

为保障民意中心高效顺畅运转，明确职责定位、权责界限至关重要。对此，要把握两个关键点。

一是明确分流督办平台定位。这是与办事平台相对的。民意中心尽管也有一定的办事功能，但仅局限于能够即时答复的咨询、查询等事项，对群众反映的其他事项中心仅负责建立工单、分流转办、回访督办，不具体解决实际问题。这是因为民意中心汇聚了海量群众诉求，一旦定位为解决具体诉求，将会不堪重负，而且丧失中立监督地位。民意中心主要通过建立“三统一”“三化三性”工作机制，对全省法院民意事项建立统一管理、统一指挥、统一协调机制，对群众诉求实行流程化、规范化、精细化办理，以提高办理的针对性、时效性和可操作性，努力做到工单办理及时高效、群众满意。

二是明确前端治理平台定位。这是与信访平台相对的。民意中心重点关注立案、审判、执行过程中群众提出的办事需求和意见建议，侧重于前端发现问题和解决问题。对有关案件裁判结果的异议，一般引导当事人按

照法律规定的权利行使路径依法行使权利，同时督促相关法院做好法律解释工作，争取群众对法院裁判的理解和支持。这是因为不服裁判当事人依法可以提出上诉、申请再审或者申请检察监督，民意中心的监督功能不可能替代法律的合议、审级、审判监督和检察监督等制度。对于群众在案件办理过程中要求公正审理的各类诉求，从畅通诉求表达渠道角度出发，民意中心应当建立工单、分流转办，至于如何裁判，由审判团队严格按照法律规定办理。

（三）主要特点

第一，平台体现了“互联网+”思维方式。民意平台融合来电、来信、来访、网络、12345 等线上线下、法院内外多元渠道，接入电话、短信、Web、手机端等多媒体方式，对外面向当事人、律师和社会公众，对内面向法院管理者、民意工作人员和法院干警，是“互联网+”思维与法院工作特别是司法服务、群众评价、司法监督相结合的产物，充分体现了开放、协作、互动的互联网特性。

第二，平台体现了智慧法院建设的基本特征。民意平台由 12368 语音服务、热线知识库、诉求登记、工单处理、工单回访、民意大数据分析等六大子系统组成，从民意反映到解决、从诉求办结到回访督办、从服务监督到辅助决策打造一体化解决方案，支持全业务网上办理、全流程依法公开、全方位智能服务，是实现司法为民、公正司法的组织、建设和运行形态。

第三，平台体现了智慧法院建设的江西特色。全省集约是江西智慧法院建设的一大特色。民意平台遵循这一建设原则，通过集中建设、统一管理，构建起全省法院民意工作的基本框架和运行体系。一方面，有利于节约建设成本，避免因各地法院独立建设而造成的重复投资浪费。另一方面，有利于民意的集中，统筹民意工作发展，明确三级法院在民意工作中的职能定位，避免分散建设可能导致的系统不联通、信息交换共享困难、难以掌握工作全貌等问题。

第四，平台体现了信息赋能服务的思路。民意平台是利用现代化信息技术重塑服务模式的一次尝试。通过一个号码对外服务、一个平台流转诉求，推动群众诉求线上线下深度融合办理、前台后台无缝衔接办理、三级法院联动协同办理，从而有效弥补法院分散行权可能导致的工作脱节，提升整体服务质效。通过服务、评价、监督、分析功能系统集成，可以实现服务对象更加精准、评价反馈更加精准、发现和解决问题更加精准、司法决策更加精准。

三　民意中心的工作内容与制度机制

为依法、规范、高效运行民意中心，江西高院制定了《关于建立司法服务满意度评价制度　推动江西法院高质量发展的意见（试行）》《赣法民意中心运行办法（试行）》《赣法民意中心工作规范（试行）》《赣法民意中心院领导群众来信分类处理办法（试行）》等四个文件，初步建立起民意工作制度体系。

（一）工作内容

一是受理范围。主要包括：12368 接线专员不能即时答复的事项，群众通过来访、来信及其他方式向院领导反映的事项，群众对各级法院线下服务评价为不满意的事项，群众通过网络提出的投诉、建议以及 12345 热线转来的相关事项等。民意中心对上述事项实行线上线下合并处理，前台后台一体化运行，按照规范建立工单、分流转办和回访督办。

二是工单分类。工单分为满意度回访类、推定满意度类和不回访类三类。绝大多数工单属于满意度回访类工单。判后答疑工单、案件审判过程中要求公正审理的各类诉求工单等属于满意度推定类工单。案件信访工单以及其他没有回访必要的工单属于不回访类工单。

三是回访标准。民意中心实行工单分类回访机制。对于满意度回访类工单，中心不仅要进行回访，还要就办理情况和结果是否满意明确征询反映人意见。对于满意度推定类工单，中心回访仅核实工单办理相关情况，不再就

是否满意专门征询反映人意见。比如，判后答疑工单回访一般需核实是否判后答疑以及时间、地点、方式、态度等，案件审判过程中要求公正审理的相关工单回访一般需核实是否联系反映人、认真听取其意见建议、是否表明将依法审查公正处理以及其他情况。经核实达到办理要求的，直接推定为满意，未达到办理要求的，直接推定为不满意，退回重办或补办。对于不回访类工单，中心仅从形式上对办理结果和反馈情况进行审核，不进行满意度回访。比如，案件信访工单反馈结果应包括信访人基本情况、案件简要情况、信访情况、本次审查情况、办理结果答复反映人的情况以及其他需要说明的情况。对不符合办理反馈要求的，一律退回重办或补办。

（二）制度机制

一是工单制度。民意中心明确中基层法院主要领导、本院相关部门主要负责人为工单办理第一责任人，对办理行为和结果负责，同时每家法院（部门）配备联络员协助工单办理，实现一个号码即 12368 对外服务、一个平台即民意平台流转诉求，对群众诉求全省协同“一竿子插到底”办理。“强化本院诉讼服务机构与审判执行团队服务、线上服务与线下服务以及不同地区、不同层级法院之间的无缝衔接、密切配合，推行当场办结、一次办结、限时办结，有效提升了司法服务整体效能。”[①] 运行 5 个月以来，民意中心分派工单数量已达到 2020 年全年 12368 工单总量的 6 倍[②]。

二是工作机制。民意中心建立“前端登记分流、中端办理反馈、后端回访督办”工作机制，对群众反映的事项进行统一登记、分类处置。实行工单限时办结机制，提倡当日工单、当日办结，当日确实无法办结的，应在

---

① 王白如：《办理群众诉求“一竿子插到底”——江西法院赣法民意中心正式上线　将实现“一个平台流转诉求、全省法院协同办理”》，《新法制报》2021 年 5 月 13 日，第 8 版。

② 民意中心改变以往 12368 工单直接流转给承办法官的做法，转而将工单流转给责任法院（部门）的联络员，将联络员作为工单内部分配的主体，将责任法院（部门）主要领导作为工单办理的责任主体，表面上看一定程度上牺牲了工单办理效率，但从实际运行情况来看，由于制度机制更加健全，与之前相比，民意中心建立工单数量更多、办理效率更高、群众更加满意。

规定期限内办结，提高工单响应和办理效率，从运行情况来看，绝大多数工单均能在1~2日办结。实行回访督办机制，工单办结后，中心对工单办理情况进行满意度回访，核实办理情况，并征求群众对办理结果的意见。群众对办理结果不满意的，如实记录不满意的原因，建立工单二次转办。实行差评整改机制，责任法院（部门）对二次工单应第一时间启动程序，安排专人负责核实处理。核实整改情况通过适当方式及时向群众反馈，确保差评件件有整改、有反馈。对二次转办仍不满意的，将情况报告中心主任（省高院主要领导），视情况进行三次督办。具体工作流程详见图1。

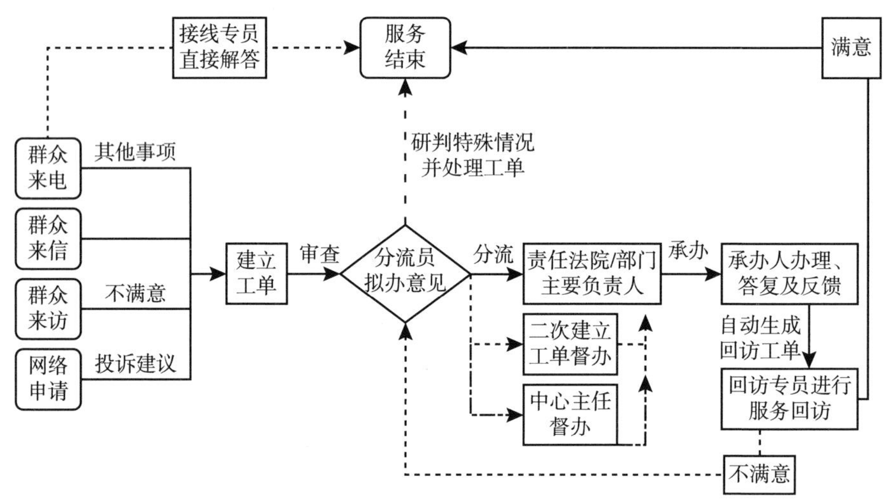

图1　赣法民意中心工作流程

三是保障机制。建立沟通联络机制，江西高院各部门和各中基层法院分别指定2名正式干警担任联络人，负责日常接收、回复反馈、跟踪督办、分析研判平台转办事项。建立培训指导机制，邀请专业人士选聘和培训话务专员，确保声音动听、态度热情、语言得体，成立业务指导团队，归纳汇总来电内容，编写工作指南，确保答复规范准确。建立分析研判机制，民意中心实行日例会、周分析、月报告、定期座谈等制度，及时总结民意工作成效、存在的问题，提出明确整改要求。定期分析相关法院（部门）日常工作中

存在的堵点问题以及群众诉求变化情况，为领导决策提供参考依据。建立考核督导机制，将各法院（部门）的工单办理情况及群众满意度情况纳入年终考核，在全省法院高质量发展指标体系中赋予一定分值进行考评。对民意工作积极性不高、效率低、效果差的法院（部门、人员）采取约谈、通报等方式督促限期整改到位。

四　民意中心的初步成效

（一）高效办理了一批群众诉求

运行五个月，民意中心累计接收办理群众线上线下各类诉求98762个，即时处理90704个，建立分派工单8058个，办结7994个，回访7865个，热线服务满意率99.5%，工单办理满意率为97.5%。其中，结合顽瘴痼疾整治，重点办理解决有案不立问题657个，解决群众反映的联系法官难、查询案件进展难、执行措施效率、工作作风等突出问题5913个。与以往的12368工单相比，工单建立数量更多、办理速度更快、办理质量更高，基本实现了每一个工单都能及时高效办理，绝大多数群众诉求能被满意办结。

（二）初步重塑了服务模式

一是服务的主动性更强，主动联系群众、倾听群众诉求、答复办理结果是民意事项办理的基本要求之一，承办人无论是出于自觉主动还是迫于回访的压力，主动联系答复已成为解决群众诉求的新常态。二是服务的联动性更强，对于二审、申请再审立案、管辖争议等涉及多家法院的事项，一律由上级法院协调处理统一答复，对于群众反映的涉及法院多个部门的事项，明确牵头部门协同答复处理，有效降低了当事人的沟通成本。三是服务与解纷的协同性更强，民意中心在解决群众具体诉求的基础上，主动宣传介绍法院一站式多元解纷机制，推动实质性化解了一定数量的矛盾纠纷。四是线上线下的融合性更强，初步实现了线上诉求与线下办理、线下服务与线上监督的无缝衔接，对线下服务不满意主动跟踪督办65次。

（三）建立健全了一批工作机制

对于群众诉求反映的问题，推动全省法院出台配套制度机制举措393个，努力实现“发现一个问题、堵住一个漏洞、健全一个机制”的工作目标。例如：对于群众反映强烈的联系法官难问题，江西高院及时更新了全省法院立案审判执行名单库，万年县法院通过群众诉求及时发现本院诉前调解、登记立案以及立案后调解存在不规范、衔接不畅等问题，草拟了《立案阶段化解工作实施方案（试行）》；芦溪法院通过一个撤销失信黑名单的诉求，进一步规范了屏蔽失信名单和撤销限制高消费的程序。

五　工作启示

第一，是人民法院自觉坚持党对法院工作的绝对领导的重要抓手。人民法院的大量工作是通过执法办案来体现的，只有加强党对司法工作的领导监督，才能真正把党的绝对领导优势转化为司法效能。民意中心在江西法院各级党组的领导下，由省高院院长担任中心主任，中基层法院主要负责同志担任分中心主任和民意工作第一责任人，对群众反映的执法办案方面的问题和诉求，建立群众满意度评价制度和差评整改督办机制，强化院庭长审判监督管理权，坚持事中监督、全程留痕、组织化行权，构建起“及时发现问题、有效解决问题”的新型审判权力制约监督机制，是加强法院党组在执法办案中发挥领导作用制度的重要组成部分，有利于将党对司法工作的领导落到实处。

第二，是人民法院自觉践行以人民为中心的发展思想的创新举措。司法为民、公正司法是人民法院的初心使命。民意中心以群众满意为出发点和落脚点，聚焦群众“急难愁盼”问题，努力做到“民有所呼，我有所应”，探索了一条具有江西特色的司法为民新路子。主动倾听群众呼声，从群众一个个具体诉求办起，从群众一个个具体意见改起，努力做到群众不满意不放过、整改不到位不放过。及时回应群众期待，配套推出一批便民利民的实招硬招，推动全省法院有针对性地转变司法服务理念，创新司法服务方式，提高司法服务效能。积极接受群众监督，健全江西法院司法服务满意度评价体系，实行现场服务“一次一评”、网上服务“一事一评”、热线服务“一电一评”、民意中心“监督查评”、社会各界“综合点评”，并将群众评价为不满意的事项纳入中心跟踪督办，让人民群众更直接、更有效地参与、监督和评判法院工作。

第三，是人民法院自觉加快推进司法制约监督体系改革和建设工作的重要途径。加快推进司法制约监督体系改革和建设工作，有两个非常重要的方面：一是加强外部监督，包括当事人、律师和社会公众等的监督；二是加强内部监督，包括法院内部监督制度机制的完善。民意中心集成线上线下诉求表达渠道，主动回访接受监督，进一步拓宽了听取群众意见、接收群众监督的渠道，民意汇聚更加广泛，外部监督更加及时。同时，通过将分散在不同法院、部门、环节和人员办理的事项建立工单、分流办理、回访督办，明确院庭长工单办理责任，为院庭长提供了发现问题的渠道和履行监督职责的抓手，推动实现“发现一个问题，堵住一个漏洞，健全一个机制”，内部监督更加全面精准。

B.12 诉源治理视野下司法确认程序的现状剖析与模式构建

王文燕　李春燕*

摘　要：宁波法院作为民事诉讼程序繁简分流改革试点地区之一，司法确认程序的优化路径已运行一年半。通过调查研究发现，宁波法院在改革新征程中各种亮点措施精彩纷呈，司法确认程序创新模式频频。但也要看到各法院之间发展不均衡、数据差异较大的情况。此次调研力求全方位了解全市法院优化司法确认程序开展实情，多维度掌握人民法院繁简分流改革试点创新方式，深入剖析司法确认程序目前存在的困难与问题，进一步提出优化司法确认程序的完善模式，为纵深挖掘改革创新模式提供理论与实践参考。

关键词：诉源治理　纠纷多元化解　司法确认

一　窥探：司法确认程序再优化之因

近年来，随着经济的发展以及民众法律意识的觉醒，越来越多的案件进入诉讼程序，人民群众对法院的解纷能力和解纷水平提出更高标准的要求。人民法院应当从审判制度上挖掘内在潜力、提升司法效能，调整以及优化原

* 王文燕，浙江省宁波市中级人民法院党组成员、副院长、二级高级法官；李春燕，浙江省宁波市中级人民法院一级主任科员。

有的解纷机制，完善诉讼与非诉讼程序机制的衔接，优化司法确认程序，满足人民群众对解纷更加普惠便捷多元的需求。需要从以下三个方面厘清优化司法确认程序的理念与动因。

（一）司法确认程序是多元化纠纷解决机制探索创新举措之一

从《人民法院第二个五年改革纲要》提出“建立多元化纠纷解决机制”以来，“多元化纠纷解决机制”完成了两个重要的跨越：一是从部分法院与调解等非诉机制对接探索升级为全国范围内受到各界普遍认可的制度体系；二是从法院缓解办案压力的“权宜之计”，升级为国家治理体系和治理能力现代化的战略行动[①]。司法确认程序是司法机关在司法实践过程中提出的创新举措，也是诉讼与非诉讼纠纷解决方式有机衔接的全新模式，对完善中国非诉纠纷解决机制是一个具有突破性的进展。

（二）司法确认程序是民事诉讼程序繁简分流改革试点优化的程序之一

习近平总书记在2019年中央政法工作会议上强调：“要深化诉讼制度改革，推进案件繁简分流、轻重分离、快慢分道。”[②] 最高人民法院根据全国人大常委会的授权开展民事诉讼程序繁简分流改革试点。此次改革试点是为了推动人民法院在新时代适应社会矛盾纠纷的复杂性和多样性，更加契合人民群众的纠纷解决需求，也是推进社会治理体系和治理能力现代化的基本规律和内在要求。改革试点前，司法确认程序只能由人民调解委员会所在地的基层人民法院受理，仅能适用于人民调解委员会调解达成的调解协议。这样无形中抑制了行业调解、商事调解以及行政调解等多元解纷的成效，也不利于中级人民法院开展相关的诉前调解工作。

---

① 蒋惠岭：《十年改革创新路　扬帆逐浪再起航》，《人民法院报》2015 年 4 月 13 日。

② 姚建军：《积极推动民事诉讼繁简分流改革》，《人民法院报》2020 年 3 月 29 日。

（三）司法确认程序是人民法院运用司法权对社会调解工作的保障制度之一

司法确认程序是人民法院根据当事人的申请对调解协议赋予司法强制力，有效地保证了调解协议效力的确定性以及强制性，在一定程度上改变了调解协议缺乏司法保障的情况，有条件地赋予当事人达成的调解协议以强制执行的司法效力，使得中国的调解制度更加完善。

然而在实践中，司法确认制度自设立以来一直处于被埋没被忽视的尴尬境遇，社会公众的知晓率和人民法院的运用率都不高。就宁波地区而言，在改革试点之前的 2019 年，宁波法院司法确认案件收案数 6083 件（见图 1），相比一审民商事案件收案 106953 件而言，司法确认程序作为保障非诉机制有效运转的桥梁作用并未充分发挥。如何进一步优化司法确认程序，重新焕发司法确认程序的生命力，让司法确认程序成为人民群众在纠纷发生后优先选择的一种方式，激活非诉讼纠纷解决机制的动力，值得深入探索和研究。

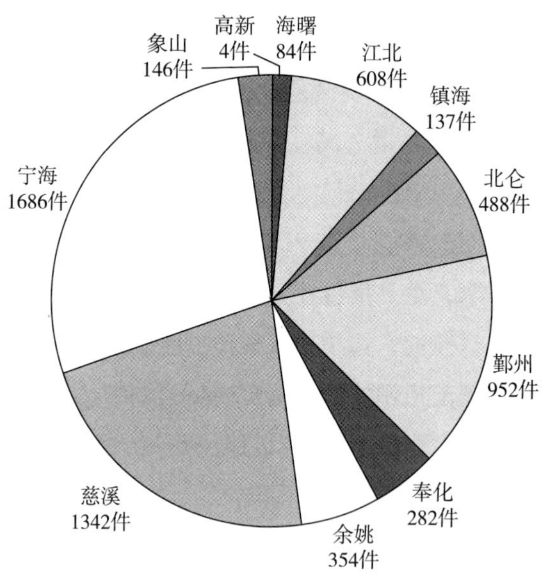

图 1　2019 年宁波法院司法确认案件收案分布

二　优化司法确认程序现状

司法确认程序的设置并非要求调解协议必须经过其确认，而是在司法强制力的基础上为当事人提供一种司法保障和制度选择。当事人在达成调解协议后自动履行调解协议，无须经过司法确认以及法院的强制执行，是矛盾纠纷得到实质性化解的重要标志，也是调解制度的核心价值。因此，此次改革试点要将优化司法确认程序与矛盾纠纷多元化解机制有机结合，推动诉前调解工作标准化发展，不断提升诉前纠纷化解率，提高当事人自动履行率。自改革试点以来，宁波法院积极参与探索创新，不断推陈出新，优化司法确认程序各个方面。

（一）加强特邀调解名册管理制度建设

通过建章立制规范特邀调解名册管理，加强入册标准、违法惩戒力度，完善除名、通报公示机制。慈溪法院制定《慈溪市人民法院特邀调解员管理办法》，规范特邀调解员的选任标准以及退出机制。目前宁波法院已经建立并完善了特邀调解名册（具体数据见图2）。同时落实特邀调解奖励措施。宁海法院积极争取县财政50万元调解员专项资金，并制定《关于人民调解员、特邀调解员考核办法》，全面落实“以奖代补”制度。此外，加强特邀调解员业务培训。高新法院向调解员在线发放“多元调解常见问题问答指引”“ODR调解员操作手册”。宁波中院于2020年9月组织召开全市法院第一期特邀调解员培训，包括人民调解、行政调解、商事调解、行业调解等21家特邀调解组织、人大代表、人民陪审员、律师、专家学者以及退休法律工作者等共计230余名特邀调解员参加培训。

（二）加强诉调对接机制建设

坚持把非诉纠纷解决机制挺在前面，前移解纷端口，加强法律指引，示范典型案例，不断提升诉前纠纷化解率（见表1）。宁波中院率先做好示范，

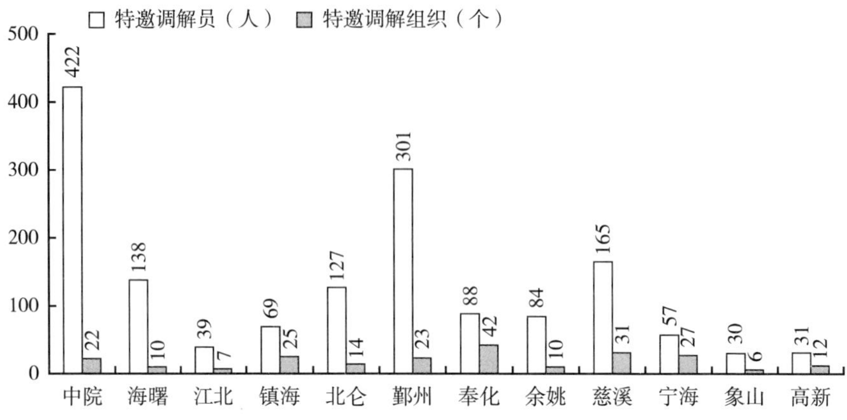

图2　宁波法院特邀调解员名册统计（截至2021年6月30日）

引入“宁波律师调解中心”进驻，同时与宁波证监局、中证资本市场法律服务中心就建立证券期货纠纷多元化解机制进行对接并签订合作框架协议。奉化法院与总工会、人社局联合出台《宁波市奉化区劳动争议调裁诉对接工作机制实施方案》，制定《劳动争议诉调对接细则》，深化劳动争议诉调对接试点工作。试点以来，奉化法院诉前委派劳动争议案件547件，调解成功495件，90.5%的劳动争议案件化解在诉前，成效显著。在疫情初期，余姚法院联合市消保委和市商务局成功化解55起涉某健身房充值会员退费的群体性消费纠纷，同时根据当事人申请作出司法确认裁定，成效良好。

表1　宁波法院诉前纠纷化解数据情况（2020年1月1日~2020年12月31日）

单位：件，%

序号	法院名称	诉前纠纷化解率	诉前调解成功数	一审民商事收案数	一审行政收案数
1	北仑	57.48	4626	7937	111
2	鄞州	51.55	9911	18948	278
3	慈溪	42.22	5259	12343	112
4	奉化	40.08	2199	5416	70
5	象山	40.03	3711	9206	65
6	江北	39.19	2046	5122	99
7	海曙	35.93	5054	13892	174

续表

序号	法院名称	诉前纠纷化解率	诉前调解成功数	一审民商事收案数	一审行政收案数
8	镇海	35.91	1522	4177	61
9	宁海	35.43	2240	6219	103
10	余姚	33.81	3832	11269	66
11	高新	16.62	782	4688	16

（三）探索在线司法确认机制

依托矛盾纠纷多元化解平台（ODR）、“移动微法院”等推进诉前调解与在线司法确认程序的衔接，探索制订在线司法确认规则，推动司法确认数据分析对诉前调解的反馈指导。试点以来，全市通过 ODR 调处矛盾纠纷 130827 件，调解成功 57478 件，调解成功率为 43.9%。全市法院通过 ODR 调处矛盾纠纷 108189 件，调解成功 38620 件，调解成功率为 35.7%。在宁波中院的指导下，余姚法院探索司法确认程序与 ODR 平台无缝对接，目前通过 ODR 平台对一起涉 790 万元金额的纠纷进行司法确认。通过程序衔接，当事人或调解机构均可通过 ODR 平台向法院提交司法确认申请，法院依法作出裁定，然后通过 ODR 平台送达文书，高效便捷。

（四）建立专业化司法确认审查团队

改革试点工作开展以来，司法确认案件稳中有升，共受理 13830 件，同比上升 54.3%（见图 3）。为加快司法确认案件流转速度，更好地解决优化司法确认程序改革试点过程中存在的问题，慈溪法院组建“一正一副一助理”司法确认团队，形成 3 日内受理、审查、裁定的高效司法确认程序。自试点工作开展以来，司法确认案件平均办理天数仅 1.49 天，相比 2019 年度平均用时减少 37.13%，将司法确认程序低成本、高效率、有保障的优点发挥到极致。

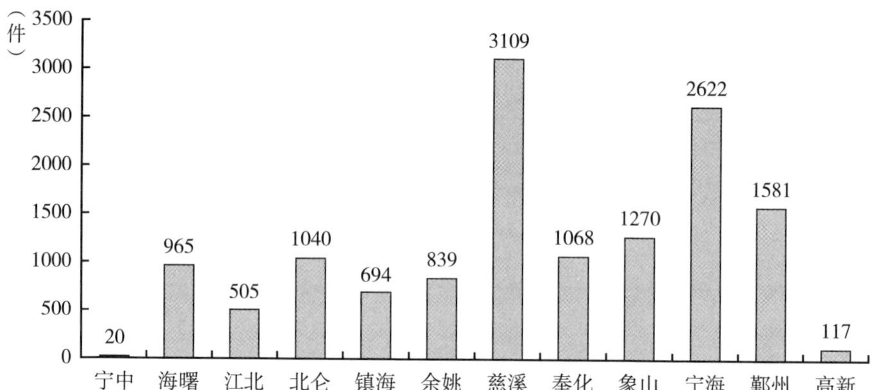

图 3　宁波法院司法确认案件受理情况（2020 年 1 月 1 日～2021 年 6 月 30 日）

（五）提升当事人司法确认案件自动履行率

镇海法院出台《关于特邀调解员奖励实施办法》，对特邀调解员督促当事人自动履行调解协议作出规定，采取阶梯式按件奖励方式，充分激发特邀调解员的积极性；余姚法院结合余姚“道德银行”工作，建立司法确认正向激励机制。对通过司法确认后按期履行完毕的当事人发放“自动履行证明书”，由“道德银行”主管部门对当事人自动履行情况予以加分，以此激励当事人自动履行司法确认（见图 4）。

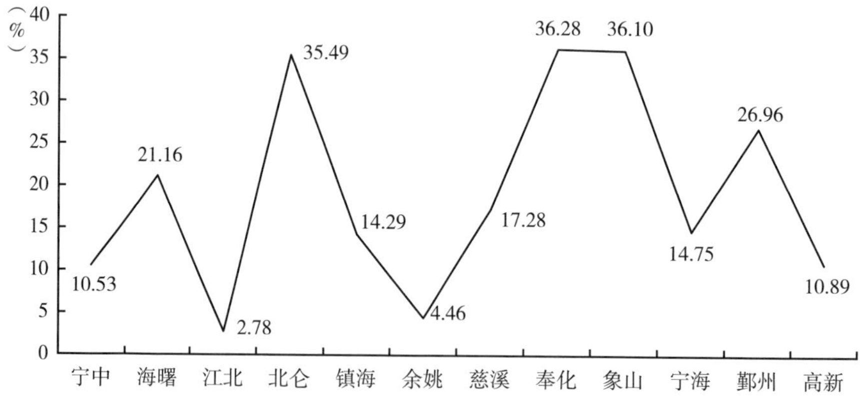

图 4　宁波法院调解协议申请强制执行率（2020 年 1 月 1 日～2021 年 6 月 30 日）

（六）推动基层法院入驻矛盾纠纷调处化解中心

2020年3月30日，习近平总书记在浙江考察期间到安吉县中心视察指导，对加强矛盾纠纷多元化解工作作出了重要指示。对标对表习近平总书记关于“切实把矛盾纠纷解决在萌芽状态、化解在基层”的重要指示，宁波中院制定并下发《关于推进诉讼服务中心成建制入驻县级社会矛盾纠纷调处化解中心的规范意见》，要求基层法院制定符合当地实情的入驻方案（具体入驻情况见表2）。目前全市法院（除高新法院）已全部入驻矛盾纠纷调处化解中心，实质化运行态势良好。

表2 宁波法院入驻矛盾纠纷调处化解中心情况统计（截至2021年6月）

法院	入驻时间	入驻模式(整体入驻或团队入驻)	配置模式:×名(法官)+×名(法官助理)+×名(书记员)+×(诉前调人员)	入驻人数(人)
海曙法院	2019年12月	团队入驻	1名法官+1名法官助理+1名书记员+1名司法辅助人员+2名调解员	6
江北法院	2019年12月	整体入驻	7名法官+2名法官助理+7名书记员+5名调解员+13名司法辅助人员	34
镇海法院	2019年2月	骆驼法庭整体入驻	7名法官+2名法官助理+10名书记员+7名调解员+法警1名	27
北仑法院	2019年8月	团队入驻	1名法官+2名法官助理+2名书记员+2名调解员	7
鄞州法院	2019年6月	团队入驻	团队1为:2名立案信访人员入驻窗口,团队2为:1名员额法官+2名法官助理+2名书记员+2名调解员	9
奉化法院	2019年5月	团队入驻	1名法官+1名法官助理+2名书记员+3名调解员+4名司法辅助人员	11
余姚法院	2019年11月	团队入驻	1名法官+1名法官助理+1名书记员+2名调解员	5
慈溪法院	2019年7月	团队入驻	1名法官+1名法官助理+1名书记员+2名调解员	5
宁海法院	2017年10月	团队入驻	1名法官+1名书记员+5名调解员	7
象山法院	2019年10月	团队入驻	1名法官+1名法官助理+1名书记员+2名调解员	5

三　剖析：司法确认程序遇冷之困

从全国范围来看，司法确认程序作为一项通过司法实践不断磨炼而设置的制度，其出发点、着力点均是为保障非诉讼机制而创设，为什么这个意义重大的法律制度没有在司法实践中遍地开花呢？落实到省内改革试点工作，对试点以来宁波与杭州两个地区司法确认大数据的统计分析发现，杭州受理司法确认申请 36568 件，高于宁波的 13793 件。杭州诉前委派调解纠纷 202667 件，调解成功 71753 件，诉前委派调解纠纷化解率为 35. 4%；宁波诉前委派调解纠纷 131111 件，调解成功 70135 件，诉前委派调解纠纷化解率为 53. 5%（具体数据见图 5）。两个地区收案数存在较大差异（杭州一审民商案件收案 211832 件，宁波一审民商案件收案 157271 件），导致宁波地区诉前委派调解纠纷数相对较少，直接影响司法确认相关数据。同时应该看到，宁波地区的诉前委派调解纠纷化解率比杭州地区高。因此，衡量司法确认程序的成效如何，不能仅仅聚焦司法确认的收案数量。但应当如何衡量司法确认程序的改革试点成效？如何在司法实践中补齐短板、充分发挥试点法院的功效？通过调查研究发现，司法确认程序主要存在以下制约因素。

（一）推进司法确认程序的法院内动力有待加强

司法确认案件案号为“民特”字，有的法院没有将司法确认案件审查计入司法工作量，有的法院对司法确认案件的绩效考核分值设定较低，有的法院由于担忧虚假调解的发生，不愿意适用司法确认程序。目前浙江高院数据决策系统对调解协议申请强制执行的考核指标以执行结案日期为基准，涉及改革试点前的司法确认案件执行情况，存在考核指标不够科学的情形。当事人在 2017 年申请的司法确认案件，如果在 2019 年申请执行，但法院在 2020 年执行结案，这种情况的案件亦会计算进 2020 年的试点考核。比如，鄞州法院在 2020 年上半年的调解协议申请强制执行率高达 98. 22%，对相关数据进行反查发现，该院申请强制执行的司法确认案件

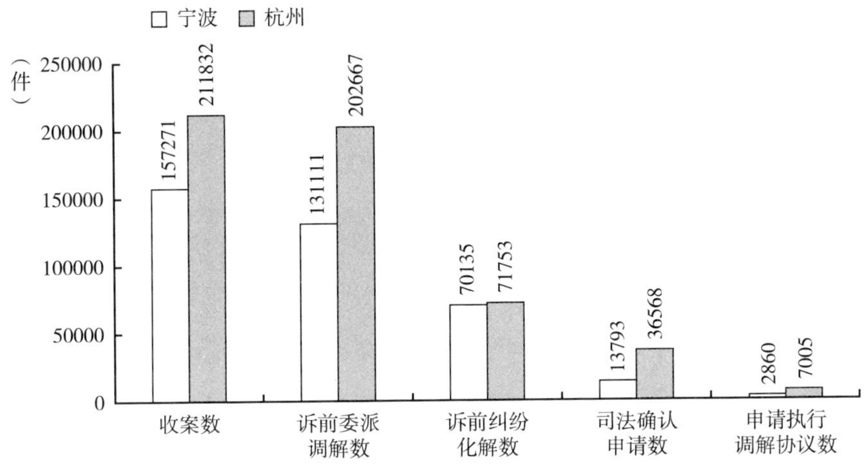

图 5　宁波与杭州司法确认程序相关数据对比（2020 年 1 月～2021 年 6 月）

有 221 件，只有 15 件是 2020 年作出的司法确认，其他均是 2019 年以前的司法确认案件（具体数据见图 6）。

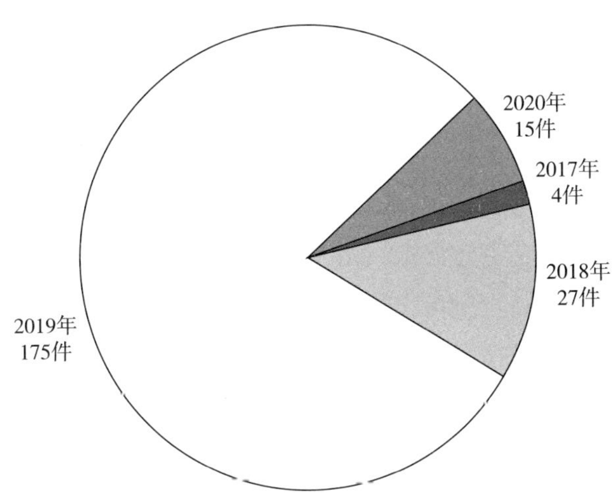

图 6　鄞州法院调解协议申请强制执行案件情况（2020 年 1 月～2021 年 6 月）

（二）司法确认的制度设计有待完善

诉前调解、司法确认与正常诉讼程序的衔接缺乏权威规范的操作指南。应当明确的是，并不是所有经诉前调解的纠纷或者调解后申请司法确认的案件都能顺利履行或者被确认有效，而不履行调解协议的纠纷或者不予确认的司法确认案件就很有可能转化为正常诉讼程序的案件。如果不考虑案件可能转化为正常诉讼程序案件的风险，未能及时有效把握当事人均到场的第一时机，前期的很多工作未能预留当事人送达地址确认书、未进行证据复印留存，特别是未就无争议事实进行及时记载并组织各方当事人签字确认等，就会为后续转化案件带来送达难、证据缺失、事实模糊、账目混乱等问题，给转化案件的审理期限和审理难度造成一定程度影响。甚至导致当事人感到厌烦而径直选择诉讼，给群众传递一种司法确认“不好使”的体验，必然影响司法确认的适用和推广，司法确认就失去了生命力和价值。

四　探索：优化司法确认程序之径

司法确认程序作为诉讼与非诉讼机制衔接的“桥梁”和保障调解协议履行的“堡垒”，实行一审终审，30 天之内审查结案，不收取任何费用，确认有效后即享有法院的强制执行力。相对于诉讼程序而言，司法确认程序具有更为高效、便捷、低成本的优势，完全契合群众的多元解纷需求。目前，全市法院整体上形成了优化司法确认程序改革创新的“比学赶超”氛围，各种亮点措施精彩纷呈。为率先发展、纵深挖掘改革试点措施，宁波中院制定并下发《关于深入推进优化司法确认程序的规范性意见》，要求基层法院以“组团研发”或者“两两结合”模式攻坚司法确认程序的六大板块内容，争创优化司法确认程序“宁波模式”。基于上述调研分析，优化司法确认程序需着重强化以下几方面。

（一）拓展司法确认程序的宣传广度与应用深度

通过拓宽宣传广度，利用新兴媒体与传统媒体相结合的方式，加大对司法确认程序和典型案例的宣传力度，不断强化司法确认程序的社会认知与认同。同时，加强法院与当地党委政府、有关调解组织、律所、网格员等的协作力度，扩大改革试点工作的影响力。象山法院发布《司法确认程序适用情况白皮书》，对司法确认程序存在的问题、成因进行分析，同时提出优化方向，该白皮书获得了象山县委书记的批示。要加强司法确认程序的应用。司法确认的前提是当事人达成调解协议，因此业务部门在案件审理过程中，可以建议纠纷体量比较大的公司、银行、企业等单位签订合同时约定纠纷发生后选择先行调解，在调解协议达成后可以向法院申请司法确认，将司法确认程序的触角深入纠纷发生的前沿。

（二）建立健全特邀调解名册管理制度

首先，应当建立完善的特邀调解选任标准，不断探索特邀调解组织与特邀调解员的入册与“黑名单”制度。在法律规定范围内，针对当前特邀调解团队专业性不足的现状，邀请政法机关离退休人员进入特邀调解名册。同时可在法院外网、微信公众号、当地媒体等发布特邀调解员邀请，着重引入各类专业、高效、优质的解纷资源。其次，加强对特邀调解员的培训与指导，对调解组织、调解员进行持续的法律知识培训与业务指导，及时更新其法律知识储备，不断提高其业务素质和调解能力。最后，加强特邀调解的经费保障。可参照财政部、司法部《关于进一步加强人民调解工作经费保障的意见》，建立完善的调解组织与调解员经费保障制度。特邀调解的工作经费应以个案补贴、奖励为主，还应包含宣传及培训经费，以此激发提高特邀调解员的积极性与能动性。

（三）建立完善司法确认案件考核机制

司法确认工作推动的成效直接反映一个区域的诉源治理水平与成果，同时还要警惕虚假调解的发生，对于虚假调解高发领域以及疑难复杂案件还需要组成合议庭进行审查，这样的司法确认工作量与审查难度和诉讼案件相比并不低，应当计入司法工作量。海曙法院自2020年5月始，审管办在通报数据中加入诉前调解案件数、司法确认案件数等指标，并细化到每个法官及法官助理，将诉前调解、司法确认等按1∶1折算成办案量，同时对于该类案件的书记员信息录入补贴，标准与普通民商事案件补贴看齐，有效提升了法官及书记员的工作积极性。

（四）探索制定司法确认形式审查与实质审查标准

改革试点扩大了可以申请司法确认的调解协议范围，法院将面临更多的司法确认申请。对当事人的司法确认申请，如果人民法院全部对调解协议进行实质性审查，那么司法确认程序便捷高效的特别程序优势将无法体现，如果对调解协议只进行形式审查，法院又无法甄别虚假诉讼。宁波中院经研究初步完成了司法确认案件形式审查与实质审查模式的构建。对当事人的司法确认申请区分为以下类别：一是对事实清楚、证据材料齐全，无须进一步补正或询问的司法确认审查，直接进行形式审查后作出裁定；二是对存在虚假调解嫌疑、敏感领域纠纷以及案件涉及标的额巨大等案件，组成合议庭进行实质审查；三是案件由独任法官进行形式审查的过程中，发现当事人可能存在虚假调解、法律关系复杂可能存在隐藏事实等情形时，认为有必要组成合议庭进行实质审查的，可以转换为合议庭进行实质审查（具体流程标准见图7）。宁波中院联合慈溪法院与余姚法院制定《司法确认案件审查操作指引（试行）》，开展实质审查与形式审查模式的探索，目前已经在全市法院进行推广。

（五）优化委派调解与司法确认的程序衔接机制

司法确认程序作为联结权利确认与自动履行的关键载体，通过“线上调解+线上申请+线上确认”全流程线上化解模式进行优化，推进当事人申请司法确认“零次跑”改革创新，实质性确保矛盾纠纷能以零在途时间、

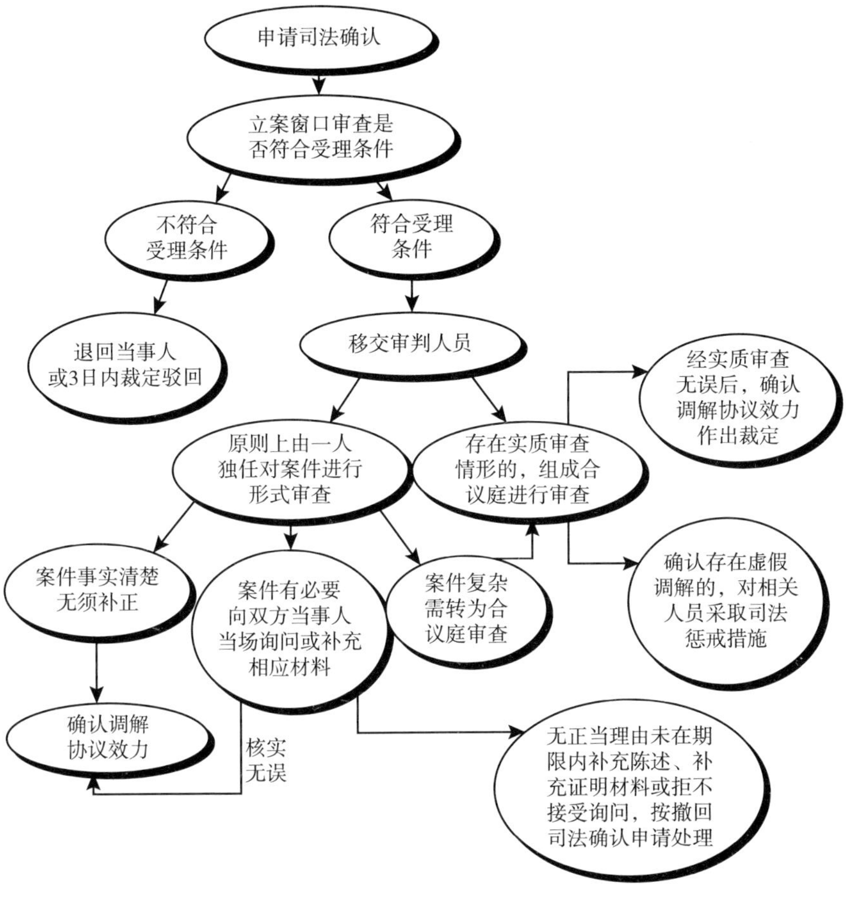

申请司法确认

立案窗口审查是否符合受理条件

不符合受理条件

符合受理条件

退回当事人或3日内裁定驳回

移交审判人员

原则上由一人独任对案件进行形式审查

存在实质审查情形的，组成合议庭进行审查

经实质审查无误后，确认调解协议效力作出裁定

确认存在虚假调解的，对相关人员采取司法惩戒措施

案件事实清楚无须补正

案件有必要向双方当事人当场询问或补充相应材料

案件复杂需转为合议庭审查

确认调解协议效力

核实无误

无正当理由未在期限内补充陈述、补充证明材料或拒不接受询问，按撤回司法确认申请处理

图7　司法确认形式审查与实质审查标准操作指引

零差旅费用支出得以解决。

一是简化委派调解与调解不成功后案件材料的流转机制。可通过在线矛盾纠纷多元化解平台（ODR）、移动微法院平台等进行网上交接，深入开展无纸化办案工作。通过简化材料的流转流程，降低当事人的解纷时间成本，提高当事人的司法体验感。

二是建立与完善专业法官与特邀调解员指导机制。通过建立法官与调解员联络沟通机制，可以为调解员明确调解准则与法律适用依据，补强调解员的相关法律知识短板，提升调解协议质量。

三是固定诉前委派调解成效。特邀调解员可以对当事人进行送达地址的确认、无争议事实与证据的固定，诉前调解还可以引导当事人适用小额诉讼程序，为下一步审判程序提速助力。即使案件委派调解不成功，经当事人同意的调解材料，也可以作为后续诉讼材料使用。

（六）提升司法确认案件自动履行率

司法确认工作应当坚守补强调解效力、赋能非诉机制的制度定位，应当把工作重心放在法院的整体收案数量是否下降以及诉前调解效率和当事人的调解协议自动履行效率方面。在司法实践中，应当根据当事人的意愿，通过调解组织和调解员的调解和引导，尽量将纠纷化解在诉前，切实降低申请强制执行调解协议数量。首先，强化特邀调解员对当事人自动履行的引导责任，建议当事人在调解协议中设立不履行债务的惩罚性条款或担保条款。其次，探索在立案时向当事人发送“自动履行告知书”，在结案后随司法确认裁定书向当事人发放拒不履行风险告知书，全流程督促当事人自动履行。最后，探索通过“裁判示范 + 司法确认”指引模式提升当事人自动履行率，通过示范性判决明确系列案件的法律适用情况，提升系列性群体性纠纷的化解成效和“一站式”司法确认机制。

五　结语

在“调解优先，诉讼断后”的诉源治理大背景下，司法确认制度作为矛盾纠纷多元化解机制的有效途径，对调解协议具有强制执行的司法保障，生动描绘了“诉前纠纷化解 + 司法确认有效 + 强制力执行保障 = 案结事了人和”的纠纷化解大蓝图。把司法确认程序用实用足用好，将成为大众首选的解纷方式。人民法院应当不断挖掘推动司法确认程序优化升级的内生动力，借助社会解纷资源的外力，激发矛盾纠纷多元化解的合力，努力将司法确认程序打造成为当事人最愿意选择且最优的一种解纷方式，不断提升人民群众的司法获得感、幸福感。

B.13

行政复议制度解纷功能的优化

——以行政复议与行政诉讼对比为视角

王　辉*

摘　要：本文着眼于行政复议制度的纠纷化解效果，通过与诉讼制度解纷效果的实证比较和观察分析，总结行政复议解纷功能问题，剖析成因，提出完善建议。通过实证分析发现，行政复议制度的解纷效果较差，未达到《行政复议法》的政策预期，主要体现为行政复议制度解纷能力不足、审查强度低、复议决定说理空洞化、“议结事了”程度低。其原因在于，偏重行政化损害行政复议解纷的效果，证据制度等不完善导致公信力不足，复议机关自身力量不足，作用发挥受限。最后，本文提出行政复议适度司法化的具体路径。

关键词：行政复议　行政诉讼　纠纷化解

自《行政复议法》颁行，迄今已22年时间，其修法安排历经几番浮沉，于2018年再次列入全国人大常委会立法规划[①]。在中国波澜壮阔的法治变革中，行政复议制度凭借其便捷、高效、低成本等优势，在化解行政纠纷方面发挥了不可替代的作用。与此同时，作为行政争议化解制度构成部分

* 王辉，河南省平顶山市中级人民法院党组书记、院长，二级高级法官。

① 王万华：《行政复议法的修改与完善——以“实质性解决行政争议”为视角》，《法学研究》2019年5期。

的行政诉讼制度，紧跟新时代发展步伐，历经多次修改完善，其争议化解能力持续提高。对比而言，行政复议制度仍然存在诸多不足，如何改进完善，可通过与行政诉讼制度作横向对比，进行深入研究。

一　行政复议制度存在的主要问题

近年来，受社会转型、经济快速发展的影响，行政争议频发。从行政争议多发领域来看，土地类和房屋征补（拆迁）类等住建类纠纷[①]最具代表性。本文以河南省平顶山市近五年的住建类行政复议、行政诉讼案件为样本，全面考察行政复议与行政诉讼的解纷功能。

（一）行政复议纠纷吸纳力不足

与行政诉讼制度相比，行政复议制度占有丰富的行政资源，具有快捷、专业、免费等比较优势，理应在纠纷吸纳方面表现出更强的竞争力。但实际上，行政复议的纠纷解决能力与行政诉讼相差较大。

近五年，平顶山市住建类行政争议共有 3916 件。其中，行政复议结案数 504 件，占行政争议总量的 12.87%，仅为行政诉讼结案数的七分之一左右，吸纳纠纷数量显著低于行政诉讼；行政复议结案数虽然与行政诉讼结案数呈此消彼长态势，但案件数量总体增减幅度较小，没有明显增长趋势，并未与行政诉讼形成良性竞争关系（见表 1）。

未经复议而直接进入诉讼的住建类行政争议占比总体较高，呈波状发展态势，未出现明显下降趋势；其中，2018 年 5 月至 2019 年 4 月达到样本区间峰值 84.36%，而 2017 年 5 月至 2018 年 4 月达到样本区间低谷且数值高

① 本文所采集样本主要为土地类和房屋征补（拆迁）类纠纷案件，为方便表述，下文该两类纠纷统称为“住建类”纠纷。本文所采用的数据样本中，相关行政诉讼案件数据系从河南省平顶山市中级人民法院审判流程系统中调取，相关行政复议案件数据系从河南省平顶山市政府复议机关调取。

达78.51%（见图1）。总体来看，一直高位运行。可见，行政复议分流纠纷数量较少，分流效果不佳，对行政纠纷的吸纳并不充分。

表1　近五年平顶山市住建类行政复议、行政诉讼案件审结情况

时间	行政争议总量（件）	行政复议		行政诉讼		诉讼与复议结案数比值
		绝对数（件）	占比（%）	绝对数（件）	占比（%）	
2015年5月～2016年4月	802	108	13.47	694	86.53	6.43
2016年5月～2017年4月	828	102	12.32	726	87.68	7.12
2017年5月～2018年4月	764	108	14.14	656	85.86	6.07
2018年5月～2019年4月	664	71	10.69	593	89.31	8.35
2019年5月～2020年4月	858	115	13.40	743	86.60	6.46
总计	3916	504	12.87	3412	87.13	6.77

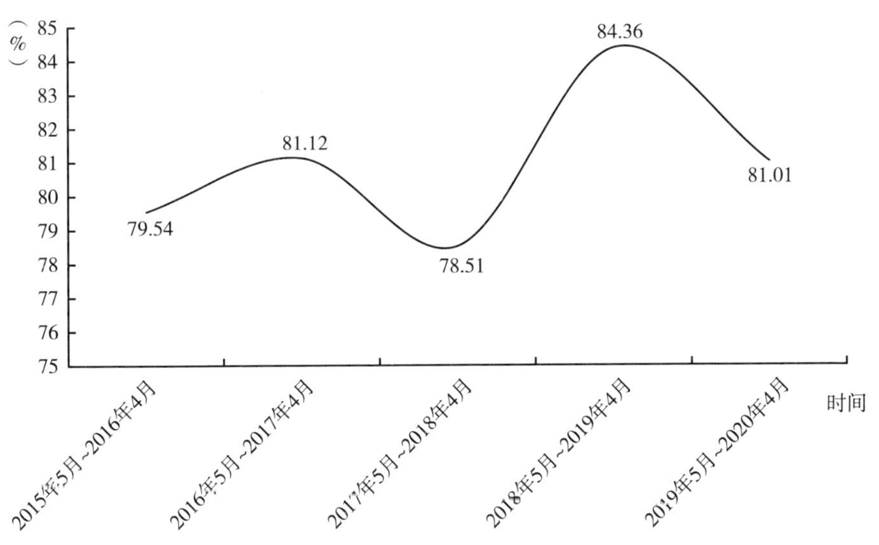

图1　近五年平顶山市未经复议直接起诉至法院的住建类案件比例

（二）行政复议解纷能力较差

1. 复议审查强度弱

复议审查强度弱表现在以下三个方面。一是复议维持率较高。近五年，平顶山市住建类行政复议案件维持率均值为42.09%，明显高于其他结案方式。复议决定的维持率越高，说明复议机关的审查强度越低，而且从不予受理案件占比整体呈上升态势可以发现，2014年《行政诉讼法》修改后规定复议机关维持原行政行为的，复议机关与作出原行政行为的行政机关作共同被告，为减轻作共同被告的压力，行政复议机关存在以“不符合受理条件”为由驳回复议申请的倾向。二是复议撤销率较低，撤销率均值为11.92%，且自2018年开始明显下降，复议决定的撤销率越低。说明复议机关的审查强度越低。三是复议申请人败诉率[①]较高，复议申请人败诉率均值为71.35%，远高于撤销、确认违法和变更原行政行为的复议机关直接纠错率19.18%。由此可以证明，复议机关的审查强度不高，存在履行复议职责不够积极的问题（见表2）。

表2　近五年平顶山市住建类行政复议案件审结情况

单位：%

年份	审理结果(占比)						
	不予受理	维持	驳回	撤销	确认违法	变更	其他
2015年5月~2016年4月	21.30	39.31	7.41	13.89	6.48	1.85	9.76
2016年5月~2017年4月	22.55	40.20	5.88	13.73	4.90	1.96	10.78
2017年5月~2018年4月	21.30	46.30	5.56	14.81	2.78	0.93	8.32
2018年5月~2019年4月	26.76	39.44	4.23	8.45	8.45	2.82	9.85
2019年5月~2020年4月	28.70	45.22	2.61	8.70	5.22	0.87	8.68
平均值	24.12	42.09	5.14	11.92	5.57	1.69	9.47

2. 复议决定说理空洞化

行政复议决定文书作为“裁决结果”，理应表现复议机关对行政相对人争议诉求的具体回应，对证据的认定过程以及对处理结果的思辨过程。复议决

① 此处的“复议申请人败诉率”系指“不予受理比例”“维持比例”“驳回比例”三项指标数据之和。

定说理内容应当包括事实与证据、法律、推理性语句、决定四个主要部分[①]。作出复议决定前，应当对相关证据进行审查，并在复议决定中就四个部分内容作出较为充分的描述。为深入了解复议决定说理情况，笔者从上述504件行政复议案件中随机抽取了150份复议决定，考察复议决定内容，发现多数复议决定书的说理采用“不论证证据审查采信”+“直接列明相关事实”+“直接引用法条进行合法合规认定”模式，推理性语句生硬，说理空洞呈常态化，鲜有详细论证内容出现。

（三）行政复议“议结事了”程度低

1. 经复议又诉讼的案件比例高

“解决纠纷是行政复议肩负的政治使命。”[②] 基于司法审查的终局性，如果复议不能及时化解行政争议，其本身将成为新的争议产生渠道，进而加剧国家纠纷化解资源的紧张程度。2015年至2018年，平顶山市经行政复议又进入诉讼的案件比例在30%左右，整体偏高，且进入诉讼的案件数量呈先降后升态势（见图2）。这一状况表明，行政复议“截流”作用不足，解纷效果偏低。

2. 复议后败诉比例居高不下

由于行政诉讼确立行政复议机关作共同被告制度，如果复议维持，经过复议又进入诉讼的案件，复议机关还需作为共同被告出庭应诉。基于复议机关行政争议化解的专业性及可调用行政资源的多样性，经过复议的行政案件应当能够经受司法的检验，理论上，败诉率应当比未经复议的案件更低。但研究发现，样本中，经复议后又进入诉讼的案件，总体败诉率相对未经复议直接进入诉讼的案件，并没有明显降低，有的年份还出现了败诉率高于未经复议直接进入诉讼的案件败诉率的现象（见图3）。总体而言，复议机关化解纠纷的专业性表现不佳、水平较低。

---

① 周念琪：《行政复议说明理由制度的完善——以上海市人民政府114份行政复议决定书为例》，《内江师范学院学报》2017年第7期。

② 贺奇兵：《行政复议申请人资格标准的基本定位——基于行政复议与行政诉讼目的差异的视角》，《法学》2015年第12期。

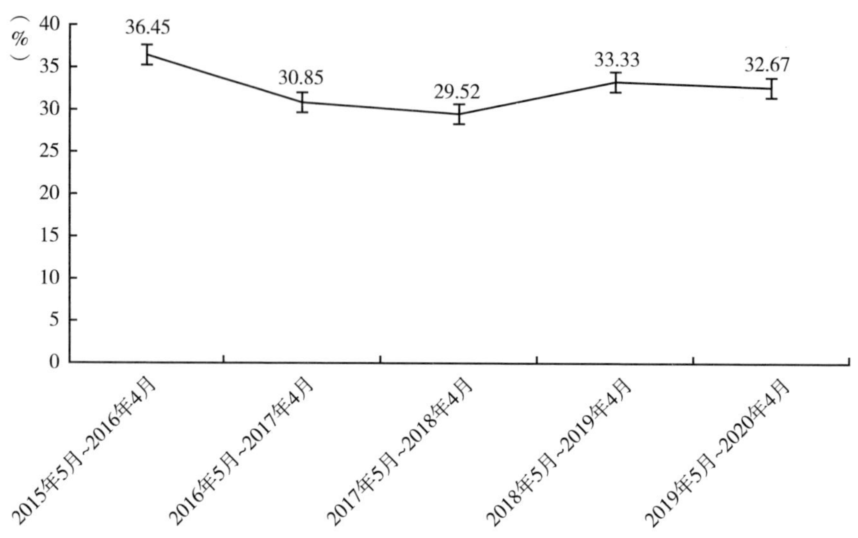

图2　近五年平顶山市经过复议又进入诉讼的住建类案件比例

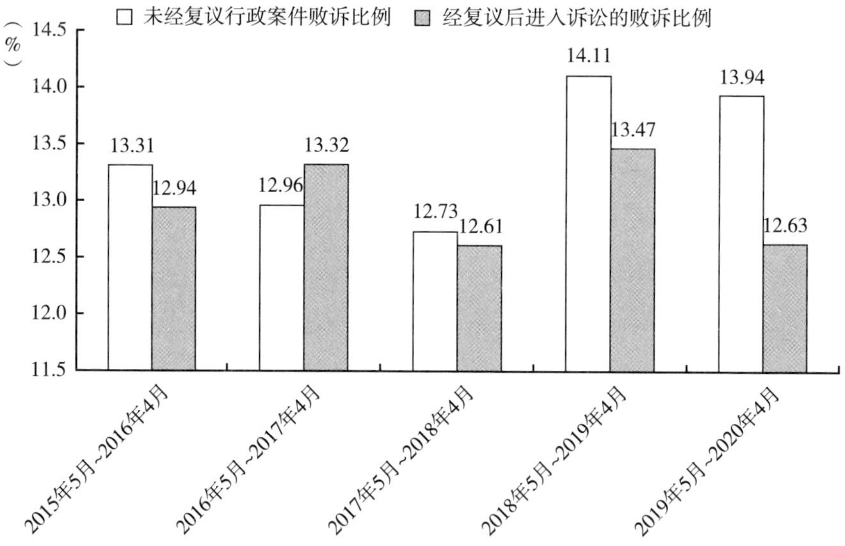

图3　未经复议与经复议进入诉讼案件的败诉率情况

3. 复议机关解纷能动性不足

随着 2007 年《行政复议法实施条例》颁行实施，调解、和解制度被正式纳入复议解纷的范畴。基于行政复议机关行政监督权的天然优势，复议机关可以充分行使其作为上级监督机关在行政系统内所享有的综合行政权，不论是对行政争议的调处力度，还是化解效果，复议机关均应当远高于法院系统。但事实并非如此。

第一，复议案件调撤率远低于诉讼案件调撤率。2015 年 5 月 1 日 ~2020 年 4 月 30 日，行政复议调撤率基本保持在 9% 上下，远低于行政诉讼调撤率。行政诉讼调撤率虽然有起伏波动，但基本保持在行政复议调撤率的 2 ~3 倍（见图 4）。

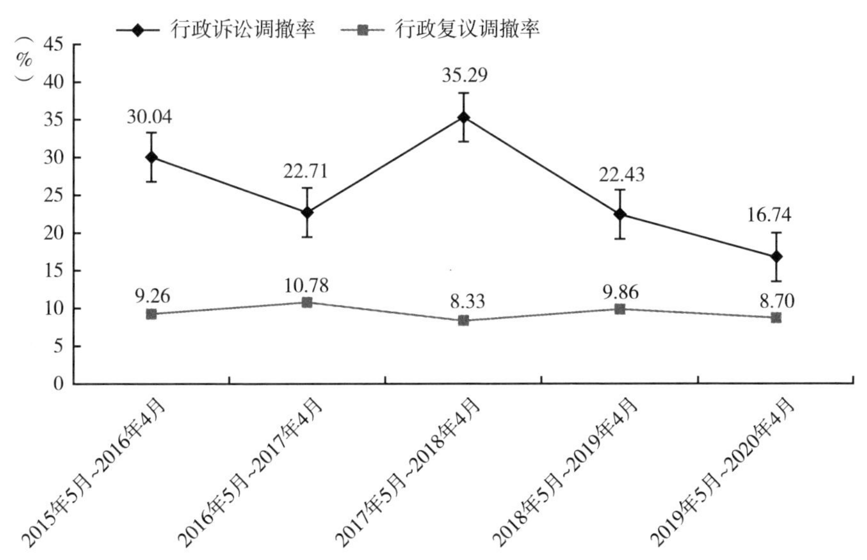

图 4　行政复议案件与行政诉讼案件的调撤率情况

第二，复议工作人员调撤工作能动性较差。为深入了解复议机关调撤工作情况，笔者专门走访了平顶山市政府复议科①相关工作人员。根据访谈回馈，复议机关做调解撤诉工作时常常面临以下尴尬境况：一是民众不信任，

① 河南省在机构改革后，市一级的行政复议职能由市政府的内设部门行政复议科室专职履行，而未交由市司法局负责。

认为复议机关是原行政机关的上级机关，调解是为了拖延时间，劝导撤诉是“官官相护”，复议申请人极易产生抵触心理；二是被申请人不愿意，内部审批程序烦琐，逐级汇报成本较高，被申请人嫌麻烦，导致调解意愿低；三是复议机关在作共同被告制度确立后工作压力较大，做调解撤诉工作相比直接作出决定书要耗费更多时间和精力。综上，就复议案件调撤工作而言，复议机关的能动性不足。

二 行政复议制度解纷效果不佳的原因分析

（一）偏重行政化损害复议解纷效果

关于行政复议的功能定位和制度价值，理论界尚未形成统一意见，学术界大致有三种观点，即权利救济说、内部监督说、解决纠纷说[①]。由于《行政复议法》立法的核心导向是效率主义优先，且强调该制度的设立初衷：不宜搬用司法机关办案程序、不应使行政复议司法化[②]。这就导致行政复议制度长期以来试图形成与行政诉讼明显不同的争议处理模式。对争议解决模式司法化的排斥造成行政复议偏重行政化，进而使得“内部监督”成为超越“权利救济”与“解决纠纷”的行政复议制度的核心价值。基于此，与行政诉讼相比，《行政复议法》对复议程序的设计就显得较为粗放，特别是其中的证据制度与审查制度。其侧重保证争议快捷高效地解决，而忽视了行政复议制度本身所应当包含的准司法特征，降低了行政复议制度化解纠纷的公正性、权威性。

---

① “权利救济说”认为，行政复议制度是行政相对人对行政机关的具体行政行为有异议时，申请行政复议机关对该行为复查及纠正、保障其受到侵害的合法权利和利益得到及时救济的制度；“内部监督说”认为，行政复议制度是一种上级行政机关对下级行政机关的层级监督和纠错制度，行政复议功能就是“行政机关内部的监督功能”；“解决纠纷说”认为，行政复议制度是针对行政相对人和行政主体之间的争议，由行政复议机关按照法定的程序居中裁决、作出相应处理决定，以此化解行政纠纷的制度。参见甘臧春、柳泽华《行政复议主导功能辨析》，载《行政法学研究》2017 年第 5 期。

② 杨景宇：《关于〈中华人民共和国行政复议法（草案）〉的说明》，载宋雅芳主编《行政复议法通论》，法律出版社，1999，第 283 页。

（二）制度不完善弱化复议公信力

1. 证据制度粗疏

法律的权威，有赖于广大民众对法律的信仰、遵从而实现，这种信仰、遵从根源于民众的观念、意识、心理甚至情感[①]。争议事实审查的核心问题是证据应如何认定，复议机关应当根据各种证据的认定过程对案件事实作出审查，进而作出适法判断[②]。当前，不论《行政复议法》，还是《行政复议实施条例》，对证据种类、证据能力和证明效力等均未作出明确规定，使得复议机关认定事实时缺乏法定的证明标准和证据规则指引。虽然《最高人民法院关于行政诉讼证据若干问题的规定》对行政争议裁决的证据规则作了较为系统、明确的规定，但参照适用该规定并非复议机关的法定义务。这就导致复议机关在处理行政争议时，是否参照《最高人民法院关于行政诉讼证据若干问题的规定》对证据进行审查认定，主要依赖工作人员个人的法律素养和职业自觉，随意性较大。在行政复议偏重行政化的前提下，复议工作人员的证据意识又较为薄弱，复议决定普遍说理不足，很容易使相对人对复议的公正性产生质疑。

2. 书面审查适用泛化

在偏重行政化的价值导向下，复议制度追求快捷、效率，故而确立了“以书面审查”为主的审查模式，但缺乏类似诉讼制度中的证据交换、质证、辩论等保障行政相对人能够充分参与复议的审查程序，仅以重大、复杂案件方可启动的听证程序作为补充。“以书面审查为原则，以听证为例外”的书面审查模式虽然有助于提高效率，但是降低了复议申请人对行政复议的参与度。再加上行政复议制度中书面审查的相关规定过于原则，缺乏规范、细致的程序设计，严重影响了行政复议的公信力。

---

① 覃美洲：《“信访不信法”的根源探析》，载《内江师范学院学报》2011 年第 1 期。

② 莫于川、王宇飞、雷振：《我国行政复议证据制度的突出问题与完善路径》，载《行政法研究》2012 年第 2 期。

（三）人员力量薄弱制约复议作用发挥

一方面，行政复议实行“条块结合”的管辖模式，“块”上的同级人民政府与“线”上的上级主管部门均有复议职能，复议力量较为分散，难以形成聚力效应。另一方面，复议机关人员的流动性较强。据统计，全国共有行政复议机关约4万个，但专职行政复议人员仅有1.8万人，每个行政复议机关平均不足1人[①]。随着党和国家机构改革的不断深化，复议机关的人员流动性也在加剧，很多原来从事复议工作的人员转隶到其他部门任职，而从其他岗位调整过来的人员对复议业务不熟悉，工作断档情况时有发生。此外，复议机关作共同被告的制度设计，在客观上也加大了行政复议机关工作压力大与人员配备不足的矛盾。受以上多重因素影响，行政复议机构和人员队伍不断弱化，严重制约着行政复议作用的发挥。

三　行政复议制度解纷功能的优化路径

过度强调行政复议的行政属性而忽视其所蕴含的准司法特征，必然导致复议解纷功能的弱化。如果完全参照行政诉讼制度，对行政复议制度进行完全的司法化改革，则会导致行政复议与行政诉讼同质化，使行政复议制度丧失独立存在的价值。顺应经济社会发展和民主法治要求，避免走向两种极端，推动复议程序适度司法化是优化行政复议制度解纷功能的内在要义。

（一）适度司法化的必要性

作为行政救济制度的重要构成，如何充分发挥行政复议解决纠纷的制度功能，是行政复议体制改革的逻辑基础。适度司法化作为优化行政复议制度解纷功能的有效途径，适度司法化具有重要现实意义。

---

① 赵大程：《提高行政复议公信力　开创新时代行政复议行政应诉工作新局面》，载《中国司法》2019年第10期。

1. 有效缓解行政权与司法权的冲突

中国的法院是一个专职解决法律纠纷的“部门”[①]。在社会转型期，以公权力行使为核心的行政争议，往往牵涉国家政策、社会利益，甚至影响国计民生的发展问题。这些行政争议如果直接进入法院，单纯依靠司法权予以解决，通常很难实现社会效果和法律效果的统一，对社会稳定产生冲击。中共中央在2011年的中央政治局会议上将行政复议确定为“化解行政争议的主渠道”。在《行政诉讼法》修订过程中，立法机关也明确提出，“在定位上，应当把行政争议解决的主战场放在行政复议上”[②]。将行政复议作为化解行政争议主渠道、主战场的现实必要性，就在于能够在行政权接受司法权的审查之前，设置一个兼具行政执法与法律专业性，能够妥善高效化解纠纷的缓冲区域，尽可能在司法权介入之前妥善化解行政争议，避免行政权与司法权发生冲突。

2. 切实提升行政复议的解纷效果

虽然行政复议制度的附属性非常强，但国务院也在意图将行政复议打造成为与行政诉讼不同的制度，从而使得两者能够“差异化竞争”[③]。相对司法机关，行政机关基于其享有的行政权，可以调动与整合社会各个方面的资源。就行政复议制度解纷功能的充分发挥，乃至行政复议制度的整体改革，都应当重视复议机关的行政属性，并围绕如何充分利用复议机关所管理的行政资源以实质性化解行政争议。在此基础上，实现行政复议与司法的协调发展。

但如前所述，偏重行政化使行政复议制度一味追求效率，过度讲求高效

---

① 耿宝建：《“泛司法化”下的行政纠纷解决——兼谈〈行政复议法〉的修改路径》，载《中国法律评论》2016年第3期。

② 在2014年《行政诉讼法》修订过程中，立法机关的考量依然是：“在定位上，应当把行政争议解决的主战场放在行政复议上。”参见全国人大常委会法制工作委员会行政法室编《关于行政复议与行政诉讼衔接机制的研究报告》，载《行政诉讼法立法背景与观点全集》，法律出版社，2015，第296页。

③ 周佑勇：《我国行政复议立法目的条款之检视与重塑》，载《行政法学研究》2019年第6期。

导致公正性弱化、公信力缺失，影响争议化解效果。而一味追求行政复议的“司法性”或“司法化”，则难免矫枉过正，反而减损复议制度“程序灵活、方便快捷”的特殊优势[①]。对适度司法化的校正，能够维持两者的相对平衡，在坚持效率优先的前提下，对行政复议程序正义、复议机关解纷资源聚合及其专业性提升等方面进行完善，以补强行政复议的公正性和公信力，促进行政争议实质性化解。

（二）适度司法化的具体进路

1. 明确价值定位

（1）以“解决行政争议”为核心价值

如前所述，区别于行政诉讼“权利救济最后防线”的制度定位，行政复议的制度定位则是行政权与司法权之间的缓冲地带。行政诉讼制度以“救济权利”为终极追求，而高效、妥善处理大量行政争议，则是行政复议制度的首要任务。因此，行政复议的核心价值应为“解决行政争议”，这既符合行政复议制度本身的功能定位，也能与行政诉讼制度衔接、互补。以化解行政争议作为价值统领，在该价值的实现过程中，带动行政救济（维护行政相对人合法权益）、内部监督（督促行政机关合法合理运用行政权力）以及纠纷分流（以具备公信力的专业性吸纳化解大量行政争议）等其他功能和价值的实现（见图5）。

（2）以“实质性化解行政争议”为目标追求

近年来，“实质性化解行政争议”这个重大实践命题在行政审判领域取得了重大实效[②]。作为提升行政复议制度解纷效果的理念性问题，推动行政复议适度司法化，还应当将“实质性化解行政争议”作为复议制度的目标追求。根据行政诉讼实践，“实质性化解行政争议”的具体内涵，一是追求

---

① 杨海坤、朱恒顺：《行政复议的理念调整与制度完善——事关我国〈行政复议法〉及相关法律的重要修改》，载《法学评论》2014年第4期。

② 曹鎏：《作为化解行政争议主渠道的行政复议：功能反思及路径优化》，载《中国法学》2020年第2期。

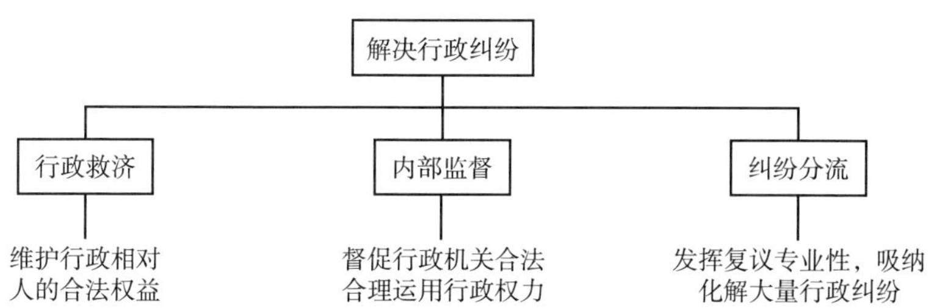

图 5　行政复议制度的价值实现梯度

全面妥善解决当事人之间的权利义务争议；二是及时理清纠纷当事人之间的法律关系，高效化解争议，避免久拖不决①。借鉴到行政复议制度中，则应当要求：行政争议一旦进入行政复议的视野，复议机关应当依职权穷尽可能，妥善化解，防止争讼反复不休。

（3）以调解和解为争议化解主渠道

行政复议机关本身作为争议行政行为作出机关的上级机关，具有更加宽裕的权限、更加丰富的裁量空间、更加充足的调解资源，在行政争议进入复议渠道后，其完全有能力做及时充足的协调②。特别是在争议行政行为本身存在程序瑕疵的情况下，经过调解，如果复议申请人与被申请机关达成调解、和解协议，复议机关则无须专门启用补正程序予以补正，纠纷也不会进入行政诉讼程序。就现行行政复议制度而言，可适用调解的范围较窄。为提升行政复议解纷效果，应当拓宽调解的适用范围。再结合证据制度、审查制度的完善，行政复议机关在复议过程中可以及时归纳各方争议的焦点并提出解决问题的方案，边议边调，缓和复议申请人与被申请行政机关的紧张关系，促进双方进行切实有效的沟通。通过不断协商，在法律允许范围内，促成争议实质性化解。当然，即使未能达成理想的调解结果，调解过程本身也

---

① 徐运凯：《论新时代行政复议的功能定位及其评价体系》，载《行政法学研究》2019 年第 6 期。

② 钱晓芳：《关于行政复议制度性质与定位的新思考——基于〈行政复议法〉修改背景下的探讨》，载《中国司法》2020 年第 4 期。

会缓解矛盾，为后续争议的解决奠定基础。

2. 完善程序制度

程序公正在贯穿纠纷解决全过程的同时，保证了纠纷解决效果的公信力与裁决结果的可接受性①。为切实增强行政复议解纷效果，应当完善证据、听证、说理等制度。

（1）完善证据制度

中国社会正处于深刻变革期，任何法律制度的完善，都应当紧密结合中国国情以及历史经验展开。中国目前没有制定统一的行政程序法，各种行政行为的作出要求与取证标准并不统一，繁杂混乱，故完善行政复议证据制度，难以一蹴而就。就行政复议证据制度的整体框架而言，可以行政诉讼证据制度的相关规定与实践经验为探索向导，即先参照行政诉讼证据制度构建完善行政复议证据体系和规则。如此为之，一是有利于对行政机关及其执法人员的取证行为给予明确指引，对行政复议机关认定证据形成规范和约束，也能为复议决定书的说理提供具体的基础制度支持；二是有利于与行政诉讼制度的衔接，使复议机关与诉讼机关在事实认定上立足相同的审查视角与逻辑。同时，也有利于在复议制度累积经验后，反向推动行政诉讼证据制度的完善。

（2）完善听证制度

一是进一步扩大听证程序的适用范围，明确“以听证审查为原则”的审查模式。同时，基于效率考量，以“案情简单、事实清楚且证据确凿的可适用书面审查”作为例外规定，以增强复议申请人对复议程序的参与度，保障复议申请人与被申请人的直接对抗与沟通。二是引入直接言词原则。直接言词原则要求争议双方与中立裁决者同时在场，以口头方式围绕案件事实问题、法律问题陈述己方观点、反驳对方意见，裁决者通过听取双方意见把握实质争议焦点，方可作出裁断。行政复议的高效便捷特点应当体现在弱化双方对抗程度、简化流程等方面，而非取消直接言词原则。

① 应松年：《对〈行政复议法〉修改的意见》，载《行政法学研究》2019 年第 2 期。

（3）完善说理制度

对复议决定书的撰写制作作刚性要求，在复议决定书中必须对证据审查、证据采信、事实认定等围绕证据制度展开的心证过程予以呈现。具体言之，结合完善后的证据制度、听证审查制度，复议决定书说理内容应当首先从当事人所提交的证据出发，并根据所掌握的证据来认定法律上的事实；在法律事实认定的前提下，再根据“三段论”逻辑进行法律适用的演绎推理，陈述作出决定的理由，以确保逻辑的自洽性与合理性。以上内容必须在决定书中进行展示，以保证行政相对人能够明确知晓复议机关的心理确信、裁决思路。此外，建立行政复议决定书网上公开制度，允许复议申请人以外的社会公众进行查阅，倒逼复议机关提升说理能力。

3. 健全配套措施

（1）推动复议机关相对独立化

推行以“一级政府只设立一个行政复议机构”为原则，以“中央垂直领导的行政机关和国家安全机关，由上一级主管部门行使复议管辖权”为例外的复议管辖模式，将分散在各行政部门的复议管辖权集中到省、市、县政府统一行使。在行政复议机构设置上，国务院和省、市、县政府均设立相对独立的行政复议局，接受同级政府直接领导，并以同级政府名义对外作出相应的复议决定；行政复议局统一管辖本辖区内的行政复议案件，原则上由行政复议局“集中受理、集中审查”①，实行一个窗口对外，以实现复议资源全面整合。

（2）加强复议队伍建设

首先，根据行政复议工作特点，确立与之相适应的复议人员管理制度和职业化体系②，以实现其相对独立性。例如，借鉴法官员额制改革的有益经验，建立推行行政复议官制度，并配备专业化晋升通道和特定职级待遇。其次，强化行政复议队伍专业化建设，严格复议工作人员的任职资格与遴选标

---

① 方宜圣、陈枭窈：《行政复议体制改革“义乌模式”思考》，载《行政法学研究》2016 年第 5 期。

② 王青斌：《反思行政复议机关作共同被告制度》，载《政治与法律》2019 年第 7 期。

准，完善考核制度。最后，人员不足的地区，应充分发挥市场作用，可将辅助性事务外包，即以政府购买服务方式聘用法律服务人员，辅助行政复议人员办理案件，提高行政复议案件办理质效。

（3）建立政府与法院联动机制

复议机关作出的复议决定，需要接受司法机关的终局审查。推动政府与法院就行政争议化解进行联动交流，有利于保障行政复议在法治轨道内发挥灵活、便捷、高效化解争议的功能。具体而言：一是建立和完善信息交流机制、共同调研机制、重大案件及重要事项协调机制等，及时有效化解行政争议，推动行政执法水平提升；二是建立联席会议制度，强化政府与法院的常态化沟通、交流，通过定期通报典型案例及联合评选优秀复议决定文书、优秀裁判文书等形式，促进行政复议机关提升案件审查、认定事实、采信证据的规范性。

B.14

诉讼信用评估体系：应用、挑战及制度构建

——以余姚法院为样本

浙江省余姚市人民法院课题组*

摘　要：司法实践中，部分当事人利用“诉讼外衣”，采取不诚信手段谋取不当利益，极大地损害了司法公信力。通过诉讼信用评估，可以打击不诚信诉讼行为，对内在法院内部建立起诉讼失信电子档案管理联动机制，对外与其他主体依托诉讼信用档案展开联合惩戒与特殊主体惩戒。然而，诉讼信用评估体系本身仍然面临数据隐私保护、舆情管理、应用场景拓展等的挑战，应以诚信诉讼秩序形成和社会本位核心理念为设计思路，从管理机制保障、失信行为评价以及救济机制三方面，构建切实可行的诉讼信用评估体系。

关键词：诉讼信用评估体系　不诚信诉讼　虚假诉讼　制度构建

一　问题的提出：不诚信诉讼行为亟待治理

当前，司法领域的不诚信诉讼行为时有发生，如恶意起诉、诉讼拖

* 课题组负责人：余国英，浙江省余姚市人民法院党组成员、副院长。课题组成员：严航、贺小宁、叶科技、杜健、周海燕、周溶溶、张传宏、程银、赵艳、陶怀川、陈元春。执笔人：程银，浙江省余姚市人民法院综合办公室副主任；贺小宁，浙江省余姚市人民法院综合办公室主任；赵艳，浙江省余姚市人民法院办公室法官助理；陶怀川，西南政法大学在读硕士研究生。

延、诉讼突袭、虚假陈述、伪造证据、逃避执行等，不仅破坏社会诚信，也损害司法权威和司法公信力，已经成为人民群众反映强烈并日益关注的司法热点。从数据来看，仅2019年浙江法院就处置涉虚假诉讼案件共计3259件次，对当事人处以罚款的447件次，以虚假诉讼罪定罪处罚的119件次，以诈骗罪定罪处罚的97件次，对当事人处以拘留的93件次。2017年3月以来，余姚法院通过多种有效措施防范和制裁不诚信诉讼行为，强化立案警示引导，发放诚信诉讼告知书，在全省率先向社会公开发布"职业放贷人"名录和"不诚信诉讼"黑名单。截至2021年7月，通过追究刑责、拘留、罚款等手段惩治诉讼失信当事人42人，整治工作取得了一定成效。然而，由于各种错综复杂的原因，对诉讼失信的打击工作仍然存在一些不足，具体表现在：一是偏重事后惩治，缺乏事先预防的理念和对策；二是整体性、系统性的评价体系尚未建立，使得甄别和打击工作难以形成常态；三是联合惩戒机制对接不畅，客观上导致失信成本偏低。

由于目前不诚信诉讼行为规制方面尚未建立起客观、科学、开放的诉讼信用评估体系以及系统的配套机制，现行法律对于不诚信诉讼行为尚无明确清晰的规定，导致不诚信诉讼行为频发。毋庸置疑，不诚信诉讼行为具有不正当性，需要从法律及道德上进行规制，但目前规制措施薄弱，不诚信诉讼背后存在利益驱使和收益与风险成本比较的考量。通常行为人以追求非法利益为目的，在不诚信诉讼行为实施之前，会对可预见的实际利益与可能的成本代价进行利弊衡量，如果不诚信诉讼行为利大于弊，行为人会选择不诚信诉讼行为。目前，法官对不诚信诉讼行为的认定，一般持谨慎态度。大多数不诚信诉讼行为被发现后，行为人会承担败诉的后果，情节比较严重的，法院一般采取罚款的惩戒措施，拘留措施适用较少，追究刑事责任的更是寥寥无几。法院在治理诉讼失信行为的过程中表现为"头痛医头、脚痛医脚"，宽松的制裁措施在一定程度上纵容了不诚信诉讼行为。此外，部分当事人采取积极措施维护自身权利，有些措施甚至超过必要限度，但在承担责任方面，往往表现消极，这种权利意识与责任意识的不平衡，在一定程度上加剧

了不诚信诉讼的发生。

信用是个人安身立命的根本，是经济良性运行的前提，也是社会稳定有序的基础。诉讼信用是对当事人的诉讼行为是否诚实守信的评价指标，不仅是司法公信的重要分支，也是社会信用的有机组成。诉讼信用评价的缺失，不仅制约了社会信用体系整体效应的发挥，也对建立现代化社会治理体系造成了负面影响。是以，无论是从提升打击诉讼失信行为的精准性和实效性，以更好地回应人民群众对诉讼诚信乃至社会诚信的美好期待来考量，还是从完善诉讼失信行为治理机制，以构建科学合理的诉讼信用评估体系进而补足中国信用体系建设在司法领域的缺失来考量，诉讼信用评估体系都有存在的必要与空间。由此，余姚法院充分结合司法实践和诉讼失信行为的具体特点，通过构建诉讼信用评估体系，治理诉讼失信行为。

二　诉讼信用评估体系的司法应用

为切实破解诉讼失信难题，余姚市人民法院积极构建诉讼信用评估体系，在全国率先研发集“信用查询、失信通报、外部应用”等功能于一体的“诉查查”诉讼信用查询程序，并探索构建诉讼信用评估体系，实现诉讼信用标准化、失信查询便利化、信用应用实效化。2020 年 12 月底，“诉查查”在微信小程序上线，2021 年 4 月在“浙里办”上线。截至 2021 年 10 月，“诉查查”的样本上传量为 33816 件，提交扣分样本 671 人，累计查询量为 161982 人次。该项目契合了新时代人民群众对诉讼信用查询的需求，具有广阔的应用场景。

（一）诉讼信用评估体系的可行性

1. 政策支持

党中央、国务院高度重视社会信用体系建设，早在“十一五”规划时期即提出，完善信贷、纳税、合同履约、产品质量等重点领域的信用记录，加快建设社会信用体系。到"十二五"规划时期，已经提出"加快社会信用体系建设"的总体要求。党的十八届三中全会提出，"建立健全社会征信体系，褒扬诚信，惩戒失信"，"十四五"规划纲要提出，"建立健全信用法律法规和标准体系，制定公共信用信息目录和失信惩戒措施清单，完善失信主体信用修复机制"①，从国家战略层面对社会信用体系建设作出部署和要求。党的十八大报告重视司法公信建设不足的问题，提出"加强政务诚信、商务诚信、社会诚信和司法公信建设"。国务院《社会信用体系建设规划纲要（2014～2020年）》指出，在司法公信领域，司法公信力与人民群众的期待还有一定差距。国务院办公厅《关于加快推进社会信用体系　构建以信用为基础的新型监管机制的指导意见》提出，"推动在司法裁判和执行活动中应当公开的失信被执行人、虚假诉讼失信人相关信息通过适当渠道公开，做到'应公开、尽公开'"②。

2. 科技支撑

最高人民法院"五五改革纲要"提出，要把握新一轮科技革命历史机遇，充分利用现代科技手段破解改革难题、提升改革效能，促进审判体系和审判能力现代化。推动科技创新手段深度运用，建设现代化智慧法院应用体系。未来一段时间以大数据、云计算和人工智能驱动的"智慧司法"建设将成为审判体系和审判能力现代化的重要推手。司法大数据能够为诉讼信用评估体系的标准制定提供依据，云计算为诉讼信用档案的快速、准确查询提供了支撑，人工智能技术促进诉讼信用评估系统的优化迭代，为诉讼信用评估体系的建立、运行和维护提供充分的科技支持。

3. 社会公众认同

诉讼信用评估体系致力于诚信诉讼秩序的形成，有助于社会公共利益的

① 参见《中华人民共和国国民经济和社会发展第十四个五年规划和2035年远景目标纲要》，详见 https：//baike. baidu. com/item/，最后访问日期：2021年6月30日。

② 参见《关于加快推进社会信用体系　构建以信用为基础的新型监管机制的指导意见》，http：//www. gov. cn/zhengce/content/2019－07/16/content_ 5410120. htm，最后访问日期：2021年6月30日。

实现，能够得到多数公众的信任。常见的三种信任机制分别是：基于行动者自身特征的信任、基于交往经验的信任和基于制度的信任[①]。社会公众对诉讼信用评估的信任来自以国家强制力为后盾的社会治理机制[②]。从诉讼信用评估体系运行实效来看，“诉查查”小程序上线以来，当事人自动履行率大幅提高，提升了纠纷化解的有效性，拓展了社会治理的新领域。借助诉讼信用评估体系和“诉查查”系统，可以实现失信诉讼主体诉讼信用信息的集中公开、集中查询。社会公众可以切实感受到诉讼信用管理的力度与效果，失信诉讼行为减少所节约的司法资源将被更有效地利用，从而增强司法认同感，提升司法权威。

4. 治理能力支撑

中国特色社会主义法律体系已经形成，构建诉讼信用评估体系具备了充足的规则供给。以纠纷多元化解机制为代表的案件治理方案，能够为诉讼信用评估体系建设和应用提供有益的经验。党的十九大报告提出：“要打造共建共治共享的社会治理格局，提高社会治理社会化、法治化、智能化、专业化水平。”十九届四中全会把“坚持和完善中国特色社会主义制度、推进国家治理体系和治理能力现代化的若干重大问题”列入主要议程，加强和创新社会治理已经成为新时代国家治理的一项重要而迫切的战略任务。新时代的社会治理更加注重公平正义、更加注重联动融合、更加注重柔性管理，社会信用体系所具备的覆盖面宽、社会认同参与度高、柔韧性强的优势，必然成为创新社会治理的最佳选择。

（二）诉讼信用评估体系的应用场景

1. 内部应用

诉讼信用评估体系对内应用主要体现为：在各个法院内部，建立和完善

---

① 谢康、肖静华：《电子商务信任：技术与制度混合治理视角的分析》，载《经济经纬》2014年第3期。

② 〔美〕凯文·沃巴赫（Kevin Werbach）：《信任，但需要验证：论区块链为何需要法律》，林少伟译，载《东方法学》2018年第4期。

"诉讼失信人名单电子档案"，法院工作人员可登录该系统，查询特定主体涉诉、涉执活动的失信行为及其评价结果，作为案件风险评估、预警防范依据。同时，立案、审理、调解、执行阶段均应做好疑似虚假诉讼的备忘和记录工作。立案登记时发现存在疑似虚假诉讼的，应当对疑似情形进行备忘和记录后移送业务庭。业务庭收到案件后，对经立案备忘和记录的疑似虚假诉讼情形应尽审慎注意义务。对经审理后认定是虚假诉讼的，应当按照相关规定处理；对经审理后认为虚假诉讼的依据尚不充分的，可对存疑情形做好备忘和记录，提醒执行部门注意，形成立、审、执合力打击虚假诉讼的格局。同时，逐步在上下级法院、各地区法院之间实现"诉讼信用系统"对接，进一步扩大资源共享的覆盖面，最大限度地发挥系统促进诚信诉讼的示范效应。

2. 外部应用

第一，开展联合惩戒。按照"共享共用"原则，诉讼信用评估体系应以"与现有的社会信用体系接轨"为目标，逐步实现以地区为单位的征信系统一体化。余姚法院与本市"道德银行"建立了对接机制，将被认定为不诚信诉讼当事人的相关信息嵌入数据中心，使其无法享受相关礼遇项目。未来，还准备将诉讼信用评估体系推广到全省范围，具体设想是：可以将查实的虚假诉讼失信人信息公布在"信用中国（浙江）"，供相关单位依照法律、法规和有关规定，在政府采购、招标投标、行政审批、政府扶持、融资信贷、市场准入、资质认定等方面，对虚假诉讼行为人实施信用惩戒。

第二，特殊主体惩戒。针对特定主体为行政机关、事业单位、中介机构（鉴定、评估、拍卖）及其工作人员、协助义务单位，在涉诉、涉执等活动中的失信行为及其评价结果，可由诉讼信用管理中心向其主管部门或工作人员所在单位进行通报，或发出司法建议书，并根据情节轻重，给予相应机构或责任人训诫、责令退还费用、从法院委托鉴定评估专业机构备选名单中除名等制裁，构成犯罪的，依法追究刑事责任。

三　诉讼信用评估体系的制度构建

（一）体系设计总体思路

1. 以诚信诉讼秩序形成为首要目标

从诚信诉讼视角来看，诉讼信用管理机制的缺失会导致滥用诉权、诉讼失信行为频发，也会抑制纠纷多元解决机制的有效运行。具体表现为：一是当事人为谋求个人利益或者损害他人利益，利用立案登记制形式审查特性，进行虚假诉讼、恶意诉讼，阻碍立案登记制功效发挥；二是双方当事人恶意串通，达成虚假调解协议，意图骗取法院调解书，影响调解机制正常运行；三是直接影响诉源治理功效的发挥。诉讼信用评估体系的构建以诚信诉讼秩序形成为首要目标，在宏观层面上，从体系上弥补纠纷多元化解机制在诉讼信用管理方面的缺位状况，使得纠纷多元化解机制更能发挥系统性、整体性效应。在中观层面上，一方面，从源头减少大量的虚假案件，确保进入法院的案件都是“真”案件；另一方面，减轻法官办案压力，缓解案多人少窘境，同时提升人民法院的司法形象，提高社会治理水平，提升司法效能。在微观层面上，诉讼信用评价体系不仅能够提醒诉讼参与人注重诚信品质，而且还能形成“诚信诉讼”效应，在全社会营造诚信诉讼法治文化。

2. 以社会本位理念为核心目标

从社会本位出发，充分发挥司法数据资源的作用是合理、必要且正当的。社会本位是处理个人与社会关系的一项原则和价值选择①。社会本位理念以社会整体为中心，将社会公共利益置于独立地位，并将法律保障的重心适当向公共利益倾斜，从而构建社会和个人的平衡关系。司法不仅是维护社会公平正义的最后一道防线，同时也具有显著的社会公益属性。司法不仅承

① 薛克鹏：《论经济法的社会本位理念及其实现》，载《现代法学》2006 年第 6 期。

载着当事人的公平正义，司法判决还会对社会公众起到教育、指引、评价等作用。个人信息的双重特征决定了个人信息具有公开的可能性，尤其是在个人信息公开能够显著促进公共利益之时。个人信息同时具有个体性与社会性。个体性特征指向个人固有信息，如姓名、出生年月日、指纹、血型等。社会性指向个人衍生信息，衍生信息产生于个人的社会关系，如上网信息、交易记录等。社会关系交互复杂，从中产生的信息不可避免地带有社会属性，对于这些信息，除了信息主体可进行控制和利用，还应受到社会公共利益的限制①。诉讼信用查询面向全社会公开，是司法公开的深层次发展，这里的公开指的是面向全社会可以公开查询，而非将当事人信息直接发布到互联网上。另外，诉讼信用公开所涉及的当事人信息均来自公开的判决书，不涉及以调解结案的案件，已经保证了对个人信息隐私的充分尊重。

（二）管理保障机制

1. 设立诉讼诚信管理中心

在审判管理办公室设立诉讼诚信管理中心，负责对失信行为在诉讼、执行等过程中的信息收集流程进行监管，同时对失信行为信息进行分析汇总、审核评定、结果反馈、异议处理等，确保失信行为信息收集全面客观，信用评价科学合理。

2. 搭建诉讼信用管理平台

诉讼信用管理平台是诉讼信用评估体系应用的载体。其基本设想是，平台要能够适应不同场景下的应用需求，满足法院诉讼信用评估的需求，同时也能应对社会大众对诉讼信用的查询需求。诉讼信用系统还应当与现有案件管理系统实现兼容，使相关数据交互应用，成为法官可以随时登录操作的平台，最大限度地提高工作效率。今后，系统预留接口还能对接联动单位，并能供个人、其他法人单位查询，充分发挥社会共享功能。

---

① 丁国民、连浩琼：《我国在个人信息保护模式上的价值选择——以美、德比较法为视角》，载《北京邮电大学学报》2019 年第 3 期。

3. 完善诉讼信用查询平台

诉讼信用查询是诉讼信用评估体系的主要功能之一，完善的诉讼信用查询平台是实现查询功能的必要前提，有必要积极研究和开发诉讼信用档案平台。具体设想是，根据“一案一评”原则，对所有在法院进行诉讼的当事人，在其“全诉讼周期”内的不诚信诉讼行为进行白描式的“信用画像”。同时，社会机构、公众、法人等可以通过诉讼信用档案平台对相关当事人的诉讼信用进行查询，以判断某当事人的诉讼信用状况。通过输入当事人姓名或者企业名称进行诉讼信用查询，若出现同名同姓，可输入居民身份证号或企业信用代码进一步精准查询。同时，要兼顾信息公开与隐私权保护，社会机构、公民、法人查询相关信息的，应当具有正当理由及申请手续，具明用途，并保证其使用的正当性与适当性。

（三）失信行为评价机制

1. 评价原则

按照“一案一评”原则，对每一件具有独立案号的案件，对照诉讼信用评估体系中所列的失信情形，按照白描记录的方式分别进行客观统计。在结果输出上，未发生诉讼失信行为的案件查询结果将显示“无失信行为”；发生诉讼失信行为的案件，将以查询结果显示总扣分并列举扣分事项的方式呈现，具体的惩戒措施由外部应用单位采取。

2. 评价指标设置

根据诉讼行为是否违反法律相关规定、是否违反诚实信用原则、是否妨碍人民法院审理案件、是否损害他人合法权益或谋求不法利益等标准，同时根据浙江省高院、宁波中院关于打击虚假诉讼的相关规定，结合司法实践，将当事人的诉讼失信行为分为虚假诉讼、干扰诉讼、妨害执行三大类总计43小类，涵盖立案、审理、执行等三个具有鲜明阶段性失信特征的行为，进行评价指标设置。

3. 评定程序和结果公布

行为评分由行为发生环节的独任法官或合议庭确认，报庭长审核。根据失信情节，法官可以提请审判委员会对诉讼信用档案进行调整。失信行为认定后，由案件承办法官通过录入诉讼诚信系统提交诉讼信用管理中心，由诉讼信用管理中心进行统一汇总，总体评价，填写评价结论等。作出评价结果后，由诉讼信用管理中心进行数据录入，相关主体可通过姓名或企业名称进行诉讼信用档案的查询。

（四）救济机制

1. 对评价结果的异议

失信主体对失信行为的认定有异议的，可在收到通知后三日内书面向诉讼信用管理中心提出。然后，由诉讼信用管理中心联合原立案、审判、执行业务部门进行审查，经审查后认为异议成立的，作出变更；经审查后认为异议不成立的，由诉讼信用管理中心进行告知。失信行为人对异议结果不服的，可向审监庭提出复议申请一次。

2. 信用修复原则

原则上“诉查查”小程序中的信用档案处于长期公示状态，若失信主体积极悔过、纠正错误、消除影响、主动履行义务，由失信主体向法院提出申请，经审核视情节将失信诉讼档案公示期缩短。

3. 信用修复方式

信用修复方式可分为自动修复与更正修复两种。自动修复主要是指失信行为人在受到信用惩戒后不再实施新的失信行为，失信信息经公示警示期满后，失信主体自动不再受到惩戒。更正修复指失信行为人相比自动修复的模式，需要进一步采取消除不良影响措施来获得信用修复。比如，被纳入失信被执行人名单的，被执行人只有在主动履行应尽义务后，才能获得信用修复。

四　诉讼信用评估体系运行面临的挑战

（一）数据隐私保护的挑战

诉讼信用评估体系是司法领域对诉讼过程中当事人及其他诉讼参与人的

诉讼行为进行全程记录、评价，集失信信息采集、失信等级评定、信用等级运用、信用修复等功能于一体的全面、科学、权威的信用评估机制。当事人及其他诉讼参与人在具体案件中的失信行为会得到客观、真实的记录，形成诉讼信用档案。由诉讼信用评估体系的定位可以看出，其运行会涉及数据隐私保护的问题。比如，失信信息的公布范围、信用等级的运用场景、诉讼信用档案的查询和维护等都可能涉及数据隐私保护。故而，在诉讼信用评估体系运行中，需要充分考虑数据隐私保护的问题，如何将信息公开的范围限定在合理、正当和必要的范围之内，是诉讼信用评估体系构建需要面对的难题之一。

（二）舆情管理的挑战

诉讼信用评估体系的诞生和运行，是司法领域对诉讼失信行为治理的探索方案，作为一种全新的治理举措，运行过程中也伴随着舆论的挑战。在法院有关诉讼信用评估体系建设研讨会上，有法官指出，“诉讼信用评估体系不面向社会公众公开的原因之一是担心出现舆情”，也有法官认为，“公众会对失信行为认定结果提出质疑”，因此不宜面向社会公开。由此可见，诉讼信用评估体系运行还需考虑如何做好舆情管理工作。诉讼信用评估体系之所以会带来舆情管理挑战，浅层次原因是社会公众对新机制的不了解和对自己个人隐私信息保护的关注，更深层次的原因来自个人信息保护的个人本位理念与社会本位理念①之争。传统个人信息保护模式认为，“所有与你有关的信息都是你的特别宝贵的隐私，所以你应该独占性地拥有或者控制这些个人信息”②。然而，诉讼信用评估体系以多重价值平衡为价值取向，从社会本位理念出发来认识个人信息的保护和利用，由此得出收集

① 王怀勇、常宇豪：《个人信息保护的理念嬗变与制度变革》，载《法制与社会发展》2020年第6期。

② 刘金瑞：《个人信息与权力配置——个人信息自决权的反诉和出路》，法律出版社，2017，第50页。

和使用个人信息管理社会、提供公共服务是国家治理的普遍做法[①]的结论。诉讼信用评估体系的运行是与个人本位理念不同的价值追求，当人民群众在个人本位理念与社会本位理念之间取舍时，可能会引起当事人的反对和舆情。具体来讲，从当事人角度看，虽然法院是对其诉讼失信行为进行白描式公布，不涉及任何价值评判，但其实公布行为本身就是价值评价，因此，其诉讼失信信息向社会公开有可能会影响其社会评价，进而引起舆情。是以，需要做好舆情管理应对，做好诉讼信用评估体系的宣传，争取民众理解和支持。

（三）应用场景拓展的挑战

要通过诉讼信用评估在司法领域形成守信激励效应，使诉讼信用真正成为社会信用体系建设的重要一环，其应用场景需要不断拓展，以增强其影响力与生命力，成为一套在多元场景下可量化、可评估、可应用的诉讼信用评估体系。例如，通过“诉讼信用 + 金融”，金融机构可以参考诉讼信用评估结果对申请贷款的企业或个人进行评价，做好风险评估，决定相应的贷款审批；通过“诉讼信用 + 用工”，劳动者和企业都可以借助诉讼信用体系了解相关信用情况，以此选择更诚信可靠的企业或劳动者建立用工关系。诉讼信用评估体系在社会上有诸多应用场景，但该体系尚处在制度完善和应用拓展阶段。目前，该体系基本满足了法院内部应用需求，发挥了公众信用查询功能，但在与外部机构合作深挖应用场景方面，尚显不足。实践中，仅与个别金融机构合作，合作范围小，不具普遍性。诉讼信用体系如何大范围推广应用，如何满足不同主体、不同行业、不同情形的应用需求，如何与不同主体现有的系统进行深度融合，是应用场景拓展中必须引起重视的问题。

---

① 唐彬彬：《疫情防控中个人信息保护的边界——一种利益相关者理论的视角》，载《中国政法大学学报》2020 年第 4 期。

结　语

诉讼信用作为社会信用体系的重要构成，与司法的天然联系决定了其具有底线性、指引性和权威性的特性，在社会信用体系中占据着引领性地位。诉讼信用评估体系构建的理论框架及实践演绎乃全新命题，具备独特的生命力。当然，也存在需要引起注意的问题，这是新生事物发展必经的道路。可以预见的是，通过不断修正诉讼信用指标、不断完善信用评价体制机制，这些问题必将被控制在社会公众可接受范围内。我们由衷希望，研究成果能够助益社会治理现代化目标更好实现，避免和减少由于当事人滥用诉权、虚假诉讼行为所带来的司法资源浪费与社会财产的不必要耗费。

B.15

短视频场域内法院宣传工作的困境和出路

——基于法院抖音号的实证分析

冯海瑞　孙　琳*

摘　要： 近年来，发展如火如荼的短视频已成为法院宣传工作的新兴场域。运用短视频进行司法宣传，具有信息传播更有效、受众群体更广泛、传播效果更惊人等特点。通过短视频进行司法宣传，能促进法院与公众的理性交往、让公平正义以看得见的方式实现，并进占纷繁复杂的舆论场。通过分析 TOP 20 法院抖音号的2887条短视频，展现短视频司法宣传的现状，总结法院在短视频平台面临的内容困境、运营困境和分发困境。由于短视频司法宣传工作需要专业性和社会性结合，亲和性和严肃性兼顾，垂直领域和泛娱乐领域并重，应从内容、运营和分发三个方面加以完善。

关键词： 司法宣传　舆论场　短视频　实证分析

美国文化传播学家波兹曼曾指出："一种新媒介不是增加了什么，而是改变了一切。"① 从 2013 年横空出世，到现如今备受追捧，短视频的出现

* 冯海瑞，北京金融法院政治部三级主任科员。孙琳，中国社会科学院大学博士研究生，北京市房山区人民法院审判管理办公室（研究室）法官助理。

① Neil Postman, "Science and the Story that We Need", First Things 69, January, 1997.

改变了我们以往的信息接收渠道，也打破了法院的宣传媒介版图。在司法公开、舆论引导、形象展示、普法教育以及价值宣传等诸多方面短视频都发挥了积极的作用。本文基于法院在短视频平台开展宣传工作的背景和现状，对短视频司法宣传传播力进行研究，归纳总结面临的困境并探索未来走向。

一　机遇与挑战：短视频司法宣传的可能性和必要性

（一）短视频平台概况

1. 短视频的发展与特征

短视频脱胎于网站视频，是被用来进行娱乐和社交的新媒体平台。得益于移动网络的提速降费、智能视频软件的大量普及以及“无聊经济”的催发，短视频行业在近些年来发展十分迅速。从 2004 年在各大视频网站开始萌芽，历经蓄势期、转型期和爆发期，目前已经处于成熟期。根据相关数据，截止到 2020 年 12 月，短视频用户规模为 8.73 亿，占整体网民超八成①。

作为新兴媒介平台，短视频与“两微一端”（微博、微信和客户端）有诸多不同之处（见表 1）。短视频的突出优势是用户基数大、使用黏性强、即时性强、娱乐性强且处于平台红利期，是法院舆论引导、形象展示和普法教育的重要阵地。

2. 司法短视频发展的背景

近些年来，有关部门陆续出台了一系列文件（见表 2），规范和促进政务新媒体的发展。梳理相关文件可以看出，国家对政务新媒体的功能定位由

① 《短视频用户使用时长排第一，社交将是未来大趋势》，https：//baijiahao. baidu. com/s? id = 1692464941137710665&wfr = spider&for = pc，最后访问日期：2021 年 5 月 15 日。

表 1　微博、微信、客户端和短视频对比

	微博	微信	客户端	短视频号
类型	开放式社交	封闭式社交	资讯型平台	开放式社交
传播形式	简要文字 + 图片	长篇文字 + 图片	长篇文字 + 图片	简要文字 + 音视频
优势	用户基数大、互动性强、媒体属性强、紧跟热点、易扩散、用户偏好娱乐性话题	用户基数大、使用黏性强、沉浸式阅读、用户偏好兴趣类和价值型资讯、服务功能完善	用户基数大、信息可按地域推送、平台根据点击率决定推广力度	用户基数大、使用黏性强、即时性强、娱乐性强、平台红利期
劣势	不适合深度阅读	信息扩散难度较大	用户群体垂直度差、内容深度参差不齐	内容缺乏深度
具体用途	舆论引导	资讯发布 + 服务功能 + 普法教育	资讯发布	舆论引导 + 形象展示 + 普法教育

单一的信息发布逐步扩大到综合性政务服务，各项规定也由简单化、笼统化逐步走向体系化。

表 2　对政务新媒体发展的相关规定

时间	文件	内容
2013.10	国务院办公厅发布《关于进一步加强政府信息公开　回应社会关切　提升政府公信力的意见》	将政务微博微信参与政务信息公开提到了主流地位。此后,“两微一端”成为各项相关文件的标配
2016.02	国务院办公厅发布《关于全面推进政务公开工作的意见》	提出要充分发挥微博微信、移动客户端等新媒体的网络传播力和社会影响力
2016.12	国务院办公厅出台《“互联网 + 政务服务”技术体系建设指南》	围绕“互联网 + 政务服务”业务支撑体系等方面,提出了优化政务服务供给的信息化解决路径和操作方法
2018.12	国务院办公厅发布《关于推进政务新媒体健康有序发展的意见》	针对政务新媒体存在的问题,进行了系统规定,是目前为止政务新媒体发展最“全面系统规范的指导性文件”
2019.01	中国网络视听节目服务协会发布《网络短视频平台管理规范》及《网络短视频内容审核标准细则》	两个文件从机构把关和内容审核两个层面为规范短视频传播秩序提供了依据

2018 年 8 月，以中国法院网为代表的法院抖音号陆续开通，截至 2021 年 6 月，已有近千家法院开通了抖音号。这些抖音号以人民群众喜闻乐见的方式进行司法宣传，取得了良好的运营效果。但从横向对比来看，法院抖音号仍有较大进步空间。根据中国长安网每月对政法系统抖音号 TOP 20 的统计排名，2020 年 11 月 ~2021 年 4 月，连续 6 个月总共 120 个席位中，法院抖音号仅占 3 席，落后于检察院的 14 席、司法系统和政法委系统的 13 席，更远落后于公安系统的 77 席①。可以看出，法院运用短视频进行司法宣传仍然有待提升。

（二）短视频司法宣传的意义

1. 短视频司法宣传的可能性

第一，更有效的信息接收。海德格尔曾预言，人类进入了一个“世界图像的时代”，短视频的出现使这一预言变成了现实。传统的“两微一端”场域内，无论是纯文本的展示，还是图文的共同呈现，都仅是视觉感官的启用，是视觉通道内不同类型素材的简单叠加。而短视频的出现，使视觉感官和听觉感官同步启用，视觉通道和听觉通道也由分隔开始走向融合。根据认知的信息加工理论②，这种信息传播方式可大幅度提升信息接收效果。

第二，更广泛的受众群体。2020 年底，短视频行业排名第一的抖音日活跃用户数量为 6 亿，日均视频搜索次数突破 4 亿③。从用户年龄看，抖音 19 ~35 岁的用户 TGI④ 较高，人数占比超过 60%，但 35 岁以上的用户 TGI 也不低，人数占比也有 30%。从用户地域看，一、二、三、四线城市用户

---

① 根据中国长安网每月在官方网站上对政法抖音号榜单统计数据。

② 贾义敏：《多媒体学习的科学探索——Richard E. Mayer》，载《现代教育技术》2009 年第 11 期。

③ 参见《抖音发布 2020 年报告，DAU 破 6 亿，00 后最爱看动漫》，https：//www. 163. com/dy/article/FVLHIUOB052685Q5. html，最后访问日期：2021 年 6 月 15 日。

④ TGI，是指人群较总人群的偏好度，数值越大，说明该样本人群相较总体人群对该事物关注度高。

TGI =［目标人群中具有某一特征的人群所占比例/总体中具有相同特征的人群所占比例］×100%

分布较为均匀。由此可见，抖音有十分庞大的用户群体，他们的年龄分布均衡，覆盖地域广，软件使用黏性强，是法院开展宣传工作不可忽视的平台。

第三，更惊人的传播效果。与微信、微博以及QQ空间的“社交分发”模式不同，短视频平台采用的基本都是“算法分发”模式。这种分发方式依托程序，基于视频的相关性特征、环境特征等将短视频的标签和网络用户的标签进行匹配，而后通过流量池进行推荐。这种分发方式的优势在于能够让优质视频迅速突破发布者的粉丝圈层，获得极高的关注度。以2020年“男子向法官扔鞋，数罪并罚被判13个月”这一新闻为例，短短三天，相关报道在抖音的单条视频点赞量高达98.7万次，而同期“两微一端”单条信息的最高点赞数均不超过1万次。

2. 短视频司法宣传的必要性

第一，环境需求——促进法院与公众的理性交往。西方新闻传播学曾称媒体是“第四权力”、记者是“无冕之王”[①]，由此可以看出媒介的重要作用。在短视频平台，公众通过浏览、点赞、转发、评论等方式参与法院信息互动。短视频的开放性和互动性，使得公众的话语权得到空前释放；其移动性和泛在性，激发了公众参与法院公共事务的热情；其圈群化和连通性，提高了短视频平台上法院和公众交往的频率。在各类媒体广泛普及的今天，更需要普及法律、宣传法院、引导公众。

第二，制度需求——让公平正义以看得见的方式实现。“公共信息量的大小、传递的快慢、受益对象的多寡、信息公开的范围很大程度上反映了一个国家民主化的水平。”[②] 对于人民法院来讲，公平正义不仅要实现，还应该以人民群众看得见的方式实现。除了司法文书公开、庭审流程公开，法院热点事件、审执工作、队伍建设等其他公共信息的公开也是重要途径。法院开展短视频司法宣传，既提高了法院公信力，有助于构建开放、透明、便民的司法机制和司法环境，也很好地保证了公众的知情权和监督权，有利于构

① 洪浚浩：《传播学新趋势》（上），清华大学出版社，2014，第405页。

② 陶文昭：《电子政府研究》，商务印书馆，2005，第29页。

建公平、公正、公开的法治社会。

第三，工具需求——进占纷繁复杂的舆论场。得益于技术的赋权和媒体话语权的下放，在短视频场域内，网络用户可以基本不受约束地在平台上进行语言和文字表达，并通过“围观”的方式引发事件的社会关注，倒逼问题得以公正解决。但网民眼中的“正义”并不一定是真正的正义，一是因为个别公号为博眼球而将视频恶意剪切、“张冠李戴”，或者利用“标题党”疯狂“带节奏”，导致网民所看到的“事实”不真实、不客观；二是因为网友的“正义”注重的是道德价值，司法的“正义”则是以法律价值作为唯一评判标准，两种不同内涵的正义在极个别案件中会产生分歧。这就需要法院在短视频平台积极有效地应对舆论，在舆情产生时，发出客观、真实的声音。

二　梳理：短视频司法宣传现状

目前，短视频市场上有抖音、快手等数十个 App。其中抖音用户占比高达45.2%，远高于第二位快手的17.9%①。本文选取抖音平台上粉丝数量排名前 20 的法院短视频号为样本进行分析②。

（一）主体分析

从法院的级别来看，在人民法院抖音号 TOP 20 榜单中，高院有 5 家，位次分别是第 13、14、16、19、20 位；中院有 3 家，位次分别是第 5、8、15 位；基层法院多达 12 家，且排名较为靠前，第 1～4 名均为基层法院。从法院地域来看，位于东中西部的法院数量分别为 3 个、11 个、6 个（见表 3）。

短视频传播力与法院层级以及法院所处地区的经济发达程度未必成正

① 《短视频行业报告：2021 年市场规模将接近 2000 亿，抖音逐渐与快手拉开差距》，https：//www. sohu. com/a/447656618_ 533924，最后访问日期：2021 年 5 月 23 日。

② 考虑到中国法院网的功能、定位和地区法院不同，本文并未将中国法院网纳入统计范围。

比，基层法院、偏远法院、经济较为落后地区的法院也可以依靠出色的运营能力走在短视频传播前列。

表 3　法院抖音号 TOP 20 榜

序号	视频号	粉丝数(万)	总点赞数(万次)	条数(条)
1	TH 县法院	117.6	1377.6	325
2	LJ 林区法院	81.9	477.3	392
3	YQ 区法院	55	746.8	121
4	TK 县法院执行局	53.5	530	80
5	XY 中院	52.2	603.3	349
6	WA 县法院	52.1	1668.3	293
7	HY 县法院	49.8	1079.3	263
8	SM 中院	46.7	928.6	257
9	YS 县法院	44.3	353.6	208
10	ZZ 县法院	41	306.6	438
11	WH 区法院	40.3	159.7	61
12	YL 区法院	39.3	450.7	64
13	NMG 高院	37.4	274	430
14	SX 高院	37.2	407.1	196
15	JC 中院	35.7	335.5	468
16	HN 高院	32.5	991.5	613
17	LY 县法院	32.4	531.2	340
18	PA 县法院	29	547.5	416
19	JS 高院	27.1	521.1	82
20	BJ 高院	25.6	204	739

（二）内容分析

笔者对 2020 年 5 月 15 日 ~2021 年 5 月 15 日一年内 TOP 20 法院抖音号发出的 2887 条短视频内容进行分析，共梳理出审执现场、普法教育、法院建设及法官形象、社会信息、各类通告①五大类主题（见图 1）。

从短视频输出角度来看，在 2887 条短视频中，以审执现场为主题的短视频

① 包括失信被执行人名单公布、悬赏公告、拍卖公告等。

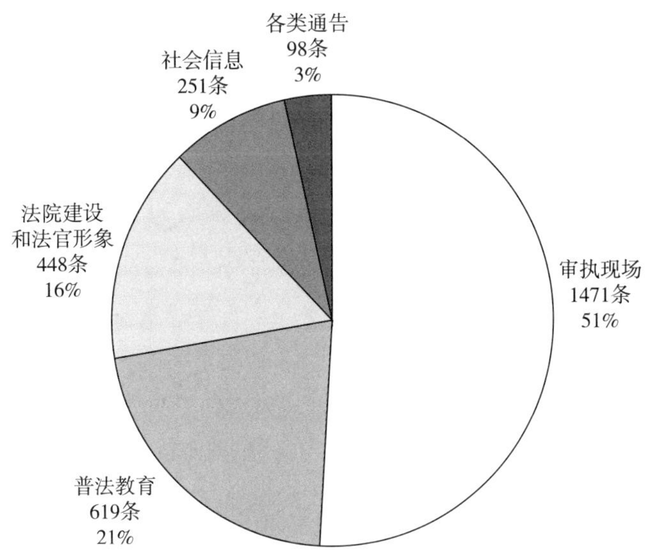

图1　TOP 20 法院抖音号主题分布

最多，共1471条，占比51%，其后是普法教育、法院建设和法官形象，占比分别为21%和16%，三方面主题相加为88%，以社会信息、各类通告为主题的短视频合计占比12%。

从短视频接受角度来看，在2887条短视频中，点赞量超过1万的共226条，其中审执现场主题的短视频占绝大多数，占比为80%，其他四个主题的短视频加起来才占20%（见图2）。

输出与接受并不完全一致。审执现场主题的短视频接受占比远高于其输入占比，法院建设和法官形象主题的短视频接受占比远低于其输出占比。这说明大众对审执工作的关注度很高，对法院建设和法官形象主题的关注度相对不高。

（三）形式分析

各家法院纷纷将图文视频作为主要视频输出形式，这是因为图文视频的制作成本和制作难度较低。个人讲述、情景短剧也因制作成本和难

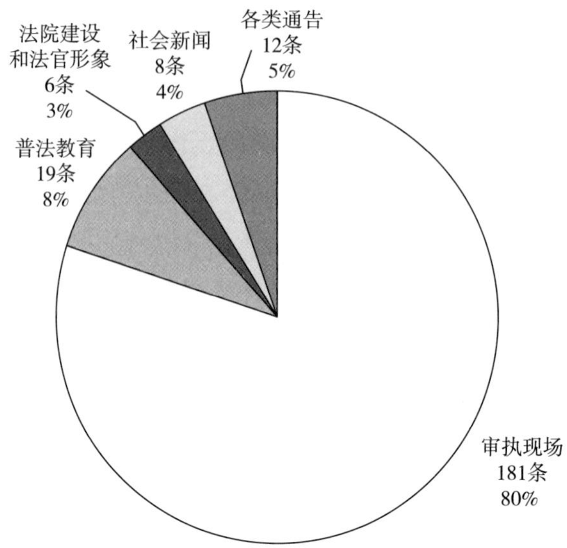

图2　TOP 20 法院抖音号点赞数超过1万的短视频主题分布

度不高受到法院的偏爱。而话题互动因轻松、幽默的特点，少量输出就能够拉近法院和公众的距离，受到部分法院的欢迎。动画片的制作成本和制作难度极高，极少法院在此方面有视频输出（见表4）。

制作成本和制作难度是法院进行视频输出的重要考量因素，所以，图文视频成为所有法院视频输出的最主要形式。

表4　TOP 20 法院抖音短视频号传播形式

序号	视频号	图文视频	个人讲述	情景短剧	动画片	话题互动
1	TH 县法院	◎◎	–	–	–	–
2	LJ 林区法院	◎◎	◎◎	◎◎	–	–
3	YQ 区法院	◎◎	–	–	–	–
4	TK 县法院执行局	◎◎	–	–	–	–
5	XY 中院	◎◎	–	–	–	–
6	WA 县法院	◎◎	–	–	–	–
7	HY 县法院	◎◎	–	–	–	◎
8	SM 中院	◎◎	–	–	–	–
9	YS 县法院	◎◎	◎	–	–	◎

续表

序号	视频号	图文视频	个人讲述	情景短剧	动画片	话题互动
10	ZZ 县法院	◎◎	◎◎	-	-	◎
11	WH 区法院	◎◎	◎◎	◎◎	-	-
12	YL 区法院	◎◎	-	-	-	-
13	NMG 高院	◎◎	◎◎	-	-	-
14	SX 高院	◎◎	-	-	-	-
15	JC 中院	◎◎	-	-	-	◎
16	HN 高院	◎◎	◎◎	-	-	◎
17	LY 县法院	◎◎	◎◎	-	-	-
18	PA 县法院	◎◎	◎◎	-	-	-
19	JS 高院	◎◎	◎	-	◎	-
20	BJ 高院	◎◎	◎◎	◎◎	-	◎

备注：◎◎数量较多　◎少量　-极少或者没有

三　检视：短视频司法宣传的困境

（一）内容之困

1. 内容同质化严重

一是部分法院只是简单地把“两微一端”的内容搬到短视频上，没有针对性地制作视频。这样的内容制作不仅难以取得较好的传播效果，更是浪费了人力、物力和资源。二是部分法院紧跟热搜视频进行模仿跟拍，这就使得短视频的产出走向模板化、套路化。“技术上的成功，并不意味着流行的技术思维不需要批判”①，大量雷同的内容既不利于视频的传播，也会使用户产生审美疲劳。

① 〔美〕费雷德里克·费雷：《技术哲学》，陈凡、朱春艳译，辽宁人民出版社，2015，第64页。

2. 司法深度略显不足

传播学家麦克卢汉曾说：媒介即讯息①。短视频平台作为媒介，不仅用来传递信息，也重塑着人们的思考和思维方式。追求视觉刺激虽无可厚非，但由此造成对视频内涵的忽视，会使平台成为一种新形式的“玩具”。短视频的“短”是其亮点，也是其痛点。在几分钟甚至几秒钟的时长里，很难解释清楚一个法律事件，更不能说明白更为复杂的法律理论，长此以往会削弱网友的法律思辨能力。

3. 法院严肃性日渐消解

美国学者尼尔·波兹曼尼曾提醒，大众要保持对大众媒介的谨慎和审视。短视频一直面临过度娱乐化、低俗化的诟病，在这样开放、包容的平台上，法院短视频也应主动贴合其平台的调性，脱下其神秘、高冷的外衣。但是法院短视频所承载的政治角色定位，决定了其开放性应有边界。

（二）运营之困

1. 运营能力不足，有限的人力和资金难以满足实际需求

人力方面，在内设机构改革背景下，法院负责新媒体运营工作的干警本就捉襟见肘，短视频运营所增加的巨大工作量给有限的干警人力带来极大的压力。此外，图文时代的法院宣传人才多擅长文字工作，他们做短视频也会面对诸多挑战。

资金方面，大部分法院每年的宣传经费只有数万元，且不说预算较高的动画视频，就是普通的图文视频和情景短剧制作也需要相对专业的人员进行视频剪切、素材插入和转场运镜。此外，受经费限制，目前法院使用的拍摄器材仍为长视频时代的传统器材，没有短视频时代常见的云台相机、手机稳定器等设备，这在某种程度上打消了干警拍摄制作视频的积极性。

2. 运营不规范，尚未建立完善的配套机制

有些法院的短视频号基本处于闲置状态，长期不更新；有些法院的视频

① 舒树满：《媒体融合背景下主流媒体新闻报道的特点——以新华社为例》，载《新闻研究导刊》2019 年第 10 期。

更新频率难以琢磨，有时半年才发一次，有时一天发三次；个别法院的更新时效较差，热点过去很久之后才发布相关内容；还有部分法院把关不够严格，有错字和错词现象。这些都是法院短视频配套机制尚未完全建立的表现。

3. 功能未完全发挥，服务类型略显单一

不同于“两微一端”已经形成较为成熟固定的平台功能，目前短视频的平台功能仍处于探索中。各家法院基本是利用短视频进行案件报道、法律知识普及、法官形象宣传等。但对于短视频这样超高流量的平台来说，它能提供的功能远远不止这些。

（三）分发之困

1. 信息的单向传播不利于法院形象的塑造

“最典型和最频繁的传播模式是一种长时段的双向关系。”① 目前法院的抖音号基本是法院单向的“传”和用户被动的“受”，突出表现在视频评论区内，鲜有法院官方的答复，基本是网友的评论。此外，在视频内容信息缺失时，多数法院也未能在评论区及时作出解释和回复，这样“高冷”的做法有悖于法院亲民形象的塑造，个别信息不全的短视频甚至让网友一头雾水，使传播效果大打折扣。

2. 账号单打独斗不利于宣传效果的提升

各法院的短视频号均是各自运营、各自制作、各自管理，这种方式虽然提升了账号的灵活性，但也存在弊端。一方面，容易造成信息的重复产出，浪费了生产的时间、人力和物力；另一方面，也难以形成宣传合力，分散了每个短视频的传播效果。不利于整个法院系统公信力的提升。

① 〔美〕威尔伯·施拉姆、威廉·波特：《传播学概论》，何道宽译，中国人民大学出版社，2010，第46页。

四　探索与建构：短视频场域内法院宣传工作的开展路径

（一）基本原则

1. 专业性和社会性相结合

司法是一项专业性活动，想要实现“让人民群众在每一个司法案件中感受到公平正义”的目标，人民法院就必须加强对公众法律专业知识的宣传。而服务大局是人民法院的重要使命，这就要求法院在宣传工作中充分发挥其社会职能，服务保障国家大局。在新冠肺炎疫情期间，各地法院既制作了大量与疫情相关的普法短视频，也积极转发各类社会正能量短视频，这便是法院宣传工作坚持专业性和社会性相结合的生动诠释。

2. 亲和性和严肃性相协调

新时代法院不仅要开展司法宣传工作，而且要以喜闻乐见的形式开展司法宣传。法院通过短视频开展司法宣传工作，创新宣传方式，其初衷无可厚非，但生硬添加庸俗化元素则是过犹不及、得不偿失。法院短视频号的运营，一方面应“放下身段”，在形式上增强亲和力；另一方面，应充实宣传内容，保持政法机关应有的严肃性、权威性和公信力。

3. 垂直领域和泛娱乐领域并重

垂直领域聚焦专而精，其内容面窄、有深度，用来解决用户的专业知识需求。泛娱乐领域则面向广大群众，其内容普适性强。对于法院工作来讲，垂直领域是指法律知识的深耕和挖掘，如案例和法条的深入解读。泛娱乐领域则是指非法律知识传播，如法院工作介绍、法官形象塑造、社会正能量传递等。法院短视频号既要深耕垂直领域，注重法律专业知识的渗透式传播，又要向泛娱乐领域拓展，利用流量优势进行价值传播和舆论引导。

（二）具体路径

1. 内容为王：精心挖掘优质内容

第一，聚焦法院特性，寻求差异化发展。内容生产是媒体的看家本领[①]。对于法院短视频号而言，精准定位，提升内容生产质量首先应扎根自身的优势基因——法律领域深入挖掘，然后找准自己的特色进行差异化的视频产出。这里的特色既可以是内容特色和语言特色，也可以是地域特色和民族特色。例如，NMG 高院抖音号中有大量草原特色的镜头和边疆故事，LJ 林区法院抖音号输出了大量生动的普法剧，而 LD 县法院抖音号在“做一个有温度稳中带皮的官方”的定位下，大量使用幽默的网络用语，也取得了很好的宣传效果。

第二，挖掘内容深度，满足用户多种需求。一是法院短视频生产者要充分发挥法律知识方面的优势，不断推出思想性强、专业性强的主题短视频，以此启发网民深入思考。二是在短视频平台向“长视频”发力。目前，抖音、快手等视频时长已从 1 分钟延长至 5 ~ 10 分钟，各法院短视频号应该有重点、有针对性地制作生产一些长视频。例如，HY 县法院抖音号便通过长视频对青海移动微法院进行了详细介绍。三是充分使用链接功能进行引流。在短视频平台展示内容概况，在微信和客户端等适合深度阅读的平台进行详细阐述，并通过留言区置顶链接的方式，将有深度阅读需求的用户引流到微信和客户端，满足此类用户的深度阅读需求。

第三，健全“把关人”机制，确保法院严肃性。现行院级短视频的发布流程为：制作人—签发人（外宣部门领导），部门级短视频的发布机制为：制作人—签发人（本部门领导）。部门短视频也代表着法院形象，因此首先应将部门短视频统一纳入外宣部门的签发权限，实现不同级别短视频签发流程的并轨。其次，应建立特殊短视频报审机制。对于娱乐性强、表现形式新、语言风格较为活泼的短视频，应增加高院新媒体主管部门的审核程序，

① 新华通讯社课题组：《习近平新闻舆论思想要论》，新华出版社，2017，第 100 ~ 101 页。

以此确保辖区法院短视频号不跑偏、不走样。

2. 运营突破：打造专业化生产线

第一，提高重视程度，加强人力和资金支持。

在人员方面，“输血”加“造血”并举。“输血”方面，一是在招录干警的过程中，注重有相关技术和知识背景的人员选拔；二是在各部门设立联络员和一定数量的信息员，将更多的干警纳入短视频生产队伍。“造血”方面，采取“集中性对口辅导 + 远程云授课”方式，邀请系统内外的实操专家进行授课，提高整个采编队伍的生产制作水平。

在资金方面，一是各级法院应提高对法院短视频号的重视程度，加大对法院短视频号的资金支持力度，特别是对优质法院短视频号的资金奖励，以提高各级法院制作短视频的积极性，打造更多拿得出、叫得响的法院短视频号。二是各地方法院在分配宣传经费时，应充分考虑微博的式微、微信和客户端的疲软以及短视频的风头正劲这一客观事实，加大对短视频的资金倾斜力度。

在物资方面，运动相机、手机云台这类视频拍摄新器材携带方便、价格友好且操作简单，已在市场上受到追捧，然而绝大多数法院尚未配备。已开通短视频号的法院在录像、摄影器材更换采购时应将此类新器材纳入考虑，同时由外宣部门统一保管，并支持各部门登记借用。

第二，完善管理机制，促进规范运营。

一是健全运营制度。已开通短视频号的法院应尽快制定短视频管理办法，进一步明确和细化短视频的发布频率、发布流程、组织管理、维护审核等相关工作。二是建立考评制度和奖惩措施。上级法院要将短视频运营情况纳入考核体系，考核事项包括信息发布数量、舆论引导效果等诸多方面，每月作基础排名，每年作年度排名，并以结果为导向进行奖励。例如，中央政法委长安剑微信公众号每月对政法系统优质短视频号进行评选，并视奖项给予奖金支持。此外，上级法院应对辖区法院短视频运营情况开展不定期抽查，重点整改“不发声”“乱发声”“随意发声”等问题。

第三，拓展平台功能，提供多元服务。

各法院应当在保持自身视频内容一贯特性和风格的同时，充分利用平台，为用户提供更多元的司法服务。例如，LS 法院发布司法拍卖预告，YC 中院曝光失信被执行人，部分法院还在疫情期间发布诉讼时间变更公告，利用直播功能进行拍卖“云看样”等。此外，各法院还可以根据自身需要，在短视频平台搭载更多的综合服务功能，如私信投诉、邀请用户旁听庭审、组织粉丝线下参观、征集意见建议等。

3. 分发制胜：全面提升宣传效果

第一，加强交流互动，增强用户黏性。

评论区的整体基调已经影响到用户对相关媒介产品的整体评级和忠诚度①。对于短视频留言区的言论，法院公号可以选择其中积极、正面的言论进行点赞和置顶，也可以对观众疑惑的留言作出进一步的解释和说明。如此一来，既很好地完成了对网民的理性引导，又全面展现了新时代人民法院亲和的形象。例如，JC 中院在“法院出动 150 人对某汽车销售公司房产强制清退”的短视频下方对网友的六条评论逐一进行了回复，这六条回复共获得了近 6000 名网友的点赞。

第二，实现内外联动，发挥矩阵合力。

在短视频平台内，应加强各公号的联动。横向上，加强与兄弟法院的沟通交流，通过主题观照和内容叠加达到 1 +1 >2 的效果。纵向上，加强与宣传条线上高流量账号的互联互通，建立向央媒公号和地方媒体公号常态化推送机制。此外，还可联合法院属地其他单位，通过职能互补、形式互动，提高公号在当地的渗透率。

在短视频平台外，法院也可以通过和其他媒介的平台共享，建立全渠道的多媒体运营体系，进一步提升短视频的传播效果。

结　语

习近平总书记强调，“要按照‘坚持把全民普法和守法作为依法治国的

① 刘晨：《新闻资讯类短视频的发展策略研究——以新京报“我们视频为例”》，长春工业大学硕士学位论文，2019。

长期基础性工作'的要求，大力推进法治宣传和法制教育"[①]。依法治国首先应坚持"司法为民、公正司法"。因此，在短视频场域进行司法宣传，人民法院应牢牢把握"司法为民、公正司法"两大主题，同时顺应传媒发展规律，促进传统媒体与新兴媒体融合发展，掌握宣传主动权，传播公正司法的正能量，唱响依法治国的主旋律。唯有如此，才能在纷繁复杂的网络环境中，不断增强法院的引导力，努力营造全社会尊法、学法、守法、用法的良好氛围。

① 《中共中央关于全面推进依法治国若干重大问题的决定》，人民网，people. com. cn，最后访问日期：2021 年 9 月 18 日。

B.16 提级发函：黑恶案件司法建议机制的检视与改造

杨凌芳*

摘　要：人民法院作为惩治黑恶犯罪审判机关，能比较全面地掌握犯罪事实，更能洞悉滋生黑恶犯罪的社会问题和管理缺漏，因此通过司法建议促进有关单位加强管理、堵塞漏洞，可以推动社会问题治理，巩固扫黑除恶专项斗争的成果。本文通过分析黑恶案件司法建议对社会问题治理的功能作用，考察当前黑恶案件司法建议的运行成效和存在困境，提出将黑恶案件司法建议纳入市域社会治理新格局，建立经办法院挖掘问题、上级法院调研发函的“提级发函”机制的构想，以期破解黑恶案件司法建议的尴尬现状，促进社会管理问题的深挖调研，提升司法建议质量，确保市级管理部门开展行业整顿并加强对相关单位的督促整改，推动司法建议落实见效。

关键词：司法建议　扫黑除恶　社会治理

推进国家治理体系和治理能力现代化建设是党的十九届四中全会提出的总目标，中央政法委书记在全国市域社会治理现代化工作会议上提出，要以开展市域社会治理现代化试点为抓手，探索具有中国特色、市域特点、时代

* 杨凌芳，福建省漳州市中级人民法院法官助理。

特征的社会治理新模式。司法建议是人民法院发挥审判职能作用、参与社会治安综合治理系统工程的重要手段。在开展扫黑除恶专项斗争工作中，把司法建议作为法院全方位参与扫黑除恶专项斗争的结合点、切入点①，促进黑恶犯罪社会问题系统治理、综合治理、依法治理、源头治理，可以提升专项斗争的司法成效。本文立足于考察黑恶案件司法建议的运用现状、困境和成因，明晰黑恶案件司法建议对社会问题治理的功能作用，尝试构建黑恶案件司法建议“提级发函”机制，将司法建议纳入市域社会治理新格局，以期实现司法建议提质增效、助力社会治理的美好愿景。

一　研究视角：黑恶案件司法建议的社会治理功能凸显

自全国开展扫黑除恶专项斗争工作以来，人民法院将司法建议纳入专项斗争工作，通过发函司法建议延伸审判职能、参与社会治理。

（一）黑恶案件司法建议的内涵及性质

早在20世纪50年代，中国就开始提倡和开展司法建议活动②，但直至2007年，最高人民法院才出台《关于进一步加强司法建议工作　为构建社会主义和谐社会提供司法服务的通知》这一司法建议专门性规定，2012年，最高人民法院又颁布《关于加强司法建议工作的意见》（以下称《意见》），对司法建议工作进一步作出规范。司法建议制度是法院针对法律与社会矛盾杂糅、个体利益与集体利益相背离，基于其危机意识和研判未来的优势，自觉履行社会责任，将审判活动与社会治理机制有机结合，扮演社会和政治角色，实现社会效果和政治效果统一的公共服务制度③。司法建议是人民法院拓展审判职能、向有关单位提出主张或具体办法的意见，不具有法律约束

① 杨亮：《强化司法建议　助力扫黑除恶》，《人民法院报》2019年4月28日，第2版。
② 谭兵：《论人民法院的司法建议权》，载《现代法学》1986年第1期。
③ 张霞：《司法建议制度理论研究》，山东大学硕士学位论文，2016，第28页。

力，故一直被称为“柔性治理”，但其价值功能在司法实践中得到不断彰显，被认为是人民法院积极延伸审判职能、服务发展大局的重要方式，也是人民法院履行社会治理职能、发挥法治引领功能的重要途径。司法建议具有丰富的功能，其中社会治理功能最为凸显，是推动社会问题源头治理的重要抓手。一方面，社会政治文化环境需要司法承担社会治理职能；另一方面，法院和法官独特的知识优势为发现问题和提出建议提供了可能[①]。对于何为黑恶案件司法建议，可借鉴界定司法建议的七种代表性观点，即“法院建议说”“法院合理化建议说”“法院意见和建议说”“法院纠正意见说”“法院预防措施说” “法院裁判辅助方式和行为说”和“法院解决经济纠纷说”[②]。笔者认为，黑恶案件司法建议的内涵不仅涵盖上述学说的特点，更应凸显社会问题治理的核心，因为促进有关单位修补管理漏洞、维护社会稳定发展才是扫黑除恶的最终目的。根据最高人民法院 2007 年《关于进一步加强刑事审判工作的决定》第 22 条（加强司法建议工作）的规定，“针对审判中发现的容易诱发犯罪的隐患和管理漏洞，积极向有关部门和单位提出司法建议，重视反馈意见，注重建议实效，促进有关部门和单位健全制度，加强管理，预防和减少犯罪”，笔者将黑恶案件司法建议的概念界定为：人民法院在开展涉黑恶犯罪刑事审判工作中，发现存在容易滋生黑恶势力犯罪的管理漏洞，应向有关部门和单位提出有针对性、可行性和合理性的建议，促进有关部门和单位及时加强整顿和监管，堵塞管理漏洞，预防和减少黑恶势力违法犯罪。

（二）黑恶案件司法建议的功能属性

规范黑恶案件司法建议对促进黑恶犯罪社会问题治理具有以下三方面的功能。一是能深挖黑恶犯罪管理疏漏。法院在审理黑恶犯罪案件特别是重特大黑恶犯罪案件过程中，法官通过对案件情况的系统梳理和细致审查，能够

---

① 操旭辉：《柔性的治理：司法建议制度研究》，武汉大学博士学位论文，2014，第 38 页。

② 参见薛伟宏、卢培伟、苗红环著《司法建议理论与实践》，法律出版社，2016，第 336 ~ 338 页。

深入挖掘黑恶犯罪背后的社会管理问题，及时发现社会管理薄弱环节，通过司法建议最大限度地铲除滋生黑恶势力的土壤，压缩黑恶势力生存空间，从源头上防范黑恶势力犯罪。二是能助推社会问题统筹治理。在挖掘黑恶案件背后带有普遍性、倾向性的社会问题基础上，通过司法建议为有关部门提供宏观决策思路，统筹全局进行整改和治理，可以有效整合调配，节约行政资源，将依法严惩黑恶势力犯罪与系统治理、综合治理、源头治理有机结合起来，达到长效常治的良好效果。三是能督促社会治理落地见效。司法建议虽然不具有司法审判的刚性强制力，但也是对有关单位制度管理的一种警示和敲击，通过加强司法建议的反馈跟踪，在一定程度上也会对有关单位施加监督效果，助力推动社会问题治理。

二　现状管窥：黑恶案件司法建议的运用情况

两年多来，各地法院通过实践探索，越发重视在扫黑除恶专项斗争中推进司法建议工作，并取得了一定成效。

（一）黑恶案件司法建议在全国法院的推行概况

据有关统计，2018 年 1 月至 2019 年 10 月底，全国法院审结涉黑犯罪案件 1088 件、涉恶案件 9771 件，针对涉黑涉恶案件提出司法建议 4191 条①。笔者通过互联网、知网、微信公众号等媒介，收集中国部分地区省份法院发函司法建议的情况，发现中国黑恶案件司法建议工作整体良好：一方面，全国许多法院在推进扫黑除恶专项斗争的同时，越来越重视开展司法建议工作，司法建议发函数量增多趋势明显，反馈率也不断提升（见表 1）；另一方面，各地法院努力探索和完善司法建议工作机制，力求实现“办理一批案件、解决一类问题、完善一方面制度”“审理一案、教育一片、防范一

① 赵蔚：《扫黑除恶专项司法建议机制的构建——以全国各地扫黑除恶司法建议书为样本》，载《人民司法》2020 年第 4 期，第 39 页。

方、推进一步”的理想效果。例如，深圳市委办公厅印发《关于加强人民法院司法建议工作的意见》，在全国首次以地方党委名义，专门出台支持法院司法建议工作的规范性文件[①]，有利于促进司法建议的落地见效。湖南法院制定《关于加强问题线索排查和司法建议工作的指导意见》，建章立制，构建长效机制。

表1　部分省份法院司法建议发函情况（均以2018年为统计起始年）

单位：份，%

省份（地区）	统计截止日期	司法建议	回复函	反馈率
北京	2019年6月9日	27	13	48
宁夏（西北）	2019年6月24日	97	47	48
浙江（华东）	2019年7月29日	88	58	66
江西（华中）	2019年8月21日	278	131	47
内蒙古（华北）	2020年1月15日	999	809	81
广东（华南）	2020年6月12日	424	约305	72
云南（西南）	2020年6月30日	393	360	92
福建（华东）	2020年6月30日	254	222	87
湖南（华中）	2020年7月7日	416	202	49

（二）黑恶案件司法建议社会治理面较广

从全国主要省份法院宣传报道中提及的黑恶案件司法建议情况看，建议内容涵盖了基层组织的整顿与监督、建筑行业非法挂靠分包、外来人口流动管理、旅游市场监管、“校园贷”安全教育、校园守护机制建设、森林资源监管、交通运输监管等方面，这些黑恶案件司法建议能够有效聚焦当前社会的突出问题，覆盖面较广，特别是在加强社会治安、乡村治理、金融放贷、工程建设、交通运输、市场流通、资源环保、信息网络、文化旅游、教育卫

① 肖波、曾令省：《以司法建议的“小切口”做好法治建设的“大文章”》，《人民法院报》2020年4月15日。

生等十大重点行业领域的监管、整治、规范工作中发挥了较大推进作用。

为更直观地反映黑恶案件司法建议对社会突出问题的关注度和辐射面，笔者对漳州市法院黑恶案件司法建议涉及的社会问题进行了梳理（见图1）。自2018年1月23日开展扫黑除恶专项斗争工作以来，漳州市法院共发出15份黑恶案件司法建议书，虽然发函数量不多，但涉及的社会治理面较广，涵盖对把持农村基层政权的“村霸”、农村宗族、宗教管理的整治，矿产资源、林业生态等重点领域的治理，也有对交通营运、物业管理、医疗药品等行业的整顿，更有对校园周边环境、娱乐场所、辍学未成年人管理等民生问题的关注。

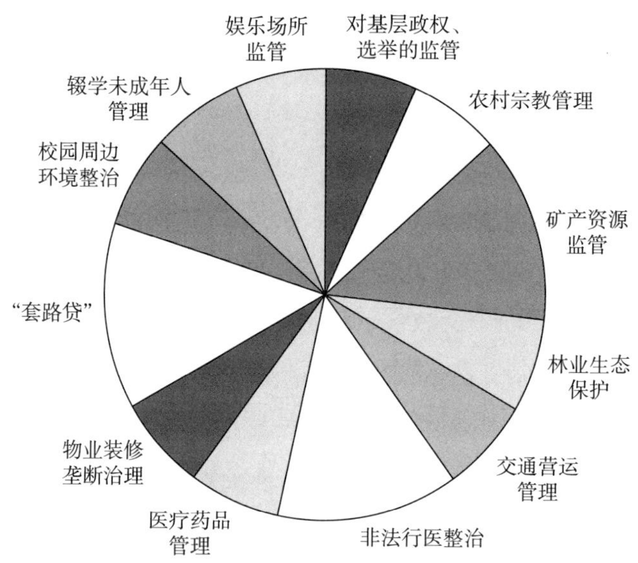

图1　漳州市法院司法建议涵盖的社会治理问题情况

（三）黑恶案件司法建议的社会治理成效逐渐彰显

近年来，随着全国扫黑除恶专项斗争工作的深入推进以及党委政府部门的重视和支持，黑恶案件司法建议的反馈率（见表1）和采纳率都有所攀升。各地法院也纷纷反映其司法建议得到有关部门的认可，落实落地，

取得一定成效。例如，浙江省杭州市余杭区法院在审理吴某等人“套路贷”涉黑案件中发现，辖区内有部分高职院校在校学生涉案，法院针对学校监管不足、法治教育缺失等问题，向当地教育局发出司法建议，提出增强主体责任、落实监护职责、加强家校沟通等5点措施建议。教育局收到司法建议后，立即进行专项整治，加强学校道德教育法制工作，建立健全长效机制。又如，湖南省临湘市法院在审理王某林等19人涉黑案时，向岳阳市、湖北省荆州市水务局发出“建立执法监管协作联动机制”的建议，岳阳市水务局收到司法建议后，主动联系临湘市法院研究会商改进举措，积极与市公安、湖北省水务部门等加强配合联动，实现长江水域的省际联合执法常态化。漳州市法院在办理林某等16人涉黑案时，向共青团漳浦县委员会发出“关于加强对辍学未成年人管理”的司法建议，得到共青团漳浦县委员会高度重视，联合教育局、民政局、关工委等单位开展了失学、失业、失管青少年及留守儿童的普查帮扶工作。漳浦县扫黑办将该司法建议内容纳入其“2020年工作要点及任务分工”，漳浦县精神文明建设指导委员会也将该司法建议内容纳入县“未成年人思想道德建设联席会议制度和成员单位职责”，确保进一步推动辍学未成年人帮扶工作，减少未成年人犯罪隐患。

三　检视反思：黑恶案件司法建议面临的困境及原因

笔者以漳州市法院黑恶案件司法建议为样本，梳理当前黑恶案件司法建议面临的具有普遍性和典型性的困境问题。

（一）黑恶案件司法建议的发函资源亟待整合

一是发函数量不多。截至2020年6月30日，漳州市法院审结涉黑恶犯罪案件113件，发函司法建议15份，仅占13.3%。司法建议发函数少的主要原因：一方面，案多人少的矛盾突出，黑恶案件较为复杂、办案压力大，在案件办理之外研究、制作司法建议文书需要花费更多时间和精力，给经办人员带来更多案外工作负担，经办人员会产生抵触心理；另一方面，司法建议考核机制并未确立，司法建议不是办理黑恶犯罪案件的硬性指标，也缺乏相应的奖励机制，经办人员发函积极性不高。漳州市法院司法建议主要集中在2019年（发函12份），部分原因也是受上级法院对司法建议的重视和考核任务的影响。

二是类案重复发函。漳州市法院发函的15份黑恶案件司法建议中，有2份均是对非法行医乱象的整治建议，2份是对加强校园“套路贷”监管的建议。还出现同一案件重复发函的情况，中级法院先向市自然资源局发出加强矿产资源管理的司法建议，基层法院在案件生效后又向县自然资源局发出类似司法建议。各县法院办理的黑恶案件数量有限，且相互沟通不多，导致基层法院难以开展黑恶案件社会问题类案梳理，只能在县域范围内建言整治，各地对类似的社会问题重复发函，造成了司法资源浪费。

（二）黑恶案件司法建议的制作质量亟待提高

一是问题分析不透彻。从15份司法建议的内容看，部分文书仅关注案件中的犯罪行为，没有对诱发黑恶犯罪的成因以及黑恶势力壮大成势过程等相关管理漏洞进行深入剖析，对于黑恶犯罪源头性的社会问题挖掘不到位。例如，“关于加强农村宗教活动管理”的司法建议，全文围绕宗教事务、宗教活动场所和信教公民的管理展开，并未关注到引发该案恶势力犯罪的主要问题在于农村宗族势力纠集抱团横行乡里，具有较大的社会危害性。由于缺乏前期深入、专门调研，对黑恶犯罪社会问题的剖析不到位，影响了司法建议的权威性。

二是建议对策比较宽泛。对15份黑恶案件司法建议对策意见的梳理分析发现，有些司法建议没有分析社会问题而直接提出对策，有些建议对策缺乏针对性、内容空泛，“加强管理”“开展法制宣传”成为“标准套路”，有些司法建议甚至只讲问题，不提对策，严重影响了司法建议的质量和效果

（见图2）。司法实践中，许多经办法官反映，“隔行如隔山”，由于专业领域的局限，缺乏与有关部门的沟通和研判，对策难提、不敢轻言成为司法建议发函的一大障碍。

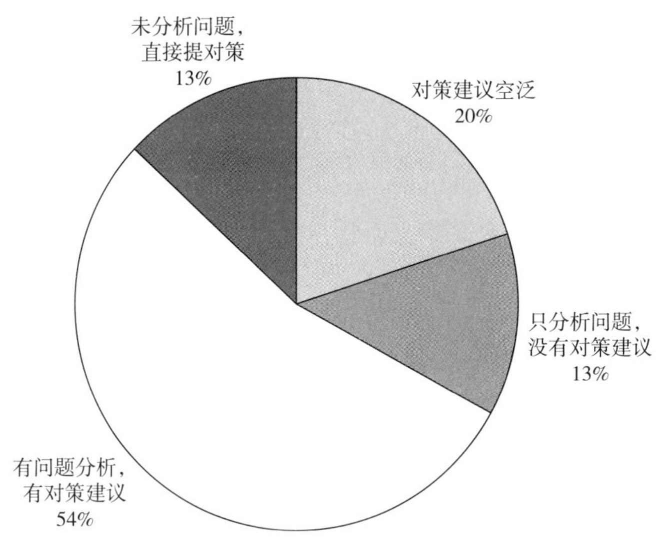

图2　黑恶案件司法建议对策情况

三是格式不规范。虽然最高人民法院曾经公布司法建议的文书格式，但是漳州市一些法院的司法建议文书不规范，存在很多问题：第一，标题不统一，有的标题点明建议的内容，表述为“关于……的司法建议”，有的直接以“司法建议”为标题；第二，文号使用混乱，有“某法司建【】*号”，有“某法建【】*号”，有的以案件号作为司法建议文号，也有不落文号的；第三，正文格式不规范，有的司法建议先从某个黑恶案件着手，写明发现的问题，再提出解决问题的建议，有的则直接写明有关单位存在的管理问题，继而提出对策，有的则只写建议的内容，还有的只提问题没有对策。

（三）黑恶案件司法建议的落实效果亟待提升

一是收函单位存在抵触心理。有些收函单位存在“怕被揭短”“不愿受外行人瞎指挥”的心理，认为法院司法建议是对其工作不力的指责，会影响其单位绩效考核等，对司法建议抵触情绪大，甚至拒绝接收。例如，漳州市某区法院向恶势力主要犯罪地镇政府发出司法建议遭受一定阻力，经当地政法委沟通协调后才顺利完成送达，且一年后仍未收到有关单位的反馈。由于司法建议柔性司法的属性局限，司法建议的送达、反馈存在一定困难。

二是整改流于形式。一些法院发出司法建议书后，并不注重对有关单位整改情况的跟踪落实，似乎只要收到反馈函就履行完了司法建议的工作流程，司法建议的效果可想而知。有些单位收到司法建议书后没有对照查找问题，认真分析原因，制定对策，而是以“将进一步整改”“已传导落实”“加强宣传教育”等措辞形式上进行反馈，没有实实在在的整改措施，司法建议无法落地见效。

四　价值定位：黑恶案件司法建议融入市域社会治理的意义

市域社会治理现代化是当前中国大力倡导的治理路径，强调市级层面的主导性。笔者认为，市级主导治理的形式特点与黑恶案件司法建议治理的预期目的相契合，将黑恶案件司法建议纳入市域社会治理的范畴，有利于克服黑恶案件司法建议面临的瓶颈和困难，助推黑恶案件司法建议落地见效。

（一）融入市域社会治理有利于破解黑恶犯罪的治理难点

开展扫黑除恶专项斗争以来，中央各级领导人的讲话和相关文件精神均提出，要重视对滋生黑恶犯罪相关社会问题的治理和整顿，人民法院也将开展司法建议促进社会问题治理纳入法院专项斗争工作，但黑恶势力根基深、危害大，整治难度大，更需要市级部门的强制干预和协力合作。将黑恶案件司法建议纳入市域社会治理新格局，有利于实现以下几方面效果。

一是有利于破解黑恶势力区域性影响。“称霸一方”是黑社会性质组织或恶势力犯罪集团的特征之一，这种恶霸势力在一定地域范围内形成的社会

影响极大，其利益、人脉关系网络往往也较为复杂，纵然涉黑恶罪犯已被绳之以法，但要在短期内消除影响、铲除其关系网络并非易事。因此，由地方法院发函司法建议给存在社会管理问题或者风险隐患的有关单位，有可能会受到黑恶势力残余力量或者“关系网”的干扰，阻拦对黑恶根基的深挖彻查，故收函单位的整改力度和深度是否能达到法院司法建议的预期目的值得思考。

二是有利于应对黑恶犯罪的严重危害性。黑社会性质组织犯罪及恶势力主要违法犯罪活动（强迫交易、故意伤害、非法拘禁、敲诈勒索、故意毁坏财物、聚众斗殴、寻衅滋事等）损害的法益均是经济、社会生活秩序，且具有多人纠集、多次犯罪，社会影响恶劣等特点。相比一般犯罪行为，其对社会管理秩序的破坏力更大，危害性更严重，将司法建议纳入市域社会治理，能够在更大程度上引起有关部门的重视，推动黑恶社会问题整改，加强防控机制建设。

三是有利于深度剖析黑恶犯罪背后的隐患。国家行政权干预阻断的缺失为黑社会性质组织和恶势力组织的滋生和坐大成势提供了土壤，产生的社会管理隐患更为复杂重大，也可能更为隐蔽。由于基层法院调研平台的局限和沟通协调能力限制，其对黑恶犯罪背后的隐患问题深挖程度不如市级法院，若将司法建议纳入市域社会治理，能在更高更广的平台上组织开展调研，对黑恶犯罪存在的社会隐患进行更深入的剖析和梳理。

（二）融入市域社会治理可以提升黑恶案件司法建议实效

鉴于黑恶犯罪社会问题的特点和黑恶案件司法建议现行机制存在的困境，将司法建议纳入市域社会治理范畴，有利于节约司法资源，提升司法建议质效。

一是有利于类案问题统一治理。随着社会的发展和新矛盾新问题的出现，社会管理机制跟不上形势变化，整个行业可能普遍产生管理滞后与疏漏等问题。此类社会问题可能会演变成多发性的犯罪，在不同县域范围内均可发生，显现同类型犯罪特点。而基层法院办理的黑恶犯罪案件数量有限，如果仅通过个案向某个单位提出整改建议，可能造成不同县区法院对同一类型社会问题分别发函司法建议，浪费司法资源，而且难以达到推动行业治理的整体效果。

二是有利于多部门协同治理。黑恶犯罪背后存在的社会隐患，有时往往不是单个部门的管理疏漏，还可能涉及多部门因权责不明、配合不力等因素导致的监管不力，需要市级政府部门沟通协作，合力破冰。而县区法院的司法建议由于层级局限性，发函的效力不强，影响社会问题隐患的治理。如果将司法建议纳入市域治理，可以多层面搭建治市理政平台①，通过整合资源，大幅提升治理效能。特别是市委市政府牵头组织，协调多部门配合落实，更有利于全局性的统筹整改，可以提升社会治理效果。

三是有利于建章立制长效治理。市域社会治理具有许多突出优势，可以更为宏观地处理和修补社会管理漏洞，其中最主要的优势在于：可以加强调研，通过制定地方性规章对行业普遍性问题进行整改和治理，通过建章立制和依法行政的方式，促进优化社会管理。正如漳州市法院在办理黑恶案件中发现的黑恶势力垄断小区装修市场、强迫业主交易的问题，若能通过立法规范此类小区物业管理问题，将有利于装修市场的整肃，保障群众安居乐业。

五　改造路径：构建黑恶案件司法建议“提级发函”机制

相对于普通刑事案件，黑恶犯罪对社会管理秩序破坏程度更大，危害影响范围更广，涉及需要整改的部门更多，若适用一般司法建议由基层法院各自发函的机制，产生的成效有地域局限，往往难以达到“解决一类问题”或者“整治一类行业”的效果。本文在分析论证黑恶案件司法建议融入市域社会治理意义的基础上，依照最高人民法院《意见》第13条的

① 董延涌：《关于推进市域治理体系和治理能力现代化的问题研究——以盘锦市为例》，载《环渤海经济瞭望》2015年第3期。

规定："拟向上级党委、人大、政府及其部门提出的司法建议书，必要时可以提请上级人民法院发送"，借鉴深圳市由市委办公厅出台《关于加强人民法院司法建议工作意见》的做法，提出建立黑恶案件司法建议"提级发函"机制的改造构想。笔者认为，由政府部门牵头将黑恶案件司法建议融入市域治理的工作规划和部署，提高黑恶案件司法建议发函层级，可以提升两方面效果：一是由发函法院提级至中级法院发函，能够集智聚力，集中梳理类案情况，集中整合社会管理问题，集中开展调查分析；二是收函单位由需要整改的部门提级到其市级主管部门，可以督促有关单位整改落实，推动行业治理，将治理效果辐射到全市其他地区部门。通过自上而下的层级"势能"推动，更充分有效地发挥黑恶案件司法建议的功能作用，推动社会问题源头化解，巩固扫黑除恶专项斗争的成果。

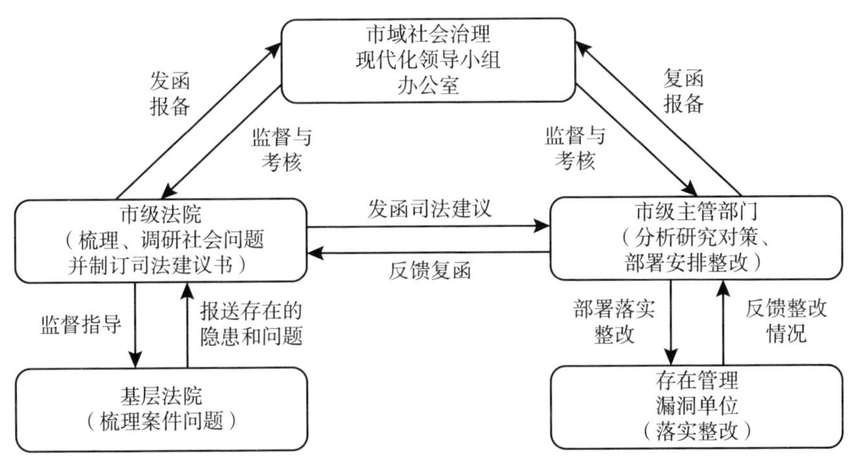

图3　黑恶案件司法建议"提级发函"机制

（一）黑恶案件司法建议"提级发函"机制的具体架构

黑恶案件司法建议"提级发函"机制（见图3），即由基层法院对审理的黑恶案件进行梳理，将发现的社会管理问题呈报中级法院，中级法院负责对汇总的社会问题进行梳理，并组织开展相关社会问题的情况调研，制订合理可行的建议对策，发函司法建议，同时报市域社会治理现代化领导小组办公室备案；收函单位可以对司法建议进行分析研究，对适当的建议内容应及时督促下级有关单位整改落实，并将整改情况反馈给市级法院，对于不适宜采用的建议内容也可以反馈不采纳理由。中级法院作为黑恶案件经办法院的，一般也由中级法院发函，但对市域经济社会发展有广泛影响，或者需要向省级有关单位发出司法建议的，可以由市级法院拟订司法建议文书后，提交省法院参阅并建议发函。

（二）黑恶案件司法建议“提级发函”机制的发函规范

第一，发函主体。黑恶案件司法建议由市级法院作为发函主体，对内有利于统筹梳理全市黑恶案件存在的社会问题，对相同行业或者管理部门存在的隐患统一制作司法建议书，节约司法资源；对外有利于提升司法建议的效能，争取市委市政府的支持，协调市级主管部门统筹开展社会问题源头治理工作。

第二，程序分工。确定黑恶案件“一案一剖析”原则，经办法院对其经办的黑恶案件应挖掘剖析存在的社会隐患和管理漏洞，需要发函司法建议的，在案件审结后15日内将简要案情、存在问题形成书面报告，报送中级法院，中级法院作为经办法院，应自行开展黑恶案件社会问题梳理工作；中级法院对经办法院梳理黑恶犯罪案件工作进行监督指导，在收到经办法院报送的问题情况报告后，立即组织中级法院扫黑办人员，对存在的社会管理问题开展调查研究，制订对策建议，及时向有关管理单位的市级主管部门发函司法建议。上下级法院的分工与配合，有利于缓解经办法院办案和发函司法建议的双重压力，也便于在市域社会治理大格局中加强法院与其他单位的沟通和调研，提升司法建议的质量。

第三，问题梳理。中级法院应根据个案、类案、综合等不同情况对存在的社会问题和隐患进行梳理，确立重大黑恶案件“一案一司法建议”和“类案梳理”相结合原则，每起重特大黑恶案件都应开展司法建议调研工作，对类似的社会问题统一开展调研，避免重复劳动。

第四，调研方式。可采取实地走访、部门沟通、听取专家意见等多种方

式对社会问题的严重性、普遍性进行分析研究，继而提出相应的对策建议。

第五，建议尺度。司法建议的对策建议是核心内容，决定了司法建议的质量与效力。笔者认为，法院提出的对策建议必须紧紧围绕“三性”标准，一是针对性，应当根据具体问题提出具体对策，避免“假大空”；二是适当性，应尊重市场正常经营、自行调整的规律，谨慎把握司法权对市场管理干预的尺度；三是可操作性，要符合客观实际情况，提出可以落地见效的对策。

第六，规范格式。在严格落实最高人民法院发布的司法建议文书格式规范基础上，建议注明反馈时间，并增设联系人员和联系电话，便于收函单位的沟通与反馈。对此，笔者根据最高人民法院的格式要求，修改了黑恶案件司法建议文书格式（见图4）。

××法建〔20××〕××号

×××人民法院

司 法 建 议 书

××××（主送单位名称）：

我院在审判工作（或写明××个案，或写明××案件类型，或写明调研工作）中，发现…………（写明有关单位存在的重要问题和提出建议的理由）。为此，特建议：…………（写明建议的具体事项，内容多的可分项书写）。

以上建议请予以考虑，并请于两个月内将反馈意见及时函告我院。

联系人：　　　　联系电话：

附：相关××判决书或裁定书×份及其他相关材料

（院印）

年　月　日

图4　黑恶案件司法建议文书格式

第七，发函报备。司法建议的发函对象是存在管理问题单位的市级主管部门，涉及多部门监管问题的，可以在同一份司法建议书内说明问题情况和整改对策，发函给多个相关市级部门。同时报市域社会治理现代化领导小组办公室备案。

（三）黑恶案件司法建议“提级发函”机制的反馈规定

第一，对策采纳。有关单位的市级主管部门收到中级法院的司法建议后，应组织人员对司法建议反映的问题进行核实，并对司法建议的对策建议进行研究，可以采纳的及时组织有关单位进行整改，属于行业普遍性的管理疏漏问题，应组织全市各单位加强整改，查缺堵漏。

第二，整改跟踪。市级主管部门对有关单位的整改情况予以跟踪监督，并由有关单位形成整改情况报告，报送给市级主管部门。

第三，反馈时限。为确保司法建议内容能够落实到位，应给予有关单位适当的整改落实时间，建议规定收函单位在收到司法建议后两个月内反馈整改落实情况。

第四，反馈复函。市级主管单位应形成书面反馈函，向中级法院反馈告知司法建议对策的采纳情况和有关单位的整改落实情况，同时报市域社会治理现代化领导小组办公室备案。对建议对策的跟踪反馈有利于进一步提高法院开展司法建议的能力，提升司法建议质效。

（四）黑恶案件司法建议“提级发函”机制的考核监督

司法建议的实施动力在于考核机制激励①，制定考核监督机制有利于黑恶案件司法建议的推动和落实见效。

1. 外部考核机制

鉴于黑恶犯罪对社会治安的严重破坏力，市委市政府应高度重视黑恶犯罪背后社会问题的整治，将法院对重大黑恶犯罪的司法建议发函情况以及有关单位的整治和反馈情况纳入平安建设（综合）考评。对能有效推动地区社会问题或者行业管理问题整治的司法建议，予以加分奖励；对在地区产生重大影响的黑恶犯罪案件，人民法院未发函司法建议的，或者有关单位未整改、市级主管部门未及时反馈司法建议的，应当对有关责任部门予以扣分。

---

① 参见薛伟宏、卢培伟、苗红环著《司法建议理论与实践》，法律出版社，2016，第325页。

2. 内部考核机制

市级法院通过系统内部考核办法，对经办法院及时梳理黑恶案件社会问题的情况进行考评监督，对未开展问题剖析的经办法院予以扣分，对司法建议问题剖析到位、建议内容有效推动社会治理的，予以加分激励。同时，引入法官岗位目标考核体系，建立司法建议激励机制，发出的司法建议为被建议机关采纳的，应视情形对案件经办法官和司法建议文书制作人员予以表彰和奖励，并在法官的晋级考察中予以体现①，提高发函司法建议的积极性。

① 参见杨梅花、吴艳丽《建议规范司法建议程序》，《江苏法制报》2013 年 12 月 24 日，第 00C 版。

B.17
“枫桥经验”语境下人民法庭参与基层社会治理的优化进路

张恒飞*

摘　要：基层社会治理系“共建共治共享”的新时代社会治理格局的重点与难点。人民法庭作为基层发挥司法职能的部门，继承和发扬“枫桥经验”精神，参与基层社会治理，推进基层治理现代化法治化，是完善国家治理体系和治理能力的现实要求和题中应有之义。本文以实证分析方式对浙江省湖州市南浔区人民法院“水哥法官工作室”参与基层社会治理的实践现状和取得成效进行了考察，并从司法资源的有限性、基层纠纷解决之道及基层社会组织的应对等方面解析了人民法庭参与基层社会治理的现实困境及原因，进而以应然视角从案件繁简分流、正确司法理念、创新服务模式、发挥群众优势等方面论述了人民法庭参与基层社会治理的优化进路。

关键词：“枫桥经验”　人民法庭　基层治理　法治化

“‘依靠群众就地化解矛盾’是‘枫桥经验’的精髓，亦是对中国传统基层社会治理理念的传承和发扬。”① 人民法庭是最基层的司法机关，系国

* 张恒飞，浙江省湖州市南浔区人民法院审判管理办公室（研究室）副主任。

① 郭星华、任建通：《基层纠纷社会治理的探索——从“枫桥经验”引发的思考》，载《山东社会科学》2015 年第 1 期。

家通过司法途径保持同人民群众密切联系的桥梁和纽带，应当成为一个有效传达与反馈基层司法运行的场所。在当前"共建共治共享"的新时代社会治理格局下，充分调动群众的积极性是很有必要的，让群众以亲历方式创造性参与司法，参与到法治建设中来，并充分利用基层社会各类潜在的诸如风俗习惯等资源，推进基层社会治理现代化法治化。人民法庭需要以新的面貌、新的方式参与基层社会治理，才能满足人民群众日益增长的司法需求，并承担起有效参与基层社会治理的应有职责。

一　人民法庭参与基层社会治理的理论基础

（一）"枫桥经验"与基层社会治理的变革

1. "枫桥经验"系化解基层社会矛盾的成功典范

众所周知，"枫桥经验"诞生于20世纪60年代的浙江省诸暨市枫桥镇，"依靠和发动群众，坚持矛盾不上交，就地解决，实现捕人少，治安好"的"枫桥经验"，成为当时化解纠纷矛盾的经典样板。历经社会的沧桑巨变，"枫桥经验"的精神与内涵也不断丰富和发展，在实践中不断依靠群众，就地调解了大量矛盾纠纷和一般治安问题，将矛盾纠纷化解在基层，不断完善社会综合治理。

2. 基层社会治理的变革

党的十九大报告指出，"国家治理体系和治理能力有待加强"。随着社会经济发展形势的变化，国家对社会治理能力也提出了一系列新的要求。实现国家治理能力现代化，重点在基层，难点也在基层。新的社会治理需求，需要在继承和发扬"枫桥经验"的同时不断与时俱进，以契合新时代的精神推动基层社会治理现代化。实现基层社会治理法治化是其中重要一环，人民法庭是处于基层一线的司法机关，直接面向群众，积极延伸司法职能，推动基层社会治理法治化，应是完善国家治理体系和治理能力的现实要求和题中应有之义。

（二）人民法庭参与基层社会治理的必要性

党的十九大报告提出，“打造‘共建共治共享’的社会治理格局”，这为新时代的社会治理指明了方向。构建多元主体参与的社会治理体系，有利于实现辖区内社会的和谐稳定。人民法庭参与基层社会治理，对于缓解案件压力、妥善处理纠纷、树立司法公信力以及基层社会共建共治共享格局的形成具有积极意义。

1. 缓解基层司法“过载”的需要

随着经济社会的不断发展，新事物新理念的更替，社会关系呈现多样化，随之矛盾纠纷也多发。伴随着立案登记制的实施，司法层面面临诉讼到法庭的案件越来越多，新型及复杂案件占比也越来越高。同时，法庭配备的法官及辅助人员却没有相应增加，导致法庭工作处于“过载”状态。涌入法庭的一部分案件涉及农村农民生产生活中产生的纠纷，虽然案件标的不大，但纠纷涉及的方方面面较多，难以调处，需要依靠当地基层组织的协助配合。通过与基层组织协作，一部分案件分流到村委会、居委会、调委会等基层组织，减少了真正进入诉讼的纠纷，有效缓解了案多人少矛盾。

2. 妥善化解诉争纠纷的现实需要

“中国当前的社会已不再是人们想象中温情脉脉的‘礼俗社会’，也不是法治建设所追求的建立在‘理性祛魅’基础上的现代社会，而是处在由传统向现代过渡的转型社会。”① 转型社会呈现多领域的利益冲突、多层次的社会关系、多元化的矛盾主体，单靠司法手段难以妥善解决。人民法庭受理的一些矛盾激烈的纠纷，面对法律知识和意识欠缺的群众，仅从法律层面依靠判决无法真正化解纠纷。根据人民法庭参与化解的基层社会矛盾纠纷的实践经验，发生在基层社会的矛盾纠纷受限于区域与人群的特殊性，纠纷化解不仅需要法律，更需要根据案件纠纷产生根源从当地风土人情、风俗习惯等着手，吸收基层组织共同参与。乡规民约这些“乡土法律”在基层社会

---

① 郭星华、石任昊：《社会规范：多元、冲突与互动》，载《中州学刊》2014 年第 3 期。

的纠纷化解中起着不可忽视的作用。

3. 打造新时代社会综合治理格局的需要

受主客观条件的制约，基层社会治理的法治化程度较低，基层社会组织面对一系列新型纠纷、涉众纠纷难以有效应对。新时代社会治理格局的形成需要多元治理主体、需要社会治理力量的整合。人民法庭处于基层一线，拥有司法资源，可与基层社会组织相互配合，发挥“枫桥经验”的优势，通过基层党委政府的统一领导，广泛调动各部门、各行业资源，打造“共建共治共享”的新时代社会治理格局。人民法庭要根据需要充分合理利用各类社会资源，融入整个社会的基层治理大格局。借助基层调解组织，加强人民调解与诉讼的衔接，加强对人民调解员和基层网格员的业务指导培训，借助民间和社会的各种非政府组织力量，根据所涉纠纷的类型，联合相应的调解委员会、专业委员会、自治组织，推动基层自治、法治、德治融合，从源头化解矛盾纠纷。

二　“水哥法官工作室”发扬“枫桥经验”参与基层社会治理的实证分析

“即使在当代最发达的国家，国家法也不是唯一的法律，在所谓的正式法律之外还存在着大量的非正式法律。”[①]“社会上发生的所有纠纷并不都是通过审判来解决的”[②]，基层社会治理不仅需要法律规范，也需要乡村民俗等乡土法则。“枫桥经验”的实践检验需要回归社会现实，以实证样本探寻人民法庭参与基层社会治理之路。

近年来，浙江省湖州市南浔区人民法院创新发展“枫桥经验”，不断拓展司法服务基层的新途径新路径，进一步健全完善多元纠纷解决机制，打造新形势下人民法庭基层工作的崭新模式。尤其是2011年底，南浔区人民法

① 梁治平：《清代习惯法：社会与国家》，中国政法大学出版社，1996，第32页。

② 〔日〕棚濑孝雄：《纠纷解决与审判制度》，中国政法大学出版社，1994，第2页。

院在所辖双林人民法庭正式成立以“全国优秀法官”沈阿水命名的工作室——“水哥法官工作室”。随着工作的持续开展，南浔区人民法院以“水哥法官工作室”为依托，转型升级“站点驻村、法官联村”工程，目前“水哥法官工作室”站点已由原20个扩面至100个，基本实现“一村一法官”，全网格参与基层社会治理。工作室在当地及周边镇已成为一块有影响力的司法品牌，当地老百姓都知道，打官司找“水哥法官工作室”。工作室获评湖州市“基层十大服务品牌”，相关工作经验被中央综治委《矛盾纠纷排查调处经验选集》收录。

（一）“水哥法官工作室”的基本做法

1. 进村入企，建立制度，狠抓纠纷预防

一是建立民情走访制度。针对大量基层纠纷因当事人法制意识淡薄、法律知识欠缺而矛盾升级最终导致纠纷成讼的情况，工作室通过入户走访、定点接访、主题约访和定期回访，主动进村入户，定点定时到村委会接待来访。就社会关注度高的问题约请群众代表座谈，定期到反映问题的群众家中回访，充分洞察社情民意，及时发现纠纷隐患，及时提供法律服务，全力预防纠纷成讼。

二是建立法律助企制度。针对辖区企业受经济下行因素影响，涉企纠纷大幅上升的现状，工作室对辖区企业按照种类、特点及经营范围划分，与辖区企业达成“法制宣传定点联系”服务意向，通过定点咨询、定期会议等方式为企业提供“定制”法律服务，引导企业及时减少和预防经营风险，加大司法扶助力度。

三是建立百姓评案制度。工作室选择典型案件、社会影响较大的热点案件，邀请执法执纪监督员、人大代表、政协委员和群众代表组成评判团进行评案。在开庭审理前向评判人员告知案件基本情况，调解或宣判后组织对案件处理情况进行评判。针对评判团的意见和建议作出解释和答疑，使评判团成员理解、接受、支持法院的调判结果，提高法院裁判的社会认可度，营造尊重法治的社会氛围。

2. 整合资源，以点带面构建调解格局

一是组建“4+2”调解团队。“4”系一名员额法官领衔，两名法官助理、一名书记员组成审判团队，“2”系人民陪审员和人民调解员的辅助队伍，以此组成的调解团队，根据团队成员的身份和特长予以分工，力求以最简便的方式解决群众最复杂的纠纷。与此同时，法官工作室以点带面，整合辖区各类基层调解组织力量，完善调解组织与法院的有效衔接，构建更大范围的“4+2”团队。目前，工作室与辖区61个基层调解组织建立了有效对接，通过确定包片法官、开通热线、发放联系卡等方式加强调解指导和纠纷分流，完善双向互动，统筹开展纠纷调处。

二是建立“1+4”纠纷联调机制。为在纠纷调处过程中充分凝聚和发挥党委政府和法院的职能优势，工作室倡导建立了由法官工作室牵头，司法办、综治办、派出所、劳动服务所参加的纠纷联调机制，每月召开联席会议，共同应对突发事件和群体性纠纷。具体纠纷处置过程中，工作室负责向当事人提供法律咨询、引导依法维权，并视情采取财产保全等法律措施；派出所负责维持现场安全和秩序，对涉嫌违法犯罪的人员依法采取强制措施；司法办、综治办负责当事人情绪稳控、舆论引导等工作；劳动服务所负责涉劳动争议事件的工资核对、企业资产核查等事项。

3. 创新方法，促进矛盾纠纷高效化解

一是总结提炼“一五五”调解法。工作室倡导运用沈阿水法官提炼总结的“一五五”调解法，即调解目标要抓住“一个点”、调解过程要走好“五大步”、调解方法要灵活选用“五方法”①，切实促进矛盾实质性化解。2021年1~6月，南浔法院民事调撤率80.17%，位列全省第三，高于全省平均水平近20个百分点。

二是探索类型化模块处理方式。针对辖区内数量较多的矛盾纠纷类型，整合对应资源，实现调解工作专业化。目前，辖区内所有的机动车交通事故

① 沈阿水法官总结的“一五五”调解法中的“一个点”，系寻求法、理、情、和的最佳结合点，“五大步”系倾听理解、摸清底线、框定架构、分析利弊、一锤定音，“五方法”系正反对比法、亲情服务法、换位思考法、整合多方力量法和分类调解法。

案件均由双林法庭集中管辖，工作室已先后与辖区八家保险公司联合设立“保险公司驻庭调解点”，保险人员定期驻双林法庭办公，与交通事故双方当事人在诉前共同协调处理赔偿事宜，并设立湖州市保险行业协会人民调解委员会南浔调解工作室，实现诉讼调解与人民调解、行业调解的三调联动。同时上线网上道交一体化平台，对双方当事人的调解协议即时予以司法确认，使事故赔偿和保险理赔于调解协议达成后1个月内到位。针对社区高发的物业纠纷，工作室积极与辖区内各小区的片警、物业及业主委员会取得联系，以设立工作站点的方式，让司法资源走入群众生活，打造“无讼”社区。

4. 文化引领，连锁模式拓展辐射范围

一是打造调解文化，促进纠纷化解。工作室从硬件配备、软件提升、氛围营造三方面入手，打造具有地区特色的调解文化，以文化引领促纠纷化解。工作室融合“以和为贵”等传统文化思想和江南水乡人文特色，对调解接待场所进行合理装饰设计，营造浓厚的和谐调解氛围。同时，在实践中逐步形成以深入调查研究、坚持原则又兼顾群众生活习惯、合理做好群众工作、座谈式审理为核心的工作理念，总结归纳了“抓住一个点、走好五大步、选用五方法”的调解方法。

二是设立连锁网点，复制成功经验。2012年下半年起，工作室总结成功经验，陆续在有关社区、行业市场、工业园区以及未设法庭的乡镇设立工作站点，复制法官工作室的工作模式，目前已设站点20个，远期计划扩展到100个，实现法官工作室在辖区的全覆盖。站点的工作时间、工作职能及联系方式等相关情况通过互联网、新闻媒体、公众开放日等多种渠道发布，定期派员到驻点工作。同时辖区群众可就相关法律咨询、诉讼服务、纠纷化解等司法需求提前向法庭或所在镇的司法所、村（居）委会预约，由工作室根据预约人数和司法需求内容安排相关对口工作人员到就近地点提供司法服务，尽可能让辖区基层群众在最短时间内得到精准司法帮助。

5. 与时俱进，推动“枫桥经验”新发展

一是转型升级“站点驻村、法官联村”工程。结合部分站点的地域、案件类型等特色，与乡镇、村等相关职能部门协作，探索针对性的专业处理

机制，力求部分站点对部分类型案件形成自身专业化调解特色，在此基础上探索实行类案跨站点调解。

二是大力推广在线调解。针对人民调解员的年龄结构偏大不熟悉智能设备使用、群众很难适应在线调解模式的问题，进一步加强对人民调解员在线调解的培训工作，并在立案窗口设立标示，引导、鼓励群众使用在线调解平台。同时建章立制，细化具体工作流程，明确办理时限，与区“一站式”矛盾纠纷多元化解机制对接，实现专人接待、专线引导、专家调解。

三是积极推动民主法治村和“无讼”社区建设。延伸审判职能，充分发挥人民法庭前沿阵地作用，积极配合和参与社会综合治理，深入基层开展以案释法、以案普法等法制教育工作，从源头减少纠纷发生。努力实现矛盾不出村、不上交，全面推进“枫桥经验”新发展，打造民主法治村和“无讼”社区。

（二）“水哥法官工作室”取得的成效

依托工作室一系列工作机制，每年诉前化解各类矛盾纠纷近 2000 件，使得进入诉讼程序的民事案件数量仅占全市案件总量的 10% 左右。近几年，通过在全区深入实施“水哥法官工作室”站点驻村、法官联村工程，推动建立并积极参与全区矛盾纠纷化解中心和社会治理综合服务中心建设，设置人民调解、诉前委托调解、立案及诉讼调解三道“过滤网”，大力推进诉源治理，全区五成左右民事纠纷得到源头化解，另有四成通过法院诉前委托调解、立案调解过滤，只有一成不到民事纠纷最终进入庭审裁判，切实把纠纷化解在基层和萌芽状态。2021 年 1 ~ 6 月，诉前化解和民事调撤率达 94.45%，居全省第一，呈现“诉前纠纷化解数上升、收案数下降”的良好态势，全区涉诉信访量处于全省低位。

三　人民法庭参与基层社会治理的现实困境及原因分析

尽管人民法庭在行使审判职能基础上努力参与基层社会治理，建立了各种制度及机制，但实际运行中依然存在主观、客观等现实困境，基层社会治理需要多部门联动，特别是基层组织的密切配合。

（一）有限的司法资源限制了诉讼外功能的充分发挥

随着立案登记制的实施，大量纠纷进入法庭，而诉前调解仅分流了有限的案件，最终进入诉讼的案件依然呈现递增态势，大量案件成为法官不能承受之重，他们不得不将绝大多数时间和精力花在最基本的审判和执行工作中，有限的司法资源限制了法庭干警参与基层社会治理的积极性，使得诸如巡回审判、法制宣传、指导人民调解等法定职能及服务辖区党委政府等诉讼外功能在一定程度上处于虚置状态。这进而影响了人民法庭发挥其应有的司法职能作用的效果，也与当前基层社会的司法需求、多元化纠纷解决机制的构建不适应。

（二）基层纠纷解决之道与法律规制、程序的冲突

对基层社会来说，即使经历了改革开放后的长期发展，当前仍然呈现后乡土社会特征。在基层乡村都存在不成文的民间法，有约定俗成的纠纷解决方式。正如苏力教授所说："在中国，基层法院的法官主要关注的是如何解决纠纷，而不是恪守职责。"① 在基层社会，人民法庭在解决纠纷时，很多情况下法律规则与程序要让位于乡土社会实际情况。法庭审理的案件，较多的是有关婚姻家庭、土地承包、抚养赡养、人身损害赔偿、相邻关系等纠纷。纠纷的各方当事人多数是关系较为紧密的亲戚、邻居、村民等，因为矛盾自身不可调和而纠纷成讼。在这种情况下，严格遵循规则之治，按诉讼程序开庭审理、当事人举证，不仅拉开了与人民群众的距离，也不利于矛盾的解决。为解决纠纷，多数法官会选择法律规则让步，法律在一定程度上失去了独立的品格。

---

① 苏力：《农村基层法院的纠纷解决与规则之治》，载《北大法律评论》第 2 卷第 1 辑，法律出版社，1999，第 85 页。

（三）部分基层社会组织的消极应对

基层人民法庭作为司法机关，为更好地解决纠纷并不断提升基层治理的法治化程度，根据审判实际确立了诸如诉调对接、调解确认等纠纷联调机制，但在纠纷化解中，村委会等基层组织并不能积极配合、应对。村委会的难处在于，如果积极配合法庭处理纠纷，在结果令村民不满意时，村民当事人会将矛头对准村委，经常到村委闹事，以后村委开展自身工作会遇到该当事人及亲属、邻居不配合的问题。这导致村委抱持“多一事不如少一事”的心态，多数不愿参与调解，即使参与也只是象征性地应付一下。于是本该多部门联合参与的矛盾纠纷处理活动无法正常开展，法庭及其他部门也只能望洋兴叹。

四　应然状态下人民法庭参与基层社会治理的优化进路

在“共建共治共享”新时代社会治理格局背景下，应然状态的基层人民法庭应契合新时代社会治理需求，实现与基层的一体化，在做好案件裁判的基础上，充分发挥人民法庭扎根基层、面对群众、服务群众、服务基层的作用，以及在化解基层矛盾、满足群众司法需求、促进基层社会治理法治化中不可替代的重要作用。诉讼外功能做得好、有效果，对法庭定分止争的裁判功能会产生积极的促进作用，反过来又可以调动人民法庭参与社会基层治理的积极性，二者形成良性互动。借助基层力量解决纠纷不仅符合基层的实际，也更容易取得基层群众的信任，更有利于纠纷的圆满解决，最终达到“解纷一案教育一片”的效果，有效提升基层社会法治宣传教育效果，不断增强群众司法获得感，提高司法公信力。

（一）推行案件繁简分流，高效优质化解纠纷

面对不断涌入法庭的诉讼案件，法庭现有的办案力量难以有效应对。受

理案件中，一部分属于当事人和证据较少、事实比较清楚、权利义务关系比较明确、证据比较充分的案件，法律关系较为简单，法庭应当高效审执，让当事人及时实现诉求，提高审判效率。另一部分相对复杂的案件，法官需要花时间和精力准备，做到精细审理。对此，应在法庭全面推行案件繁简分流，做到简案快审，繁案精审。案件繁简分流可以进一步提高审判效率，优化资源配置，降低诉讼成本，减少当事人诉累，解决案多人少难题，既有法律依据，也有现实意义。同时人民法庭在做好繁简分流的基础上，需确定庭前调解案件的范围和程序，有序做好诉调对接，制订可实施、可监督的实施方案，明确职责与分工，切实达成案件分流的效果。

（二）树立正确的司法理念，转变工作方式

当前法庭干警因案件数量多、办案压力大、精力有限，担心参与社会治理导致工作量增加，出现重办案、轻参与社会治理的现象。繁简分流如果实施成功，一定程度上会减轻法官的办案压力，也就会释放出法官更多的精力和时间参与基层社会治理工作。同时，通过一个个鲜活的取得良好社会效果的典型案例，法庭干警可以切身感受到执法办案工作与参与基层社会治理是一种良性互动关系，诉讼外功能做得好、有效果，对法庭定分止争的裁判功能会产生积极的促进作用，反过来调动法官参与社会基层治理的积极性。在新时代社会治理大格局背景下，法庭干警要勇于改变坐堂办案等传统司法理念和工作方式，积极融入基层社会，走进群众和基层组织并形成良性互动，以多方联动、多元主体参与的协同解纷方式化解矛盾纠纷，对群众的司法需求作出精准有效的回应。为保证实效，法庭可建立符合自身特点的考评机制，形成参与社会治理的激励性导向，逐步形成法官走出法庭参与矛盾纠纷化解的自觉，做好案件审理与参加基层社会治理的平衡。

（三）创新人民法庭服务模式，推进基层治理法治化

在新时代社会治理格局下，人民法庭参与社会治理的形式及方法也要不断更新升级，以满足新时代基层群众的需求。本着整合审判资源、完善民意

沟通表达机制的初衷，人民法庭可结合本区域实际，按人民群众需求设立诉讼服务分中心，提供咨询、调解、立案、执行等一站式诉讼服务，并结合区域特色传统和文化习俗打造法治文化长廊平台，使其成为基层群众全方位接触司法、感受司法的重要场所。同时，积极走出去，进一步拓展传统的法治宣传、巡回审判、指导人民调解等工作方式，探索法庭干警联系基层、对接基层，制订可实施方案，定期走访指导，促进基层治理在法治化轨道上运行。

（四）发挥基层群众组织优势，调动协作积极性

人民法庭作为最基层的司法机关，法庭干警除了要具备法律专业知识素养，还要拥有走进群众、做群众工作的能力，特别是融入基层社会的基本技能。比如，熟悉当地风土人情、风俗习惯、社情民意等，才能在法律框架和原则下以当地群众更容易理解和接受的方式处理矛盾纠纷，才能赢得群众信服，才能妥善化解纠纷。当然，这也需要基层群众组织的协助和配合。但实践中因没有硬性约束，基层群众组织参与协助的积极性和配合度不高，使得法庭建立的多元化解纠纷制度难以有效落实，实际效果也不理想。为充分调动基层群众组织的积极性，发挥基层优势，应与基层党委政府积极沟通，寻求帮助，由党委政府牵头，构建有法庭参与的新型综合治理平台，制订工作实施方案，构建联调机制，明确各方工作与职责，并将基层组织工作纳入考核，在促进基层治理法治化的同时，调动基层群众组织的积极性，各方协助配合做好基层纠纷化解，形成基层社会治理的有效合力。

智慧司法研究

Research on Smart Justice

B.18
四川省公证机构标准化建设调研报告

李全一*

摘　要： 四川省公证机构标准化建设的标准体系，涵盖硬件建设指标、信息化建设指标、内部管理制度建设指标、业务建设指标和队伍建设指标5个大项，具体标准细化为60个小项。从2018年试点推行以来，已经有14家示范性标准化公证处创建达标，作为学习参照样板。目前，四川省标准化建设工程正按照循序渐进原则，采取示范引领、全面铺开、难点攻坚三步走的方式推进，并将于2024年全面完成。四川省公证机构标准化建设工程，对全国公证机构的现代化建设具有借鉴意义。

关键词： 公证机构　标准化　指标体系　规范管理

---

* 李全一，四川省公证协会副秘书长，中国公证协会理论研究委员会委员。

本文以四川省公证机构标准化建设指标体系构建、试点和全面推行的实践探索为主要调研内容，试图全景式展示四川省公证机构标准化建设的路径与过程，并对其进行适当评述。

一　四川公证行业的基本情况

四川省是全国公证机构最多的省份，也是全国注册执业公证员数量居第二位、办证业务量第一大省份①。根据 2020 年末统计数据，全省共有公证机构 209 家，从业人员总数 2686 人，其中执业公证员 963 人。从机构性质来看，事业体制公证机构 199 家（其中，公益一类 8 家、公益二类 186 家、其他事业体制 5 家）、合作制试点公证机构 6 家、其他性质公证机构 4 家。

中国公证行业经过 70 余年的建设发展，尤其是改革开放后恢复发展以来 40 多年的不断进步，已经成为国家公共法律服务体系中的一支重要力量。进入 21 世纪以来，四川公证行业快速发展，已然成为名副其实的公证大省，但与公证强省的目标还有明显距离，这些差距从表 1 中可以清晰显示出来。

表 1　2018 年四川公证与京津冀、长三角、广东公证业各项数据比较

省市	公证机构数(个)	公证员数(人)	办证数(万件)	创收数(万元)
四川	209	946	120.4	45074
北京	25	392	77.5	77379
天津	22	146	20.0	12832
上海	22	409	38.3	44036
浙江	92	511	76.6	27000
江苏	107	710	78.0	24437
广东	152	862	146.5	85968

数据来源：司法部公共法律服务局：《成绩可喜，未来可期——2018 年公证业成绩单出炉》，《中国公证》2019 年第 3 期。

① 根据四川省司法厅统计报表，2020 年，四川省公证行业共办理公证 1251207 件，而全国公证机构 2020 年的总办证量为 1173 万余件，四川公证行业办证量占全国总量的 10.65% 左右，位居全国第一。

不难看出，四川省虽然公证机构数、公证员数远远超过北京、上海、广东、浙江、江苏等省份，但机构和人均办证量及业务创收数则与这些公证发达省份相去甚远。

造成这些差距的原因，大致可以概括为以下几点：一是四川的公证机构软硬件建设滞后，整体信息化水平不高；二是四川公证机构内部管理制度不健全，绩效考评机制缺失或不公平；三是四川公证机构文化建设薄弱，尚未形成良性的内外部公平竞争氛围；四是四川公证机构队伍素质参差不齐，业务能力和水平有待提升。要解决这些问题，与东部公证强省缩小差距，推行公证机构标准化建设是重要策略之一，是对标发展的主要措施和手段，是大势所迫、情势所驱。

二　公证机构标准化建设的意义

标准化建设的目的，是促使公证行业走上科学化、规范化、现代化发展的道路，也是新时代对新公证的必然要求。就四川公证行业而言，推动公证机构标准化建设，是助力四川从公证大省向公证强省迈进的必然选择和基本策略。笔者认为，当前四川省大力推行公证机构标准化建设，至少具有以下现实意义。

（一）打造统一规范的执业环境，全面提升行业公信力

公证行业标准化建设的目标之一，就是要形成统一规范的执业环境，让当事人在全省任何一个地方、任何一家公证机构办理任何一件公证，都能享受到同样标准的服务体验。要达成这一目标，建设统一的标准化公证办证环境和服务标准是前提。四川省公证机构的执业环境经过几十年的建设，虽然已经显著进步、大为改善，广大当事人的认同感也逐年提高，但总体上还存在不统一、不规范、不协调的问题。不统一，是指大中小公证处的办证环境、服务标准尚不统一；不规范，是指同一件公证在不同的公证机构或者同一公证机构的不同公证员办理时，其程序、效率还存在一定差异；不协调，

是指同一城市的不同公证机构之间，市与市、县与县的公证机构之间缺乏协调一致的服务方式，当事人的公证体验存在明显差异。

有鉴于此，只有形成统一规范的执业环境，才能有效提高四川公证行业的整体社会公信力。从这个意义上讲，推进标准化建设，就是提升公证公信力的重要举措。

（二）确立规范有序的管理体系，助推行业健康发展

管理学大师彼得·德鲁克说："管理是所有组织所特有的和独具特色的工具。"① 公证行业和公证机构的管理，也需要利用好这一有效工具。从管理学角度来认识公证机构管理，其实质就是实现公证处的预期目标，以公证员为中心而进行的协调活动。

从四川省当前公证机构的管理现状来看，多数公证机构都把管理工作的重心放在业务监管上，而在公证机构的制度建设、文化建设以及对公证员的激励协调、服务方式精准化运作等方面则着力较少。以至于虽然整天忙于业务监督管理却收效甚微，质量隐患依然层出不穷。究其原因，就在于没有一套符合实际、科学规范的管理运作标准。开展公证机构标准化建设的一个侧重点，就是立足公证机构运行的自身规律，从实际出发，通过设计一套全省统一的管理运作规范，促进全省公证机构的管理水平和能力提升。从这个意义上讲，毋宁说标准化建设是四川省公证机构健康发展的助推器。

（三）落实精准统一的运行机制，促进便捷优质公证服务

公证机构标准化建设的核心，是制度建设。制度建设的内容十分宽泛，大到组织结构、科层设置、会议决策机制、财务管理、公证事项审批与出证、错假证惩处等，小到上下班纪律、着装要求、请假制度等。科学、规范、合理的制度设计，可以有效促进公证处工作的顺利开展。制度解决的是

---

① 〔美〕彼得·德鲁克：《21 世纪的管理挑战》，朱雁斌译，机械工业出版社，2019，第 9 页。

一个单位有章可循的问题，是科学管理的前提。“正是各个要素的集成，而非个别要素，构成了科学管理。”① 公证机构管理走在全国前列的北京市长安公证处、上海市东方公证处、福建省厦门市鹭江公证处等，其管理制度就达 100 余项，公证处运行的每一个环节、每一步程序都有具体的制度规范可以遵循。四川一些管理比较规范的大公证处，如成都市律政公证处、蜀都公证处等，也制定了比较全面的管理规范，以制度管事管人，机构运行有序。

但就全省而言，内部制度健全完善、管理规范的公证机构尚为凤毛麟角，绝大多数公证机构未能建立符合自身实际和发展需要的管理制度，遑论规范精准、覆盖机构运行方方面面的科学管理机制体系。开展标准化建设，就是要从根本上解决无章可循、无制度可依的窘况，为全省公证机构建立一套内部运行管理的标准体系，并以此作为公证机构建设的考评指标，倒逼公证机构强化制度建设、规范管理，从而形成全省公证行业统一的科学管理模式，更好地服务四川经济社会发展。

（四）塑造科学标准的发展理念，提升服务效能

标准化建设，就其本质而言是行业文明建设、文化建设的范畴。公证文化是公证制度长期形成的历史传统、行业行为习惯、从业人员思维方式、公证预防纠纷避免诉讼的价值理念，以及公证活动的基本程序、运行规律等所构成的，与其他法律服务行业相区别的精神活动及其所产生的社会认同感。

当前，四川省公证机构和公证员在公证事业的发展理念、创新思维、精准服务方式等方面，都还存在与新时代、新公证不相适应的情况，亟须转变。推行公证机构标准化建设，就是从规范运行、考核指标两个层面落实新时代、新公证的发展理念，通过统一制度建设、统一软硬件设施、统一公证服务标准、统一职业纪律作风，形塑新时代新公证运行模式感，推进四川公证事业可持续发展。

① 〔美〕弗雷德里克·泰勒：《科学管理原理》，马风才译，机械工业出版社，2021，第25 页。

三　公证机构标准化建设的条件

经过改革开放后恢复重建近 40 年的发展，四川公证已经取得了全国机构数量第一、执业公证员队伍规模第二、年办理公证量名列前茅的成绩，各项发展指标长期稳居西部第一，在全省范围内全面开展公证机构标准化建设的基础条件已经具备。

首先，公证机构硬件设施不断改善，办证条件明显优化，为标准化公证机构建设铺垫了必要的物质基础。①全省公证机构的办公场所全面改善，每个公证处都拥有自己独立的办证场所，全省人均拥有办公房达到 25 平方米以上，基本能够满足标准化公证机构创建的环境建设要求；②办证设备、设施配套较为齐全，全省公证员人手一台电脑，打印机、复印机、档案装订机、身份证识别仪等办公配备相对齐全，基本能够满足标准化公证机构创建的办证设施硬件要求；③全省网络办证平台全面开通，所有公证机构实现网络平台办证，初步达到平台化办证的标准化创建要求。

其次，公证机构软件建设全面提升，服务理念与时俱进，为标准化公证机构建设提供了必要的人文条件。①全省公证机构坚持以人民为中心的服务理念，不断改进公证服务方式方法，推行办理公证“最多跑一次”，实行“证明材料清单制”，全面采行“减证便民”措施，让当事人在公证中获得更多满足感；②大力开展公证业务培训，全面倡导岗位练兵，全省公证人员的业务能力、办证技能和水平显著提升；③全省公证人员的职业道德、执业纪律明显增强，宗旨意识、大局观念、执业精神显著提高，对便捷化、精准化、优质化公证服务的追求已经成为普遍共识。

再次，公证机构人员管理水平有所提高，管理能力不断增强，为推行标准化公证机构建设创造了必要的组织运作要件。①全省公证机构党组织基本健全，党建引领事业发展的格局基本形成；②公证处主任大多为本处业务骨干，并具有相对丰富的管理经验；③四川省公证协会每年开展公证处主任、支部书记培训，强化先进的机构管理理念灌输，培养了一大批有头脑、善管理的公证机构管理人才，能够保障标准化建设的有效推行。

最后，先期试点取得一定经验，一批示范性标准化公证机构的推出，为全省全面推行标准化创建树立了路标。目前，一、二期试点创建达标的14家示范性标准化公证机构的成功经验，为后续全面推开标准化建设的公证机构树立了学习榜样，确立了参照范式，全省其他公证机构在创建过程中有了可以借鉴和比照打造的样板。

四　四川公证机构标准化建设试点情况

为实现创建公证强省目标，2018年初，四川省公证协会提出开展规范化、标准化公证机构建设工程。2018年5月，经四川省司法厅党委同意，省公证协会负责制定并在全省公证机构中推行示范性标准化公证机构试点创建工作，并将此项工作作为四川省公证行业规范化建设的“六大工程”之一①，纳入行业发展建设指标体系。省公证协会成立专班，经过调研，初步制定了公证机构标准化创建指标体系，共设5个大项39个小项。5个大项分别为：硬件建设、信息化建设、管理与制度建设、业务建设和队伍建设②。

在硬件建设指标中，主要考核办证设施设备的配置，服务环境的打造，服务接待场所及服务标识、服务内容和标准的制订，绿色办证窗口的开设，服务承诺及收费标准的公示等具体指标，其中公证员人均拥有办公面积与便民绿色通道的开设等是重点指标；在信息化建设指标中，办理公证的网络平台化建设、公证处门户网站建设、公证微信公众号开通、线上咨询与手机

① “六大工程”是四川省公证协会提出的四川公证行业规范化建设工程，包括行业党建工程、业务拓展与质量提升工程、信息化建设工程、公证机构标准化建设工程、行业文化建设工程和行业帮扶工程。参见《四川公协：以“六大工程”促进事业发展》，载《中国公证》2019年第7期，第10～39页。

② 参见四川省公证协会《关于印发〈全省标准化公证机构创建活动的实施方案〉的通知》（川公通〔2019〕09号），载四川省公证协会编《四川省公证行业规范性文件汇编2017～2020》，第217～224页。

App 申办公证渠道畅通、电子公证档案存储等是考核的重要指标；在管理与制度建设指标中，公证处各项规章制度健全并付诸实施且政令畅通，主任负责制得到具体落实，人财物管理符合法人治理规范，民主决策机制健全，重大疑难公证事项实行集体讨论制，公证处内部管理结构健全、岗位设置合理、分工明确、职责清晰且执行有力等为重点考核指标；在业务建设指标中，公证员人均办证量、公证业务创收、公证文书质量、公证过错救济、公益公证服务与法律援助办证量、公证卷宗评查合格率等是重点考核指标；在队伍建设指标中，公证员知识结构、参加业务培训与考核合格率、党的基层组织建设、职业道德与执业纪律执行情况、公证员参与公证理论与实务研究情况、公证机构和公证员受表彰奖励情况、公证员的服务能力与水平等为主要考核指标。

通过一年的标准化创建试点工作，2019 年 3 月对首批申报试点创建的公证机构进行了考核验收，经过严格的评审程序，最终成都市律政公证处等 6 家公证处被授予四川省首批示范性标准化公证处称号。2019 年 4 月，省公证协会对公证机构标准化创建指标进行修订和完善，新增了“减证便民”、“证明材料清单制”、办理公证“最多跑一次”等考核指标。同时启动了第二轮标准化公证机构试点创建申报工作，有 15 家公证机构申报创建，由于受新冠肺炎疫情影响，考评验收工作推迟到 2020 年下半年进行。经严格考评，乐山市嘉州公证处等 8 家公证机构创建达标。

至此，通过两轮试点，全省已经有 14 家公证机构创建达标，成为示范性标准化公证机构。

五　四川公证机构标准化建设取得的初步成效

两轮试点创建达标的 14 家示范性标准化公证机构涵盖了大、中、小型公证处，既有省、市级公证处，也有县（区、市）级公证处，既有发达地区如成都、绵阳等大中城市的公证处，也有欠发达地区如达州、巴中、凉山等市州的公证处。这些试点公证处，通过标准化创建实现了以下五个方面的显著变化。

（一）内部管理制度健全、规范有序、运行顺畅

试点达标公证机构的一个突出特点，是内部管理制度得到完善健全，机构管理规范有序，各项工作运行顺畅。据统计，达标公证机构平均建立内部管理制度 80 余项，涵盖了人员管理、绩效管理、业务质量管理、职业道德执业纪律管理等公证活动的各个方面。以制度管人、管事，奖惩考核落实到位，公证机构运行效率发生可喜变化，员工执行力普遍提高，公证服务效果全面提升。14 家达标公证机构公证员的人均年办证量较未创建达标公证机构平均高出 30% 左右。

（二）执业环境显著改善，信息化服务能力和水平明显提升

达标公证机构的软硬件建设普遍得到完善，办公环境优美，服务作风显著改善，贴心服务成为常态，受到当事人的普遍好评。例如，成都市律政公证处、蜀都公证处等达标公证机构依托自主开发的网络智慧办证平台，可以实现全年无休公证服务，能够保证一年 365 天、每天 24 小时为当事人提供公证法律服务。14 家标准化公证机构都开通了便企利民绿色通道，主动为当事人提供“一揽子”解决问题的综合性公证法律服务。

（三）公证人员服务积极性、公证证明效率明显提高

由于将办证流程、办证期限、办证质量与公证员绩效挂钩，并统一纳入标准化指标体系范畴，公证人员办理公证的积极性、办证的效率普遍提高。据统计，试点达标公证机构的办证效率比未创建标准化的公证机构平均提高 21 个百分点左右。例如，泸州市诚达公证处、绵阳市绵州公证处等标准化公证处 40% 的公证可以做到当日出证。

（四）便民服务措施落实到位，当事人满意度全面提升

14 家标准化公证机构都能够通过线上公证方式，为当事人提供方便高

效、“只跑一次”甚至“一次不用跑”的便捷公证法律服务。办理公证“最多跑一次”业务类型占比达到50%以上，较未创建标准化的公证机构平均提高18个百分点左右。14家标准化公证机构都能够全面落实“减证便民”各项服务措施，实行“证明材料清单制”和办理公证“一次性告知承诺制”，接受公证服务的当事人满意度较未创建达标公证机构高11个百分点左右。

（五）机构文化建设受到高度重视，公证文化建设出现亮点

14家试点达标标准化公证机构的文化建设得到充分重视，各具特色、丰富多彩，职工凝聚力、向心力、服务理念、创新意识明显增强。例如，成都市律政公证处建立起全国第一个公证博物馆，打造中国社会主义特色的公证史教育基地；泸州市诚达公证处把公证求真、务实、专业、诚信的执业理念与长江石坚硬、抗风浪、厚重质朴的品质结合起来，打造出诚达公证人石文化精神。

六　不足与展望

（一）存在的不足

目前，四川省公证机构标准化创建工作，通过试点总结、完善指标体系、参观学习样板、创建实务培训、面上宣传动员，已经步入全面推进阶段，并取得明显成效。但纵观整个创建工作，仍存在以下问题需要克服和完善。

其一，从主观来看，地区间创建积极性参差不齐。从当前标准化创建工作开展的实际情况观察，成都、绵阳、德阳、南充、泸州、宜宾、乐山等经济较为发达、公证事业发展较快地区的司法行政主管机关和公证机构，对开展标准化创建工作积极性较高、自觉性较强，有迫切创建达标的主观能动性，推进创建工作较为顺利，创建效果相对突出。而在甘孜、阿坝、凉山、

雅安等经济欠发达、公证事业发展相对缓慢的市州，司法行政主管部门和公证机构都不同程度存在畏难情绪，对创建工作的积极性相对较低，创建达标欲望也差强人意。

其二，从客观来看，机构间创建难易程度相差悬殊。从全省公证机构参与标准化创建的基础条件分析，市州一级及以上大中城市的公证机构基础条件相对较好，公证处的软硬件设施、机构文化建设、内部管理、公证人员执业水平和服务能力等都较容易达到创建标准的要求，创建难度较小；而县级（含部分市辖区、县级市）公证机构的基础条件则相对较差，特别是一些少数民族地区、边远山区县的公证机构，现有条件离创建标准相去甚远，创建难度较大。

其三，从创建指标体系来看，具体内容有待完善。目前的五大指标体系，虽然基本囊括了公证机构发展的主要方面，也具有一定的发展前瞻性考量，但还存在一些问题需要进一步调整与完善。例如：部分考核指标难以量化，考核验收时可能产生歧义，如内部管理指标体系中的一些指标；公证机构的信息化建设发展变化快，现行标准中的一些指标，随着信息化建设的发展进步，有可能明显滞后，需要适时调整；对照司法部新近印发的《关于优化公证服务　更好便企利民的意见》要求，便民服务指标尚显不足，有待完善。

（二）完善建议

第一，与时俱进，进一步完善创建指标体系。一是应将所有考核指标加以量化，以方便考核评价；二是修订信息化标准体系，应将电子公证、“跨省通办”等内容明确列入考核指标；三是加大和强化便民服务考核指标内容，如宜将缩短办证时效指标、开展代办等综合性服务指标、“一对一”全程跟踪服务指标等纳入指标体系。

第二，压实责任，进一步强化组织领导。目前，创建工作主要由省公证协会负责组织开展，司法行政主管部门的指导和保障措施尚显不足。由于协会的监督管理能量有限，难以达到强有力推进的效果。有必要将公证机构标

准化创建工作，列为全省各级司法行政主管机关的主要考核指标之一，以行政强推的手段和措施，推进创建工作有效扎实开展，直至达到预期目标。

第三，强化帮扶，大力扶持"三州"等欠发达地区的创建工作。四川的公证业发展极不平衡，以省会城市成都为主的大中城市公证事业发展迅速。而以甘孜、阿坝、凉山为主的少数民族欠发达地区的公证业发展比较缓慢，这些地区的公证机构队伍及软硬件建设都明显滞后，给创建工作带来很大难度，是整个标准化创建工程的"硬骨头"。因此有必要持续推进大规模的公证帮扶计划，由规模较大、实力较强的公证机构全覆盖式地结队帮扶这些地区公证机构的标准化创建工作，以实现全省公证机构全面创建达标的目标。

第四，科学调整和解构标准化指标体系，积极申报地方标准和国家标准。目前四川公证机构标准化创建指标，尚属地方行业性标准，应当在科学合理修订完善的基础上，尽快申报为省级地方标准，并在此基础上逐步升级为国家行业标准，从而为中国公证行业的标准化建设作出贡献。

（三）下一步展望

在全面总结评估一、二轮创建试点工作的基础上，四川省公证协会于2020年10月再度完善创建指标体系和考核验收方式。完善后的公证机构标准化建设指标分为5个大项60个小项，其中特别强化对便民服务、信息化建设以及效率与绩效的考核内容。2021年，公证机构标准化建设正式作为一项普遍推行的公证发展计划，纳入四川公证发展"十四五"规划，并在全省范围内分阶段全面推进面上标准化创建工程。

1. 实现标准化建设目标的策略

公证机构的标准化建设，是一项浩大的行业基础建设工程。根据此项创建工程的工作目标，省司法厅和省公证协会明确提出，力争通过3~5年的努力，在全省基本实现所有公证机构全面建成标准化公证处的目标。下一步，四川省公证机构标准化创建工作将采取如下策略全面推进。

首先，将新修订的公证机构标准化创建指标，向全省公证机构公布，并要求各公证机构根据自身发展现状，对标制定创建规划和目标，条件具备一批，创建验收一批。不采取遍地开花的做法，避免拔苗助长，欲速则不达，不能造成走过场、冒进式创建的局面。

其次，组织全省公证机构对标试点达标公证机构学习借鉴，按照样板取经打造。14 家示范性标准化公证机构中，既有大型公证机构样板，也有中型公证机构和区县小型公证机构样板，可参照对标的创建类型比较完整，可以作为良好的参考范式。

再次，采取结对帮扶创建措施，已经创建达标的公证机构帮带尚处于创建过程中的公证机构，传授经验、提供模式，共创共建。尤其是对那些规模小而弱的少数民族地区、边远地区小型公证处，省公证协会通过组织省、市大中型公证处对口帮扶的方式，协助创建达标。

最后，不断完善标准化指标体系，实行动态管理。标准化建设是一项长期任务，同时也是一个不断发展完善的过程。在创建过程中，四川省公证协会采取动态的标准化创建管理方法，并要求已经创建达标的公证机构与时俱进，朝着更高的科学化、现代化管理目标迈进。

2. 实现标准化建设目标的步骤

下一步，四川省公证机构标准化建设按照规划，拟分三步走来实现。

第一步，在试点的基础上，于 2021 年，在省属公证机构和所有市州一级的公证机构以及条件相对成熟的县（市、区）公证机构中推开面上创建工作，其他公证机构自愿申报创建。创建时间：为期 1 年。在 2022 年上半年验收时，力争有 90 家左右的公证机构创建达标，占面上 195 家公证机构的 46% 左右。

第二步，于 2022 年，在所有执业公证员达到 3 名以上的县（市、区）公证机构推开创建工作，其他公证机构可以自愿申报创建。创建时间：为期 1 年。在 2023 年验收时，力争有 80 家左右公证机构创建达标，占面上 195 家公证机构的 41% 左右。

第三步，于 2023 年，对剩下的 25 家左右少数民族地区、边远地区小型公证机构开始创建攻坚。创建时间：为期 1 年。在 2024 年验收时，全部达

标，占面上 195 家公证机构的 13% 左右。

3. 实现标准化建设目标的方法

作为四川公证行业具有开创性的一项系统性基础建设工程，标准化建设需要调动各个方面的力量，协调各个层级以及行政主管机关、行业协会、公证机构方方面面参与组织、管理，共同推进创建工作。具体方法如下。

第一，强化组织领导。成立全省统一的标准化建设领导小组，负责领导公证机构标准化创建和考核验收工作。领导小组组长由省司法厅分管领导担任，协会会长、公法处处长任副组长，各市州司法局分管局长、协会副会长、秘书长为成员。领导小组下设创建推进办公室，由协会秘书长兼任办公室主任，具体负责标准化创建和验收的日常组织、协调、管理工作。

第二，落实创建责任。将标准化创建三步走的指标体系和创建范围，细化分解落实到各市州司法局和省公证协会各市州办事处，并将创建达标工作作为省公证协会对市州办事处年度考核的重要内容，压实责任，确保目标任务全面完成。

第三，严格考核验收。对标准化创建工作的考核验收，不采取集中验收方式，对申报创建的公证机构成熟一个及时验收一个、成熟一批验收一批。严肃考核验收纪律，严格执行验收标准，确保创建达标质量。

第四，加强宣传引导。通过各种方式，调动一切力量，加强对标准化创建工作和达标公证机构的宣传推荐工作，大力表彰创建工作中表现突出的公证机构和公证人员，在全行业形成轰轰烈烈的标准化公证机构创建热潮。

结　语

新时代中国公证业的发展宗旨，应当是以便捷、精准、高效的公证法律服务，不断满足市场主体和人民群众日益增长的公证法律服务需求，从而最大限度地减少民商事交往纠纷，促进社会规范、有序、和谐发展，助力法治兴国和现代化建设的伟业。

从这个意义上讲，推行公证机构标准化建设所要达到的效果，可以归纳为：服务形象标准化、服务模式标准化、服务行为标准化、服务质量标准化和服务效果标准化。首先，唯有服务形象标准化，方可营造良好的公证执业环境；其次，唯有服务模式标准化，方可实现公证精准服务的目标；再次，唯有服务行为标准化，方可让老百姓得到更加满意的公证体验；复次，唯有服务质量标准化，方可全面提升公证公信力；最后，唯有服务效果标准化，方可牵引整个公证业的可持续发展。基于此，四川公证行业开展公证机构标准化建设试水，无疑是在全国公证行业开了先河，具有积极的研究价值和借鉴推广意义。同时，也可以将其看作中国公证业面对百年未遇之大变局，面对现代化建设新时代、新征程自我适应、自我升华、自我嬗变的一个缩影。

B.19

大数据、人工智能在法院执行领域的应用分析

闵仕君　刘晓伟　王延染*

摘　要：随着"基本解决执行难"任务的如期完成，执行信息化建设得到了有效发展，但仍存在很多问题亟待解决，特别是大数据应用、智能化程度皆有待提升。实现大数据、人工智能等科学技术与执行工作深度融合，更好地为执行工作减负增效，是执行信息化建设进一步努力的方向。本文通过分析执行信息化建设中存在的问题，提出大数据、人工智能技术的设计和应用理念；通过对笔者参与研发、运用大数据、人工智能技术，打造并实际应用的智慧执行系统的相关功能展示，证明大数据、人工智能在法院执行领域大有作为，进而展望新时代大数据、人工智能的司法应用前景。

关键词：大数据　人工智能　强制执行

习近平总书记指出：要推动大数据、人工智能等科技创新成果同司法工作深度融合①。为配合网络强国发展战略和国家大数据发展战略，积极推动

* 闵仕君，武汉大学博士研究生，江苏省无锡市中级人民法院执行指挥中心主任，四级高级法官；刘晓伟，江苏省无锡市中级人民法院执行指挥中心副主任，一级法官；王延染，江苏省无锡市中级人民法院书记员。

① 《习近平出席中央政法工作会议并发表重要讲话》，新华网，http：//www.xinhuanet.com/politics/leaders/2019-01/16/c_1123999899.htm，最后访问日期：2021年7月10日。

信息化建设转型升级，最高人民法院对执行工作提出了“一性两化”[①] 的要求，构建加快大数据、人工智能与执行工作深度融合的新运行模式。新技术的出现只是改变了适用条件，并没有改变原理。当前信息技术空前发展，助力智慧法院建设加速推进，将人工智能、大数据、区块链等技术应用到法院执行领域，未来法律实践活动必将是一场非凡的革命。

一 信息化建设在执行领域的实际问题

在全国“智慧法院”建设过程中，强制执行领域的信息化、智能化水平提升很快，目前已基本实现执行案件节点全流程管理、责任财产全方位查控，全国法院统一系统使用，协执单位全领域联动的效果，有力推动人民法院司法改革与智能化、信息化建设“两翼”发力，为实现“切实解决执行难”这一历史性任务提供了有力的科技支撑。但由于执行工作的实际情况，信息化建设在执行领域还存在较多问题，主要表现为以下方面。

第一，统筹规划（标准）不统一。基于不同业务需求及各个地区的实际情况，不同地区、不同级别法院在信息化建设工作中各自为政，研发的信息化产品和应用缺乏统一标准。尽管最高人民法院近几年来陆续制定了《人民法院科技创新重大项目研究指导意见》《人民法院信息化建设五年发展规划（2019～2023）》等规范性文件，但相关具体操作方案尚未层层传导，落实落地。各地区、各法院仍根据执行工作特点及管理需求，处在不断研发和创新过程中。

第二，客观条件（数据）不到位。执行过程中，当事人的财产信息、执行案款信息、财产处置信息等都因案而异，要求执行人员必须如实录入办案系统。但在案多人少矛盾背景下，执行人员仅在案件报结时“被逼”录入一些系统里带“＊”号的必录信息，平时根本无暇顾及，导致执行案件

① “一性两化”是指，突出执行工作的强制性，全力推进执行工作信息化、大力加强执行工作规范化。

数据信息录入不完整；另外，由于立审执配合不到位，很多案件信息在立案时、审理中未能准确保留，或者审理结束后当事人主体信息又发生了变更，导致相关信息与执行案件收集的信息发生冲突，执行系统数据不齐全、不完整现象普遍存在。数据缺失或不到位，必然导致好的信息化产品也会面临“无米之炊”的尴尬局面。

第三，主体条件（人才）不匹配。信息化建设及创新过程中，参与研发的人员素质非常重要。而在法院执行领域的工作人员，基本是文科培养模式训练出来的，习惯从定性而非定量的视角看待问题，对数据统计、分析技术、实际需求尚不能完全掌握或熟练运用，更难以设计处理数据的算法模型。而信息技术研发人员则习惯于用技术思维和手段来演绎法律需求，导致设计的产品往往仅能满足刚性需求，忽略法律的属性及操作主体的实际能力，实际操作烦琐，应用效果较差。

第四，主观因素（意愿）不积极。目前全国法院执行队伍普遍存在年龄大、轮岗少、人员杂等问题，一些执行人员仍习惯原有“一审一书”“登门临柜式”的传统执行模式[①]；还有一些执行人员甚至从来不碰电脑，不愿意因为信息化产品而改变原有的工作方式；有些执行人员始终认为信息化产品不安全，主观认为是对自己工作的监督而内心排斥或抵触信息化产品；另外，执行领域信息化应用缺乏可参考的模板，难免出现系统设计缺陷及操作不便的问题，并且信息化产品必然随着技术的更新或需求的改变而经常升级、优化，执行人员不熟悉甚至不能正确使用信息化产品将影响其工作效率或参与度。

二　大数据、人工智能技术在执行领域的应用理念

以大数据、人工智能为代表的现代信息技术，把人类社会带入了智能社

① 传统执行模式习惯于一个审判员带一个书记员，一人包案到底；采取查询、查封、冻结、扣划被执行人财产等强制措施时，必须“一审一书”至少两个执行人员前往各大银行柜台、协助部门窗口、被执行人住所地进行实地执行，故称为“登门临柜式”查人找物执行模式。

会，这代表着更高级的思维方式和更先进的生产力[①]。在充分运用大数据、人工智能等信息技术之前，有必要厘清相关概念的丰富内涵。

（一）大数据与人工智能的含义

1. 大数据

数据是对客观世界的测量和记录，大数据之“大”主要体现在数据容量大以及数据的价值大。大数据首先可理解为传统意义上的数据加上现代的“大记录”，而大记录的主要表现形式是文本、图片、音频、视频等。大数据之所以“大”，主要是“大记录”的增长，基于信息技术的进步，人类记录的范围就不断扩大[②]。大数据的容量大只是表象，价值才是本质，其主要通过数据的整合、分析和开放而获得。大数据被人类以前所未有的能力来使用、分析、处理，从海量数据中挖掘新规律、发现新知识、创造新价值，进而为社会带来大知识、大科技、大智能等发展机遇。

2. 人工智能

关于人工智能定义最典型的表述有两种：一种是以著名的美国斯坦福大学人工智能研究中心尼尔逊教授为代表，他认为人工智能是一门怎样表示知识、获得知识以及怎样使用知识的科学；另一种是以美国麻省理工学院的温斯顿教授为代表，他认为人工智能主要研究如何使计算机等机器去代替人类原来所做的智能工作。这两种表述基本反映了人工智能的内容和研究对象。百度公司创始人李彦宏曾提出，以机器与人的能力作为参照标准可将人工智能分为三个阶段，即弱人工智能（机器可在某些领域具备人的能力，如模拟操作、声音、图像识别）、强人工智能（机器基本具备人的能力）、超人工智能（机器具备超越人类的智能）。尽管现在人工智能无处不在，发展形势也势不可挡，已经彻底改变了普通大众的生活，但不可否认，目前也仅处于弱人工智能时代。

---

① 罗洪祥、陈雷：《智慧法治的概念证成及形态定位》，载《政法论丛》2019 年第 2 期。

② 徐子沛著《数据之巅：大数据革命，历史、现实与未来》，中信出版社，2019，第 300 页。

（二）大数据与人工智能的联系

大数据的容量维度主要体现在现代的大记录和非结构化数据两个方面[①]。数据的概念内涵也在扩大，不仅包括传统的数字数据，还包括文字、图片甚至音频、视频等信息。而大数据的价值体现在于使用，即通过特定的算法对海量数据进行自动分析，并进行整合和挖掘，从而揭示数据中隐藏的运行规律和发展趋势，实现数据的增值效果。也就是将“量大、多源、实时”的大记录和非结构性数据转化为有严整结构的数据，还原为传统的靠实际测量获得的精准小数据。因此，大数据的价值维度主要体现在传统的小数据和结构化数据上[②]。

弱人工智能时代也是由数据驱动的，当电脑、网络、机器能够利用某种知识进行自动判别并采取行动为人类服务时，就产生了人工智能。因此数据是信息的载体，信息是有背景的数据，是知识的来源，知识是呈现规律的信息，是洞见的基础。智能是机器通过大量数据获得知识，同时通过大量的数据训练，赋予机器智能，使机器能够自动完成必须由人类亲力亲为的标准化操作工作，大数据将引导人类进入一个“无处不计算”的智能时代。

（三）大数据与人工智能在执行领域的应用理念

在理念上，面向未来，适应智能人工司法体系的执行管理要从原先的管机构、管人模式回归到集约办事、服务群体的初衷。充分利用科技手段来集中处理执行人员办案过程中的各类事务性工作，让执行人员从繁杂的事务性工作中解脱出来。因此，信息化技术的司法应用，必须优化系统以提升系统的自动化、智能化，让系统更好地服务法官、服务执行人员、服务当事人。因此，根据执行信息化建设的现状及问题，要将大数据、人工智能技术更好地应用于执行领域，应充分贯彻以下几个理念。

---

① 王禄生：《论法律大数据“领域理论”的构建》，载《中国法学》2020 年第 4 期。

② 徐子沛著《数据之巅：大数据革命，历史、现实与未来》，中信出版社，2019，第 314 页。

1. 统一门户理念

面对目前执行信息化建设存在的多头开发、层级混乱、功能重复等现状，必须要建立一套高安全性和高可靠性的统一身份认证解决方案，将分散用户和权限资源进行统一、集中管控，所有的信息化产品都在一个应用门户中完成整合，系统功能根据执行人员的职能权限按需配置，每个执行人员每天只需打开一个系统，录入一次用户名和密码，就可以随时应用每个系统中每个功能，操作方便，简洁明了。

2. JTU 设计理念

技术有变，法理有常。法律和科技的融合永远存在一个瓶颈问题需要解决[①]。

笔者在参与大数据、人工智能司法应用的研发过程中，摸索出一套以问题为导向，以执行法官（Judge）全程主导、研发公司（Technology company）全程配合、用户（User）全程体验的研发模式，简称为“JTU”研发模式[②]。由业务需求部门的专业法官提出功能要求，公开免费招募一些自认可以通过开发软件或已具备相应软件能满足相关功能的研发公司，并进行充分的交流沟通，使执行法官能预估系统的功能特点，研发公司技术人员更清楚执行工作流程节点以及技术转化的程序；而执行人员作为最终的实际用户，对于设计出来的半成品，每个阶段都参与测试与体验，及时反馈实际感受和想法，进一步优化完善，使开发的信息化产品真正得到执行人员的认可和肯定，成为执行人员信得过、用得上、靠得住、离不开的办案工具。

三　大数据与人工智能技术在执行领域的实际应用

以笔者所在的地区法院为例，针对执行实务中的业务需求，以独有的

① 何帆：《中国法院正努力把人工智能引入办案系统》，https：//www. thepaper. cn/newsDetail_ forward_ 1746283，最后访问日期：2021 年 7 月 10 日。

② 闵仕君：《人工智能技术与法院执行领域的融合、发展和完善——以无锡法院智慧执行系统为视角》，载《法律适用》2019 年第 23 期。

“JTU”设计理念，以“大中台，小系统”的统一门户架构，运用“语言处理、图谱分析、轨迹分析”等大数据技术及“感知预警、流程自动、语音识别”等人工智能技术，建构一个多维度、多功能的“智慧执行系统”。主要功能如下。

（一）一键登录

智慧执行系统实现一键登录，全域使用。根据执行法官的办案习惯和办案需求，为每个法官或局领导、院领导等不同角色开通个人定制的系统功能，使用者界面只配置自己所需的常用功能，与职能无关的系统功能自动屏蔽，对信息化产品既瘦身又整合，有效地解决了多系统、多网页频繁切换，多用户、密码重复录入等问题，推进界面整合、数据整合、流程整合。

（二）智能谈话

智能谈话系统分为PC版和PAD版。PC版远程视频谈话系统主要通过语音识别引擎、图像分析等技术，具有人脸识别认证登录、远程视频谈话、语音实时转换、在线实时签名、全程录像录音等功能。

当事人登录执行人员发送的链接，录入案件的识别码，通过人脸识别后，就进入远程视频谈话室；执行人员与当事人的谈话语音，会在文本区实时转换，执行人员还可以通过谈话系统的聊天区向当事人发送相关文书，当事人同时也可以及时上传证据；谈话结束后，双方当事人可以翻看、补充转换的执行笔录，确认无误后，可在线用手机扫描二维码，在自己的手机上进行在线签名；执行人员在点击谈话结束后，即时生成视频谈话录音录像的视频文件和执行笔录的文本文件予以保存。

PAD视频谈话系统主要应用于现场与当事人的谈话，使用更为方便。现场的谈话过程通过外置的语音转换器实时转换成文本文件，谈话结束后，当事人也仅需要运用手机扫码实现在线签名。

（三）智能办公

智能办公系统运用一款支持键盘、鼠标动作录制和回放功能的 R 语言分析[①]软件，是以人工使用电脑的操作标准为算法模型而设计的自动操作系统。使用人员只要选择好任务，系统就可以按照相关标准操作进行相关的电脑录入及系统操作。智能办公系统目前已经实现立案、查控、挂拍、信息采集、文书生成、系统录入等方面的自动操作，能够有效解决各类重复性、事务性工作的批量操作问题，真正将执行人员从繁杂的事务性工作中解放出来，也为江苏法院实现执行指挥中心实体化运行“854 模式”[②] 提供了有力的技术支撑。

智能办公系统的最大特点还在于自动录入数据的精准性，无须执行人员反复校对；还可以提前预设系统运行时间，避开工作高峰期的网络不畅，甚至可以在非工作时间自动运行系统，大大提升了执行工作效率。

（四）大数据分析

大数据分析系统就是将执行办案系统中最高人民法院开发的“总对总”网络执行查控系统包括银行存款在内的 14 类 16 项涉财产信息，江苏省高级人民法院构建的“点对点”网络执行查控系统包括 36 家地方性银行、网络购物地址在内的涉财产数据，无锡中级人民法院通过网络专线与不动产中心、车管所、公积金管理中心构建的查控系统中查询涉及被执行人的综合信息和利用信息化手段从相关部门协调的可利用数据，进行全面整合，通过智能学习、全流程数据服务等技术，清洗相关数据，对被执行人涉案信息、行为规律、消费记录、出行轨迹、财产隐匿等方面进行智能分析，揭示数据背后隐藏的客观规律和发展趋势，判断被执行人是否存在转移资产、隐匿财产

---

① R 语言分析：R 是用于统计分析、绘图的语言和操作环境。R 属于 GNU 系统的一个自由、免费、源代码开放的软件，它是一个用于统计计算和统计制图的优秀工具。

② 执行指挥中心实体化运行“854 模式”，即由各级法院执行指挥中心集中办理 8 类事务性工作、提供 5 类技术服务、承担 4 项管理职责。

等规避执行行为，确定是否存在违法或虚假申报财产、违法高消费、有能力而拒不履行法定义务等行为；同时，对查控到的被执行人财产利用云计算、大数据等现代信息技术手段进行网络询价，确定财产处置的参考价格；结合被执行人在区域内涉审、涉执案件形成的债务情况分析，通过预设评估模型，分析失信被执行人动态，追查被执行人财产线索，最终获取被执行人是否具有履行能力的精准判断，为制订执行方案、采取执行措施、决策执行行为提供参考。

同时，大数据分析系统通过执行案件从立案到结案的全流程节点记录数据的归类分析，形成对重要流程节点及时提醒、自动锁定等精细化管理功能；通过可视化技术动态显示地区所有案件的态势分析及绩效管理，更细致、科学地呈现每位执行法官、每个法院、每个地区的工作绩效，真正实现考核精准化，充分发挥考核的工作导向职能。

（五）智能管理

为有效规范网络司法拍卖辅助工作，切实提升财产处置效率，利用大数据、人工智能技术，打造集“统一管理”“全程监管”“智能操作”于一体的“智槌”网络拍卖辅助工作管理系统（以下简称“智槌系统”）。该系统彻底打通了人民法院与拍辅机构的沟通联系平台，真正实现司法拍卖辅助工作线上线下一体化、服务内容标准化、服务过程可评化、服务工作全程公开化，真正做到对网络拍卖辅助工作全流程监督及对拍辅机构的统一、精细管理。主要功能如下。

一是多渠道介入。系统可以安装到法院 PC 端和移动手机端，实现标的调查、实时查看任务完成进程、查看标的物详情，拍辅机构随时接收任务、上传任务完成情况、查看各方评分，还有对外推介、接受咨询、预约看样管理等功能。

二是全过程留痕。系统统一规范每个标的需勘验调查的工作事项、工作期限、标的详情、现场照片、现场视频等描述项，并可自动生成字段与系统完全一致的标的物详情表；同时，各项工作事项及看样记录、咨询服务记录等都在系统全程记录、全程留痕。

三是多途径监管。系统可以实时追踪每个拍卖标的上拍前的所有进程状态，可以全程监督每个标的调查任务的完成情况、逾期情况以及工作量大小，可以获取每个关键节点办理到期信息、标的查封、冻结到期信息等预警信息。

无锡两级法院“智慧执行系统”的成功应用，是中国法院执行领域进入大数据时代、人工智能时代的显著标志，同时证明大数据、人工智能等信息化技术在司法执行领域可以大有作为，也必定会大有作为。

四　大数据、人工智能技术应用中存在的不足和问题

（一）互联网与法院内部局域网未实现互通

出于网络安全及技术水平考量，大部分法院目前尚未实现内部局域网与互联网的打通，导致大数据、人工智能技术应用中只能分为内部专网版和互联网版，不能合二为一。如果能实现内外网数据安全打通，则执行人员只需在办公室电脑就可轻松实现所有功能。

（二）先进技术仍未得到有效应用

目前执行工作仅仅运用了深度学习、模拟操作、语音识别等弱人工智能技术，并未真正拥有智能，也不会有自主意识。同时应用过程还容易受执行案件管理系统升级改版的影响，使用过程中还有较多的人工干预节点，自动化、批量处理能力不足。对于能推理和解决问题的强人工智能技术尚未进行有效的尝试和应用。

（三）数据资源还未真正共享共用

目前问题主要在于省域维度和全国维度数据共享不到位；执行案件管理系统的研发企业对于执行案件数据资源的垄断，导致配套信息化产品数

据共享不到位；与社会各部门、各领域的共享或数据资源互联互通不到位。一些信息持有机构或数据资源保管部门共享意识不强，合作态度较差，数据壁垒、部门保护现象仍然十分严重，信息安全成为阻挠合作的最大理由。

（四）信息化建设推进力度还明显不强

信息化产品的开发或应用，依赖部门领导或管理人员对信息化技术的理解及支持，甚至是强制性要求的落实。只有通过领导的要求与引导，对网上办案进行带头示范操作，才能将一个个信息化产品充分应用到每个部门、每个干警。实务中很多领导无法理解或认知信息化技术给执行工作带来的便利，对信息技术存在严重的认知偏差，往往以信息安全、网络安全为由阻止信息技术的自行研发或升级优化。

五　大数据及人工智能技术在执行领域的应用前景展望

随着大数据时代、5G 时代、万物互联的智能时代的来临，未来执行模式必将迎来新的变革[①]。未来，应朝着融合、智能、集约、协同的方向发展。

（一）进一步加强大数据、人工智能等信息化技术顶层设计

马克思说过："人的本质不是单个人所固有的抽象物，在其现实上，它是一切社会关系的总和。"[②] 按照统一门户的理念，大数据、人工智能科学技术的应用应该由最高人民法院集合全国法院的执行需求，进行顶层设计统一规划，统一应用标准或研发方案，开展系统总体设计，进一步提升大数

① 《习近平总书记在 2019 年 5 月 16 日在国际人工智能与教育大会上的讲话》，http：//www.yidianzixun.com/article/0M12629I？s = oppobrowser，最后访问日期：2021 年 7 月 10 日。

② 《马克思恩格斯选集》第 2 版第 1 卷，人民出版社，1995，第 60 页。

据、人工智能等信息化技术的发展和应用水平。同时在实际应用中，可以选择个别省份或地区进行试点实施，磨合优化后向全国推广。

（二）进一步强化以法官需求驱动执行信息化的转型升级

对大数据与人工智能技术的强调与重视，并不意味着执行法官的专业化、职业化、现代化建设不重要。换言之，在当下中国，法院队伍建设的重要性，不亚于智能建设。因此，在大数据、人工智能等技术的司法应用中应遵循两个本位：在规则适用等核心执行工作领域，坚守“法官个体本位”，以最大限度地追求司法公正；在辅助事务、协助执行等外围执行工作领域，遵循“法院整体本位”，以最大限度地追求司法效率①。在弱人工智能时代，信息技术无法替代法官在办案中的经验、判断等需要思维的智能活动，因此，不能“一刀切”或贸然推进信息化，更不能在司法活动中排除一切与人相关的因素。同时，在信息化建设过程中，进一步推广适用“JTU”设计理念，切实从法官工作和管理的实际需求出发，推进大数据、人工智能技术的信息化应用，既要斟酌技术上的障碍，也要充分考虑法官的接受度和喜用度。

（三）进一步加大大数据、人工智能等新兴科技应用力度

法院的执行工作已经进入“切实解决执行难”的攻坚阶段，在这新的历史时期，必须抓住时代带来的科技发展机遇，将大数据、人工智能、区块链等人类最新科技发展成果应用到执行领域。进一步优化执行联动机制和被执行人财产发现机制，利用人工智能提高智能查控水平，实现对被执行人财产的自动查询、批量控制、智能筛选、深度挖掘；畅通各系统、平台间的数据对接，确保数据互通、互享，交换及时；全面、准确推进数据深度开发应用，充分利用大数据分析挖掘被执行人财产线索，

① 程金华：《人工、智能与法院大转型》，载《上海交通大学学报》（哲学社会科学版）2019年第26期。

推动人民法院查人找物能力的质的提升；继续推动大数据系统助力社会信用工作建设，既能有效惩戒失信被执行人，又能提升被执行人信用恢复的积极性。

结　论

学习始于模仿，但好的学习，目的是超越。我们创造这些工具，是为了让自己更有智慧；我们制造工具，而工具让我们走得更远[①]。大数据、人工智能给人类带来了挑战，也带来了新时代的曙光。人类终将受益于技术的发展和进步，在即将到来的智能时代获得更大的自由和解放。将人类层面的认知模式和计算机固有的速度和精确度结合起来，得到的是公平目标下巨大的效率提升。信息技术的进步，智慧司法方案的融合，将会使人民法院工作尤其是强制执行工作发生深刻的革命，不仅仅是工作效率的提升，更是执行办案模式的优化和执行机制的革新。充分运用大数据、人工智能技术赋能司法执行工作，为切实解决执行难提供了前所未有但又切实可行的方案，信息化技术赋能的智能化执行办案模式实现了多维度的超越，真正让执行工作变得更阳光、智能、高效、公正，让群众更有获得感。

① 〔美〕雷·库兹韦尔：《人工智能的未来》，盛杨燕译，浙江人民出版社，2017，第270页。

B.20

“互联网 + 仲裁”的广州实践

宋珍珍　白思诗*

摘　要：　随着互联网、大数据、区块链、人工智能等新兴科技的发展普及，其高效、灵活、共享、无地域性等特征与商事仲裁作为争议解决方式的独特优势相契合，发展互联网仲裁意义重大。广州仲裁委员会近年来围绕打造全球互联网仲裁首选地目标，积极推进法律服务信息化数字化建设，首创国际商事仲裁跨国远程庭审先例，制定发布全球首个互联网仲裁推荐标准“广州标准”，上线首个亚太经合组织跨境商事争议在线解决平台（APEC—ODR），相关创新做法均取得较好成效，国际公信力、竞争力、影响力不断增强。此外，互联网仲裁作为新兴事物，其积极作用仍有待充分激活和有效发挥。

关键词：　互联网仲裁　ODR 机制　多元化纠纷解决　涉外法治

仲裁作为多元化纠纷解决机制的重要一环，是社会治理和经济发展的重要制度支撑。互联网等新经济、新业态迅速发展，跨境经贸往来日益增多，相关商事纠纷和法律服务需求随之而来。在此背景下，创新发展“互联网 + 仲裁”有助于发挥商事仲裁制度在跨境争议解决中的独特优势，在线纠纷解决（ODR）机制建设更打造了进一步提升仲裁涉外法治保障作用的绝佳平台。

关于互联网仲裁的定义，学界存在“全部说”“封闭系统说”“部分

---

* 宋珍珍，广州仲裁委员会仲裁秘书；白思诗，广州仲裁委员会仲裁秘书。

说”等观点[①]。“全部说”即从仲裁申请、受理、审理直至最终裁决全部环节在线上处理，更严格的观点认为，从仲裁协议订立开始均通过网络完成。“封闭系统说”认为，争议解决方式应通过一个密码和账号访问封闭系统。“部分说”认为，只要在仲裁过程中任一部分利用网上设施即可。囿于客观技术及现行法律缺乏明确规定[②]，“全部说”在现阶段或许难以实现，但应当成为未来互联网仲裁的发展方向。技术应当作为工具而非目的，互联网仲裁的重点在于利用互联网等网络技术资源提供线上仲裁服务，依据实际需要通过互联网推进包括立案、受理、送达、证据交换、调解、开庭等仲裁程序，达到提高效率、便利民众、降低成本等积极成效。因此，对互联网仲裁宜坚持线上线下融合的原则，采取最宽泛的理解。

互联网仲裁并非互联网科技与作为替代式争议解决方式的传统仲裁的简单叠加，而是应用各种创新技术促进解纷方式更新迭代。一是从线下（offline）走向在线（online）。互联网仲裁伴随互联网技术产生，是传统争议解决方式的现代化和升级，可以理解为在线版本的仲裁，技术层面以信息化案件管理系统为支撑，规则层面也催生了网络仲裁程序、庭审模式、通知送达等新的规范和标准。二是从单一走向多元。互联网仲裁产生因应互联网经济发展的内在需求，其发展亦适应和服务于互联网经济发展新趋势。由此，技术与法律服务的深度融合构建了“协商—调解—仲裁”全线贯通的更加多元、便捷、经济的在线争议解决模式。

一　互联网仲裁的意义

（一）顺应“互联网+”政策趋势

互联网具有高效、便捷、共享等特征，电子数据处理与传输、即时通

① 李广辉、曾炜等：《网上仲裁法律制度研究》，载《汕头大学学报》2018年第5期。

② 例如，《民事诉讼法》第87条规定，经受送达人同意，人民法院可以采用传真、电子邮件等能够确认其收悉的方式送达诉讼文书，但判决书、裁定书、调解书除外。如坚持仲裁裁决书、调解书线上送达可能会影响其执行力。

讯、电子签名、区块链等互联网科技为互联网仲裁发展提供了可能。2015年《国务院关于积极推进“互联网+”行动的指导意见》指出，“互联网+”是把互联网的创新成果与经济社会各领域深度融合，推动技术进步、效率提升和组织变革。2018年，中共中央办公厅、国务院办公厅印发《关于完善仲裁制度 提高仲裁公信力的若干意见》（以下简称“两办意见”），要求积极发展互联网仲裁，推动仲裁与互联网经济深度融合。

广州仲裁委员会（以下简称“广州仲裁委”）自2014年起探索“互联网+仲裁”纠纷解决模式，2016年10月上线仲裁云平台。经过多年实践的优化完善，目前云平台功能已趋完备，网络化案件管理系统覆盖全部仲裁程序，并且建立了与电子商务、互联网金融等平台的对接接口，2020年共受理互联网仲裁案件5375件，无一被法院撤销或不予执行。据司法部统计，2020年全国259家仲裁机构中，有47家开展线上仲裁服务，这个数字在2019年还仅为31家，同比增长52%；处理案件139663件，占全国仲裁案件总量的34.85%，互联网仲裁日趋普及，发展迅速。

（二）助力涉网纠纷有效化解

互联网科技发展带来了社会结构、交往方式、商业模式等诸多方面的深刻变革，互联网用户、平台、企业等主体不断增多。中国互联网络信息中心（CNNIC）发布的第47次《中国互联网络发展状况统计报告》显示，截至2020年12月，中国网民规模达9.89亿，互联网普及率达70.4%[①]。同时，涉网纠纷数量与类型也持续增加，以网络直播类合同纠纷为例，广州仲裁委2021年上半年受案量达上年同期近4倍。

法律服务内容的网络化在拓宽传统争议解决空间的同时，网络案件网络处理的内在逻辑对充分运用互联网技术提出更高要求。为顺应需要，近年来司法系统大力推进互联网专业化审判机构建设，先后在杭州、北京、广州成

① 第47次《中国互联网络发展状况统计报告》，中国网信网，http://www.cac.gov.cn/2021-02/03/c_1613923423079314.htm，最后访问日期：2021年7月19日。

立三家互联网法院。最高人民法院发布《关于互联网法院审理案件若干问题的规定》，明确互联网法院集中管辖11类互联网案件，采取在线方式审理案件，案件的受理、送达、调解、证据交换、庭前准备、庭审、宣判等诉讼环节一般应当在线上完成①。同样，仲裁机构也必须敞开怀抱应对新的纠纷形态，扩大和深化互联网技术在仲裁中的应用。

（三）加强涉外法治服务保障

当今世界范围内约有三分之一的商品进行跨境贸易，接近全球国内生产总值的40%②。随着中国持续扩大对外开放，“一带一路”倡议得到越来越多国家和地区的积极响应，中国企业“走出去”的步伐加大，面临的涉外商事纠纷尤其是电子商务交易相关争议也相应增加③。现实中，涉外商事纠纷因跨境、跨语言、跨法域，面临法律制度不同、裁判尺度不一、司法救济缓慢、维权成本高等问题，在这一方面，商事仲裁制度能够发挥其独特优势。

仲裁具有自主性、灵活性、一裁终局、保密性、中立性、专业性、确定性、费用低、速度快等特征④，与跨境商事争议解决的需求相契合⑤，能够更好地维护中国企业的海外利益。其一，仲裁充分尊重当事人的意思自治，因当事人合意而获得确定管辖权，不受地域限制。广州仲裁委曾依照约定的仲裁条款，妥善处理某境外企业在马来西亚的房地产开发项目纠纷，合法实现了对争议标的不在中国、双方企业不是中国籍、适用法律不是中国法律的纠纷的管辖。其二，仲裁实行一裁终局制度，裁决作出后，当事人就同一纠

---

① 最高人民法院：《中国法院的互联网司法》，人民法院出版社，2019，第6页。

② 麦克·丹尼斯：《亚太经合组织在线纠纷解决全面合作框架：提升正义，促进贸易》，江和平译，《人民法院报》2017年5月12日，第8版。

③ 据统计，3%～5%的商业交易会出现纠纷；大多数国际商事合同通过电子数据交换订立。

④ 徐伟功：《国际商事仲裁理论与实务》，华中科技大学出版社，2017，第6～10、14页。

⑤ 2020年10月在广州仲裁委与斯德哥尔摩商会仲裁院、国际商会仲裁院等全球知名仲裁机构共同举办的中国国际仲裁高端论坛上，中国航油集团、美的集团、中国中铁集团公司等企业法务负责人均分享了类似看法，认为仲裁是全球性跨国企业解决国际商事争议的首选项。

纷再申请仲裁或者向法院起诉的，不予受理，选择仲裁、选择中国仲裁机构，可以有效排除其他国家和地区司法机关、仲裁机构的管辖，实现“走出去投资、拉回来仲裁”。其三，与国际民事诉讼中法院判决在外国承认和执行必须建立在双边司法协助条约的基础上不同，仲裁执行方面有《纽约公约》保障，裁决可在168个缔约国得到承认与顺畅执行，覆盖面更广，非常契合“走出去”企业、推进共建“一带一路”有关争议解决的需要。其四，对于跨境商贸企业特别是中小微企业而言，快速低成本解决纠纷、确保资金链安全具有重要意义。如果能够在定分止争的同时维护商业关系更是锦上添花。仲裁程序高效快捷，以不公开审理为原则，赋予当事人选择专业领域仲裁员自主权，注重发挥调解作用，有助于和平解决争议。

然而，中国商事仲裁起步较晚[①]，大部分仲裁机构国际化发展成效不佳，与国际商会仲裁院、伦敦国际仲裁院等国外仲裁机构甚至香港国际仲裁中心相比，在国际影响力、公信力方面仍有差距，国际规则制定话语权缺失，不利于有效维护中国企业合法权益[②]。2020年11月16日，习近平总书记在中央全面依法治国工作会议上强调，要加快涉外法治工作战略布局，更好维护国家主权、安全、发展利益，明确要求培育国际一流仲裁机构，把涉外法治保障和服务工作做得更有成效。中国互联网发展走在世界前列，创新探索“互联网+仲裁”争议解决模式，能够放大仲裁制度优势，加快打造国际一流仲裁机构，实现中国仲裁国际影响力、话语权的“弯道超车”，提高中国作为争议解决地的吸引力和竞争力。因此，加强涉外法治服务保障，为企业涉外商贸活动提供更优质高效的仲裁法律服务，要求中国仲裁机构不断优化完善互联网仲裁技术、规则。

---

① 1995年《仲裁法》颁布实施，标志着我国现代意义上商事仲裁制度的建立，相比西方国家仲裁制度普遍确立于19世纪中期起步较晚，见宋连斌《仲裁法》，武汉大学出版社，第15页。

② 蒋悟真认为，在涉外仲裁领域，普遍存在“3个90%”现象：90%以上中国企业选择国际商事仲裁作为争议解决方式，90%的条款选择国外仲裁机构，一旦争议发生90%的中国企业败诉，见蒋悟真《大力推广“广州标准” 争夺国际商事仲裁规则制定话语权》，载《决策参考》2021年第1期。

（四）完善矛盾纠纷多元化解机制

互联网仲裁包括建立以在线仲裁为核心的 ODR 机制，ODR 机制利用网络信息技术解决纠纷，一般融合了三种替代性纠纷解决方式，即在线协商、在线调解、在线仲裁[①]，有助于构建一站式争议解决平台，契合多元化纠纷解决机制的发展方向，能够实现纠纷案件量的分流、纠纷解决质的提升。

1. 节约解纷资源

ODR 机制有助于形成调解、仲裁和诉讼多元解纷方式的协调关系，通过三个阶段漏斗式穷尽替代性争议解决方式。在第一个阶段，当事人能够在技术帮助下充分友好沟通协商。在第二个阶段，能够调动仲裁机构的专业法律服务资源推动调解，如对比单一人民调解尚需司法确认，ODR 调解书具有执行力，通过调解和仲裁结合机制解决法律纠纷，补强调解程序效力。ODR 机制可分流大量小额涉网商事纠纷，从源头上减少纠纷增量，缓解案多人少矛盾，同时技术替代人力从事繁复的事务性工作，也有助于提高仲裁案件处理效率，节约人力成本。

2. 推动协同治理

搭建互联网仲裁平台有助于打破信息壁垒，促进协作和资源共享。利用信息化系统对接电子数据能够提高仲裁机构与司法机关的沟通协调效率。以广州仲裁委为例，其在 2018 年与广州市中级人民法院合作建立全国首家裁审对接电子卷宗共享平台，实现数据联通，支持电子调卷和仲裁程序在线审查，有效提升了仲裁司法监督信息化水平；与广州市中级人民法院、广州知识产权法院建立诉调对接工作机制，探索线上调解模式，接收法院委派调解案件，满足人民群众多层次、多样化的解纷需求。此外，推动专业仲裁平台

① 郑维炜、高春杰：《“一带一路”跨境电子商务在线争议解决机制研究——以欧盟〈消费者 ODR 条例〉的启示为中心》，载《法制与社会发展》2018 年第 4 期。ODR 机制学界尚无统一的定义，主要争议在于是否包含在线法院，有观点认为 ODR 是在线版本的 ADR 替代性争议解决方法，但批评者认为过于狭隘，见丁颖、李建蕾《在线解决争议：现状、挑战与未来》，武汉大学出版社，2016，第 11 页。

发展，便利仲裁服务与电子商务、互联网金融等行业平台对接，为涉互联网行业商事争议提供定制化仲裁服务，专业精准高效地解决纠纷。

3. 提升解纷质效

ODR 机制为当事人提供了更多可供选择的争议解决方式，并可突破时空限制，降低争议解决成本。ODR 机制在传统当事人与中立第三方的基础上增加了技术作为第四方、平台作为第五方①，通过技术赋能，提供远程视频、同步翻译、异步沟通及法律咨询、协助谈判等功能，提升当事人争议解决能力，促进自助式解决纠纷，提高仲裁办案效率，达到更快速有效的争议解决效果，也大幅降低了当事人的争议解决时间和金钱成本。

二　互联网仲裁“广州模式”的探索

在商事仲裁领域，广州仲裁委最早提出互联网仲裁并持续深耕多年，受理案件量已连续多年位居全国第一，有较为扎实的工作基础，并产生了一系列有影响力的互联网仲裁成功案例。近年来，广州仲裁委以打造全球性经济便捷高效的互联网仲裁首选地为目标，先后推出了“广州模式”“广州标准”等商事仲裁模式、规则创新做法，获司法部唯一推荐参与亚太经合组织跨境商事争议在线解决（APEC—ODR）机制建设，并成功上线全球首个 APEC—ODR 平台。此外，还以发展互联网仲裁为切入点，不断推动中国仲裁国际影响力、国际规则制定话语权提升。2020 年受理涉外案件量位居全国仲裁机构第三，涉外法治服务保障能力进一步增强。

（一）构建商事仲裁“广州模式”

广州仲裁委开发并善用互联网仲裁技术，构建起独具特色的商事仲裁“广州模式”。一方面，利用毗邻港澳的区位优势，同步运行内地、香港、澳门三套庭审模式，分别对应中国特色社会主义法律体系、英美法系、大陆

① 丁颖、李建蕾：《在线解决争议：现状、挑战与未来》，武汉大学出版社，2016，第 11 页。

法系，当事人可以自主选择，把粤港澳大湾区"一国两制三法域"的特点转化为特色优势，更好适应"一带一路"沿线尤其是英联邦、葡语国家当事人的法律背景。另一方面，通过信息技术赋能，充分利用"互联网+"带来的便利，领先的互联网仲裁规则、远程庭审技术让仲裁变得更加便捷高效，最大限度为国际商事仲裁当事人节约时间、降低成本。

以规则优势叠加技术优势为特色的国际商事仲裁"广州模式"，既可以实现善用仲裁制度排除其他国家和地区司法管辖的目的，又因互联网仲裁赋能而最大限度降低了参与国际商事仲裁的成本，切实调动起粤港澳大湾区优质和丰富的法律、经贸等专业服务资源，把涉"一带一路"商事纠纷导入粤港澳大湾区解决，实现了两大国家重大决策的有效对接。

2019年11月20日，广州仲裁委以远程视频方式审结中国和柬埔寨两国企业间的一起国际货物销售合同纠纷案件，首创国际仲裁跨国远程庭审先例①。新冠肺炎疫情发生后，商事仲裁"广州模式"发挥了巨大作用，广州仲裁委于2020年2月5日开始照常办理案件，通过远程庭审方式成功解决多起跨省、跨境、涉外纠纷；率先出台了"八项工作措施"②，推进网上立案、远程庭审常态化，充分发挥互联网仲裁作用，实现仲裁服务"不见面""不打烊"，战疫情稳经济两手抓两不误的有关做法入选司法部第一批全国疫情防控和企业复工复产公共法律服务十大典型案例③。

（二）制定互联网仲裁"广州标准"

改革创新需要规则引领，好的经验做法需要规则固化，推进互联网仲裁

① 贺林平：《国际商事纠纷首获跨国远程仲裁》，《人民日报·海外版》2019年11月27日，第3版。

② 《关于全力抗击新型冠状病毒感染肺炎疫情　有力支持经济社会平稳发展的八项措施》，南方网，http://economy.southcn.com/e/2020-02/07/content_190256812.htm，最后访问日期：2021年7月19日。

③ 《司法部发布第一批疫情防控和企业复工复产公共法律服务典型案例》，司法部网站，http://www.moj.gov.cn/news/content/2020-03/24/bnyw_3244621.html，最后访问日期：2021年7月19日。

发展需要建设标准化的规则。广州仲裁委在自身大量实践经验基础上加强规则建设，以中国仲裁法学研究会为理论、技术支持，牵头组织制定《互联网仲裁推荐标准》（按照国际惯例简称“广州标准”）。该标准包括开庭庭审标准、主体身份认证、在线操作规范、审理规程、电子证据认证等内容。“广州标准”规范和统一了互联网仲裁技术指标、程序要求，有助于推进仲裁制度国际化与仲裁服务标准化。此外，适应发展需要，适时修订仲裁规则，新版仲裁规则已于 2021 年 7 月 1 日正式生效，其中创设了多种线上、线下融合审理形式供当事人选择，并且进一步完善在线仲裁程序规则，突出审理模式兼容“广州标准”，为当事人、仲裁员、仲裁秘书提供详尽完备、贴合实际工作的规则指引。

广州仲裁委积极参与 APEC—ODR 项目建设，代表中国参与国际法律事务的规则竞争、话语权竞争，为国际贸易商事主体企业尤其是中小微企业解决跨境贸易纠纷创造良好的法律服务保障环境。2021 年 1 月，上线全球首个 APEC 成员经济体 ODR 平台[①]，依照《亚太经合组织（APEC）跨境商事争议在线解决（ODR）机制合作框架》及《示范程序规则》设置平台解纷流程，实现谈判、调解、仲裁全流程在线完成，并提供线上提交材料、线上审核、线上沟通及文书智能生成、在线签署、电子送达、异步沟通、实时翻译、法律智能咨询等多项功能，运用信息化技术赋能，促进争议双方商定解决方案，为跨境、跨语言、跨法域的争议提供快速的电子解决方案和执行机制。来自 APEC 成员经济体的商事主体可以自行选择适用以“谈判—调解—仲裁”为特色的规则，以最低成本在线上解决有关商事争议。这是中国仲裁机构首次在重要多边国际组织框架下展示法律服务的中国方案，代表中国在更高层面参与国际法律事务的规则竞争。截至 2021 年 6 月 30 日，APEC—ODR 平台已办理案件 88 宗，涉及争议金额 10.76 亿元，案件调解率比传统线下仲裁程序翻了一番，达到 61%；平均结案周期仅约 20

① 《首个 APEC 成员经济体 ODR 平台在广州仲裁委上线》，司法部官网，http://www.moj.gov.cn/pub/sfbgw/fzgz/fzgzggflfwx/fzgzggflfw/202103/t20210331_349930.html，最后访问日期：2021 年 7 月 19 日。

天，比传统方式快2个月以上，能够满足跨境商贸企业对便捷、高效、低成本争议解决服务的实际需求。

（三）提升互联网仲裁影响力

聚焦加强涉外法治工作需要，围绕服务保障构建新发展格局，与中国企业一同“走出去”，以互联网仲裁的便利性，推动“走出去投资、拉回来仲裁”。一方面，推动提升中国互联网仲裁的国际知晓度和认可度。广州仲裁委以推广“广州标准”、推介APEC—ODR平台为契机，加强国际交流合作，扩大区域发展“朋友圈”。先后与巴西外贸协会调解中心、瑞中法律协会、俄罗斯工业企业联合会仲裁中心、白俄罗斯国际仲裁法院等国外仲裁机构达成合作，截至2021年6月，已促成112家内地仲裁机构和26家境外仲裁机构签约认可并共同推广“广州标准”，全球影响力不断提升。

在此基础上，结合互联网仲裁发展实际需要，广州仲裁委推动建立了共享远程庭审技术标准、共享仲裁庭室、共享仲裁员名册、共享服务窗口“四个共享”仲裁协作机制。立足粤港澳大湾区，加强与港澳仲裁机构联系，牵头成立粤港澳大湾区仲裁联盟，促进粤港澳大湾区规则衔接、资源共享，为“走出去”企业提供更优质的服务。在实践中，“广州标准”已在与粤港澳大湾区、长三角地区仲裁机构的远程庭审、共享庭室协作案件中运用，当事人无须跑动，借助互联网仲裁技术的线上服务和当地仲裁机构的线下指引，即可享受自主选择的专业仲裁员的优质争议解决服务，有效地优化了异地仲裁体验，实现跨区域优质法律服务资源整合。在一宗涉伊朗当事人案件中，广州仲裁委通过与伊朗商会仲裁中心共享服务窗口，解决了送达难题，顺利推动仲裁程序进程。

加强仲裁法律供需对接，面向中小企业、行业主管部门、法律服务机构开展针对性的宣传推介。制作多语言版本的ODR宣传册，并及时回复网上咨询，强化国内外跨境商事主体对ODR平台的了解和运用程度，拓宽在线解纷服务覆盖面，服务更广范围的市场主体。重点走访平台用户，不断完善优化平台功能，提高用户满意度。经过持续宣传推介，2021年1~6月，广州仲裁委受理涉外案件达260件，同比增长84.4%，争议金额51.8亿元，同比增长4.9倍。

三　互联网仲裁的挑战与展望

（一）进一步扩大“广州标准”影响力

广州仲裁委制定发布互联网仲裁“广州标准”并向全球推介，促成境外知名仲裁机构、“一带一路”沿线国家和地区仲裁机构认可，既找准了中国仲裁发展的优势所在，也实现了引领国际商事仲裁规则创新、提升中国话语权的效果。

但互联网仲裁领域规则建构并非一蹴而就，在技术应用、当事人程序权利保障、证据开示、数据安全保密等方面仍存在亟须明确和规范的问题。因此，有序推进“广州标准”深化发展，推动互联网仲裁标准的完善，有助于进一步发挥“广州标准”凝聚共识的作用，推动互联网仲裁规则统一和健康发展。在标准制定方面，可以与研究机构和司法机关紧密协作，在远程庭审技术标准基础上探索推进审理规则、数据共享、执行对接等方面标准的研制，并持续关注标准在实际中的运用和落实情况，引领互联网仲裁创新发展，在互联网仲裁中坚守程序正当、安全保密等原则，并进一步发挥仲裁灵活高效的优势，最大限度地突破时空限制、降低争议解决成本。

在对外合作方面，积极参与、主动开展国际合作交流和学术研讨等活动，在国际商事仲裁的规则制定和机制建设中充分展示基于互联网仲裁的争议解决方案，有效贡献中国智慧。促进更多“一带一路”沿线国家和地区乃至全球仲裁机构认可“广州标准”、运用“广州标准”，并以推介“广州标准”为契机更好推动与境外仲裁机构的合作交流，争取在相关国家和地区开展互联网仲裁业务。

（二）推动形成运用仲裁制度合力

互联网仲裁的效果、影响力能否达到预期，与公众了解度、认可度直接相关，APEC—ODR平台也是如此。目前国内商事主体普遍对仲裁制度存在认知缺位，订立合同时未能合理选择争议解决方式，导致争议发生后处于被动地位，自身合法权益受损的情况时有发生。加强仲裁制度、互联网仲裁、APEC—ODR平台的宣传推介，提高社会认知度、普及度和运用度十分必要。

一方面，加大针对性宣传力度，形成运用仲裁制度合力。制定针对企业、法律服务机构的推介措施和计划，促进企业尤其是对外投资企业、外贸企业、中小企业充分用好商事仲裁“广州模式”、用好广州仲裁委APEC—ODR平台。将商事仲裁制度、互联网仲裁制度纳入普法计划，推动各行各业结合工作实际大力推广仲裁争议解决方式，建议领导干部带头学习仲裁知识、带头推广仲裁制度，将仲裁知识纳入党校（行政学院）、社会主义学院培训课程。建立企业与仲裁机构法律服务供需对接机制，鼓励在重大境外投资并购、基础设施建设、投融资等项目以及其他大型招商引资、对外经贸活动中优先选择以仲裁方式解决争议，推动“走出去投资、拉回来仲裁”，维护企业海外利益和国家发展利益。

另一方面，积极参与各类对外经贸交流，推介国际商事仲裁法律制度和服务，鼓励企业在APEC成员经济体开展经贸活动时约定通过广州仲裁委APEC—ODR平台解决争议，为跨境电子商务、服务贸易发展提供优质的法律保障环境。也可广泛联系海外侨团、商会，与商务、侨联、贸促等有关单位合作，在“一带一路”沿线国家和地区设立业务机构，与“一带一路”沿线国家和地区仲裁机构建立联合仲裁机制，不断提升国际影响力和认可度，为“走出去”企业提供更加便捷高效的仲裁服务。

（三）深化互联网仲裁技术应用

互联网技术作为在线争议解决机制的第四方，其应用形式、最大效能还有待充分开发。深入推进互联网仲裁基础设施建设，推动科技创新手段深度运用，完善数据管理和应用机制，有助于更好地发挥信息化手段对提升争议解决质效的积极作用，满足人民群众多元化纠纷解决需求。

一方面，进一步优化完善平台功能，加快大数据、云储存、区块链存证和人工智能等技术应用。利用区块链防伪造、防篡改的优势解决电子证据收集、固定、审查等难题，提高电子证据真实性、可信性。利用大数据技术深度分析案件办理工作态势、案件关联检索、主体数据分析，提升裁决科学性、高效性，为 ODR 机制预防控制和解决纠纷思路提供支持。优化庭审体验，推出异步庭审模式，实现程序性事务不同时间处理，在突破空间限制的基础上，进一步突破时间限制。加强人工智能运用，优化提供智能法律咨询、解决方案建议功能，在协助评估争议、服务当事人自主协商等方面发挥更大作用。

另一方面，加强网络安全防护，防止因数据安全问题影响互联网仲裁公信力。仲裁作为替代性争议解决方式具有保密性的固有优势，但互联网背景下，信息传播更加快捷迅速且无形，这一传统优势受到一定挑战。网络信息安全关系互联网仲裁能否顺利运行，影响争议主体对在线争议解决形式的信任度和参与度，影响仲裁公信力。因此，必须建设安全友好的案件数据储存传输基础设施，并结合互联网仲裁标准的完善，采用相应的安全技术标准，开展常态化安全监测和技术攻关，确保争议主体数据信息安全。在内部防护和监测之外，还可以探索建立仲裁协会行业监督、司法监督、社会监督等多方协同的外部监督体系。

（四）健全仲裁与司法支持衔接机制

仲裁裁决的执行是重中之重，关系到仲裁的有效性和公信力，是解决争议和保护当事人权益的最终落脚点。依照《仲裁法》，仲裁中的财产保全、证据保全，以及仲裁裁决的强制执行，均由法院负责。借助发达的信息技术，仲裁与司法支持的衔接成本理应更低、效率理应更高，不能让司法支持衔接的低效成为阻碍市场主体信赖仲裁、选择仲裁的理由。

在实际运行中，仲裁司法支持情况存在地域差别，各地司法审查尺度不一，一些地区仍存在仲裁裁决执行难问题。此外，仲裁案件量与日俱增，法院执行存在案多人少困境，加之衔接机制不顺畅，执行中事务性工作量大，难以保证执行效率。实证研究发现，法律从业人士在仲裁裁决执行方面的实践较少，也有人错误地认为仲裁裁决没有终局性和执行力；法官报告的数据表明，绝大多数案件在6个月内完成执行，完全足额的执行较少。但法院总体而言对商事仲裁持肯定和支持态度①。

近年来，最高人民法院相继出台了《关于仲裁司法审查案件归口办理有关问题的通知》《关于仲裁司法审查案件报核问题的有关规定》等，仲裁法律环境逐步改善。司法部公共法律服务管理局的报告表明，2020年全部400711件仲裁案件中，被法院撤销或不予执行的有955件，占案件总数的0.24%。

为保障互联网仲裁的顺畅执行，可以从保全和执行两个方面建立衔接和协作机制，持续推动建立对仲裁友善的司法环境。一是仲裁机构与法院建立健全保全衔接机制，统一数据格式，通过信息网络互通共享，实现有限的数据对接、快捷的信息交换、顺畅的业务协作，提高法院接收材料及审查保全申请的效率，及时为当事人的合法权益提供临时性救济。二是建立健全执行协作机制，促进执行工作网络化。广州互联网司法、互联网仲裁均走在全国乃至全世界前列，完全具备在互联网仲裁裁决执行领域先行先试、实现仲裁制度与司法执行制度双创新的条件。仲裁机构可以与法院建立常态化的执行协作机制，通过联合建立一套标准（可作为“广州标准”的深化），实现数据对接与实时推送、在线智能化审查，在执行程序启动、执行措施采取、执行款项发放等方面推进数字化、智能化协同。

① Qu, mingji. “Status Quo of Enforing Comercial Arbitral Awards in the People's Republic of China: An Empirical Study of the Enforcement Practices in China's Two Economically Less - Developed Rigions”. *Journal of International Arbitration* 36, no. 4 (2019): 451 - 484.

（五）提升仲裁公信力竞争力

对科技手段的追求不能忽视程序正义的初衷，相对于单纯的技术应用，对当事人诉讼权利与实体权利的保护更为重要[①]，互联网仲裁在追求高效便捷的同时，也应重视通过技术和规则设计为当事人尤其是技术弱势群体提供实质性权利保障，需要着重关注以下三个问题。

其一，信任问题。一般而言，公众更倾向于采取诉讼而非仲裁方式解决争议，其中固然有路径依赖和法律文化影响因素，也一定程度反映了对仲裁机构和仲裁员的独立性缺乏信任。而互联网仲裁采取线上沟通交流的形式，与传统线下庭审面对面沟通的直接感受与判断不同，口语向书面转化的过程中存在时间差，也容易产生理解歧义，如利用不当或许会加剧争议双方信任建构的难度。此外，现实中也不乏对因在线争议解决机制导致技术壁垒、增加当事人应用成本以及因数字鸿沟加剧当事人权利不均等问题的担忧。

其二，效率问题。以对域外两个在线争议解决平台的调查结果为例，欧盟消费者ODR平台的满意度为71%，而加拿大魁北克的ODR平台满意度为88%，两者满意度差距可归因于案件处理效率的差异[②]。值得注意的是，仲裁相比诉讼的显著优势也在于高效，效率即是仲裁机构竞争力所在，发展互联网仲裁、建设ODR平台应当更大程度彰显这一优势，不能因线上形式反而增加了参与方的工作量和负担。

其三，效力问题。仲裁具有民间性，在注重公平的同时允许当事人基于意思自治作出私权处分，尤其是小额民商事纠纷，当事人追求的价值排序中快速有效解决纠纷优先于完整规范的审理流程。但作为一种以法律为基础而

---

① 王福华：《电子诉讼制度构建的法律基础》，载《法学研究》2016年第6期。

② 欧盟ODR平台并不直接解决纠纷，而是借助平台帮助争议双方达成选择ADR机构的合意后，连接到该平台认可的争议解决服务机构解决，多层系统导致投诉最多可能需要90天才能得到解决；而加拿大魁北克的ODR平台可直接解决纠纷，用时平均在30天内，详见Karim Benyekhlef and Nicolas Vermeys, The "Success" of Online Dispute Resolution in Europe, see at http://www.slaw.ca/2018/06/18/the-success-of-online-dispute-resolution-in-europe/，2021/7/20。

后续经由相关程序获得强制执行力的纠纷解决方式，仲裁理应注重公平与效率的平衡，否则有可能面临司法审查不能通过的后果，严重损害仲裁公信力。司法部统计资料显示，2020年办理网上仲裁案件量最多达到58000余件的某仲裁机构，同时也是被法院裁定不予执行案件最多的仲裁机构，被裁定撤销和不予执行的裁决情况达到388件，这实在值得警醒和反思。

此外，现行《仲裁法》缺乏对互联网仲裁的明确规定，立法和实践脱节，不仅无法对仲裁机构开展和发展互联网仲裁形成有效指引，还影响法院和社会公众对互联网仲裁的认可和接纳，制约互联网仲裁的进一步发展普及，不利于发挥商事仲裁制度对经济社会发展、国际经贸交往的保障和促进作用。2021年7月30日，司法部正式发布了《仲裁法》征求意见稿，其中规定仲裁程序可以通过网络方式进行，明确将互联网仲裁纳入调整范围。在此基础上，可以进一步健全完善适应互联网仲裁发展的相关规则制度，对互联网仲裁技术要求、程序设计、执行规范等原则性、基础性问题作出细化规定。

在提高效率、保障效力方面，在严格遵守仲裁法和仲裁规则、尊重当事人合意的基础上，仲裁机构可以充分发挥灵活性、便捷性，适当简化流程以提高争议解决效率，同时加强合作交流，在线争议解决平台的技术设计和应用要充分借鉴智慧法院建设的先进经验，以促进仲裁裁决得到司法认可和顺畅执行。此外，互联网仲裁对案件办理人员的综合素质提出了更高要求，下一步需加强对仲裁员和仲裁秘书的培训和管理，如在仲裁员选聘、考核时纳入计算机能力和水平作为标准之一，以及就互联网仲裁案件办理相关程序要点和沟通技巧开展专门培训等，确保线上仲裁程序客观公正。

B.21

苏州相城法院在线庭审“飓风”方案的探索与实践

苏州市相城区人民法院课题组*

摘　要：　近年来，苏州市相城区人民法院以民事诉讼程序繁简分流改革试点为契机，疫情期间主动适应“云办公”的大环境，将在线庭审作为攻坚克难的重要抓手，探索线上线下相互融合、内网外网实时交互的在线庭审“飓风”方案，实现了疫情大背景下关键质效指标逆势上升的良好效果。在线庭审“飓风”方案依托其内外网实时交互的技术优势和特点，给诉讼各方在线开展庭审活动带来了极大便利，得到了法院内部及群众的高度认可，具有推广价值。结合《人民法院在线诉讼规则》以及相城法院一年多来的司法实践，当前在线庭审“飓风”方案仍然存在制度、操作和技术三方面应用困境，需要进一步完善诉讼规则、弥补技术空白。

关键词：　在线诉讼　“云办公”　在线庭审“飓风”方案

* 课题主持人：徐建东，苏州市相城区人民法院党组书记、院长。课题组成员：吴宏，苏州市相城区人民法院党组副书记、副院长；金海龙，苏州市相城区人民法院行装科科长；黄坚，苏州市相城区人民法院民一庭副庭长；林静宜，苏州市相城区人民法院民一庭法官助理；柳溪，苏州市相城区人民法院民一庭法官助理；邓佳佳，苏州市相城区人民法院综合办公室法官助理。

一　在线庭审“飓风”方案的建设背景及基本导向

最高人民法院于2020年1月15日印发了《民事诉讼程序繁简分流改革试点实施办法》（以下简称《繁简分流实施办法》），对健全在线诉讼规则作了规定，苏州市相城区人民法院（以下简称“相城法院”）系试点法院之一。2020年，新冠肺炎疫情的暴发，给法院开展线下诉讼活动带来了极大不便，相城法院主动适应“云时代”特征，紧抓民事诉讼程序繁简分流改革试点契机，第一时间部署开展在线庭审、完善电子诉讼规则等相关探索。相城法院构建了在线庭审“三三模式”，在庭前、庭中和庭后三个环节上下功夫，引导当事人将诉讼活动从“线下”搬到“线上”，推动结案率、法定正常审限内结案率等关键质效指标逆势上升，让当事人在疫情防控期间享受到安全、便捷的诉讼服务。据统计，2020年2月3日至3月23日①，相城法院共计开展线上诉讼886次，扣除套路贷约谈51次及执行约谈222次，网络质证及庭审共计613次，通过线上诉讼结案数323件，占线上诉讼总数的52.7%，线上诉讼结案数占当月民商事结案数的59.4%②。

不可否认，电子诉讼不仅降低诉讼成本和审判成本，同时也在改变审判管理和审判方式。尤其是新冠肺炎疫情发生以来，为疫情防控和审判执行工作的需要，全国各地法院都相继推出了利用互联网技术开展谈话、听证、调解、庭审等诉讼活动的举措。但无论是哪种在线诉讼活动，都存在一个共同的致命缺陷，就是不能实现审判管理系统（内网）和互联网的实时对接，造成无法完成复杂案件的举证质证、电子卷宗的实时利用、庭审音视频资料同步转移至审判管理系统等功能，仍然需要审判人员完成大量的线下工作，才能维持线上庭审的需求。相城法院初期使用的在线庭审系统也存在上述致

① 相城法院自2020年3月23日起恢复线下诉讼活动。

② 《线上开庭数一度在全国占比达2.5% 疫情防控期间苏州相城法院“云庭审”模式调查》一文专题报道了苏州市相城区人民法院疫情防控期间开展在线庭审、保障执法办案与疫情防控“两不误”的经验做法。《法治日报》2020年2月22日，第4版。

命缺陷，建立于外网的在线庭审系统并不能与内网时时交互。因此，在疫情防控逐步常态化后，虽然线下庭审已全面恢复，但相城法院在线庭审领域的探索并未停滞。该院针对当前开展在线庭审时法官和当事人反映较多的画面延时、卡顿、掉线、啸叫、内外网不兼容等问题，与苏州中院密切配合，共同研发了线上线下相互融合、内网外网实时交互的全新智慧庭审“飓风”方案，实现了在线庭审全场景、全覆盖、全互联，大大提升了在线庭审便捷性和高效性。

二　在线庭审“飓风”方案的核心技术及功能

在线庭审“飓风”方案是指在没有增加任何硬件改造的科技法庭上，通过单向音视频信号传输、语音识别、语音合成、人脸识别等技术，打通法院内外网音视频通信，实现本地＋线上同步开庭、庭审笔录快速生成、法律法规随讲随查、卷宗材料随讲随翻、卷宗材料全文检索等功能，解决了在线开庭模式效能不足、音视频交互安全性低、音视频通信卡顿不流畅等问题。

（一）技术应用

1. 技术架构

在法院内网建设智能语音应用的基础上，采用改进的光端机集群实现政务外网和科技法庭主机音视频数据的交互。法院机房中部署互联网庭审编解码器集群，其中内网的互联网庭审编解码器集群用于法院的庭审音视频流交互。部署在政务外网的互联网庭审编解码器集群采集的图像通过线缆，利用光端机的单向传输，物理连接音视频网关做到内外网隔离。

2. 核心技术

语音识别、合成技术。针对法庭庭审场景下多位陈述人说的法言法语都能够转换成对应的文字信息，并且对于案件涉及的个性化信息词语，能够通过庭前输入的方式，实现识别词库的快速更新。能力平台集成的文语转换合

成引擎处于世界领先水平，能让系统自动播报庭审纪律、当事人权利义务等内容，规范庭审流程。

人脸识别技术。对输入的人脸图像或视频流提取人脸身份特征，并与已知的人脸进行对比，以验证参加庭审人员身份的真实性。

多方视频通信技术。在法庭中将音频信号分成两路，音视频信号通过庭审主机、音频编解码和光端机，传递给外网的参与庭审人员；另一路音频信号通过内网声卡，实时完成语音文字同步转写，并返回展示给所有参与庭审人员。

音视频新媒体平台。新媒体平台可同时融合视频监控、视频会议、电话语音、视信通、350M 集群通信等多种媒体资源，支持不同类型终端组合、画面合成、混音等多种媒体服务，实现统一的媒体处理和媒体应用。

（二）主要功能

1. 基本功能

在线庭审“飓风”模式具备了常规线下开庭、休庭及闭庭，法庭纪律播报，庭审笔录记录、查看、批注，发起笔录核对、签名等基本功能。

（1）开庭、休庭及闭庭

登录庭审系统后，输入案号，点击工具栏中的“互联网开庭”按钮，可选择庭审视频布局，并可预览视频效果，确认无误后点击“确认开庭”即可正式开庭，并同步录音录像。参与庭审的各方可以接入远程音视频，页面中出现视频小窗，视频小窗支持最小化和最大化。点击工具栏中的“休庭”按钮，可暂停庭审，在此期间不进行录音录像的保存，但其他功能仍可正常使用。点击工具栏中的“闭庭”按钮，即可闭庭，诉讼参与人均会自动关闭庭审系统。

（2）法庭纪律播报

系统中嵌入了法庭纪律播报模块，可在线播报法庭纪律。法庭纪律播报的具体内容可以在“播报设置”中进行修改维护。法庭纪律内容可在各诉讼参与人系统中显示。

（3）庭审笔录记录、查看、批注

可对庭审过程中的语音分角色进行识别并实时转写为文字内容。转写的内容支持向上翻阅回看，庭审语音内容更明确、更清晰。庭后支持语音转写内容查看和下载，便于庭审笔录的核对、当庭发言内容复查。法官、当事人实时查看书记员的笔录文本以及桌面操作，对于笔录中有疑问或想要修改的内容，可对笔录进行快捷批注，批注内容分角色推送给书记员。书记员可在庭审客户端点击批注提醒，快速定位批注位置，便捷完成修改或删除操作，减少庭后核对笔录的时间。

（4）发起笔录核对与签名

庭审结束后，书记员可以发起笔录核对流程，将笔录内容发送给当事人查看并核对。笔录确认框中显示参加庭审的各诉讼参与人，书记员对诉讼参与人进行勾选后点击“发送至已选中”按钮，即可将笔录发给勾选中的参与人核对。当事人核对笔录后，书记员点击系统上方工具栏的“签名”按钮，可将核对后的笔录发送给当事人查看并签名。当事人完成签名后，签名图片返回给书记员端，贴在笔录页脚处。

2. 电子质证功能

电子质证系统实现庭审过程中文档、图像、音视频等电子证据材料的实时调取、同步显示和电子举证、质证，实现对证据的随讲随翻。支持本地当事人当庭补充证据，支持审判人员查看内外网各当事人补充的证据，且各方可针对证据进行同步示证质证。

（1）证据随讲随翻

实现庭审过程中文档、图像、音视频等电子证据材料的实时调取、同步显示和电子举证、质证。庭审过程中，当法官或者当事人语音提到证据，且符合调度规则时，可自动调取证据进行展示，实现对证据的随讲随翻。

（2）电子卷宗自动编号

对接法院卷宗系统，并自动对案件资料进行编号，系统可通过自动识别庭审中说话人针对卷宗编号的指令，准确检索到电子卷宗中相应的文档、图像、音视频等电子证据并实时调取、同步显示在各方显示屏上。

（3）证据材料个人查阅

庭审各参与方自主查看相关卷宗内容，系统目前支持文档、图片及音视频等多种类型卷宗材料的查阅，且支持关键词搜索，方便快捷。

庭审过程中可针对重点材料进行批注，点击批注即可快速定位证据，且庭中的批注会同步到管理后台，用于庭后的案件审查和相关文书生成。

（4）多份证据材料对比

可支持对多个证据材料的比对功能，快速比对出相似材料中的不同部分，针对比对后的结果可以直接共享推送给其他人员同步查阅。目前系统可支持最多三份材料同步展示。

支持证据材料的智能对比，只需一键点击即可将材料中的相同内容以高亮显示，且不同部分展示标明不同颜色并用序号区分，提升相似材料的比对效率。

（5）视频证据审查

可实现视频播放过程中证据的放大、圈画和共享，方便庭审过程中查看视频证据细节，确保证据的全面审查。

（6）多方同步查阅、标绘

示证区支持质证中法官和当事人对证据材料的同步查阅，同时实现了重点标注功能，提升各方用户体验。举证方、质证方语音唤醒展示证据后，均可在显示屏上对展示的证据进行打点标记和标记擦除。

（7）示证质证

点击“示证质证”，可上传本地的证据材料。诉讼参与人可与法官、其他诉讼参与人同步查看证据，可点击“加入示证”查看当前正在出示的证据，也可“申请示证”，在法官同意后主动出示证据。证据预览时支持放大、缩小、旋转。

（8）分享屏幕

在示证环节，若诉讼参与人想出示证据，可点击左侧“分享屏幕”按钮，以小窗形式进行提示，确认后其他人员就能查看此参与人电脑屏幕的内容。

3. 辅助审判功能

内外网打通后，法官、法官助理及书记员在一个系统内即可完成案件管理、电子送达和庭审排期等辅助工作，不需要多系统转换，大大提高了工作效率。

（1）案件管理

通过统一的案件管理平台，可管理查看办理人的全部案件，查看案件的基本信息；通过对接审判业务系统，可同步显示最新案件排期信息，并根据实际情况修改庭审参与人的参与方式，实现线上线下开庭一键切换。

（2）电子送达

书记员可进行电子送达操作，将开庭信息通知给各方参与人。点击案件列表右侧操作列的“电子送达”，在弹出框中勾选或添加送达人员，并输入送达人员的姓名、身份证号、手机号等信息，点击“确认送达”后，系统将会给对应的手机发送短信，短信中包含“庭审码”，用于当事人端进入庭审。

（3）庭审排期

点击庭审排期，可查看本周本法院各个法庭的开庭排期情况，并支持修改开庭时间。选择时间段中排期的框，在右侧展示具体占用时间段的情况，并可查看对应案件的具体信息。鼠标悬浮在排期中的空闲时间段，出现“新建案件”快捷按钮，快速开始新建案件。点击右上角的“导出排期”可导出排期表，查看具体的案件情况。

（4）法律条文随讲随查

系统支持第三方 Web 页面嵌入，如对接的法信官网，提供手动查询入口，与法信法条库进行了深度融合，保留法官之前的使用习惯，提供庭审随时查询法条的入口。可实现庭审中针对案情随时查阅法条，法条通过语音唤醒的方式实时展示在屏幕右侧，实现对法律条款随讲随查。

三　在线庭审“飓风”方案应用情况分析

（一）在线庭审“飓风”方案的应用优势及成效

从“飓风”庭审的开发及适用情况来看，主要具有以下三个方面的应用优势。一是“飓风”庭审具有全效性。“飓风”庭审不仅可以支持双方在线开庭，还可以满足一方在线上、一方在线下的开庭需求。其应用不限于庭

审，可以应用于诉前调解、庭前会议、执行约谈、在线合意等多种诉讼活动。严格遵守安全隔离要求，实现内外网数据实时交互。庭审过程中产生的司法信息在内网生成、在内网存储，确保数据安全。二是“飓风”庭审具有实用性。为解决在线庭审中存在的串音、啸叫等问题，保证庭审画面的稳定、流畅，“飓风”庭审对音视频传输技术加以改良，保障庭审的亲历性。为保障当事人在庭审过程中能够充分对抗、质证，研发了功能齐全的电子质证系统，支持在线补充提交证据并同步展示。诉讼参与人根据需要均可在线圈划、标注、共享、随讲随翻电子证据材料。经对线上采集的音视频信号进行技术处理后，在线庭审的语音转写可与内网保持一致，庭审笔录可当即生成。三是“飓风”庭审具有便捷性。在技术上，根据开庭案件数在机房部署高清编解码器、单向光端机、音视频网关等集群，即可实现线上、线下的音视频交互，没有硬件设备改造的负担，降低了改造及维护成本。对当事人来说，可以在电脑、手机等移动设备登录智慧法院 App、微信小程序、PC 智慧庭审客户端，即可连线参与庭审，操作简便。沿用了法官、书记员传统开庭习惯，在“飓风”庭审系统中可以进行内网排期，不需要多个系统重复录入操作。

在线庭审“飓风”方案有效提升了在线庭审在群众心中的影响力和认可度，进一步推动了在线庭审常态化。2020 年全年，相城法院共开展在线庭审 8937 次，在线庭审适用率 56.2%，有力带动了审判质效持续优化。2020 年，全院结收案比 103.47%，位居苏州全市基层法院第二；结案率 87.72%，较上年同期上升 1.27 个百分点。2021 年一季度，相城法院开展在线庭审 1686 次，同比 2020 年一季度增加 67.6%，显示相城法院在线庭审推广效果显著。从数据指标来看，上述两个阶段在线庭审适用率和在线庭审平均审理时间分别为 74.63%、74.03% 和 33.35 分钟、35.63 分钟，该两项数据指标基本持平。

（二）在线庭审“飓风”方案应用困境分析

自 2018 年以来，最高人民法院先后制定印发《关于互联网法院办理案件若干问题的规定》（以下简称《互联网法院司法解释》）、《繁简分流实施办法》和《关于新冠肺炎疫情防控期间加强和规范在线诉讼工作的通知》（以下简称《在线诉讼工作通知》），指导相关法院开展在线诉讼实践。《人民法院在线诉讼规则》（以下简称《在线诉讼规则》）明确了在线庭审适用的合法性、适用程序、适用效力等问题，为在线庭审的开展提供了规范与指引。但是，无论是哪种在线庭审，在理论上与实务中依然存在适用困境，在线庭审“飓风”方案也不例外。

1. 制度层面

（1）对直接言词原则的法理突破

直接言词原则是民事诉讼法律制度的基本原则，是指法院审理裁判案件，必须由法官亲自听取当事人和其他诉讼参与人的言词陈述及辩论，并采用言词方式审查证据，最后依法裁判的原则。在线庭审对直接言词原则的主要突破在于“直接原则”，强调法官的亲历性和证据的原始性。虽然在线庭审中法官及各方诉讼参与人并非聚集在一个法律规制的固定场所，而是各处一地，但实际上，只要网络稳定性得以保障，各方通过网络传递信息、表达意见，并不会减损法官的亲历性。可以认为，在线庭审中的“场所”延伸为网络设备所能聚集的空间，诉讼参与人只要充分提供信息、表达意见的机会能被保证，就应当认为属于“在场”，法官的亲历性能够得到有效保障。但在线庭审对“直接原则”中证据的原始性有所挑战。例如，法庭现场对证据原件的展示，很难通过视频方式进行同样呈现，这主要体现在书证原件展示及证人作证这两个环节。书证原件的展示从签字盖章的真实性到书写的时间顺序等，在视频或电子化展示中，法官及当事人都难以辨别，这也是部分在线庭审因为当事人要求查看证据原件而中断的主要原因。证人作证方面，主要是在操作层面上会阻碍证人证言的独立性。

（2）适用范围难以精准把握

《在线诉讼规则》第一条规定，在线诉讼可适用于立案、调解、证据交换、询问、庭审、送达等全部或者部分诉讼环节。从相城法院在线庭审的实践情况来看，在线诉讼的适用范围可以适当拓宽，对于案件的起诉、受理、财产保全和证据保全的申请与审查、管辖权异议的申请与审查、鉴定的申请与鉴定机构的选择、证据交换、询问、听证、宣判、执行等诉讼环节均可以在线进行。诉讼主体的在线诉讼活动，与线下诉讼活动具有同等效力。在适用程序方面，除了民事诉讼程序、民事特别程序、督促程序之外，破产程序和行政非诉执行审查程序也会涉及需要听证、谈话等工作内容，基于工作便利化考虑，此类非诉程序案件也可以在线办理，这也符合《在线诉讼规则》第三条的规定。当然，在线诉讼也不是在所有案件都能适用。《在线诉讼规则》第 21 条规定了 7 种不适用在线庭审的情况①，该规定在《繁简分流实施办法》第 23 条的基础上增加了 4、5、6 款 3 类。然而，对于“不宜适用在线庭审情形”该如何解释，有待在实践中进一步完备，这也涉及法院的自由裁量空间问题。

同时，就上述规定中的第 1、2 项，相城法院在实践中面临以下难题：其一，部分当事人特别是被告方对于在线庭审配合度不高，以年龄大、文化程度低、不会操作软件、手机信号不好等理由拒绝在线庭审；其二，部分当事人以要求见到对方当事人、查看证据原件等为由拒绝在线庭审。对于这些情形，能否采用在线庭审？概言之，该规定第 1 项中的“正当理由”应当如何界定？第 2 项的“双方当事人均不具备参与在线庭审的技术条件和能力”如何辨别与认定？实践中需要进一步细化在线诉讼的案件适用范围、清晰其适用规则、明确启动条件和方式等相关问题。

2. 操作层面

（1）庭审纪律难以有效维护

2020 年，最高人民法院在《在线诉讼工作通知》中强调，人民法院要加强对在线庭审参与人的诉讼指导，明确在线庭审纪律，确保庭审过程安全

---

① 《人民法院在线诉讼规则》第 21 条规定，具有下列情形之一的，不得适用在线庭审：（一）各方当事人均明确表示不同意，或者一方当事人表示不同意且有正当理由的；（二）各方当事人均不具备参与在线庭审的技术条件和能力的；（三）需要通过庭审现场查明身份、核对原件、查验实物的；（四）案件疑难复杂、证据繁多，适用在线庭审不利于查明事实和适用法律的；（五）案件涉及国家安全、国家秘密的；（六）案件具有重大社会影响，受到广泛关注的；（七）人民法院认为存在其他不宜适用在线庭审情形的。

文明、规范有序。最新出台的《在线诉讼规则》第25条规定也进一步明确了这一点[①]。上述规定有利于规范在线庭审参与人员的行为，彰显司法活动、审判程序的仪式性、严肃性和威严感。但是，在在线庭审场景下，法官和诉讼参与人员"隔空对话"，仪式感的弱化、凭空减少了庭审的庄严氛围能否仅凭法庭纪律的宣布而弥补？同时，受当前技术所限，即使诉讼参与人采取隐蔽手段对庭审过程进行录音、录像，审判人员也难以觉察和发现，更难以及时制止此类情况，这无疑会在一定程度上影响司法权威性和庭审严肃性。

（2）举证质证规则有待统一规范

《在线诉讼规则》第12条相较2020年出台的《繁简分流实施办法》仅规定当事人可不提交电子化材料的纸质原件，进一步明确了应当提交原件的情形。但是，对于需要提供原件的情形，没有明确规定提交时间，是庭前提交至法院，还是庭上出示、庭后一定期限内提交，有待统一。另外，关于证人线上出庭作证，《在线诉讼规则》第26条明确了要保证证人不旁听案件审理、不受他人干扰[②]。对于证人参与在线庭审的具体要求和条件，目前没有明确的规定。一般来说，证人在在线庭审中出庭作证比参与线下庭审更为高效、便捷，但在线庭审视频所摄画面极其有限，难以排除证人在申请方当事人处提前旁听案情的情形，使得证人证言的形式公正性难以保证，有违证人不得旁听的法律规定。为防止证人旁听，相城法院主要采取两种措施。一是通过"360度镜头"方式，防止证人线下旁听。证人应准备主辅两台电子设备，主设备对准证人本人，用来陈述及回答法庭提问，辅设备从证人后方斜向前拍摄，用来监控作证环境。证人在作证前还应用其中的可移动设备

① 《人民法院在线诉讼规则》第25条规定：出庭人员参加在线庭审应当尊重司法礼仪，遵守法庭纪律。人民法院根据在线庭审的特点，适用《人民法院法庭规则》相关规定。除确属网络故障、设备损坏、电力中断或者不可抗力等原因外，当事人无正当理由不参加在线庭审，视为"拒不到庭"；在庭审中擅自退出，经提示、警告后仍不改正的，视为"中途退庭"，分别按照相关法律和司法解释的规定处理。

② 《人民法院在线诉讼规则》第26条规定：证人通过在线方式出庭的，人民法院应当通过指定在线出庭场所、设置在线作证室等方式，保证其不旁听案件审理和不受他人干扰。当事人对证人在线出庭提出异议且有合理理由的，或者人民法院认为确有必要的，应当要求证人线下出庭作证。鉴定人、勘验人、具有专门知识的人在线出庭的，参照前款规定执行。

（通常为智能手机或电脑）镜头进行室内360度扫视，以确保现场的妥当性。二是采用微信的实时位置共享功能，由法官添加当事人和证人的微信，通过发起实时位置共享，以核实确定当事人和证人不在同一场所，防止证人旁听。但以上两种措施均具有弊端，第一种措施要求证人准备两台电子设备，增加了证人的负担；第二种措施需要法官添加当事人的微信，不利于法官个人隐私的保护。

3. 技术层面

在线庭审“飓风”方案充分运用科技手段保障了庭审的正常进行，提升了在线庭审的全面性、实用性和便捷性，但作为新型技术手段，其技术设施不可避免地存在不成熟、不完善之处。

（1）证据真实呈现困难

“飓风”在线庭审系统中，当事人无须到法院提交证据原件，可以将证据通过拍照、扫描等方式转化为电子化证据后上传到在线诉讼平台，由承办法官对上传的证据进行初步审查。该举证方式既便于在线庭审过程中举证、质证环节的顺利进行，也便于庭审过后当事人对相关证据进行查看，让在线庭审与电子证据交换充分融合。

但实践中仍存在当事人在在线庭审质证环节以看不清楚证据内容或要求核对原件为由，对对方当庭提交证据的真实性存在异议，拒绝发表质证意见，要求线下质证的情况比较常见。有些案件原件提交给法院存在各种障碍，尤其是涉及被隔离、封存的，使得在线庭审过后仍然无法结案，只好等疫情结束再次安排线下开庭。

（2）网络安全保障困难

目前，由于信息系统安全防护技术有待完善，遭受黑客攻击等网络安全事件时有发生，在适用在线庭审时，要高度重视网络安全和信息保护问题。例如，网络合议问题。《在线诉讼工作通知》第9条提出，疫情防控期间，允许法官远程合议案件，但应当严格遵循电子卷宗管理和保密工作相关规定。该规定是为了确保疫情防控期间案件合议的有序开展，是情势所迫、现实所需。但是，在疫情结束之后，线上案件合议可否常态化？该问题在

《在线诉讼规则》第 34 条中提及，该条规定在线诉讼案件在合议环节应形成电子笔录。然而，目前由于网络安全问题难以解决，难以确保合议庭评议过程、合议信息的绝对安全，尚无采取线上方式进行合议庭评议的先例。

四　在线庭审“飓风”方案的困境突破

在线庭审“飓风”方案为传统法院开展在线诉讼提供了样本，需要将实践中产生的困境逐一突破，才能促进其更进一步的常态化，这既需要不断完善制度规范，也需要进一步加强技术保障。

（一）进一步细化适用范围

结合相城法院一年多来在线庭审的实践情况，对《在线诉讼规则》进一步细化在线庭审适用范围提出以下建议。

比较适合采用在线庭审的民事案件类型主要有：第一，证据材料以电子数据为主或证据材料便于转化为电子证据形式且不影响诉讼双方质证；第二，事实清楚、权利义务关系明确、争议不大；第三，当事人人数较少或者当事人有委托诉讼代理人；第四，公告案件被告无正当理由拒不到庭。

不宜适用在线庭审的案件类型，除了《在线诉讼规则》第 21 条已经规定的七类外，实践中还发现以下两类：第一，当事人人数过多或涉及证人、鉴定人员出庭的案件，因技术原因可能导致庭审混乱或庭审过程冗长的；第二，存在较大虚假诉讼风险，在线庭审难以查清事实的案件。以上不宜适用在线庭审的案件类型，大多涉及复杂的“事实审”。在线庭审面临的最大挑战是民事诉讼的直接言词原则，法官在庭审过程中可以直接观察和感知诉讼参与人的语言、表情、语气等，从而准确判定案件事实，辅助其正确适用法律，并增强当事人对案件审理的信赖感和认可度①。

① 〔日〕小林秀之：《新证据法》，东京：弘文堂，1998。转引自李峰《司法如何回应网络技术进步——兼论视频传输技术的运用规则》，载《现代法学》2014 年第 5 期。

在选择适用在线庭审的案件时，法官应秉承开放包容与审慎稳妥相结合的思路，综合考量在线庭审与传统线下庭审的利弊，结合当事人意愿、庭审公正性、社会效果等因素，作出同时满足司法公正与便捷经济需求的选择。

（二）完善证据交换及审核规范

1. 完善电子质证流程标准

对于证据原件，法官可以根据案件实际情况或者当事人申请，要求当事人提供证据原件。法官经审查如确有必要，可针对证据原件先组织线下质证，之后再进行在线庭审。如全程在线庭审，则建议根据证据数量、举证难度，要求当事人在开庭结束后 3 ~7 天一次性提供证据原件。

关于当事人要求当庭提交新证据的情形，法院可以在庭前告知及庭审系统设置上予以规范。具体而言，线上庭审应当遵守《民事诉讼法》及其司法解释、《最高人民法院关于民事诉讼证据的若干规定》等规定，法院在庭前明确告知当事人举证、质证期限，并释明证据交换期间不提供证据的应当承担逾期举证的法律后果。同时，在线上庭审系统中，按步骤设置证据提交、质证、开庭等阶段性模块，模块进度由法院控制，从物理方法上防止证据突袭。

2. 明确电子化材料真实性审核标准

《在线诉讼规则》第 12 条、第 13 条明确了电子化材料“视同原件”效力及审核规则。在电子化证据的审核中，真实性的审核最为关键，可采取如下方式进行审核：首先，由法院将电子化证据通过在线诉讼平台或者其他方式送达对方当事人，当事人对电子化证据的真实性、合法性、关联性以及证据有无证明力和大小发表意见，若对方当事人对电子化证据真实性予以认可，则法院一般予以认可（涉嫌虚假诉讼、“套路贷”的除外）；若对方当事人对电子化证据真实性予以否认，并提出合理的反驳意见，若原件适合线上出示（如大小适宜的物证），则组织双方进行证据原件的线上出示，以此比对电子化证据；若原件不适宜线上出示，则组织双方进行线下比对。对于电子数据和视听资料转化而来的电子化证据，一般而言，满足以下条件，可认定其真实性：①经公证机关有效公证、对方当事人不能提供反证推翻的电子化证据；②附加了可靠电子签名或区块链验证等其他安全程序保障的电子化证据。

（三）探索更加公平、中立、安全的在线庭审技术

技术公平，主要指当事人对互联网技术掌握的能力与水平不一样时，法院要确保不熟悉互联网操作的当事人不会因此遭受不公平待遇①。如庭前向当事人送达“在线庭审告知书”及“庭审须知”，从程序下载、庭审接入、证据查看等环节为当事人提供了详细的操作指导，规范保障当事人法人的各项诉讼权益。

技术中立，主要指在线庭审高度依靠互联网技术，目前大多在线庭审平台由第三方公司开发与维护，法院应当制定涉及第三方公司纠纷的处理的规则规范，保证电子证据等信息无法被机构、法院或当事人单方篡改或销毁。

技术安全，主要指诉讼中当事人信息，特别是个人隐私、商业机密等，如何确保不被泄露，如何确保第三方公司不会利用技术优势窃取或不当利用诉讼信息。在线诉讼网络化的运行方式，使其具有遭遇系统病毒感染、黑客攻击、审判信息以及当事人隐私泄露的风险。因此数据流转、存储安全的保障问题就极为重要。《在线诉讼规则》第 2 条也对此进行了明确②。规定人民法院开展在线诉讼应当遵循安全可靠原则。依法维护国家安全，保护国家秘密、商业秘密、个人隐私和个人信息，有效保障在线诉讼数据信息安全。规范技术应用，确保技术中立和平台中立。如运用区块链技术保障数据安全。区块链是基于可信身份、可信时间、可信环境等环节，通过可信技术方式对业务关键过程进行独立公正透明的记录，形成完整证据链。整个过程可追溯、可审计、不可篡改，从源头上解决了电子数据的生成、存储、传

① 段厚省：《远程审判的双重张力》，载《东方法学》2019 年第 4 期。

② 《人民法院在线诉讼规则》第 2 条第 5 项规定：安全可靠原则。依法维护国家安全，保护国家秘密、商业秘密、个人隐私和个人信息，有效保障在线诉讼数据信息安全。规范技术应用，确保技术中立和平台中立。

输、提取的可信问题，保障网络信息交互安全和数据认证管理安全。当前，苏州市相城区获批了江苏省首家区块链产业发展聚集区，相城法院依托区位优势，与技术公司合作研发了电子送达区块链存证项目，将电子送达过程中的行为全部上链，实现全业务流程数据的实时记录存证，以加密算法和数字证书保证信息不可篡改，保障送达真实可信。下一步，可探索将区块链技术逐步应用于在线庭审“飓风”方案，提升在线庭审的安全性、真实性和中立性。

结 语

在线庭审“飓风”方案是顺应智能化时代发展的必然选择。相城法院充分适用在线庭审“飓风”方案，为人民群众提供线上线下全方位、高效便捷的司法服务，既确保了广大人民群众的生命健康安全，又保障了法院审判执行工作的良好有序运行。相城法院的成功实践，一方面充分表明传统法院常态化开展在线庭审的必要性和可行性，另一方面证实了最高人民法院出台的《在线诉讼规则》的合理性、合法性和可操作性。同时，相城法院结合实践，为《在线诉讼规则》的进一步细化提供了有益补充和建议，以期为在线庭审“飓风”方案的应用营造良好的制度氛围，同时也明确了在线庭审“飓风”方案进一步完善的技术方向。

评 估 报 告

Evaluation Report

B.22

中国狱务透明度指数报告（2021）

——以监狱管理局网站信息公开为视角

中国社会科学院法学研究所法治指数创新工程项目组*

摘 要： 狱务公开是刑罚执行工作的重要组成部分，是监狱依法履行职责、接受监督的具体体现，也是保障司法人权的重要环节之一。中国社会科学院国家法治指数研究中心、法学研究所法治指数创新工程项目组第2次对省级监狱管理局及其下属监狱，开展狱务公开工作的情况进行评估。评估显示，2021 年多数监狱管理局得分有所提高。监狱管理局门户网站建设更加透明、更加友好，并加强了微博、微信公众号等新媒体平台的狱务公开工作，狱务基本信息越来越公开透明、公开

---

* 项目组负责人：田禾，中国社会科学院国家法治指数研究中心主任，法学研究所研究员；吕艳滨，中国社会科学院法学研究所研究员、法治国情调研室主任。项目组成员：王小梅、王祎茗、车文博、冯迎迎、刘雁鹏、米晓敏、许梦雅、李士局、胡昌明、洪梅、栗燕杰、顾晨瀚、候素枝、陶奋鹏（按姓氏笔画排序）。执笔人：胡昌明，中国社会科学院法学研究所助理研究员；田禾。

方式越来越人性化，执法信息、数据信息公开力度加大，沟通交流平台亮点纷呈。同时评估也发现，狱务公开的地域差异较大、部分法定公开事项未予公开，有的信息公开不及时、不统一、内容不充分，狱务透明度有待进一步提升。

关键词：　狱务公开　狱务透明度　法治指数　监狱管理局网站

法治的真谛在于对人权和公民权利的确认和保障。习近平总书记指出："推进全面依法治国，根本目的是依法保障人民权益。"[①]近年来，随着党的十八大、十九大以及十九届四中、五中全会的召开，以习近平同志为核心的党中央从关系党和国家前途命运的战略全局出发，把全面依法治国纳入"四个全面"战略布局，作出一系列重大决策部署，开启了法治中国建设的新时代。"公开透明作为国家治理体系和治理能力现代化的重要路径之一，作为实现共建共治共享目标的重要手段之一"，狱务公开也成为衡量监狱管理部门工作的重要维度之一。

为促进执法公平公正，提升执法公信力，推进狱务公开工作，2021 年，中国社会科学院国家法治指数研究中心、法学研究所法治指数创新工程项目组（以下简称"项目组"）继 2020 年之后，再次对省级监狱管理局信息公开情况进行调研和评估，本报告对此次调研和评估情况进行了总结分析。

一　狱务公开评估的意义和方法

（一）狱务公开的意义

狱务公开是刑罚执行工作的重要组成部分，是监狱依法履行职责、接受

① 习近平：《坚定不移走中国特色社会主义法治道路，为全面建设社会主义现代化国家提供有力法治保障》，《求是》2021 年第 5 期，第 4～15 页。

监督的具体体现，也是保障司法人权的重要环节之一。党的十八大和十八届三中、四中全会对完善司法公开、推进狱务公开提出明确要求，将推进狱务公开列入深化司法体制改革的重要任务。

狱务工作包括实施监狱内的刑罚执行，对罪犯进行收押、改造，罪犯监外执行的审批和减刑审核、呈报等内容。这些工作与监管对象的切身利益关系重大，如果狱务工作不公开、不透明，进行暗箱操作，容易造成权力腐败。近年来，云南"孙小果案"、北京郭文思 9 次减刑出狱后不久打死老人案、内蒙古杀人犯"纸面服刑"15 年等案件，反映了监所内减刑、监外执行、保外就医等环节审核不严、信息不透明等问题。这些事件极大地损害了司法机关、执行机关甚至政府部门的公信力和权威性。公开是最好的防腐剂。狱务公开有利于构建透明廉洁的监狱执法环境，保障罪犯及其亲属和社会公众的知情权，防止腐败，对监狱执法合法性、公信力以及罪犯改造具有重要意义[①]。此外，狱务公开将公众关心的服刑人员改造、减刑假释情况向社会公布，是回应社会质疑、维护社会稳定、提升公权力公信力的重要渠道。

（二）狱务公开评估对象和原则

2021 年狱务透明度的评估对象为 32 家省级监狱管理局（统一简称为"某某监狱管理局"）包括 31 家省、直辖市、自治区及新疆建设兵团监狱管理局，不包括港澳台地区）。项目组根据《监狱法》《政府信息公开条例》《关于全面推进政务公开工作的意见》《〈关于全面推进政务公开工作的意见〉实施细则》以及《关于进一步深化狱务公开的意见》（以下简称《意见》）等法规，遵循依规评估、客观评价、重点突出、渐进引导的原则设置指标，形成了狱务透明度评估指标体系。

（三）狱务公开的评估指标和方法

2021 年狱务公开指标共设置 4 个一级指标、15 个二级指标，其中一级

① 高一飞、李慧：《狱务公开的现状评估与完善建议》，《河北法学》2016 年第 6 期。

指标权重为：基本信息公开占30%、执法信息公开占20%、监所信息公开占30%、数据信息公开占20%（见表1）。2021年狱务公开指标与上一年度基本保持一致，基于最新的狱务公开要求对部分三级、四级指标的评分标准和方法进行了调整。

表1　中国狱务透明度指标体系（2021）

一级指标	二级指标
基本信息公开(30%)	平台建设(40%)
	职能架构(30%)
	人员信息(30%)
执法信息公开(20%)	法律法规(20%)
	减刑假释公开(40%)
	监外执行公开(40%)
监所信息公开(30%)	监所基本信息(40%)
	公开指南(10%)
	监所管理(10%)
	对外沟通(20%)
	依申请公开(20%)
数据信息公开(20%)	年报(20%)
	年度工作规划(20%)
	财务信息(50%)
	统计数据(10%)

中国狱务透明度指数评估采取网站测评为主的方式，评估人员在进行网站测评时，以评估对象的官方网站为主，对于没有独立网站的监狱管理局辅以司法局或政府官方网站。在对门户网站进行评估时，凡站内搜索无法找到的内容、无法打开的网页，评估人员会利用互联网上的多个主要搜索引擎进行查找，采取更换计算机及上网方式、变更上网时间等方式进行多次验证。评估信息采集时间为2021年7月1日至2021年8月31日。

二　评估结果的总体情况

2021 年，32 家监狱管理局的狱务透明度指数平均得分为 70.7 分。25 家监狱管理局得分在 60 分以上，占 78.1%，其中 90 分以上 2 家，80～90 分 10 家，70～80 分 7 家，60～70 分 6 家，分别占 6.3%、31.3%、21.9% 和 18.8%，60 分以下 7 家，占 21.9%。狱务透明度排名靠前的监狱管理局分别为江苏监狱管理局、广东监狱管理局、湖北监狱管理局、上海监狱管理局、四川监狱管理局、贵州监狱管理局、福建监狱管理局、浙江监狱管理局、安徽监狱管理局和陕西监狱管理局。从本次评估得分情况来看，各地狱务透明度整体上有所提升，显示狱务公开工作成效明显，其中得分最高的江苏监狱管理局 94.8 分；但也有个别地方狱务透明度得分较低，监狱管理局的门户网站建设陈旧、落后，甚至个别监狱管理局尚未建立独立门户网站，最低分仅为 32.0 分（评估结果见表 2）。从地域来看，华东地区的狱务透明度整体较高，排名比较靠前，西南地区、华中地区和华南地区也有个别监狱管理局的狱务透明度排名靠前，西北、华北和东北地区的狱务透明度整体比较落后。

表 2　中国狱务透明度指数评估结果（2021）

单位：分

名次	测评对象	基本信息公开	执法信息公开	监所信息公开	数据信息公开	总分
1	江苏监狱管理局	92.0	92.0	96.0	100.0	94.8
2	广东监狱管理局	92.0	92.0	100.0	80.0	92.0
3	湖北监狱管理局	100.0	100.0	66.0	100.0	89.8
4	上海监狱管理局	82.0	92.0	92.0	90.0	88.6
5	四川监狱管理局	88.0	92.0	96.0	70.0	87.6
6	贵州监狱管理局	90.0	68.0	96.0	90.0	87.4
	福建监狱管理局	86.0	100.0	92.0	70.0	87.4
8	浙江监狱管理局	92.0	92.0	88.5	70.0	86.6

续表

名次	测评对象	基本信息公开	执法信息公开	监所信息公开	数据信息公开	总分
9	安徽监狱管理局	96.0	68.0	84.5	90.0	85.8
10	陕西监狱管理局	80.0	92.0	90.0	70.0	83.4
11	湖南监狱管理局	82.0	92.0	74.0	80.0	81.2
12	吉林监狱管理局	84.0	68.0	80.0	90.0	80.8
13	宁夏监狱管理局	66.0	68.0	96.0	80.0	78.2
14	山西监狱管理局	86.0	92.0	66.0	70.0	78.0
15	黑龙江监狱管理局	78.0	68.0	86.0	70.0	76.8
16	山东监狱管理局	70.0	68.0	86.0	70.0	74.4
17	江西监狱管理局	68.0	100.0	78.0	50.0	73.8
18	北京监狱管理局	60.0	68.0	96.0	60.0	72.4
19	广西监狱管理局	78.0	68.0	64.0	80.0	72.2
20	云南监狱管理局	48.0	80.0	80.0	70.0	68.4
21	青海监狱管理局	64.0	68.0	61.5	70.0	65.3
22	河南监狱管理局	74.0	100.0	50.0	30.0	63.2
23	辽宁监狱管理局	62.0	68.0	67.5	50.0	62.5
24	河北监狱管理局	50.0	100.0	58.0	45.0	61.4
25	内蒙古监狱管理局	58.0	68.0	74.0	40.0	61.2
26	新疆生产建设兵团监狱管理局	78.0	52.0	60.0	40.0	59.8
27	新疆监狱管理局	54.0	68.0	52.5	50.0	55.6
28	天津监狱管理局	30.0	48.0	39.0	60.0	42.3
29	甘肃监狱管理局	42.0	68.0	24.0	40.0	41.4
30	重庆监狱管理局	70.0	52.0	8.0	30.0	39.8
31	西藏监狱管理局	62.0	60.0	25.0	0.0	38.1
32	海南监狱管理局	38.0	48.0	10.0	40.0	32.0
	平均分	71.9	76.9	69.9	63.9	70.7

从年度变化来看，大部分监狱管理局狱务透明度得分有所增加。15 家监狱管理局的排名有所提升，其中排名提升幅度较大的有山西监狱管理局、陕西监狱管理局、辽宁监狱管理局、福建监狱管理局和宁夏监狱管理

局等。

从透明度指数的四项一级指标得分来看，执法信息公开指标得分最高，为76.9分；其后为基本信息公开和监所信息公开指标，分别为71.9分和69.9分；数据信息公开指标得分最低，只有63.9分（见图1）。

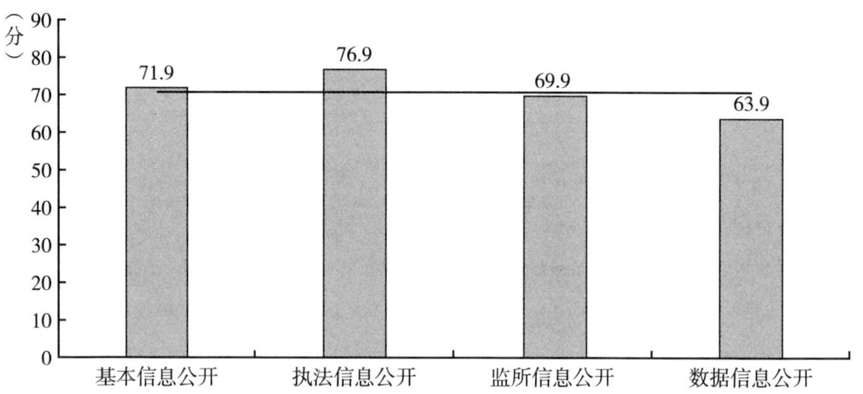

图1　2021年狱务透明度一级指标得分情况

三　评估发现的亮点

2021年，狱务透明度评估显示，全国各地监狱管理局的狱务透明度不断提升，多个领域的狱务公开亮点纷呈，有的省份在狱务透明度方面有所创新和突破。

（一）门户网站更加透明友好

门户网站是信息公开的第一平台。《意见》第16条规定，要建立完善门户网站和执法办案平台工作制度，明确“各省（区、市）监狱管理局应当设立门户网站，凡属向社会公开的信息都应当在门户网站上公开发布，逐步开发网上咨询和自助查询功能，将门户网站打造成深化狱务公开的重要载体”。评估显示，2021年，全国监狱管理系统门户网站的建设进一步优化完善，一些功能更加友好。有两家监狱管理局增设独立的门户网站。2020 年狱务透明度评估时，全国监狱管理局建有独立网站的 27 家，尚有 5 家未建立独立的监狱管理局门户网站，上一年度的《中国狱务透明度指数报告》专门对此提出改进建议。2021 年评估发现，其中已经有两家监狱管理局开设了独立网站。重庆市监狱管理局开设了部门动态、狱务公开、基层动态、警察园地和会见查询等栏目；西藏监狱管理局的网站虽然是与西藏自治区戒毒管理局合办，但与此前仅在西藏自治区司法厅网站公开一些狱务公开内容相比，进步明显，开设了狱务公开、法律法规、改造动态、领导介绍、监狱管理局信箱、举报监督等专门栏目，狱务公开工作开始走上正轨。此外，评估发现，共有 29 个门户网站设有“政务公开”或者“狱务公开”专栏，公开机构职能、年报、刑罚执行等信息，占 90.6%。对评估对象信息更新及时性的评估发现，所有监狱的门户网站（页）都能够做到及时更新，第一时间反映狱务工作最新动态。

评估发现，多数监狱管理局网站布局合理、公开项目一目了然，方便公众和在押人员家属浏览相关信息。例如，在广东监狱管理局门户网站的首页，分别设置了政务公开和狱务公开两个部分，各公开事项一应俱全。政务公开栏目下，分设了公开指南、公开目录、年度报告、法规文件和收费公开等栏目；狱务公开栏目下，除了常规的狱务指引外，网站上左侧清晰地列明了可进行服刑人员信息查询、顾送物品指引、家属汇款指引、全省监狱地址、电话、交通指引等在押人员家属常见问题和常用信息，十分便利（见图 2）。

2021 年，各门户网站首页的浮窗数量明显减少，只有 9 家监狱管理局还在门户网站保留浮窗，其中浮窗数量多于 1 个的只有 5 家，比上一年度大幅减少。2020 年宁夏监狱管理局网站上浮窗的数量曾经达到 4 个，今年全部撤下，这些做法使得公众浏览网页的顺畅度得以提升。

（二）加强各新媒体平台建设

近年来，微博、微信、抖音等新媒体蓬勃发展，并被广泛应用于政务公

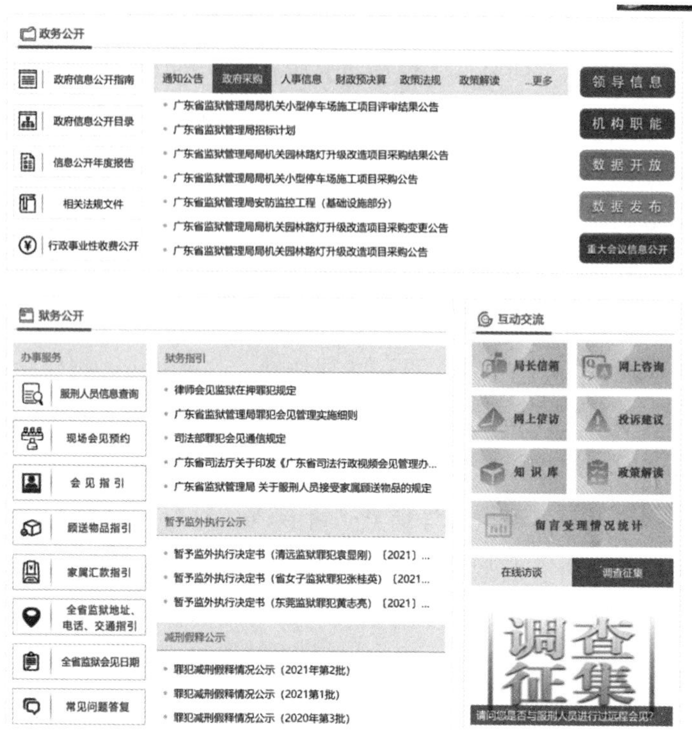

图 2　广东监狱管理局门户网站截图

开领域。2018 年国务院办公厅发布《关于推进政务新媒体健康有序发展的意见》，对政务新媒体进行规范引导，提出“政务新媒体是移动互联网时代党和政府联系群众、服务群众、凝聚群众的重要渠道，是加快转变政府职能、建设服务型政府的重要手段，是引导网上舆论、构建清朗网络空间的重要阵地，是探索社会治理新模式、提高社会治理能力的重要途径”①。因此，新媒体平台作为狱务公开的重要舆论阵地，受到各地监狱管理局的普遍重视，各种新媒体平台百花齐放。

评估显示，在各地监狱管理局门户网站的首页上，多数省份积极利用

① 《国务院办公厅关于推进政务新媒体健康有序发展的意见》（国办发〔2018〕123 号），中央人民政府网站，http：//www. gov. cn/zhengce/content/2018 - 12/27/content_ 5352666. htm? trs =1，最后访问日期：2021 年 8 月 30 日。

现代信息技术创新公开的方式方法，拓宽公开渠道，有 25 个网站提供了官方微信、微博、客户端、微信小程序等移动终端平台的链接，占 78.1%。一些地方的监狱也开通了微信公众号等，使得公众获取狱务公开信息更加方便快捷。例如，陕西监狱管理局的门户网站提供了下属各个监狱的微信公众号二维码，通过手机扫描二维码，可以直接进入该监狱主页，不仅可以获得监狱推送的消息，还可以享受相应的狱务服务指导、浏览会见指南，进行智能查询。四川监狱系统还建设了政府新媒体矩阵，除了四川省监狱管理局开设了微信、微博、抖音、头条号、澎湃号、四川发布、快手外，各监狱也都开通了各自微博、微信、澎湃号等政务新媒体，形式内容多样（见图 3）。

图 3　四川监狱系统政务新媒体矩阵

（三）基本信息越来越公开透明

本次评估从监狱职能架构、人员信息、相关法律法规等方面考察各监狱管理局的基本信息公开情况。评估显示，2021 年全国监狱管理局的基本信息越来越公开透明。大多数监狱管理局能够做到以下三个公开。一是监狱及内部职能公开。30 家评估对象公开了监狱管理局的基本职能，占 93.8%，没有公开相关信息的只有 2 家，而公开内设机构及其职能的监狱管理局有 21 家。浙江等地的监狱管理局网站不仅公布了所有的内设机构及其职能，而且还明确了每个内设机构的联系人、联系电话。二是局领导基本信息公开。评估对象中，27 家监狱管理局公开了局领导信息，包括姓名、职务等，占 84.4%，领导信息披露比例较高。其中，黑龙江、湖北、山西等 11 家监狱管理局能够详细公开监狱管理局领导的姓名、性别、出生年月、学历、个人履历、分工。此外，安徽监狱管理局则在此基础上公开了监狱管理局领导的照片和联系电话等更加详细的信息。浙江监狱管理局还在相关监狱页面中公开了监狱负责人的姓名、职务和个人简历。三是法律法规公开。涉及监狱管理和刑罚执行的法律法规较多，也较为分散，集中公开相关法律法规便于公众和在押人员家属查找，及时了解相关的法律动态。在所有评估对象中，有 29 家监狱管理局通过专栏公开了狱务相关法律法规、规范性文件，公开率达到了 90.6%。上海、贵州等地监狱管理局门户网站在首页通过专栏形式公开监狱相关规范性文件，路径清晰，查找方便。

（四）公开方式更加人性化

正义不仅要实现而且要以看得见的方式实现。狱务公开要求狱政部门在提供公共管理与服务时，坚持公开、便民原则，方便人民群众，体现执法为民的理念，服务和改善民生。评估显示，所有评估对象的门户网站都设置了搜索功能，其中 25 个网站能够实现按照查询范围（标题、正文、关键词等）、时间范围、搜索位置等来进行“高级搜索”。其中，内蒙古、广西等监狱管理局网站搜索结果可以根据相关度或者时间等要素进行排序，使搜索更加便捷高效。

评估发现，北京、湖南、四川等 15 家监狱管理局在门户网站首页提供了无障碍浏览入口，比 2020 年增加 2 家。通过点击无障碍浏览入口，这些监狱管理局门户网站首页上能够实现屏幕以及字体的放大和缩小、语音指读

连读、十字线辅助功能等无障碍浏览功能，这为视力残障人士、老年人等浏览网页提供了便利（见图4）。有的监狱管理局网站，在无障碍浏览入口除了提供基本的语音功能外，还有调整语速、选择声音模式（普通女声、普通男声、情感男声、情感女声）。还有的监狱管理局在门户网站提供了英文版、繁体字版网页，不仅满足了不同公众对狱务信息公开的需求，也有助于向国际社会展示中国狱务公开的工作与成效。

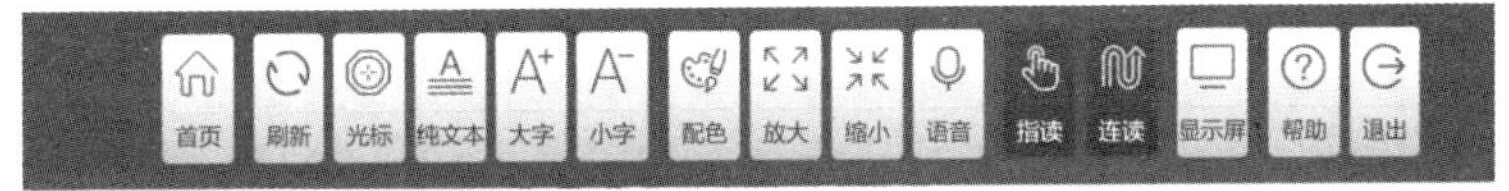

图4　安徽省监狱管理局无障碍浏览模式截图

（五）执法信息公开力度加大

近年来，全国监狱系统深入开展违规违法办理减刑、假释、暂予监外执行案件全面排查整治工作，严厉惩处“纸面服刑”“提钱出狱”行为，依法规范减刑、假释、暂予监外执行工作，且违规违法减刑、假释、暂予监外执行也成为本轮政法系统教育整顿的重点。加大监狱执法信息公开力度有利于及时发现违规违法减刑、假释、暂予监外执行，减少其中的司法不公和腐败现象。评估发现，整体上全国监狱管理部门执法信息公开状况较好，体现在监外执行决定书公开率较高，评估对象中公开暂予监外执行决定书的共有31家，占96.9%，而且在公开决定书时隐去了具体的决定监外执行的当事人患病名称和家庭详细地址，注意保护在押人员隐私。北京、河南、贵州、四川等地监狱管理局在公开减刑、假释及基本信息的基础上，完整公开了减刑、假释建议书的内容，详细公开了在押人员的基本情况、认罪悔罪、教育改造、劳动改造、财产性判项履行和考核奖励等狱内表现，以及检察机关的审查意见和提请减刑建议的流程。例如，四川监狱管理局在一份减刑建议书中，采用个性化的语言生动描述在押犯人的服刑、劳动改造情况：“该犯在配餐中心红案组劳动，在劳动中，努力钻研和提高炒菜手艺，炒菜做到色香味俱全……”贵州监狱管理局除了公开暂予监外执行决定书外，还主动公开暂予监外执行收监决定书。评估还发现，新疆监狱管理局主动公开了执法权责清单，包括权力名称、权责主体、职责、实施依据、权力运行和责任追究等内容，向社会明确公示自己的执法权力边界。

（六）数据信息公开力度加大

项目组从信息公开年度报告、年度工作规划和财务信息等方面对监狱管理的数据信息公开情况进行评估。

政府信息公开年度报告是我国政府信息公开的一项基本制度。评估发现，各监狱管理局普遍比较重视年报公开，大部分监狱管理局在政务公开中设置了年报公开专栏，其中，公开年报的监狱管理局有 24 家，其中 22 家都能够及时公开上一年度的年报。山东等地监狱管理局的年报运用图片、图表、图解、电子书等表现形式，用数据说话，图文并茂，信息量大，可读性强。

评估还发现，各地监狱管理局的财务信息公开继续保持良好态势。评估对象中有 26 家设有财务信息公开专栏，公开年度预算信息的有 29 家，占 90.6%；公开年度决算信息的有 28 家，占 87.5%；29 家公开了“三公经费”，占 90.6%；而公开采购信息的也有 27 家。其中四川、广东等省监狱管理局在所属监狱网页中单独公开了本监狱的采购信息，福建、四川等地监狱管理局公开了所属二级单位（各监狱、少管所等）2021 年度的预算信息，上海监狱管理局对所属二级单位年度资金预算完成情况进行测评，并公开“2020 年度项目绩效自评表”。

（七）沟通交流平台亮点纷呈

除了在门户网站公开执法和政府信息外，与公众及在押人员家属及时沟通交流，及时收集他们的投诉、意见和建议，也是狱务公开职能的进一步拓展。评估显示，2021 年，各地监狱管理局通过在门户网站开设各类沟通交

流平台加强与公众的联系，拓宽公开范围，亮点纷呈。

评估显示，评估对象中公开监督投诉渠道的有27家；提供咨询服务渠道的有28家；开通各种沟通平台的有28家，占87.5%。公开依申请公开方式、依申请公开渠道的各27家，占84.4%。除此之外，各地监狱管理局还创新沟通方式。广东监狱管理局网站下设栏目与公众交流形式多样，包括领导信箱、业务咨询、业务投诉、违纪举报等。江西监狱管理局局长信箱中，区分咨询、投诉、意见建议和信访举报四个不同类别，并且可以通过办件编号、关键词等对留言信息进行查询或者模糊查询，同时提供了手机二维码提交办件的途径。江苏监狱管理局的便民回答翔实、及时。吉林监狱管理局门户网站通过扫描二维码进入各个监狱首页，可以进行服刑人员信息查询，通过手机进行投诉和建议，为保护投诉者，还可以进行匿名操作，同时该局还提供了下辖监狱监狱长的信箱，狱务电话、纪检监察和监狱信访电话。

湖北监狱管理局在政府信息公开栏目中主动公开各种政务信息，如省人大代表提案的办理情况、决策预公开信息、局长办公会议内容等。在2021年8月25日公开的《关于公开征求〈湖北省监狱管理局关于规范和加强政务公开工作的通知〉修改意见的结果》，公开了该征求意见稿的起草和修改过程。在对人大代表提案的答复中详细公布了答复内容全文、联系人、联系电话、提案原件等。

四　评估发现的问题

（一）狱务公开地域差异性较大

评估发现，2021年各地狱务透明度在整体得分有所提高的情况下，差异较大的状况没有得到根本改善。得分最高的江苏监狱管理局（94.8分）与得分最低的海南监狱管理局（32.0分）分差达到了62.8分。

首先，从不同地域来看，东部地区整体上透明度得分较高，排名靠前的省份较多，如江苏、广东、上海、福建、浙江5家监狱管理局都排在狱务透明度前十位；西部地区狱务公开工作进步最明显，四川、贵州和陕西三家监狱管理局进入前十位，分别排在全国狱务透明度第5位、第6位和第10位；中部地区有2家监狱管理局排在狱务透明度前十位，分别是湖北监狱管理局和安徽监狱管理局；东北地区监狱管理局整体排名不算靠前。其次，从区域内部看，东部和西部地区的狱务透明度两极分化明显，既有排名前十甚至数一数二的单位，也有排名比较靠后甚至垫底的单位。最后，狱务透明度与地区经济发展不存在必然关系。作为西部地区的三家监狱管理局能够进入前十名，而作为东部沿海经济发达地区的天津、作为我国最大经济特区的海南，没有建立独立的监狱管理局网站，得分不高，狱务公开工作成效不佳。狱务公开的地域性差异体现了狱务公开工作仍然没有得到充分重视，部分监狱管理局将狱务公开视为可有可无的任务，主动公开、依法公开的意识不强。

（二）部分明确要求公开的事项未公开

《意见》明确了监狱应当依法对社会公众公开的二十余项信息内容，但是，很多监狱、监狱管理局都未在其门户网站上公开这些信息。一是减刑假释申请书。2003年5月，司法部实施《监狱提请减刑、假释工作程序规定》，明确规定减刑、假释的申请条件及提请程序应当向社会公开。《意见》也明确规定，“罪犯减刑、假释的法定条件、程序和结果，监狱向人民法院提请罪犯减刑、假释的建议书”属于对社会公开的信息。但是，迄今只有16家监狱管理局公开了辖区监狱的减刑、假释相关信息，而完整公开减刑、假释建议书的监狱管理局只有7家，占21.9%。例如，《山东省监狱管理局2021年政务公开工作要点及分工落实意见》的通知明确要求公开减刑假释建议书，并规定了责任处室。但是实际上，山东监狱管理局门户网站未公开减刑假释建议书，只在2018年的年报中提及“在法院门户网站公开罪犯减刑建议书660余件”。二是罪犯分级处遇的条件和程序。《意见》第5条第19项明确规定，要公开罪犯分级处遇的条件和程

序。但评估发现，公开罪犯分级处遇的条件和程序的监狱管理局只有15家，仅占46.9%。三是罪犯劳动项目等。《意见》第5条第12项明确规定，要向社会公众公开罪犯劳动项目、岗位技能培训、劳动时间、劳动保护和劳动报酬有关情况。但是评估发现，公开罪犯劳动项目等情况的监狱管理局只有11家，仅占34.4%。此外，按照《意见》规定，公开罪犯奖惩的条件和程序以及罪犯伙食、被服实物量标准的监狱管理局也分别只有15家和13家。

（三）狱务信息公开不及时

评估显示，监狱管理局虽然不存在多年未更新的“僵尸网站”，但一些网站中部分信息更新不及时的现象还普遍存在。根据我国政府信息公开文件和司法部先后出台的有关狱务公开的规范性文件的相关规定，监狱的政务信息都应当及时准确地向社会公开。然而，在调查部分门户网站时发现，很多信息长期未更新。年报公开工作中，部分监狱管理局也存在不及时公开、多年不公开的现象。河南监狱管理局网站只公开了2018年、2019年的年报，辽宁监狱管理局在2020年12月公布了2018年和2019年的年报后，也未再予以更新。

（四）信息公开统一性不足

评估发现，虽然全国各地监狱管理局的职能大同小异，但由于不同省份监狱的网站都是独立建设，网站从样式、栏目到公开内容、类型都存在显著差异，公开信息范围也不统一。有的门户网站公开信息比较全面，有的门户网站往往仅有工作动态和监狱介绍等信息。这种不统一，不仅造成各地狱务公开工作的差异，而且给公众浏览网页带来极大不便。一是网页内容差异大。有些网站将政务公开、狱务公开等与公众关系密切的事项放在突出位置，有些网站则将自身工作，如扫黑除恶行动、政法教育整顿工作，甚至将狱警风采、表彰奖励、文化广角等与狱务公开关系不大的内容放置在显要位置。二是门户网站排版差异大。有些网站将基本信息、财务信息、年度报告、法律政策、监所信息分门别类进行公开，也有一些网站信息摆放混乱随意的现象比较突出。例如，将法律法规、人事、预决算信息和各类通知混放在一个信息公开栏目中，给公众浏览、搜索其关注的信息造成极大障碍。三是网站栏目设置差异大。有的地方一级栏目比较多，如新疆监狱管理局网站首页设置了十几个栏目：网站首页、单位概况、工作要闻、监狱新闻、队伍建设、监管改造、通知公告、狱务公开、信息公开、媒体关注、典型宣传、文化园地、国内监狱、公众参与；而有些门户网站栏目较少，如湖北监狱管理局只设有首页、政府信息公开、互动交流、办事服务、部门动态等5个栏目。甚至网站中监狱管理局的外文翻译都五花八门，有的是“Prison of China”，有的则是“Prison Administrative Bureau”。网站差异过大从一定程度反映了狱务公开还处于自发的、比较无序的状态，亟待进一步规范。

（五）信息公开内容不充分

从各个监狱管理局门户网站来看，虽然大多开展了狱务公开工作，但是狱务公开的程度相差较大，有些监狱管理局的狱务信息公开不充分、不完整，给公众、在押人员家属等造成诸多不便。对监狱管理局内设机构的评估发现，虽然评估对象中有21家公开了监狱管理局的内设机构及其职能定位，但公开内设机构联系人和联系电话的分别只有6家和10家，仅占18.8%和31.3%。如果不公布联系人和联系电话，仅仅公开内设机构职能的意义将大打折扣。对监狱管理局领导信息的评估中发现，虽然大部分监狱管理局（28家）公开了监狱管理局领导的职务，但是公开领导进一步信息的监狱管理局相对较少，公开个人履历的有19家，公开主管部门和分工情况的有20家，公开领导学历的只有15家，有的监狱管理局只公开局长1人的基本情况。对监所基本信息的评估发现，只有15家监狱管理局详细公开了所属监狱的地址和具体的交通路线、交通方式（包括乘车或者行车路线）等，有9家监狱管理局公布的监狱交通信息不完整，仅仅公开了监狱地址，没有公布详细路线图。对年报公开的评估也发现，个别监狱管理局公开的年报内容空洞，采用了很多套话空话；有的年报字数偏少，过于简略，只有区区几百字。内蒙古监狱管理局主动公开一栏中，只有法规公文内容，且只公开了《监狱法》《中国共产党党徽国旗条例》《中国共产党支部工作条例（试行）》等三部法律法规。

五 展望

法治国家建设要求构建透明、阳光、廉洁的司法管理体制。狱务公开是监狱机关依照法律、法规、规章和其他规范性文件规定，将执法工作的主要依据、程序、结果，通过适当方式向罪犯、罪犯亲属和社会公布并接受广泛监督的一种工作举措①。狱务公开是构建公平的司法环境、建设社会主义法治国家的题中应有之义。《意见》颁布实施以来，特别是随着政法队伍教育整顿活动的开展，监狱系统上下对深化狱务公开工作有了深刻认识，人民群众也对狱务公开工作有了更多的期待。

第一，树立应公开尽公开的理念。“行政机关公开政府信息，应当坚持以公开为常态、不公开为例外，遵循公正、公平、合法、便民的原则。”②虽然狱务公开已经成为共识，但是个别监狱及管理部门始终存在一种神秘主义观念，认为监狱是保密单位，狱务信息不应也不需要向社会公开。因此，建议监狱管理部门应公开尽公开理念，做好狱务公开工作，关键还在于破除监狱是保密单位的传统滞后观念，实现依法治监、确保监狱严格规范公正文明执法。

第二，加强狱务公开的制度建设。目前狱务公开领域主要的依据是2015年司法部颁布的规范性文件《意见》。但是，《意见》中狱务公开的范围还有局限性，甚至无法涵盖《政府信息公开条例》要求政府公开的全部内容。未来在狱务公开进程中应当结合狱务公开实践中出现的新情况，最大

① 高一飞、李慧：《狱务公开的现状评估与完善建议》，《河北法学》2016年第6期。

② 《政府信息公开条例》第五条。

限度拓展狱务公开内容。在建立主动公开、依申请公开与不公开事项三种公开制度的基础上，监狱应该根据不同的公开对象和需求，明确如何公开、公开到何种程度。只有狱务公开涉及国家秘密、侵犯个人隐私和可能妨害正常执法活动的，才不宜公开，做到最大限度的公开。

第三，充分利用新兴科技。随着现代社会互联网技术的飞速发展，信息传播方式深刻变革，各种新媒体手段不断涌现，人民群众对监狱工作信息量和信息获取渠道的需求也越来越多。构建起以门户网站、微博、微信公众平台、狱务公开信息查询系统、电子显示屏、罪犯教育网等载体为主的多元化、立体式、分层次的狱务公开格局，使社会公众可以通过门户网站、微信公众号等对外公开平台及时了解掌握监狱执法管理教育改造罪犯情况；使罪犯近亲属可以通过互联网监狱门户网站或微官网输入特定密码自主查询其亲属在狱内服刑改造情况；使罪犯在狱内可以通过查询终端、罪犯教育网等狱内公开平台，实现对计分考评、分级处遇、行政奖惩、刑罚变更执行等重要服刑信息的自主查询，并最终实现咨询互动反馈信息功能，增强狱务公开的针对性、时效性。

第四，统筹规划、提高公开的专业化水平。评估中发现的狱务公开地区差异大、有些网站更新不及时、公开内容不统一、范围过窄等问题，表明狱务公开工作在统筹规划和专业性方面仍然存在提高的空间。一是各地监狱管理局要按照公开的要求，结合本地区实际，认真研究制订具体实施方案，确定“路线图”和“时间表”，积极稳妥推进深化狱务公开工作有序开展。二是设立专门的门户网站。独立的网站是体现狱务公开专业性、及时性的基础条件，各地应尽早建立起狱务工作专门的独立网站。三是配备专门的工作人员。狱务公开是一个比较专业化的工作，因此，各地监狱管理局应尽量配备专业人员和力量负责狱务公开，及时通过业务培训、经验交流、邀请专业人员授课等方式提升监狱政务公开工作人员业务水平。

第五，加强狱务公开的考核监督。《意见》第18条提出：“建立健全狱务公开工作的考评机制，定期组织专项督导检查，把狱务公开工作实际效果作为评价各级领导班子和个人工作绩效的重要标准。”因此，除了要加强监狱系统内部的工作检查，通过自查、同级互查、上级单位检查相结合的内部督查方式外，还应该建立完善的外部监督机制。积极畅通监督渠道，自觉接受有关部门、社会公众、在押人员家属等社会监督，接受检察院等法律机构监督，把狱务公开纳入监狱执法监督范畴，加强专业监督。

Abstract

The Central Working Conference on the Comprehensive Rule of Law held in 2020 emphasized the promotion of the comprehensive rule of law and made Xi Jinping's Thought on the Rule of Law the guiding ideology of the comprehensive rule of law. This book summarizes how China's judiciary has worked around Xi Jinping's Thought on the Rule of Law, the spirit of the Central Working Conference on the Comprehensive Rule of Law, and programmatic documents such as the Plan for the Construction of China under the Rule of Law (2020 - 2025) over the past year, and what results have been achieved in deepening the reform of the judicial system, strengthening the supervision of judicial power, enhancing the protection of judicial human rights, improving the social governance of the judiciary, and serving the people, as well as an outlook on the trends of the development of China's judicial system.

This Blue Book focuses on five topics: judicial system reform, judicial human rights protection, judicial social governance, intelligent judicial research and judicial evaluation, summarizing new practices, analyzing new trends and studying new issues that have emerged in China's judiciary, focusing on "New Progress in China's Judicial Reform 2020 - 2021," "Study on the Mechanism for the Deep Integration of Judicial Responsibility System and Party Building Work Responsibility System," and "Research Report on Further Improvement of Specialization of Juvenile Trial in the New Era", "Guangzhou Practice of "Internet + Arbitration" and other research reports, and continued to evaluate the openness of prison affairs of 32 provincial prison administrations, analyzing their achievements, problems and development trends.

Keywords: Judicial System; Judicial System Reform; Judicial Power Supervision; Smart Justice

Content

Ⅰ General Report

Abstract: In the National Work Conference convened by the Central Government on the Comprehensive Rule of Law in 2020, it emphasized on comprehensively promoting the rule of law, and indicated the necessity to ensure and promote social equality and justice. In this regard, Chinese judiciary authorities safeguarded the bottom line of judicial justice by centering on the spirits of the Fifth Plenary Session of the 19th CPC Central Committee and the Central Conference on Comprehensively Promoting the Rule of Law, took the initiative to promote the reform of the judicial system, strengthened the protection of human rights, improved the judicial social governance level, provided judicial services for the convenience of the people, sped up the construction of smart administration of justice, and gained significant achievements. Meanwhile, judicial authorities in all places were still found to have some deep-rooted problems in the national education and rectification activities for political and legal teams. It's requested that judicial authorities should stick to correct political thoughts, deepen the integrated supporting reform of judicial system, serve for the overall social and political situation, speed up the construction of smart administration of justice, and enhance the supervision on judicial activities in the near future.

Keywords: Comprehensive Rule of Law; Xi Jinping's Thought on the Rule of Law; Education and Rectification of Political and Legal Teams; Administration of Justice for the Convenience of the People

Ⅱ Reform of Judicial System

B.2 The Progress in Comprehensive Supporting Reforms of China's Judicial System (2020 -2021)

Abstract: The comprehensive supporting reform of the judicial system is the continuous advancement of the four basic reform measures centered on the judicial accountability system, including the operation of judicial power, the litigation system, the protection of judicial human rights, the use of technology, etc. These show that the nature of this reform is that it is comprehensive and supporting. In 2020, the central political and legal agency first proposed the concept of a socialist political and legal work system with Chinese characteristics, based on which the comprehensive supporting reform of the judicial system further adjusted the basic reform measures. These reforms include: deepening the dynamic management mechanism of the quota personnel system for judges and prosecutors; improving the positioning of the functions of courts at different levels; clarifying the power operation mechanism of the prosecution committee; newly establishing the Beijing

Financial Court; dispatching a prosecutor office to the China Securities Regulatory Commission; conducting comprehensive education and rectification among political and legal institutions across the country. These reforms have promoted the reform of the functional system of judicial organizations. The reform of the judicial power operating mechanism and the litigation system continues to be promoted. These reform measures include: perfecting the uniform application mechanism of the law; making progress in the diversion of complex cases and simple cases in the three types of litigation; using smart justice in online litigation; promoting judicial openness; strengthening the mechanisms of the combination of jurisdiction over three types of litigation cases in environmental resources and intellectual property cases; promoting the criminal and civil justice reforms; expanding the scope of public interest litigation. The level of judicial protection of human rights has been improved. These reform measures include: the "Legal Aid Law" as a landmark legislation, promoting the protection of vulnerable groups' litigation rights into a new stage; guaranteeing lawyers' practice rights; strengthening the judicial protection of property rights, vulnerable groups and biometric information. Judging from the comprehensive and supporting reforms of the judicial system for several consecutive years, the focus of judicial reforms have been shifted from the four basic reforms to reforms such as the operation of judicial power and the litigation system. Reforms should still follow the law of judiciary and pursue fairness and justice.

Keywords: Comprehensive Support of Judicial System; Operation of Judicial Power; Litigation System; Judicial Protection of Human Rights

Abstract: Under the reform of judicial responsibility system, it's of great significance and value to integrate the judicial responsibility system and the party-building work responsibility system. All courts across the country have did a series of explorations, and accumulated some experience. Essentially, judicial responsibility stresses on delegating authorities, while the party-building responsibility system requests to obey the leadership, resulting in insufficient integration of judicial responsibility system and party-building work responsibility system in practice. The people's court are first and foremost political organs, they must take a clear-cut stand against policies. With respect to problems in the integration of the party-building responsibility system and the judicial responsibility system, it's requested to start by improving the party leadership and supervisory mechanism as well as the reform of judicial responsibility system, build a synchronous working mechanism of whole-course integration, a collaborative mechanism integrating innovative objectives, supervision, accountability and evaluation, and improve the linkage mechanism inside and outside of the party.

Keywords: Reform of Judicial System; Judicial Responsibility System; Party-Building Work Responsibility System; Trial Supervision

B.4 Empirical Research on Implementation Effect of Chengdu Court Pre-trial Conference System

Abstract: Chengdu Court has taken the initiative to implement the substantial reform practice of criminal trials since 2015. With diversified values and functions, pre-trial court system has been highly valued and executed effectively. Pre-trial conference plays a critical role in preparing court proceedings, confirming the focus of disputes, and making sure that the accuser and the defender can participate in the lawsuit effectively, to promote the substantial reform of court trial. Objectively, there are realistic problems, such as insufficient protection of the defendant's rights, obvious substantial tendency, and doubts over the effectiveness of the resolution on procedural events. Furthermore, it's also required to further define the positioning of basic function of the pre-trial conference, strengthen the participation right of the defendant and the effectiveness of resolution of the pre-trial conference, reinforce the information techology supporting system construction, and give full play to the functional value of pre-trial conference in the substantiation of criminal trials.

Keywords: Pre-trial Conference; Substantiation of Criminal Trial; Evaluation System

Abstract: To solve the problems in the system and mechanism that can restrict the long-term development of the execution, such as incomplete resolution of case conflicts in enforcement practices, the unbalanced development of basic courts, and the incomplete coordination of the superior and subordinate courts, Suzhou Court selected "double leadership" mode, to carry out the reform of enforcement management system by centering on "the unification of people, cases, events and standards", and regarding "two management and one control" digital enforcement system as the support, to build the enforcement pattern of "horizontal synergy, longitudinal through and municipal integration", which has improved the enforcement quality and efficiency as well as the standardization level in Suzhou region significantly, and laid a solid foundation for solving the enforcement difficulties practically.

Keywords: Reform of Enforcement Management System; Double Leadership; Overall Planning of Municipal Resources; Digital Enforcement

B.6 Inspection and Amendment of Rules on Simplifying Judgment Documents for Small Claims Cases *Feng Zhenqiang* / 103

Abstract: The reform of judgment documents for small litigation cases is an important content in the reform of judicial system. To get the accurate information about the applicable format of civil litigation documents formulated by the supreme people's court and the problems in practice, this paper selects 127 pilot courts implementing the division of complicated and simple procedures based on China Judgments Online, and then extracts 807 small claims case judgments made by different judges as the research samples. By analyzing these cases respectively, small claims case documents are found to be "insufficient in the promotion of format, questionable in components, and improper in preparation", and then analysis is made on the problem both subjectively and objectively. Furthermore, in combination with multiple functions of small case documents, the rules on simplifying small claims case documents are adjusted and corrected from the perspective of keeping the writ-type judgment format, exploring trial civil judgment certificate, simple header design, concise and accurate pledging summary, simple and clear judgment argument, and then a new document format is designed for reference in trial practice.

Keywords: Judicial Reform; Small Claims Procedures; Format of Litigation Documents; Simplification of Judgment Documents

Ⅲ Protection of Judicial Human Rights

B.7 Research Report on Further Improvement of Specialization of Juvenile Trial in the New Era *Dai Qiuying* / 120

Abstract: The Supreme People's Court printed and issued the newly revised *Opinions on Further Strengthening the Work of the Juvenile Court* at the end of 2020, in which it re-defined the scope of case acceptance for juvenile court, explored the new ways to strengthen juvenile judicial authority in the new era, establish the judicial statistical indicator system of juvenile cases as well as the evaluation mechanism for the judicial work of juvenile, and make the juvenile trial more professional. Based on the physical and psychological characteristics of juvenile, this paper elaborates the urgency to further strengthen the juvenile protection, define the tenet and objective of juvenile trail, and analyze how to make the juvenile trial more professional from four aspects, i. e. , strengthening the construction of specialized institution for juvenile trial, defining the range of case acceptance for juvenile trial, unifying the standard of applicable laws, and improving the correction effect of actions.

Keywords: Juvenile Trial; Juvenile Court; Applicable Law; Correction of Actions

B.8 National Prison Compensation Risk and Prevention and Control

Research Group of Sichuan Provincial Prison Administration / 133

Abstract: National prison compensation cases are getting increasingly complicated in the risk society. Empirical analysis shows that on the 181 national prison compensation cases over the years, national compensation issues related to the comprehensive governance of prison should stick to risk prevention, start by identifying risk category, and then solve problems by defining risk characteristics, look through the reasons of risk, strengthen the response to the legal mechanism for the governance of national prison risks, improve the construction of juridical system for the national prison compensation risk control, normalize the front-end law enforcement and control for the prevention of national prison compensation risks, prevent the national compensation risk effectively in the governance of prison with benign law, and maintain criminal justice.

Keywords: Prison; National Compensation; Risk Prevention and Control; Modern Governance

B.9 Investigation Report on Court Appearance of "Five Types of Personnel" In Criminal Proceedings *Fu Xiangbing*, *Liu Jie* / 150

Abstract: The *Criminal Procedure Law* has specified the court appearance of "five types of personnel", including the victim, witness, appraiser, investigator and the person with specialized knowledge, in which the court appearance of the "five types of personnel" is the key to implement the principle of directness and verbalism, promote the reform of trial-centered criminal litigation system, and achieve procedural and substantial justice. The low appearance rate of the "five types of personnel" and the irregular hearing procedure of cases involving the court appearance of the "five types of personnel" have always been the deep-rooted problems in criminal proceedings. It's essential to define the necessity review rules for the court appearance of the "five types of personnel", promote the compulsory court appearance and testifying system of the witness stably, improve the court appearance supporting measures, convert the file-centered thought of judges, strengthen the publicity of the rule of law, and normalize court appearance procedures, to promote the "five types of personnel" to appear in court and testify, and achieve trial-centered and court hearing centered principle.

Keywords: Criminal Procedure; Court Appearance of "Five Types of Personnel"; Trial-Centered

Ⅳ Judicial Social Governance

B.10 Research on the Reconciliation Prompting Mechanism by the Collaboration of Court and Procuratorate in Civil Prosecution Cases

Research Group of Sichuan High People's Court and Sichuan People's Procuratorate / 165

Abstract: Based on different constitutional positions and responsibilities, the people's procuratorate and the people's court exert judicial governance effects respectively in social governance. In civil prosecution supervision procedures, the people's procuratorate generally lodges a protest or offers re-trial prosecution proposals when there are disputes over the confirmation of case facts and the application of legal understandings with the people's court, while regardless of the judgment result after prosecutorial supervision, amending the judgment or maintaining the original judgment, this indicates that one party involved failed to maintain its rights and interests, and the disputes and conflicts in the original case failed to be solved effectively. Such tension between the people's procuratorate and people's court poses a challenge to the optimal configuration of judicial resources. By building the reconciliation prompting mechanism by the collaboration of court and procuratorate, the people's procuratorate and the people's court can make concerted efforts to solve social conflicts effectively, and form a win-win situation jointly participated and collaborated by multiple subjects in all aspects, unify the "three effects", and promote modernized social governance together.

Keywords: Collaboration of Court and Procuratorate; Reconciliation Mechanism; Diversified Reconciliation Mechanism for Conflicts and Disputes

B.11 Investigation Report on the Civil Service, Evaluation and Supervision Integrated Processing Platform in Jiangxi Court

Abstract: Given the scattered exercise of rights in the people's court for a long time, the reflection of the public will is often periodically observed in different courts, departments, links and personnel. Jiangxi High People's Court adopted innovative approaches to establish Jiangxi Public Will Center, and applied "Internet +" thoughts in exploring ways to improve the judicial service system, the group satisfaction evaluation system and judicial supervision system based on

12368 hotline— "One-button Reach", and achieved preliminary success after operating for 3 months. Jiangxi Public Will Center has reflected more precise service object, more accurate evaluation feedback, more accurate problem identification and solution, and more accurate judicial decisions, in terms of the basic thoughts of construction, the responsibility positioning, main characteristics, working contents and operating mechanism, etc. It's of enlightening significance for the people's court to abide by the absolute leadership of the party for the work in court, and practice people-centered development thoughts, and speed up the reform and construction of judicial restriction and supervision system.

Keywords: Public Will; Judicial Service; Group Evaluation; Judicial Supervision

Abstract: As one of the pilot regions implementing the reform of the division of complicated and simple civil procedures, Ningbo Court has operated the optimal route of judicial confirmation procedures for a year and a half. According to investigations, courts in the city have adopted many highlighted approaches in the new reform, and created many innovative modes of judicial confirmation procedures. However, problems can still be found in the unbalanced development of courts, and the big data difference. This investigation is made to know about the actual optimization of judicial confirmation procedures in all courts of the city comprehensively, and master the innovative approaches for the people's court to implement the reform of complicated and simple procedures in all dimensions, further analyze current problems and difficulties in the judicial confirmation procedures, put forward the mode to improve the judicial confirmation procedures, and provide theoretical and practical reference to dig out the reform and innovation mode.

Keywords: Litigation Source Governance; Diversified Dispute Resolution; Judicial Confirmation

Abstract: This paper focuses on the dispute resolution effect of administrative review system, and then implements observation and analysis with the empirical comparison method for the dispute resolution effect of litigation system, summarizes problems in the review and dispute resolution function, analyzes the reason, and puts forward the suggestions for improvement. As can be seen in the empirical analysis of data, administrative review system exerts an inferior effect in dispute resolution, failing to meet the political expectation of administrative review laws. It can be mainly reflected in the insufficient capacity to absorb disputes in the review system, the low force of review in operation, unrealistic review decisions and argumentation as well as the low level of "case settlement". This is mainly caused by laying particular stress on the administrative elimination of loss and review disputes effect in the dimension of value, leaving blank in evidence and other basic system, resulting in insufficient credibility in the dimension of system, and failing to give full play to the effect due to the restricted power of the review authority in the dimension of organization. Finally, this paper puts forward the approaches for the improvement of proper judicialization, and discusses the specific routes based on logical analysis.

Keywords: Administrative Review; Administrative Litigation; Dispute Resolution

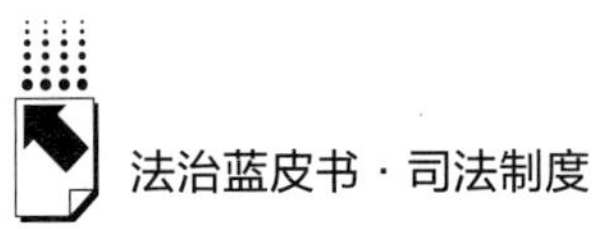

B.14 Litigation Credit Evaluation System: Application, Challenge and System Construction

—*Taking Yuyao Court as an Example*

Task Group of Yuyao People's Court of Zhejiang Province / 221

Abstract: In judicial practices, some parties involved adopted dishonest approaches to seek for illegal profits by making use of the "litigation", and damaged the judicial credibility greatly. Dishonest litigation acts can be cracked down by litigation credit evaluation, and endeavors can be made to establish litigation dishonesty electronic file management linkage mechanism in the court, implement joint punishment and special subject punishment with other subjects based on litigation credit archives. However, the litigation credit evaluation system still faces challenges from data privacy protection, public opinion management, and the expansion of application scenes. Moreover, the formation of honest litigation order and the core concept of society standard should be regarded as the design idea, to build a practical and feasible litigation credit evaluation system considering the guarantee of management mechanism, the evaluation of dishonest actions and the rescue mechanism.

Keywords: Litigation Credit Evaluation System; Dishonest Litigation; False Litigation; System Construction

B.15 Dilemma and Way Out for Court Publicity by Short Video

—*Based on the Empirical Analysis on TikTok Account of the Court*

Feng Hairui, *Sun Lin* / 234

Abstract: Over the years, short video has developed fast, and has become an emerging sector to publicize the court. In addition to transmitting information more effectively, reaching more audience groups, and exerting an amazing transmission effect, judicial publicity by short videos can also promote rational interaction between the court and the public, make justice visible and enter the complicated public opinion field. By analyzing 2, 887 short videos published by the TOP20 TikTok court accounts, this paper shows the current judicial publicity by short videos, and summarizes the dilemma faced by courts in the short platform considering the content, operation and distribution. Since the judicial publicity by short videos requires equal stress on affinity and seriousness as well as the vertical field and pan-entertainment field, improvement should be made in content, operation and distribution.

Keywords: Judicial Publicity; Public Opinion Field; Short Videos; Empirical Analysis

Abstract: As the trial barrier to crack down black evil crimes, the people's court should have an overall grasp of corpus delicti and the forming of black evil forces, knowing the details about the social problems and the bugs in management that can breed black evil crimes. By this way, judicial suggestions can accelerate relevant authorities to improve the management, prevent the defects, further enhance the governance of social problems and consolidate anti-crime achievements. By analyzing the effect of judicial suggestions regarding black evil cases on social problems governance, this paper investigates the current effect and dilemma of judicial suggestions, puts forward the ideas that judicial suggestions for evil cases should be included into the new pattern of social governance. Also the "escalation letter" mechanism should be established, under which the competent court digs out the problems, and then the superior court investigates and sends out the letter to get out of the dilemma faced in the judicial suggestions. In the meanwhile, this "escalation letter" mechanism can facilitate the deep investigation of social management problems, improve the quality of judicial suggestions and make sure municipal management organizations can correct the industrial regulation, strengthen the supervision on relevant companies and ensure the full implementation of judicial suggestions.

Keywords: Judicial Suggestions; Crime Crackdown; Social Governance

B.17 Approaches for the Optimization of Grass-Root Society Governance Participated by the Dispatched People's Tribunal in the Context of "Fengqiao Experience"

Zhang Hengfei / 268

Abstract: Grass-root social governance is the key point and difficulty in the social governance pattern of "co-construction, co-governance and sharing" in the new era. As the department exerting judicial function at grassroots, the dispatched people's tribunal inherits and carries forward "Fengqiao experience" spirits, participates in the governance of the grass-root society, and promotes the modernized legalization of grass-root governance, which are the realistic requirements and due obligation to improve the national governance system and capacity. This paper investigates the current practical status and achievements of Nanxun Primary People's Court, Huzhou, Zhejiang "Shuige Judge Office" in the governance of grass-root society, and then analyzes the current dilemma faced by the dispatchecl people's tribunal when participating in the governance of grass-root society and the reasons from the restriction of judicial resources, the solution of grass-root disputes and the coping solution of grass-root social organization, and further elaborates the approaches for the optimization of the governance of grass-root society participated by the dispatched people's tribunal from the perspective of implementing the diversion of complicated and simple cases, accurate judicial concepts, innovative service modes and giving full play to the advantages of the group.

Keywords: "Fengqiao Experience"; Dispatched People's Tribunal; Grass-Root Governance; Legalization

V Research on Smart Justice

Abstract: The standard system for the standard construction of notary organization in Sichuan Province covers five items, including hardware construction index, information construction index, internal management system construction index, business construction index and team construction index, which can be further divided into 60 sub-items. Since the pilot was promoted in 2018, 14 demonstrative and standard notary offices have met the standard and regarded as the reference for study. Currently, the standard construction project in Sichuan Province is now following a progressive principle, and promoted by adopting demonstration-led, comprehensive spreading and difficulty overcoming approaches, and is expected to be completed comprehensively in 2024. The standard construction project of notary organization in Sichuan Province is of referential significance to the modernized construction of notary organization in the country.

Keywords: Notary Organization; Standardization; Index System; Normalized Management

B.19 Analysis on Application of Big Data and Artificial Intelligence in the Execution of Court

Abstract: As "basic execution difficulties" have been solved on schedule, the information construction of execution has been developed effectively, but there are still many problems to be solved, especially the application of big data and intelligence degree, which are still to be improved. Furthermore, the information construction of execution should be further improved by figuring out ways to apply big data, artificial intelligence and other science technologies in combination with execution, alleviating burden and increasing efficiency for execution. This paper puts forward the design and application concept of big data and artificial intelligence technologies by analyzing problems in the information construction of execution, and then proves the advantages for applying big data and artificial intelligence in the execution of court by showing relevant functions of the smart execution system that is developed by the author with big data and artificial intelligence technologies and has been applied in practice, and further looks ahead to the prospect for judicial application of big data and artificial intelligence in the new era.

Keywords: Big Data; Artificial Intelligence; Compulsory Execution

B.20 Practice of "Internet + Arbitration" in Guangzhou

Abstract: New technologies such as the Internet, big data, blockchain and artificial intelligence (AI) are under rapid development and popularization. Commercial arbitration, as an optimal method to solve disputes, can benefit from their high efficiency, flexibility, availability to all and zero geographical constraints. Therefore, it is of great significance to further the cause of online arbitration. In recent years, Guangzhou Arbitration Commission (GZAC) has been endeavoring to build an international preferred place of online arbitration and to advance the informatization and digitization of legal services. It has set a precedent for transnational remote hearing of international commercial arbitration; drafted and issued "Guangzhou Standard" ——the first recommendatory online arbitration standard worldwide; and launched the first APEC Online Dispute Resolution (APEC-ODR) platform for cross-border commercial arbitration. Such innovative practice has achieved great results and enhanced the international credibility, competitiveness and impact of GZAC. Online arbitration, still at its early stage of development, holds potentials that are yet to be tapped into and realized.

Keywords: Online Arbitration; ODR Mechanism; Diversified Dispute Resolution; Rule of Law Concerning Foreign Affairs

Abstract: Over the years, Suzhou Xiangcheng District People's Court has taken the pilot of reform for the division of complicated and simple civil procedures as the opportunity, adapted to the context of "cloud office" during the COVID-19 pandemic, focused on solving online trial, explored the online trial "hurricane" scheme that can achieve online and offline integration, and the real-time interaction of Intranets and Extranets, and gained an excellent effect in improving the key quality performance index during the COVID-19 pandemic. The online trial "hurricane" scheme can benefit the online trial activities of all litigation parties based on its technical advantages and characteristics in the real-time interaction of Intranets and Extranets. Furthermore, it has been highly recognized by the court and the group, with promotional value. In combination with the People's Court online Rules of *Procedure* and over a year of judicial practice in Xiangcheng Court, the current online trial "hurricane" scheme still has the dilemma in system, operation and technologies, demanding for improving litigation rules, and filling in technical blanks.

Keywords: Online Litigation; "Cloud Office"; "Online trial" "Hurricane" Scheme

Ⅵ Evaluation Report

Abstract: Disclosure of prison affairs is an important part of the execution of penalties, a concrete manifestation of prisons performing their duties and accepting supervision in accordance with the law, and one of the important aspects of safeguarding judicial human rights. The National Rule of Law Index Research Center of the Chinese Academy of Social Sciences and the Rule of Law Index Innovation Project Team of the Institute of Legal Studies conducted the second evaluation of the provincial prison administration and its subordinate prisons in terms of prison openness. The assessment shows that most prison administrations improved their scores in 2021. The construction of prison administration portals has become more transparent and friendly, and has strengthened the disclosure of prison affairs on new media platforms such as microblog, WeChat, and public numbers; basic information on prison affairs has become more open and transparent, and the way of disclosure has become more humane; law enforcement information and data information have been made more public; and communication platforms have been highlighted. At the same time, the assessment also found that some of the prison services are more geographically diverse, some statutory public matters are not disclosed, some information is not timely, unified, insufficient content, and needs to be further improved.

Keywords: Prison Affairs Disclosure; Prison Affairs Transparency; Law Index; Prison Administration Website

皮 书

智库报告的主要形式
同一主题智库报告的聚合

❖ 皮书定义 ❖

皮书是对中国与世界发展状况和热点问题进行年度监测，以专业的角度、专家的视野和实证研究方法，针对某一领域或区域现状与发展态势展开分析和预测，具备前沿性、原创性、实证性、连续性、时效性等特点的公开出版物，由一系列权威研究报告组成。

❖ 皮书作者 ❖

皮书系列报告作者以国内外一流研究机构、知名高校等重点智库的研究人员为主，多为相关领域一流专家学者，他们的观点代表了当下学界对中国与世界的现实和未来最高水平的解读与分析。截至 2021 年，皮书研创机构有近千家，报告作者累计超过 7 万人。

❖ 皮书荣誉 ❖

皮书系列已成为社会科学文献出版社的著名图书品牌和中国社会科学院的知名学术品牌。2016 年皮书系列正式列入“十三五”国家重点出版规划项目；2013~2021 年，重点皮书列入中国社会科学院承担的国家哲学社会科学创新工程项目。

中国皮书网

（网址：www.pishu.cn）

发布皮书研创资讯，传播皮书精彩内容
引领皮书出版潮流，打造皮书服务平台

栏目设置

◆关于皮书
何谓皮书、皮书分类、皮书大事记、
皮书荣誉、皮书出版第一人、皮书编辑部

◆最新资讯
通知公告、新闻动态、媒体聚焦、
网站专题、视频直播、下载专区

◆皮书研创
皮书规范、皮书选题、皮书出版、
皮书研究、研创团队

◆皮书评奖评价
指标体系、皮书评价、皮书评奖

◆皮书研究院理事会
理事会章程、理事单位、个人理事、高级
研究员、理事会秘书处、入会指南

◆互动专区
皮书说、社科数托邦、皮书微博、留言板

所获荣誉

◆2008 年、2011 年、2014 年，中国皮书网均在全国新闻出版业网站荣誉评选中获得“最具商业价值网站”称号；

◆2012 年,获得“出版业网站百强”称号。

网库合一

2014年，中国皮书网与皮书数据库端口合一，实现资源共享。

中国皮书网

中国社会发展数据库（下设 12 个子库）

整合国内外中国社会发展研究成果，汇聚独家统计数据、深度分析报告，涉及社会、人口、政治、教育、法律等 12 个领域，为了解中国社会发展动态、跟踪社会核心热点、分析社会发展趋势提供一站式资源搜索和数据服务。

中国经济发展数据库（下设 12 个子库）

围绕国内外中国经济发展主题研究报告、学术资讯、基础数据等资料构建，内容涵盖宏观经济、农业经济、工业经济、产业经济等 12 个重点经济领域，为实时掌控经济运行态势、把握经济发展规律、洞察经济形势、进行经济决策提供参考和依据。

中国行业发展数据库（下设 17 个子库）

以中国国民经济行业分类为依据，覆盖金融业、旅游、医疗卫生、交通运输、能源矿产等 100 多个行业，跟踪分析国民经济相关行业市场运行状况和政策导向，汇集行业发展前沿资讯，为投资、从业及各种经济决策提供理论基础和实践指导。

中国区域发展数据库（下设 6 个子库）

对中国特定区域内的经济、社会、文化等领域现状与发展情况进行深度分析和预测，研究层级至县及县以下行政区，涉及省份、区域经济体、城市、农村等不同维度，为地方经济社会宏观态势研究、发展经验研究、案例分析提供数据服务。

中国文化传媒数据库（下设 18 个子库）

汇聚文化传媒领域专家观点、热点资讯，梳理国内外中国文化发展相关学术研究成果、一手统计数据，涵盖文化产业、新闻传播、电影娱乐、文学艺术、群众文化等 18 个重点研究领域。为文化传媒研究提供相关数据、研究报告和综合分析服务。

世界经济与国际关系数据库（下设 6 个子库）

立足“皮书系列”世界经济、国际关系相关学术资源，整合世界经济、国际政治、世界文化与科技、全球性问题、国际组织与国际法、区域研究 6 大领域研究成果，为世界经济与国际关系研究提供全方位数据分析，为决策和形势研判提供参考。

法律声明